Abenteuer Softwarequalität

Prof. Dr. Kurt Schneider leitet das Fachgebiet Software Engineering an der Leibniz Universität Hannover. Er hat in Erlangen Informatik studiert und anschließend an der Universität Stuttgart promoviert. Bei einem Forschungsaufenthalt an der University of Colorado at Boulder beschäftigte er sich mit Techniken zum systematischen Lernen aus Erfahrung im Software Engineering. Er war sieben Jahre bei der DaimlerChrysler AG am Forschungszentrum Ulm tätig. In Projekten mit verschiedenen Unternehmensbereichen spielten Softwarequalität, Prozessgestaltung und wiederum die Erfahrungsnutzung eine wichtige Rolle. Zu seinen Forschungsthemen gehören daneben Softwareanforderungen und agile Methoden, um Informationsflüsse und die Dokumentation in Softwareprojekten zu optimieren. Kurt Schneider legt viel Wert darauf, diese Themen praxisnah zu bearbeiten und zu vermitteln.

Kurt Schneider

Abenteuer Softwarequalität

Grundlagen und Verfahren für Qualitätssicherung und Qualitätsmanagement

2., überarbeitete und erweiterte Auflage

 dpunkt.verlag

Prof. Dr. Kurt Schneider
Kurt.Schneider@inf.uni-hannover.de

Lektorat: Christa Preisendanz
Copy-Editing: Ursula Zimpfer, Herrenberg
Herstellung: Birgit Bäuerlein
Umschlaggestaltung: Helmut Kraus, www.exclam.de
Druck und Bindung: M.P. Media-Print Informationstechnologie GmbH, 33100 Paderborn

Fachliche Beratung und Herausgabe von dpunkt.büchern im Bereich Wirtschaftsinformatik:
Prof. Dr. Heidi Heilmann · heidi.heilmann@augustinum.net

Bibliografische Information der Deutschen Nationalbibliothek
Die Deutsche Nationalbibliothek verzeichnet diese Publikation in der Deutschen Nationalbibliografie;
detaillierte bibliografische Daten sind im Internet über http://dnb.d-nb.de abrufbar.

ISBN 978-3-89864-784-7

2., überarbeitete und erweiterte Auflage 2012
Copyright © 2012 dpunkt.verlag GmbH
Ringstraße 19 B
69115 Heidelberg

Barbara, Stefan und Angelika
gewidmet

Vorwort

Softwarequalität bleibt spannend

Die Informatik ist eine schnelle Disziplin: Was heute neu ist, kann morgen schon veraltet sein. Internetanwendungen, Smartphone-Apps und zahllose neue Techniken kommen und gehen in einem atemberaubenden Tempo.

Aber auch in der Informatik hat manches Bestand. Die Grundlagen der Softwarequalität gehören dazu. Als 2007 die erste Auflage dieses Buches erschien, wollte ich neben den Techniken zum Testen und Prüfen unbedingt auch vermitteln, wie es sich anfühlt, wenn man für die Qualitätssicherung zuständig ist. Um das ein bisschen lebendiger zu gestalten, habe ich die Figur »Q« eingeführt. Der Leser folgt Q durch verschiedene Situationen in einem Unternehmen. Dabei kommen die Randbedingungen, die Erwartungen und Befürchtungen zum Vorschein, die wesentlich mitentscheiden, was in der Praxis möglich und sinnvoll ist. Die Menschen ändern sich nicht so schnell.

In diesem Buch werden die Grundideen und wichtigsten Methoden der Softwarequalität vorgestellt. Mein Ziel ist immer, dass die Leser nicht nur verstehen, wie ein Ansatz funktioniert, sondern auch, wozu er dient und was man bei der Anwendung bedenken muss. Diese Art von Wissen hat eine »längere Halbwertszeit« als technische Spezifikationen oder Modethemen. An einer Universität sollen die Studierenden Prinzipien kennenlernen, die ihnen auch nach zehn Jahren noch nützlich sind. Dieses Buch ist aus einer universitären Vorlesung entstanden und soll für solche Themen ein solides Verständnis vermitteln.

In der zweiten Auflage hat sich einiges geändert und ist ergänzt oder aktualisiert worden. Neu ist ein Kapitel über die agilen Methoden. Wer sich ernsthaft für Softwarequalität interessiert, muss heute wissen, worum es dabei geht und welche Konsequenzen agile Methoden wie Extreme Programming, Scrum, Lean Software Development oder Kanban auf die Softwarequalität haben. Natürlich können nicht alle diese Methoden im Detail diskutiert werden; für jede einzelne gibt es dicke Bücher. Aber auch hier ist es mein Anliegen, auf wenigen Seiten eine vernünftige Orientierung zu geben.

Ich danke meinen Mitarbeitern am Lehrstuhl Software Engineering für spannende Diskussionen in vielen Softwareprojekten. Raphael Pham nimmt sich zurzeit mit besonderem Engagement der Übungen zur Vorlesung an. Freundlich und kompetent haben mich Heidi Heilmann und Christa Preisendanz vom dpunkt.verlag auch bei der zweiten Auflage unterstützt. Vielen Dank!

Kurt Schneider
Hannover, Februar 2012

Vorwort zur 1. Auflage

Softwarequalität und Abenteuer

Softwarequalität kann eine spannende Sache sein. Das sieht man aber nicht sofort.

Als Student habe ich noch nicht viel von Softwarequalität gehört. Natürlich, wir haben auch damals schon getestet. Aber in den Lehrbüchern hörte sich das alles doch eher bürokratisch und langweilig an. Eher etwas für große Firmen als für spannende Projekte.

Im Laufe der Zeit hatte ich dann an verschiedenen Stellen die Gelegenheit, Softwarequalität in der Praxis mitzuerleben. Da kam es plötzlich neben den Techniken und Verfahren auch auf ganz andere Dinge an – auf Einfühlungsvermögen und Durchsetzungsfähigkeit, auf Aufwand, Kosten und auf guten Überblick. Das war viel aufregender und herausfordernder.

Auch in meiner Vorlesung *Software-Qualität* bin ich zuerst streng »nach Lehrbuch« vorgegangen. Aber wieder hatte ich das Gefühl, dass da etwas fehlte, und zwar etwas ganz Wichtiges. Dann hatte ich eine Idee. Ich ließ eine fiktive Person immer wieder in der Vorlesung auftauchen. Durch diese Person konnte ich auch Zweifel und Hoffnungen ausdrücken, ohne sie zu sehr mit dem Lehrstoff zu durchmischen. Das hat den meisten Studierenden laut einer Evaluation gut gefallen.

Diesem Buch liegt die gleiche Idee zugrunde. Es behandelt die üblichen Themen, ergänzt sie aber um einige Aspekte, die den Zusammenhang herstellen und das Bild abrunden. Die fachliche Sicht wird ergänzt durch die fiktive Person – und ihre Abenteuer in der Softwarequalität. Das ist für ein Fachbuch vielleicht ungewöhnlich. Ich hoffe aber, dass der Stoff so leichter zu lesen und zu verstehen ist.

Danke

Ich möchte mich bei vielen bedanken, die direkt oder indirekt zu diesem Buch beigetragen haben. Das beginnt bei meinen Kollegen an der Universität Stuttgart, Horst Lichter, Marcus Deininger, Jürgen Schwille und Anke Drappa. Mein Doktorvater Jochen Ludewig hat mir viel beigebracht; seine prägnanten Bücher haben mir imponiert, und viele Grundüberzeugungen habe ich von ihm. Marcus Deininger verdanke ich besonders spannende Diskussionen um die »Softwarequanten«, mit denen wir Softwareprojekte und Softwarequalität simuliert haben.

Bei Gerhard Fischer an der University of Colorado at Boulder wurde mir zum ersten Mal das Spannungsverhältnis zwischen Nützlichkeit und Bedienbarkeit von Software bewusst. In Boulder habe ich auch gesehen, wie kreativ man damit umgehen kann.

Auch meinen Kollegen bei DaimlerChrysler möchte ich herzlich danken – es sind zu viele, um sie hier alle zu nennen. Michael Offergeld hat meine Sicht auf Usability geprägt und weiterentwickelt, die ich von Boulder mitgebracht hatte. Viele Beobachtungen verdanke ich der gemeinsamen Arbeit mit Thilo Schwinn, dem Experten für Reviews. In unseren Arbeiten zu erfahrungsbasierter Prozessverbesserung waren viele Kollegen beteiligt, darunter Frank Sazama, Stefanie Lindstaedt und Frank Houdek. Frank Houdek ist jetzt seit langem der ausgewiesene Experte für Anforderungen bei DaimlerChrysler. Die Projekte mit Dieter Rombach und Vic Basili waren eine große Bereicherung für mich und haben meine Erfahrung in der Softwarequalität geprägt. Thomas Gantner war ein Vorbild als ein Projektleiter, dem die Qualität ein echtes Anliegen ist.

An der Leibniz Universität Hannover haben Thomas Flohr, Daniel Lübke und Eric Knauss regen Anteil daran, dass sich meine Vorlesung zur Softwarequalität weiterentwickelt. Etliche Anregungen dazu verdanke ich Martin Glinz von der Universität Zürich. Dieses Buch ist der Versuch, die vielen Einflüsse der letzten Jahre zu sortieren und eine Auswahl davon mit einer durchgängigen Geschichte zu verbinden. Das hat Spaß gemacht.

Ich danke dem dpunkt.verlag für die Betreuung und Heidi Heilmann für die engagierte fachliche Durchsicht; Christa Preisendanz hat sich besonders für das Buch eingesetzt.

Vielen Dank für die inspirierenden Gespräche und die Zusammenarbeit!

Kurt Schneider
Hannover, April 2007

Inhalt

1 Einleitung

1.1 Softwarequalität betrifft viele

Softwarequalität ist ein Thema, das heute jeden direkt oder indirekt betrifft.

Fast jeder geht privat oder im Beruf ständig mit Programmen und software-gesteuerten Geräten um: Handys und Autos, Internet oder Waschmaschine. Wir verlassen uns darauf, dass die Programme funktionieren – und zwar so, wie wir es erwarten. Aber dies ist leider nicht immer der Fall.

Nicht nur Fachzeitschriften, sondern auch normale Tageszeitungen berichten immer wieder von großen Softwarepannen. Durch fehlerhaft oder schlecht bedienbare Software geht viel Zeit verloren; Fehlbuchungen kosten Geld und Nerven. Viele Unternehmen verbinden mit Softwarequalität zunächst vor allem Kosten. Sie denken an unzufriedene Kunden oder Rückrufaktionen.

Natürlich gibt es auch Programme von guter Qualität, die nicht abstürzen und die leicht bedienbar sind. Sie sind von Fachleuten entwickelt, denen Qualität ein Anliegen ist. Softwarequalität geht nicht nur Informatiker oder Studierende etwas an: Auch Projektleiter, Manager und sogar Auftraggeber brauchen heute solide Grundkenntnisse, um ihren Anteil zu einer guten Softwarequalität beizutragen.

Was bedeutet aber »gute Qualität« überhaupt? Software und ihre Qualität sind nicht greifbar und daher auch schwer zu messen. Umso wichtiger ist es, dabei systematisch vorzugehen.

1.2 Für wen dieses Buch gemacht ist

Natürlich müssen sich **Qualitätsbeauftragte, Entwickler und Projektleiter** von Softwareprojekten mit Softwarequalität beschäftigen. Nicht jeder und jede von ihnen muss alle Details kennen, aber einen breiten Überblick und ein gutes Verständnis für die wichtigsten Zusammenhänge kann man erwarten. Dieses Buch soll genau dieses Verständnis fördern.

Damit lässt sich auch gut **altes Wissen auffrischen**. Wer also schon vieles weiß, der wird sich mit diesem Buch schnell an einiges erinnern, das fast vergessen war. Denn das Buch enthält auch viele konkrete Begriffsklärungen, Beispiele und Tipps. Man kann sich gezielt ein Thema vornehmen und erfährt, wie die Verfahren funktionieren, was also dahintersteckt. Wer zu einem speziellen Thema noch mehr wissen will, wird in der angegebenen Spezialliteratur fündig werden.

Studierende der Informatik und angrenzender Gebiete finden hier Orientierung: Sie können sich mit den Grundideen zum Testen, Messen und von Reviews vertraut machen und sehen Zusammenhänge zu aktuellen Themen wie Bedienbarkeit oder agilen Methoden. Manche Themen sind aus der Praxis motiviert: Quality Gates sind ein Beispiel, das überall verbreitet ist, aber in der Lehre noch selten vorkommt.

Das Buch ist absichtlich schlank und lesbar gehalten, damit man es auch fast wie einen Roman lesen kann. Es ist durchzogen von einer durchgängigen Geschichte: dem Abenteuer von Q in der Softwarequalität. So bekommt man nebenbei einiges darüber mit, was im Kopf von **Qualitätsbeauftragten** vorgeht. Das können alle brauchen, die einmal in Projekten arbeiten werden. Egal, ob sie mit Qualitätsbeauftragten zusammenarbeiten – oder selbst einer werden wollen.

Viele **Manager und Auftraggeber** von Softwareprojekten haben erkannt, dass sie sich selbst einen Gefallen tun, wenn sie sich ein Grundverständnis für die eingesetzten Verfahren, für die Stärken und Schwächen, und auch für den Aufwand von Qualitätsmaßnahmen aneignen. Für diesen Zweck kann man einige Abschnitte überspringen, wird aber vom Überblick und dem Zusammenhang profitieren.

Und wenn Sie zu keiner dieser Gruppen gehören, sich aber einfach schon lange **für Softwarequalität interessieren**? Dann ist das Buch natürlich auch für Sie gemacht.

1.3   Was Sie von diesem Buch erwarten können

In diesem Buch geht es darum, allen Interessierten einen fundierten Überblick über das Thema Softwarequalität zu geben. Es gibt dicke Bücher über Software Engineering, in denen *auch* Softwarequalität eine gewisse Rolle spielt. Diese Einführung konzentriert sich dagegen ganz auf Softwarequalität. Die bekanntesten Begriffe werden geklärt und die wichtigsten Verfahren erläutert. Damit soll der Einstieg in das Thema gelingen.

Jeder, der programmieren kann, hat schon einmal etwas vom Testen gehört. Aber *systematisches* Testen ist für viele Studierende und Praktiker graue Theorie geblieben. In diesem Buch geht es darum – beim Testen wie bei den anderen Themen –, kurz und verständlich herauszuarbeiten, worauf man achten muss, damit am Ende Software der gewünschten Qualität herauskommt. Auch wenn man nicht das letzte Detail jedes Verfahrens durchdringt, soll man sich nach der Lektüre doch ein gutes Urteil bilden können. Und das ist das Wichtigste.

Softwarequalität ist ein technisches Thema, aber nicht nur ein technisches: Psychologie und Einfühlungsvermögen sind für die Softwarequalität nicht nur wichtig, sondern unentbehrlich. Projekte stehen heute meist unter hohem wirtschaftlichem Druck und sind ständig in Eile. Man muss daher Aufwand und Nutzen von Verfahren einschätzen können, um realistische Qualitätssicherungsmaßnahmen zu planen und erfolgreich durchzuführen. Der ständige Druck wirkt sich auf die Arbeitsweise im Projekt aus und auf die Gefühlslage der Beteiligten – ein wichtiger Aspekt für erfolgreiche Projekte. Wie vermittelt man das in einem Buch?

1.4 Das Abenteuer von Q

Ich versuche es mit einer fiktiven Person, Herrn oder Frau »Q«. Neben den Sachinformationen wird in diesem Buch die Geschichte von Q erzählt: das alltägliche Abenteuer, als Qualitätsbeauftragter in einer Softwarefirma zu arbeiten. Diese Geschichte soll die Gefühlsperspektive betonen, Fragen und Bedenken aufgreifen, die auch manchen Leser beschäftigen werden. Herr oder Frau Q hat Informatik studiert und bewirbt sich auf eine Stelle in der Softwarequalität. Indem wir Q durch die fiktive Firma *FunGate* folgen, lassen sich Zweifel und Hoffnungen besser nachvollziehen, die man in einem traditionellen Lehrbuch unter den Teppich kehren würde, um sich »auf die Sache zu konzentrieren«. Sie gehören aber »zur Sache«! Zweifel und Hoffnungen sind in der Softwarequalität wichtige Voraussetzungen für eine pragmatische Einschätzung.

Die Geschichte von Q ist kursiv gesetzt und hebt sich vom restlichen Text ab; man kann sie also auch leicht überblättern, wenn man möchte. Q soll einen roten Faden durch die Themen der Softwarequalität ziehen und damit ein wenig »Erfahrungsqualität« vermitteln.

Wie wir sehen werden, ist Erfahrung ein Schlüsselbegriff in der Softwarequalität.

1.5 Themen und Anspruch

Softwarequalität ist ein weites Feld. Wenn man die ökonomischen und menschlichen Seiten des Gebiets mit einschließt, umso mehr. Daher muss man für eine kompakte Übersicht Themen auswählen und andere weglassen. Die hier vorgestellten Themen gehören zum Grundwissen für alle Projektbeteiligten, auch für Kunden von Softwareprojekten.

Damit ist das Thema Softwarequalität nicht erschöpfend behandelt, aber auf eine vernünftige Grundlage gestellt. Je nach Interessenlage kann man sich in verschiedene Richtungen vertiefen.

1.5.1   Themenauswahl und Gewichtung

Welches Niveau von Kenntnissen soll das vorliegende Buch vermitteln? Zumindest muss man die einschlägigen Begriffe »*kennen*«, sie einordnen können und verstehen, wenn jemand anders sie gebraucht. Das ist die erste Stufe. Sie soll für alle vorgestellten Themen erreicht werden.

In manchen Fällen sollte man zusätzlich in der Lage sein, etwas selbstständig »*anzuwenden*«, also in einem einfachen Fall durchzuführen. Für diese Stufe sind ausführlichere Informationen nötig, damit der Leser das Verfahren ausprobieren kann. Manche Techniken, wie das Testen, sollte man im Projekt sogar regelrecht »*beherrschen*«, also auch unter etwas ungewöhnlichen Umständen sicher einsetzen können. Entsprechend werden diese Themen besonders intensiv behandelt.

Um eine Technik zu beherrschen, muss man sie mehrfach selbst anwenden. Hier sind die Grenzen einer Einführung erreicht; dieses Buch soll eine Ermunterung an den Leser sein, die Verfahren auch einzusetzen. Für manche Themen gibt es typischerweise mehr Bedarf als für andere.

Tabelle 1–1 zeigt, von welchem Bedarf man bei normalen Projekten ausgehen kann. Dabei ist natürlich jedes Projekt etwas anders gelagert, die Tabelle kann nur einen ersten Überblick geben. Wer in seinem Projekt beispielsweise modellbasiert arbeitet, wird sich natürlich auf diesem Gebiet vertiefen müssen, während das in anderen Projekten unnötig ist. Aber jeder Projektteilnehmer, ob Entwickler, Projektleiter oder Qualitätsbeauftragter, sollte mit den Themen aus Tabelle 1–1 einigermaßen vertraut sein. Idealerweise gilt das auch für Manager und qualitätsbewusste Kunden von Softwareprojekten.

Die Auswahl und Gewichtung der Themen orientiert sich an deren praktischer Bedeutung, also an Tabelle 1–1. Auch für Themen, die man nicht ständig braucht, wird ein Überblick geboten, damit man die Grundlagen kennt und sie bei Bedarf einordnen kann. Bei Themen, die in Projekten häufiger verlangt werden, ist auch die Darstellung detaillierter.

Sicher wäre es ideal, alle Themen zu *beherrschen*. Aber der Weg dorthin ist oft weit und steinig. Nach vielen Jahren ist er mit guten und schlechten Erfahrungen gepflastert. Anfangs darf es auch etwas weniger sein: Auf Spezialgebieten wie dem Usability Engineering ist schon viel erreicht, wenn man sich so weit auskennt, dass man mit Spezialisten vernünftig zusammenarbeiten kann.

Darum geht es hier. Dieses Buch soll einen guten Start geben und Orientierungshilfe für diesen Weg liefern.

Qualitätskompetenzen in Softwareprojekten
(typischer Bedarf)

kennen anwenden beherrschen

Organisation und Grundlagen
Organisation und Terminologie der Softwarequalität
Aufgabe und Situation von Qualitätsbeauftragten
Qualitätsanforderungen und Qualitätsmodelle formulieren
Qualitätsnetzwerke und erfahrungsbasierte Techniken
Testen
Grundlagen und Grundbegriffe
Verfahren zum systematischen Test
Testfälle aus Anforderungen systematisch erstellen
Testfälle aus Programmstruktur ableiten
Hintergrund: Sonderfälle, Dokumentation, GUI-Test

Usability Engineering / Bedienbarkeit

Qualitätsmetriken
Bekannte Maße und Probleme
Individuelles Messprogramm mit GQM

Reviews und Inspektionen

Formale Verfahren
Prädikatenlogischer Beweis
Formaler Umgang mit Modellen

Konstruktive Qualitätssicherung
Überblick über einschlägige Ansätze
Qualität in agilen Methoden
Test First mit JUnit

Tab. 1–1 *Wie gut man die Themen für den Projektalltag kennen sollte*

1.5.2 Die Reihenfolge der Themen

Die Qualitätssicherung wird oft systematisch in drei Bereiche eingeteilt: analytische, konstruktive und organisatorische Maßnahmen. Analytische Maßnahmen suchen Fehler, damit man sie beheben kann. Konstruktive versuchen schon bei der Entwicklung, Probleme gar nicht erst entstehen zu lassen. Und organisatorische Maßnahmen bilden den Rahmen um die ersten beiden: Sie schaffen die Voraussetzungen, damit diese wirken können.

Diese Einteilung taucht natürlich auch in diesem Buch auf, die Themen sind aber nach einem anderen Kriterium angeordnet: Wer die Kapitel der Reihe nach liest, wird von ihnen nach und nach an die Softwarequalität herangeführt. Nicht Techniken und Werkzeuge sollen den ersten Eindruck bestimmen, sondern der Zusammenhang, die menschliche Komponente – und was Projektbeteiligte zuerst einmal bewegt: Bin ich hier überhaupt richtig?

Auf das Testen werfen wir zuerst nur einen kurzen Blick. Die Herangehensweisen strahlen auch in andere Bereiche der Softwarequalität aus, aber die Details des Testens müssen noch etwas warten. Am Schluss kommen dann speziellere Themen zu ihrem Recht: Usability oder Bedienbarkeit und agile Methoden, immer in Bezug auf Softwarequalität.

Wer aber nicht der Reihe nach lesen will oder wer schnell etwas sucht, kann direkt in die jeweiligen Kapitel einsteigen.

1.6   Bedeutung von Softwarequalität

An Softwarequalität denkt man im normalen Leben eigentlich nur, wenn etwas damit nicht stimmt:

Man hat eine Onlineüberweisung abgeschickt, da bleibt das Programm plötzlich stecken und reagiert nicht mehr. Ist das Geld jetzt überwiesen? Wenn nicht, steht eine Mahnung ins Haus. Also lieber einfach noch einmal überweisen. Aber halt! Wenn die Überweisung doch schon erfasst wurde, würde das zu einer Doppelüberweisung führen – mit überzogenem Konto beim Absender und viel Arbeit, bis man alles rückgängig gemacht hat.

Es kann natürlich immer einmal Verbindungsprobleme geben, wie in diesem Beispiel. Aber es hat mit Softwarequalität zu tun, wie aufwendig es ist festzustellen, ob die Überweisung gerade noch getätigt wurde oder gerade nicht mehr. Definitiv ein Qualitätsproblem liegt vor, wenn das Geld zwar beim Absender abgebucht, aber nicht beim Adressaten gutgeschrieben wurde (unvollständige Transaktion). Wenn eines dieser Probleme mit einer größeren Summe passiert, kann der Ärger entsprechend groß werden. Dann wechselt ein Kunde schon einmal die Bank.

Noch ein Beispiel: Im Internet können auch scheinbar kleine Ungewöhnlichkeiten zu Verlusten führen: Beispielsweise gibt es Onlineshops, die keinen Einkaufswagen anbieten oder nicht wie gewohnt damit umgehen. In einem bestimmten Online-Bekleidungsgeschäft sucht man beispielsweise vergeblich nach einem Einkaufswagen. Mancher Kunde und manche Kundin geben nach einigem Suchen entnervt auf und kaufen eben anderswo ein. Dabei heißt dieser Mechanismus hier einfach nicht Einkaufswagen, sondern »Tasche«. Nun kann man sich streiten, ob man in einem realen Bekleidungsgeschäft eher mit einem Einkaufswagen oder einer Tasche einkauft. Wenn der Laden wegen einer schöneren Formulierung aber Kunden verliert, ist der Streit rasch entschieden. Außerdem würde man ja im Laden hoffentlich auch nicht alles in seine Tasche stecken, solange man noch nicht bezahlt hat. Eine scheinbare Kleinigkeit, die also mehr Verwirrung als Freude stiftet.

Diese Fälle sind real und vor kurzem passiert. Nicht jeder würde sie spontan auf schlechte Softwarequalität zurückführen, aber diese steckt auch dahinter, wenn hier und in tausenden von ähnlichen Fällen Kunden abwandern, Vertrauen verspielt wird und Geld verloren geht. Jeder kennt ähnliche Fälle.

Natürlich liest man in der Zeitung auch von den spektakulären Pannen und Katastrophen: das Computersystem einer Bank, das abstürzt und einen Tag lang nicht verfügbar ist. Noch ein oder zwei Tage länger, und die Bank wäre Bankrott gegangen. Die Handyfirma, die hunderte von Millionen Euro Verlust macht, weil der Warnton einer Baureihe unter gewissen Umständen so laut ertönt, dass er das Gehör schädigen kann – ein Softwareproblem. In einem anderen Fall werden Krebspatienten falsch bestrahlt, weil ein Gerät einen Softwarefehler hat. Auch das System rund um die Gesundheitskarte muss zeigen, dass die Daten darauf sicher gespeichert sind und nicht von Unbefugten angezapft werden können. Diese Liste ließe sich endlos verlängern; überall sind finanzielle und manchmal gar gesundheitliche Schäden die Folge.

Man sollte dabei aber nicht vergessen, dass auch die **positive Liste** eindrucksvoll und es durchaus möglich ist, mit guter Softwarequalität Kunden zu binden und sogar anzulocken. Niemand würde Bücher bei Internethändlern kaufen, wenn ständig Bestellungen verloren gingen oder verfälscht würden – oder auch nur, wenn die entsprechenden Websites nicht so einfach zu bedienen wären. Das ist nicht zufällig so gekommen, sondern es wurde mit intensivem Ringen um gute Bedienbarkeit, Zuverlässigkeit und Korrektheit erreicht. Ein Triumph der Softwarequalität, wenn auch im Stillen.

Wer sich heute in ein modernes Auto der Oberklasse setzt, bemerkt gar nicht, wie viel Software ihn umgibt. Vom Navigationssystem ganz abgesehen, basieren auch Bremse und Motorsteuerung, dynamische Servolenkung und Airbag, Stabilitätspaket und Klimaanlage auf Software. Sie funktioniert zuverlässig, sicher und unauffällig in Millionen von Fahrzeugen. Eine einzige Panne mit dem Bremsassistenten hätte so gravierende Folgen, dass Softwarequalität ernst genommen werden muss. Zur Freude der Fahrer.

Auch diese Liste ist lang; nur muss man etwas nachdenken, bevor man im eigenen Umfeld Beispiele findet, in denen gute Softwarequalität großen Nutzen gestiftet hat. Man hält es wohl auch bei so komplexen Systemen für »selbstverständlich«, dass sie »normal funktionieren«.

Nichts könnte aber *weniger* selbstverständlich sein. Softwarequalität ist ein herausforderndes und deswegen auch spannendes Gebiet. Die Auswirkungen auf Wirtschaft, Gesundheit und privates Wohlergehen kann man kaum überschätzen. Grund genug, sein Bestes zu geben.

1.7   Wie Q zur Softwarequalität kam

Q hat Informatik studiert und ist vor kurzem fertig geworden. Wie schon oft ist Q am Frühstückstisch in den Stellenteil der Zeitung vertieft. Bisher waren nicht so viele interessante Sachen dabei. Eine Bewerbung hat Q auch schon geschrieben, aber eher halbherzig. Ganz so eilig ist es nicht mit der ersten richtigen Stelle, schließlich hat Q noch einen Programmierjob, der seit vier Semestern für ein wenig finanziellen Spielraum sorgt. Aber eine richtige Dauerstelle ist das nicht. Eine Stellenanzeige spricht Q an, weil sie nach einer anspruchsvollen Tätigkeit klingt, in der man nicht ständig nur programmieren muss:

FunGate Software
ist ein mittelständisches Software-Unternehmen.

Wir erstellen Individualsoftware für Global Player und für Spezialisten mit hohen Anforderungen. Qualität wird bei uns nicht nur groß geschrieben, sondern in den Projekten täglich gelebt. Zum Ausbau unserer Softwarequalitäts-Mannschaft suchen wir eine/n

Software-Qualitätsbeauftragten (m/w)
am Standort Hannover

zum Einsatz in den innovativen Projekten unseres Hauses. Sie planen und überwachen selbstständig Qualitätsmaßnahmen in der Entwicklung eingebetteter und administrativer Software. Sie stimmen sich mit dem Projektleiter eng ab und berichten direkt dem Qualitätsverantwortlichen des Bereichs.

Wir erwarten einen überdurchschnittlichen Universitätsabschluss in Informatik und das Fingerspitzengefühl, das den erfolgreichen Qualitätsexperten auszeichnet. Für außergewöhnliches Engagement bieten wir außergewöhnlich gutes Betriebsklima und eine angemessene Bezahlung.

FunGate - Hannover

Bewerben Sie sich mit den üblichen Unterlagen ...

Abb. 1–1 *Fiktive, aber typische Stellenanzeige für Qualitätsbeauftragte*

Im Studium hat Q diverse Vorlesungen über Software Engineering gehört. Auch das Thema Softwarequalität findet Q interessant; in einem studentischen Projekt war Q für die Qualitätssicherung zuständig und weiß daher, wie schwierig das ist. Außerdem klingt es vielversprechend, gleich mit dem Projektleiter auf Augenhöhe verhandeln zu können – und notfalls sogar noch jemanden in der Bereichsleitung zu kennen. Vor allem glaubt Q, über ziemlich gute soziale Fähigkeiten zu verfügen; nicht erst seit dem Softwareprojekt im vorletzten Semester.

Die Anzeige aus Abbildung 1–1 ist genauso fiktiv wie die Firma FunGate, aber die Anforderungen an Qualitätsbeauftragte stammen aus realen Unternehmen. Der Anzeigentext verrät schon einiges über die Erwartungen und Grundkonzepte, die in der Firma herrschen. Nicht überraschend ist wohl, dass ein Informatik-Hintergrund sehr wichtig ist. Eher verblüffend könnte dagegen sein, dass darüber hinaus von Fingerspitzengefühl die Rede ist, also von »soft skills«. Die geforderten »weichen Fähigkeiten« zu haben ist hier eine harte Anforderung! Wer sie nicht mitbringt, wird große Schwierigkeiten haben – und sollte daher die Stelle nicht bekommen. Bewerber sollten die Formulierung in Stellenanzeigen unbedingt sehr ernst nehmen, denn das Wenige, das dort steht, ist meist sehr gut überlegt.

Offenbar ist FunGate keine ganz kleine Firma. Eine sehr kleine Firma hätte kaum explizit einen Qualitätsbeauftragten gesucht; dort wird diese Aufgabe meistens nebenher von Entwicklern übernommen. Q erinnert sich an die Anmeldung bei einem Telefonanbieter. Man musste ein langes Formular auf dem Bildschirm ausfüllen. Links konnte man sehen, welche Schritte noch bevorstanden. Insgesamt waren es 17 Schritte. Im vorletzten Schritt, vor der endgültigen Zustimmung zum Anbieterwechsel, wollte Q noch einmal schnell seine Antwort von Schritt 2 nachsehen und klickte auf diesen Schritt. Wie erwartet wurden die dortigen Angaben angezeigt. Leider konnte Q dann aber nicht mehr zu Schritt 16 zurückspringen und musste alles noch einmal eingeben. So etwas müsste man doch anständiger hinbekommen, denkt Q. Das wäre schon eine lohnende Herausforderung für überzeugte Qualitätsleute, da könnte man etwas für die Kunden bewirken!

2 Grundkonzepte

In jeder Disziplin gibt es einen Grundstock an Begriffen und gemeinsamen Überzeugungen. Wer schon länger auf dem Gebiet arbeitet, hat diese Begriffe verinnerlicht und geht selbstverständlich davon aus, dass auch die Gesprächspartner mit denselben Annahmen und Ideen vertraut sind.

Auch in der Softwarequalität gibt es solche Begriffe und Konzepte. Wenn man sich dem Gebiet gerade erst nähert, ist es schwer, sie zu »verstehen«. Eigene Erfahrungen fehlen noch. In dieser Situation muss man sich die Begriffe aneignen, ohne noch viel damit zu verbinden. Das kommt dann später.

Q hat sich aufgerafft und eine Bewerbung geschrieben. Erstaunlich schnell kam ein Anruf, man hat Q zum Vorstellungsgespräch eingeladen. Q ist gespannt, was FunGate genau will, und ist zehn Minuten vor dem Termin vor dem Gebäude. Das FunGate-Gebäude im Gewerbegebiet hat mehrere Stockwerke und wirkt modern. In der Eingangshalle von FunGate betrachtet Q die Übersichtstafel.

5. OG:	Geschäftsleitung
4. OG:	Qualitätsinitiative Schulungszentrum
3. OG:	Bereich Consulting
2. OG:	Bereich administrative Systeme und Lösungen
1. OG:	Kantine, Gruppenräume
EG:	Bereich Embedded SW Hardware-Versuchshalle
UG:	Bereich Formale Methoden Werkzeuge

Abb. 2–1   *In der Empfangshalle von FunGate*

Q interpretiert die räumliche Anordnung der Bereiche auf der Orientierungstafel (Abb. 2–1): Erfreut stellt Q fest, dass die Qualitätsinitiative ganz nahe bei der Geschäftsleitung sitzt und eng mit Schulungen verbunden zu sein scheint.

Recht erdnah und hardwareverbunden sind die Embedded-Software-Projekte, bei denen Drähte und Motoren eine Rolle spielen. Und was sich da im Keller genau abspielt, bleibt für Q zunächst mysteriös.

Auf dem Weg zum Vorstellungsgespräch im 4.OG kommt Q an einer offenen Tür vorbei. In dem Raum geht es hoch her. Q schätzt, dass sich hier 12–15 Leute angeregt unterhalten. Weil das Gespräch mit Qualität zu tun hat, bleibt Q kurz stehen: »... ach, ich denke mir, dass sich doch jeder bemüht. Wir sind alle gute Programmierer und nehmen uns Zeit, um unsere Programme so weit fehlerfrei hinzubekommen, dass wir völlig damit zufrieden sind. Unser Ziel heißt ›Null Fehler!‹, und das werden wir auch sicher erreichen. Naja, ein oder zwei Fehler finden wir schon mal beim Testen, aber das sind doch nicht viele, oder! Also alles in Butter. Manche arbeiten ja sogar ganz formal, da sind Fehler sowieso ausgeschlossen. Aber das muss man mögen, ich bin eher ein Praktiker, hahaha. Mal sehen, was die neue Q-Beauftragte macht.«

Was Q da hört, wirft doch einige Fragen auf: Nach der Qualitäts-Vorlesung, die Q gehört hatte, war die eigene, subjektive Zufriedenheit kein Qualitätskriterium. Testen bringt hier schon mehr, aber null Fehler sind doch illusorisch! Und es ist keine Schande, das zuzugeben. Überhaupt: Nur einen oder zwei Fehler zu finden, erscheint Q sogar zu wenig. Hat man da nicht eher schlampig getestet? Wer sind diese Leute eigentlich, und warum schwatzen die da einfach in der besten Arbeitszeit? Ach ja: Und wieso soll es unbedingt eine weibliche Qualitätsbeauftragte sein?

Im Vorstellungsgespräch geht der freundliche Personalchef erst einmal auf die Organisation der Softwarequalität bei FunGate ein. Q nimmt sich vor, später bei manchen Punkten nachzuhaken. Der Personalchef erläutert zunächst, wie die Softwarequalität in der Firma eingebettet ist.

2.1 Qualitätsorganisation und Terminologie

Softwarequalität muss in der Organisation einer Firma verankert sein. Dazu gehören die Aufbauorganisation, die Ablauforganisation und ein Qualitätsmanagementsystem. In der **Aufbauorganisation** sind die Hierarchieebenen und Leitungsfunktionen geregelt, also wie die Softwarequalität in die statische Struktur der Firma eingebettet ist. Damit gute Softwarequalität auch gegen mögliche Widerstände durchgesetzt werden kann, sind zwei Regeln zu beachten:

▨ Qualität ist auf allen Ebenen vertreten und bildet eine eigene Hierarchie, parallel zu der Linien- und Leitungshierarchie der Softwareentwicklung. In Abbildung 2–2 gibt es Mitarbeiter der Qualitätsorganisation auf allen Ebenen. Sie können unterschiedliche Bezeichnungen tragen, wie hier »Qualitätsleiter« oder »Leitung Softwarequalität«. In den Abteilungen wirken die Qualitätsbeauftragten (QB).

▨ Auf jeder Ebene agieren die Qualitäts-Leute als Stabsstellen der jeweiligen Führungskraft auf dieser Ebene. Stabsstellen unterstützen die Führungskraft, ohne selbst Leitungsaufgaben wahrzunehmen. Dies ist durch die dünnen Linien angedeutet, die jeden Bereich (weiß) mit seinem »Schatten« verbinden. Der Schatten (grau) steht für die jeweils zugeordnete Stabsfunktion.

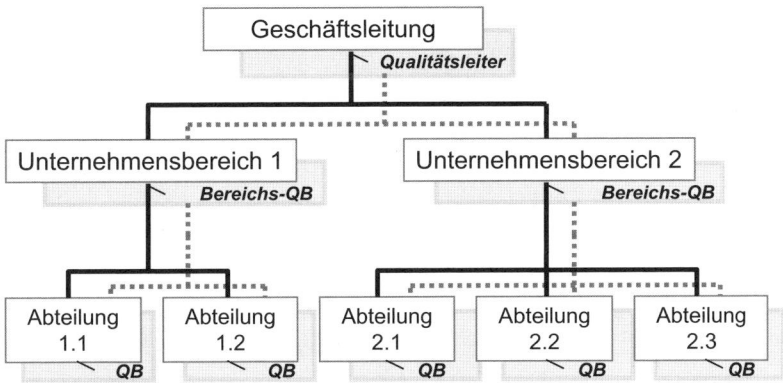

Abb. 2–2 *Aufbauorganisation der Softwarequalität nach [Glinz '05]*

Durch diese Regeln sind die beiden Hierarchien zwar auf allen Ebenen miteinander verbunden, aber Linienverantwortliche können die Qualitätsfachleute nicht zwingen, ihre Qualitätsansprüche zu senken. Denn Weisungsbefugnis besteht nur entlang der dicken (schwarzen und grauen) Linien. Ohne diese Unabhängigkeit hätte die Softwarequalität einen schweren Stand. Bei Termindruck könnte sie leicht an den Rand gedrängt werden. Dieses Prinzip der »Schattenhierarchie für Qualität« ist allgemein bekannt; dennoch wird es nicht immer eingehalten. Viele kleine oder unreife Organisationen kennen zwar dieses Prinzip, befolgen es aber nicht konsequent.

Bei der **Ablauforganisation** geht es um die dynamischen Abläufe und Prozesse. Aus Sicht der Qualität ist daran interessant, dass das Qualitätsmanagement (QM) einfach einen Unterstützungsprozess für die Entwicklung bildet – neben etlichen anderen, deren Grenzen zum QM übrigens recht fließend sind (Abb. 2–3). Bei aller Unabhängigkeit durch die eigene Qualitätshierarchie sollten sich Qualitätsmitarbeiter ihrer unterstützenden Rolle bewusst sein. Die wirkliche Leistungserbringung, von der ein Unternehmen letztlich lebt, findet in den Hauptprozessen statt. Infrastruktur-, Unterstützungs- und Managementprozesse rahmen diesen Kern ein. Glinz [Glinz '05] betont diesen Zusammenhang und strukturiert die Prozesse der Ablauforganisation. Abbildung 2–3 zeigt diese Prozesse, jedoch etwas anders dargestellt: Jeder Prozess ist als Prozesssymbol dargestellt. Die Prozesse laufen möglicherweise alle parallel. Die Schichtung soll verdeutlichen, dass die Hauptprozesse von den unterstützenden Prozessen und der Infrastruktur getragen werden. Die Abläufe im Management sind auch dem Projektmanagement übergeordnet. Hauptprozesse sind höher gezeichnet als die anderen. Das symbolisiert ihre größere Bedeutung, hat aber nichts mit Aufwand oder Umfang zu tun. Alle Prozesse müssen kontinuierlich bewertet und verbessert werden, um Probleme zu beseitigen, auf neue Anforderungen zu reagieren und die Effizienz zu steigern. Daher ist die Prozessverbesserung als umfassendes Prozesssymbol gezeichnet.

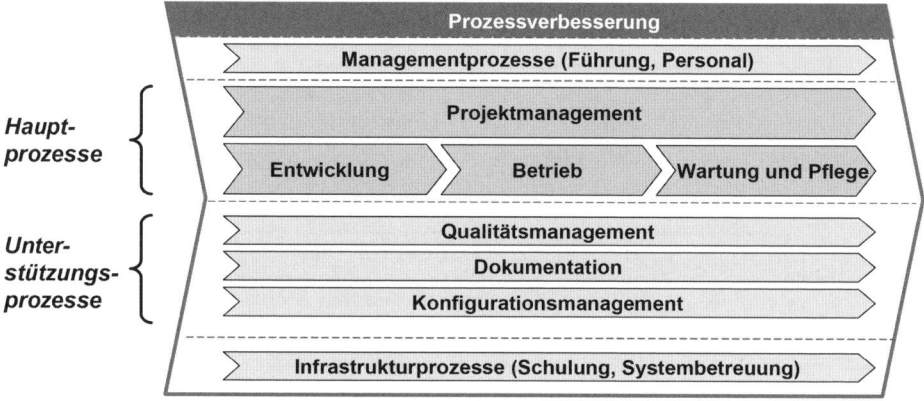

Abb. 2–3   *Ablauforganisation der Softwarequalität*

Die dritte organisatorische Einbettung ist das **Qualitätsmanagementsystem** (QMS). Es ist in der internationalen Norm ISO 8402 definiert. Nach dieser Norm gehören sechs Felder zum QMS, die hier nur kurz erläutert werden:

- **Qualitätspolitik:** Einstellung und Grundsätze der Firma zur Softwarequalität.
- **Qualitätsorganisation:** Aufbau- und Ablauforganisation zur Einbettung aller Softwarequalitätsaktivitäten in das Unternehmen.
- **Qualitätsmaßnahmen:** Konkrete Aktivitäten zur Förderung der Qualität. Im Zentrum stehen Prüfungen (dabei besonders Testen und Reviews), aber auch Fortbildungsmaßnahmen gehören beispielsweise dazu.
- **Qualitätsaufzeichnungen:** Es reicht nicht, die Maßnahmen durchzuführen. Ihre Resultate müssen auch nachvollziehbar dokumentiert werden. Bei Nachfragen und Kontrollen dienen die Aufzeichnungen als Beleg. Zusätzlich ermöglichen sie, wiederkehrende Probleme in der Firma zu identifizieren und sie intern zu beseitigen.

▨ **Dokumentation:** Schließt die Aufzeichnungen ein und bettet sie in einen größeren Rahmen.

▨ **Auditierung des QMS:** Das QMS muss seinerseits regelmäßig geprüft werden, damit sich nicht auf dieser organisatorischen Ebene Mängel einschleichen, die dann auf die Software ausstrahlen. Dies geschieht durch sogenannte Audits, bei denen meist mehrere externe Prüfer (die Auditoren) genau alle Abläufe prüfen.

Die obigen Konzepte ergänzen sich gegenseitig. Idealerweise leiten sie dazu an, Qualitätsziele vorzugeben und sie dann auch konsequent zu verfolgen. Wichtig sind kritische Beobachtung und Reflexion, ohne die eine kontinuierliche Verbesserung nicht möglich wäre. In jeder Firma und jedem Projekt müssen diese abstrakten Konzepte und Begriffe mit Leben gefüllt und konkret umgesetzt werden.

Auch der zentrale Begriff **Qualitätsmanagement** selbst ist in der Norm definiert:

▨ **Qualitätsmanagementsystem:** »zur Verwirklichung des Qualitätsmanagements erforderliche Organisationsstruktur, Verfahren, Prozesse und Mittel« (ISO 8402).

Das QMS verwirklicht also das Qualitätsmanagement:

▨ **Qualitätsmanagement:** »Alle Tätigkeiten der Gesamtführungsaufgabe, welche die Qualitätspolitik, Ziele und Verantwortlichkeiten festlegen sowie diese durch Mittel wie Qualitätsplanung, -lenkung, -sicherung und -verbesserung im Rahmen des Qualitätsmanagementsystems verwirklichen« (ISO 8402).

Die beiden Definitionen verweisen aufeinander, hängen also sehr eng zusammen. Mit *Gesamtführungsaufgabe* ist die Führungsaufgabe des Projektleiters (oder Abteilungsleiters) gemeint. Qualitätsmanagement ist damit zunächst eine normale Teilaufgabe der Softwareentwicklung. Oft wird sie an Qualitätsbeauftragte delegiert; aber letztlich gehört sie integral zum Entwicklungsprojekt. Das geht die ganze Firma an, auch hier ist zu erkennen, wie Qualitätsmanagement zur Gesamtführungsaufgabe gehört.

Man kann unterscheiden zwischen der **Qualitätssicherung**, die sich um die Umsetzung der Qualitätspolitik in einem Projekt kümmert, und dem **Qualitätsmanagement**, das alle Qualitätsbelange über ein einzelnes Projekt hinaus vertritt und darauf achtet, dass in allen Projekten die Qualitätspolitik durchgesetzt wird. Hier ist der Sprachgebrauch nicht ganz einheitlich, diese Unterscheidung ist aber in der Praxis nützlich.

Die Grundeinstellung eines Unternehmens zur Softwarequalität spiegelt sich in der **Qualitätspolitik**. Das ist eine Festlegung auf Prinzipien, Ziele und Richtlinien, denen man sich verpflichtet fühlt. Nur eine schriftlich fixierte und auch wirklich forcierte Qualitätspolitik verdient diesen Namen. Mit ein paar abstrakten Floskeln ist es nicht getan. Jede Qualitätspolitik sollte drei Grundsätze beachten [Glinz '05]:

▨ Qualitätsanstrengungen dienen letztlich immer einem besseren Produkt und Prozess, sind also kein Selbstzweck.

▨ Jeder Mitarbeiter ist für die Qualität seiner Arbeit zunächst persönlich verantwortlich.

▨ Qualitätsbeauftragte sind dafür zuständig, Qualitätsmaßnahmen kompetent durchzuführen – aber nicht dafür, dass sie im Sinne des Projekts »gut ausgehen«. Wenn Mängel gefunden werden, ist das für das Projekt zunächst ärgerlich, aber ein Erfolg der Qualitätsmaßnahme. Nur ein gefundener Fehler kann beseitigt werden.

Dabei muss die Qualitätspolitik nicht *höchste* Qualität bei maximalem Einsatz von Geld und Ressourcen vorgeben. Sie wird in der Regel bescheidener ausfallen. Oft ist es besser, moderate Ziele zu benennen, die dann auch wirklich einzuhalten sind. »Null Fehler« sind kaum zu erreichen, dagegen sind »fast keine Fehler mehr nach der Auslieferung« eine ehrgeizige, aber erreichbare Vision.

Nach der Qualitätspolitik richten sich dann die anderen, oben angeführten Aspekte und Maßnahmen im Rahmen des Qualitätsmanagementsystems aus.

2.2   Kosten und Nutzen von Softwarequalität

Qualitätsmaßnahmen müssen sich lohnen. Sie werden eingesetzt, um die eigenen Kosten zu reduzieren. Zu den Kosten zählen sowohl die Fehlervermeidungskosten (was man für Qualitätsmaßnahmen ausgibt) als auch die Fehlerkosten (was man für Fehlerbeseitigung, Haftung oder Entschädigung ausgeben muss, wenn doch Fehler aufgetreten sind). In Abbildung 2–4 sieht man beide Kostentypen, und als dritte Kurve die Summe davon. Offensichtlich ist das wirtschaftliche Ziel, diese Summe zu minimieren, also weder mehr noch weniger Aufwand in die Softwarequalität zu stecken. Auch Softwarequalität wird ganz prosaisch aus wirtschaftlicher Perspektive beurteilt. Damit beginnt das Ringen um den besten Kompromiss, der die Aufgabe qualitätsbewusster Projektmitarbeiter kennzeichnet.

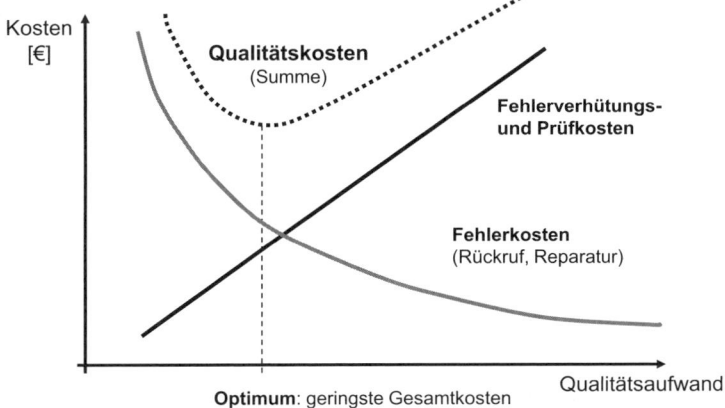

Abb. 2–4 *Optimierung der Qualitätsaufwände nach [Frühauf et al. '02]*

Bevor es zu abstrakt wird, macht der Personalchef an dieser Stelle deutlich, dass trotz aller Qualitätspolitik natürlich ein gesundes Gefühl für die Kosten von Qualitätsanstrengungen erwartet wird: Schließlich will die Firma nicht pleite gehen, weil sie perfekte Qualität sogar noch dort liefert, wo es der Kunde nicht honoriert.

Q ist eher erleichtert: Trotz aller Ideale bleibt man doch am Boden und will einfach ein großes Kostenrisiko (durch Rückrufaktionen, verärgerte Kunden und Nacharbeit) mithilfe von Qualitätsbeauftragten und Qualitätsmaßnahmen reduzieren. Das klingt vernünftig.

Das erste Betätigungsfeld eines Qualitätsbeauftragten ist das eigene Unternehmen. Wenn die gesamte Entwicklung im eigenen Haus abläuft, gilt das auch für die Qualitätsmaßnahmen. Aber in unserer arbeitsteiligen Gesellschaft arbeiten selbst mittelgroße Unternehmen in vielen Projekten für Auftraggeber, die die Software in ein Gerät oder ein komplexes Softwaresystem einbauen wollen. Auf der anderen Seite arbeiten sie mit mehreren Unterauftragnehmern zusammen. Wenn sie sich Teile (oder Softwarekomponenten) anderswo billiger machen lassen können, wird man sie nicht selbst entwickeln. Das ist vernünftig, aber zwischen Auftragnehmern und eigenem Auftraggeber gerät ein Projekt natürlich leicht in eine Sandwich-Position. Darauf müssen auch die Qualitätsbeauftragten reagieren, damit die eigenen Qualitätsbedürfnisse nicht zwischen den Partnern zerrieben werden.

Dem Auftraggeber muss man verdeutlichen, dass alle nötigen Vorkehrungen für die Softwarequalität getroffen wurden und die Ergebnisse sich (hoffentlich) zufriedenstellend entwickeln. Dieser Nachweis bildet den Kern der Qualitätssicherung.

Dagegen wird man den eigenen Auftragnehmern nicht unbesehen alles glauben. Wenn eine zugelieferte Softwarekomponente für das Gesamtprojekt sehr wichtig ist, wird ein versierter und risikobewusster Projektleiter schon vor Auslieferung Prüfberichte fordern und sich regelmäßig immer wieder in die Qualitätsbemühungen der Auftragnehmer einklinken.

Hier kommt es darauf an, das rechte Maß zu finden: Weder möchte man sich blind auf andere verlassen, noch möchte man mehr Aufwand in die Überwachung der Qualitätsmaßnahmen stecken, als durch die Delegation der Aufgabe eingespart wird. Diese Situation verlangt besonderes Fingerspitzengefühl.

2.3   Qualitätsbeauftragte

Q wird langsam unruhig, weil diese abstrakten Überlegungen wenig über die konkreten Pflichten eines Qualitätsbeauftragten aussagen. Das mag ja alles stimmen, aber ist man dann später eher der »Dummy«, der überall Stöße und Schläge von allen Seiten abbekommt, oder tritt man im Tagesablauf doch eher als mächtiger Qualitäts-Oberaufseher auf? Der Personalchef wird gerne konkreter und freut sich, dass Q nachgefragt hat. Das sollten Qualitätsbeauftragte immer tun: nachfragen, konkretisieren, besser verstehen wollen.

Softwareprojekte stehen meist unter großem Druck. Auch Projektleiter, die die Bedeutung von Softwarequalität verstanden haben und hoch achten, können nicht aus Perfektionismus ihr Projekt aufhalten. Alles, was zum Gelingen des Projekts beiträgt, ist willkommen – und alles andere wird gemieden. Die Qualitätsorganisation und ihre Qualitätsmaßnahmen unterstützen die Entwicklung, sie stehen also prinzipiell auf der »guten Seite«. Es bietet sich aus dieser Sicht an, die Qualitätsmaßnahmen als Dienstleistungen anzusehen.

Aus der Qualitätsorganisation erhält die Entwicklungsorganisation Leistungen wie:

- **Vertragsprüfung:** Enthält der Vertrag Passagen, mit denen die Softwarequalität Schwierigkeiten bekommen könnte?
- **Risikomanagement:** Was könnte während des Projekts schiefgehen und was kann man vorausschauend tun, um das zu verhindern oder die Folgen zu mildern?
- Planung und Durchführung von **Prüfungen** (meist Tests und Reviews).
- Vorbereitung und Schulungen zu **Werkzeugen** für diese Prüfungen.
- **Dokumentation** und Auswertung von Prüfungsergebnissen.
- Unterstützung bei **Beschaffung und Beistellungen**, also auf der Schnittstelle zu Auftraggebern. *Beschaffung* bedeutet, eine Teilaufgabe nicht selbst zu erledigen, sondern sie im Zuge der »Beschaffung« an Unterauftragnehmer zu dele-

gieren. *Beistellungen* sind dagegen Leistungen, die ein Auftraggeber seinem Auftragnehmer schuldet, damit dieser seine Pflichten erfüllen kann. Beispielsweise kann ein Softwarehaus die Datenbank eines Kunden nur portieren, wenn es die alte Datenbank und deren Datenbankschema erhalten hat.

Risikomanagement und Unterstützung bei Beistellungen und Beschaffungen stehen zwischen Qualitäts- und Projektmanagementaufgaben. Sie haben große Auswirkungen auf die Qualität und werden meist als Stabsaufgaben wahrgenommen, ebenso wie die Softwarequalität insgesamt. Daher sind sie häufig der Softwarequalität zugeordnet.

Interessiert man sich dafür, was die Qualitätsorganisation genau leisten soll, so braucht man eine Beschreibung der Aufgaben, Kompetenzen und Verantwortlichkeiten (in vielen Unternehmen als »AKV« abgekürzt). Das folgende Wunschprofil stammt aus einem Unternehmen, das professionelles Qualitätsmanagement im großen Stil betreibt. Die Liste beansprucht nicht, für alle Unternehmen zu gelten, ist aber ein Schnappschuss aus der Realität.

(+ + +) Am wichtigsten
- *Informatik-Hintergrund*
- *Kommunikationsfähigkeit*
- *Eigeninitiative*
- *Pragmatische Einstellung*
- *Durchsetzungs- und Konfliktfähigkeit*

(+ +) Ziemlich wichtig
- *Grundlegende QS-/QM-Techniken (Test, Review)*
- *Speziellere Techniken (wie Usability, Qualitätsmodelle)*
- *Gängige Standards (DIN, ISO, IEEE)*

(+) Vorteilhaft
- *Kenntnis des Anwendungsbereichs*

(- -) Ungünstig
- *Kommt aus demselben Team oder Bereich*

Abb. 2–5   *Wunschprofil von neuen Qualitätsbeauftragten [Schneider '01a]*

Man kann sich fragen, welche Überlegungen hinter einem Wunschprofil für neu eingestellte Qualitätsbeauftragte wie in Abbildung 2–5 stehen: Mitunter müssen Qualitätsbeauftragte unangenehme Botschaften an das Projektteam überbringen: ungünstige Testergebnisse, kommende Audits oder andere aufwendige Pflichten. Um dann trotzdem nicht den Ruf der Qualitätsabteilung zu schädigen, sind all die sozialen Kompetenzen erforderlich, die das Wunschprofil für Qualitätsbeauftragte auflistet. Solche Idealvorstellungen werden in gängige Formulierungen gegossen und finden sich dann in Stellenanzeigen wieder.

Der **Informatik-Hintergrund** spielt nicht nur und nicht vor allem auf ein Aus-
bildungsniveau an. Vielmehr sollte jemand, der in die Softwarequalität einsteigt,
zuvor eine Zeit lang Software entwickelt haben. Das macht es viel leichter, die
Zwänge und notwendigen Zumutungen einzuschätzen, die man den Entwicklern
auferlegt. In der Konsequenz muss man die Qualitätsmaßnahmen so dosieren,
dass die Entwickler trotz aller Qualitätsambitionen nicht überfordert werden.

Das tägliche Handwerkszeug eines Qualitätsbeauftragten sind **Kommunika-
tions- und Überzeugungsfähigkeit**. In Wahrheit gibt es kaum Möglichkeiten, ein
Projektteam zu etwas zu zwingen. Die einzigen wirksamen Mittel sind damit
Kommunikation und Überzeugungskraft. Fachliche Defizite kann man teilweise
in der Einarbeitungsphase ausbügeln; bei sozialen Kompetenzen geht das nicht so
schnell, und nicht jede oder jeder kann sich zum Kommunikationsprofi wandeln.
Wer diese Fähigkeit aber mitbringt, kann in der Softwarequalität eine erfüllende
Aufgabe finden.

Nicht unproblematisch ist die Vereinzelung von Qualitäts-Experten in einer
Firma. Nur große Projekte leisten sich mehrere Personen für die Softwarequalität; kleine manchmal nur den Bruchteil einer einzigen Person (»20 % der Kapazität«). Diese Person ist dann mit ihrer Aufgabe allein. Manche Projektteilnehmer
hegen außerdem das Vorurteil, Qualitätsanstrengungen seien keine konstruktive
Unterstützung für das Projekt, sondern würden nur bürokratischen Aufwand
(»Overhead«) erzeugen. Sehr ruhige, zurückhaltende Qualitätsbeauftragte könnten diesen Eindruck noch verstärken. Dagegen sind Qualitätsbeauftragte erfolgreich, die mit viel **Eigeninitiative** die Kraft des Projekts in die richtigen Bahnen
lenken. Dabei zählt **Pragmatismus**: Wer perfektionistisch eine theoretisch ideale
Lösung (»Null Fehler«) sucht, wird an den Widerständen der gestressten Entwickler scheitern. Wer sich dagegen in Entwickler einfühlen kann und ihre
Zwänge kennt, der wird so viel für die Qualität herausholen, wie gerade noch
möglich – aber nicht Unmögliches versuchen. Erfahrungsgemäß bleiben dabei
Konflikte mit der Projektleitung nicht aus. Damit muss man umgehen können,
ohne selbst zu stark darunter zu leiden.

Erst in zweiter Linie sind Kenntnisse erforderlich, die man sich notfalls auch
erst in der Einarbeitungsphase aneignen kann. Dazu gehören natürlich die **Kenntnis grundlegender Verfahren der Qualitätssicherung**: Auf Testen und Reviews
wird noch ausführlich eingegangen. Informatiker gehen mit vielerlei Modellen
um, von Architekturmodellen über Prozessmodelle bis hin zu Qualitätsmodellen.
Der geschickte Umgang mit Modellen ist also eine wichtige Fähigkeit, auch für
Qualitätsbeauftragte. *Usability* bedeutet Bedienbarkeit und ist immer dann wichtig, wenn ein Softwareprodukt von Menschen bedient werden soll. Hier geht es
darum, die Bedienabläufe und die Gestaltung des gesamten Programms – nicht
nur der grafischen Oberfläche! – auf die Benutzer und ihre Aufgaben abzustimmen. Viele Softwareprodukte sind dagegen in Geräte eingebaut und haben dann
keine direkte Benutzerschnittstelle. Dazu gehören Waschmaschine und die

Motorsteuerung im Auto. Hier spielt eher die Bedienbarkeit des ganzen Geräts eine Rolle.

Schließlich werden **Normen und Standards** genannt. Sie helfen, sich über Unternehmensgrenzen hinweg zu verständigen. Normierte Begriffe können überall nachgesehen und eingesetzt werden. Normen und Standards spielen auch für Verträge eine große Rolle, denn sie schaffen einen festen Bezugsrahmen für Auftraggeber und Auftragnehmer. Es gibt allerdings recht viele Normen, die für die Softwarequalität anzuwenden sind. Sie sind zudem meist sehr trocken formuliert und keine mitreißende Lektüre. Man wird daher kaum erwarten, dass ein Qualitätsbeauftragter alle einschlägigen Normen im Detail kennt. Dagegen sollten Qualitätsbeauftragte zumindest wissen, *welche* Normen (z.B. ISO 8402, ISO 9001) für ihre Tätigkeit besonders wichtig sind; die häufigsten Begriffsdefinitionen daraus sollten ihnen geläufig sein. Sie werden auch in diesem Buch vorgestellt.

Während **Anwendungs- bzw. Domänenkenntnis** als vorteilhaft angesehen wird, gilt »**Stallgeruch**« als nachteilig. Auf den ersten Blick kann das wie ein Widerspruch aussehen.

Wenn man genauer hinsieht, erkennt man den Unterschied. Software spielt heute in vielen Bereichen, von Handys über Autos bis zu Steuerverwaltungsprogrammen eine große Rolle. Kein Ingenieur käme auf die Idee, alle diese Geräte gleich gut bauen und dann noch die Steuererklärung für ein Großunternehmen machen zu können. Auch Informatiker und Qualitätsbeauftragte werden sich daher auf ein Gebiet spezialisieren. Wer die Kniffe von Steuergesetzsoftware kennt, ist auf diesem Feld einem Kollegen überlegen, der bisher im Automobilbereich gearbeitet hat – und umgekehrt. Das liegt an dem Wissen und der Erfahrung, die aus dem Anwendungsgebiet (engl.: *domain*, dt.: *Domäne*) kommt.

Wer dagegen in einer Entwicklergruppe seit Jahren programmiert hat, der sollte seine Qualitätskarriere nicht gerade in derselben Gruppe starten. Das hat nicht fachliche Gründe, denn die Domäne würde ja ideal passen. Aber die Rolle des Qualitätsbeauftragten verlangt, die ehemaligen Kollegen mit Autorität zu prüfen und zu kontrollieren. Zwar weiß man dann, wo die Probleme liegen; die früheren Kollegen wissen aber auch, dass man sie selbst bisher ebenso nicht lösen konnte. Das untergräbt die Autorität. Da ist es besser, als »unbeschriebenes Blatt« in einen neuen Bereich zu kommen.

2.4 Eine Vision: Total Quality Management

Nicht jeder Informatiker muss Qualitätsbeauftragter werden – aber praktisch jeder Projektmitarbeiter wird an Qualitätsmaßnahmen mitwirken. Eine Bewegung aus der japanischen Automobilindustrie hat diese Tatsache vor einigen Jahren aufgegriffen und zu ihrem Programm gemacht:

Laut *Total Quality Management* (TQM) [Zultner '93] ist Qualität zunächst eine Angelegenheit für jeden Einzelnen. Weil es letztlich auf Kundenzufriedenheit ankommt und Qualität dafür die wichtigste Voraussetzung ist, ist eine TQM-Organisation ganz auf Qualität und kontinuierliche Verbesserung ausgelegt. Linien- und Qualitätsverantwortung werden in TQM nicht unterschieden; sie sind nicht zu trennen.

Wird ein Fehler entdeckt, so wird nicht nur dieser Fehler beseitigt, sondern der Prozess (Ablauf) wird überprüft, in dem er auftrat. Dort wird dann die Ursache des Fehlers getilgt, nicht nur der einzelne Fehler. Damit soll erreicht werden, dass diese *Art von Fehlern* generell nicht noch einmal vorkommt. Qualität steht ganz im Mittelpunkt.

Beispielsweise stellt man fest, dass es bei einer ingenieurmäßigen Berechnung einen Sonderfall gibt, den man bei der anfänglichen Analyse übersehen und folglich auch nicht programmiert hat. Erst kurz vor Auslieferung hatte einer der alten Ingenieure den Fehler bemerkt, weil er selbst schon einmal mit dem Problem gekämpft hatte. Natürlich wird man in dem betreffenden Projekt das Programm entsprechend erweitern. Das ist noch nichts Besonderes. Wichtig ist, den Sonderfall nun auch in die Analysedokumente aufzunehmen, damit bei späteren Änderungen der Sonderfall nicht wieder vergessen wird. Die Kraft der TQM-Vision entfaltet sich aber erst, wenn nun in das Vorgehensmodell (also die Entwicklungsvorschriften) des Unternehmens ein Schritt eingebaut wird, wonach man in Zukunft *immer* nach Sonderfällen sucht, indem erfahrene Praktiker befragt werden. Dazu kann man einen Prototypen bauen und die langjährigen Experten bitten, »ihre schwierigsten Fälle« einmal damit nachzuvollziehen.

Ein wenig von dieser TQM-Überzeugung ist auch in ganz normalen Softwareprojekten nötig, nämlich Eigenverantwortung und ständiges Denken in Prozessen und Feedbackschleifen, um Verbesserungen vorzunehmen. Auch dann, wenn eine Firma dies nicht ausdrücklich TQM nennt.

Die Ausführungen des Personalchefs haben Q imponiert. Da ist man als Qualitätsbeauftragter doch direkt am Puls des Geschehens, hat es mit den wichtigsten Projekten und der neuesten Technik zu tun. Und natürlich mit vielen Menschen. Und wenn alle TQM verinnerlicht haben, dann ist das ja vielleicht gar nicht so schwierig. Obwohl das wohl eher eine Vision ist, überlegt Q.

Auch bei FunGate freut man sich, dass Q offenbar kritisch denkt und einigermaßen abschätzen kann, was die Position bedeutet. Unter diesen Umständen wird Q wohl nicht schon nach ein paar Monaten frustriert aufgeben oder in den Projekten größeren Schaden anrichten. FunGate macht Q ein Angebot mit einem Vierteljahr Probezeit.

Q überlegt nicht lange, als das Angebot von FunGate eintrifft. In der Probezeit will Q aufmerksam und neugierig sein. Dann wird man ja weiter

sehen. Q sagt zu, und schon bald ist Qs erster Arbeitstag als Qualitätsbeauf-
tragter. Zunächst soll Q in einem laufenden Projekt beim Testen helfen.
Gespannt macht sich Q auf den Weg.

2.5 Grundbegriffe des Testens

In diesem Kapitel wird das Testen zum ersten Mal gestreift. Die Grundbegriffe
des Testens gehören zu den Grundpfeilern der Softwarequalität. Es lohnt sich,
einige Grundprinzipien vorzuziehen, bevor wir in Kapitel 5 detaillierter das Testen betrachten. Denn in diesen Grundprinzipien spiegelt sich die Einstellung der
Qualitätsbeauftragten.

> *Q kann froh sein, das Telefonat nicht zu hören, das da sein künftiger Kollege*
> *führt: » Wie? Q? Ja meinetwegen. Kann gerne kommen. Aber ich habe mein*
> *Programm schon fast ausgetestet, es ist heute kein einziges Mal abgestürzt.*
> *Aber meinetwegen. Testet Q halt noch mal.«*
>
> *Nach dem Telefonat zu schließen findet hier wahrscheinlich gar kein rich-*
> *tiger Test statt. Solange ein Programm noch manchmal abstürzt, kann von*
> *Testen sowieso keine Rede sein. Erst wenn es ohne Absturz »läuft«, geht das*
> *Testen überhaupt erst los. Als Q merkt, dass man Hilfe hier gar nicht zu*
> *brauchen glaubt, tut Q etwas sehr Richtiges: Durch einen Blick in die Vorle-*
> *sungsmitschriften ruft Q sich die Grundlagen des Testens in Erinnerung. Q*
> *weiß ja: »Ich bin erst mal auf mich alleine gestellt. Da muss ich mich auf die*
> *Bücher und Skripte besinnen, die mir noch ein bisschen Orientierung geben.*
> *Damit kann man auch diesen Praktikern, den scheinbar alten Hasen, noch*
> *etwas Neues bieten.« Aber Achtung! Q fragt sich zu Recht: »Wie kann es*
> *sein, dass die Experten hier nicht wissen, was ein junger Absolvent weiß?*
> *Und wie werden sie reagieren, wenn ich ihnen Versäumnisse vorhalte? Das*
> *muss diplomatischer gehen!« Langsam versteht Q, wieso die Qualitätsrolle*
> *sozial so herausfordernd ist.*

Zentral ist die Festlegung:

> Testen ist die Ausführung eines Programms mit dem Ziel,
> Fehler zu finden.   *nach [Myers '79]*

Andere Autoren haben Testen auch schon einmal anders definiert, aber diese
Definition hilft am besten, »auf dem rechten Weg zu bleiben«:

▪ Was man nicht ausführen kann, kann man auch nicht testen. Das gilt für
  Anforderungen genauso wie für Entwürfe, unfertige Programme und Visions-
  folien.

Ohne das Ziel, möglichst viele, schwere Fehler zu finden, verliert der Test an Biss und Wirkung. Dennoch findet man erstaunlicherweise sehr häufig »kooperative Tester«, die hauptsächlich zeigen wollen, dass das Programm funktioniert. Sie tun aber dem Projekt keinen Gefallen, weil die Fehler dadurch im Programm bleiben. Nach unserer Definition testen sie überhaupt nicht!

Natürlich geht es letztlich darum, Fehler zu beseitigen. Aber dazu muss man sie erst einmal finden.

Wenn ein Fehler gefunden wurde, weiß man dadurch noch nicht, wie er zustande kam. Man wird die Ursache also *nach* dem Test suchen. Findet man dagegen keinen Fehler, so kann das zweierlei bedeuten:

(1) Es sind wirklich nur wenige Fehler im Programm, sodass man nicht so leicht über einen stolpert, oder (2) der Test war mangelhaft aufgesetzt, sodass er keinen der vielen vorhandenen Fehler gefunden hat. Um die zweite Möglichkeit auszuschließen, sollte man *systematisch* testen. Dadurch kann man mit einiger Zuversicht sagen, dass man wenigstens nicht leichtfertig Fehler übersehen hat.

Herumprobieren gilt hier nicht als Test, auch nicht, wenn es von sehr kompetenten Leuten gemacht wird. Es kann höchstens die Vorbereitung für einen richtigen Test bilden. Für den systematischen Test kommt es sogar darauf an, sich *schriftlich* vorzubereiten und die Testfälle *schriftlich* zu dokumentieren. Nur so kann man vermeiden, von einem plausiblen, aber trotzdem falschen Ergebnis »geblendet« zu werden.

Aber was ist eigentlich ein Fehler? Auf den ersten Blick scheint das klar zu sein: Wenn sich das Programm »falsch verhält«. Falsch oder richtig bezieht sich in einem Softwareprojekt immer darauf, was in der Spezifikation steht. Das ist hoffentlich ziemlich genau das, was der Kunde möchte; aber dessen Gedanken können wandern oder ungenau sein oder sich ändern. Damit wäre ein Fehler die Abweichung des Programmverhaltens von dem in der Spezifikation vorgeschriebenen Verhalten.

Wenn man aber beim Testen feststellt, dass ein Resultat nicht mit dem erwarteten Wert übereinstimmt, muss nicht immer ein fehlerhaftes Programm der Grund sein. Wie Abbildung 2–6 zeigt, gibt es mehrere Gründe, wieso Soll- und Istwerte voneinander abweichen können.

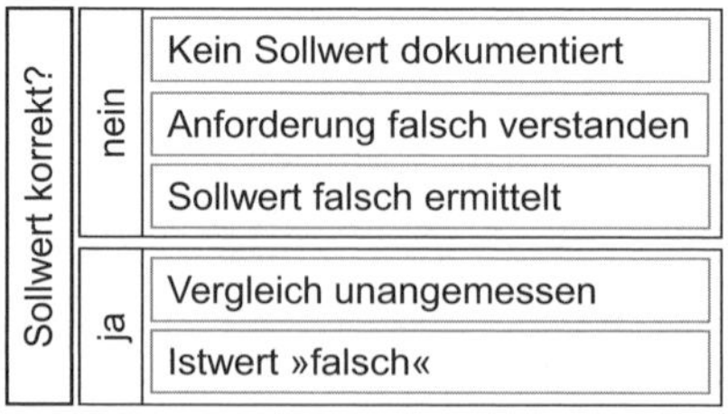

Abb. 2–6   *Gründe, wieso Soll und Ist beim Testen voneinander abweichen*

Nur der letzte Fall entspricht dem gesuchten »falschen Programm«. Alle anderen Fälle führen zwar auch dazu, dass der Istwert nicht dem dokumentierten Sollwert entspricht, aber die Übersetzung der Anforderungen ins Programm ist korrekt – der Fehler liegt in einem der vier anderen Gründe. Daher ist Testen eine geradezu detektivische Tätigkeit.

Zur Erläuterung der anderen möglichen Gründe: Wenn eine Anforderung beim Erstellen der Testfälle falsch verstanden wurde, beim Programmieren aber richtig, kommt es zu einer Abweichung. Aber das Programm ist in Ordnung, der Testfall ist falsch! Genauso, wenn man richtig verstanden hat, was die Anforderung bedeuten soll, sich aber verrechnet hat, als man den Sollwert damit ermittelte. Wenn dagegen schon der falsche Sollwert in der Spezifikation steht, würden wir hier gar nicht von einem Fehler sprechen, denn der Bezugspunkt ist die Spezifikation.

Es kommt sogar manchmal vor, dass der Vergleich zu streng oder nicht angemessen ist. Wenn komplizierte numerische Algorithmen mit erheblichen Rundungen berechnet werden, kann es sinnvoll sein, nur einen Sollwertbereich anzugeben. Dies gilt auch bei Steuerungen und Regelungen, die von vielen Eingangsgrößen und Sensorwerten abhängen können, die ihrerseits kaum präzise einzustellen sind (zum Beispiel »eine Spannung von 3,0 [Volt] +/- 5 %«).

Es kann durchaus vorkommen, dass sowohl Soll- als auch Istwert falsch sind, im schlimmsten Fall sogar den gleichen, falschen Wert annehmen. Das kann daran liegen, dass man denselben Denkfehler beim Programmieren und beim Erstellen des Testfalls gemacht hat. Dann tritt keine Abweichung auf, und man findet auch den Fehler nicht. Gegen diesen Effekt kann helfen, unabhängige Tester die Testfälle erstellen zu lassen, die hoffentlich nicht die gleichen Denkfehler machen.

Damit haben wir Klarheit, was unter einem Fehler zu verstehen ist. Drei weitere Begriffe braucht man noch, um vernünftig über Testen und andere Softwareprüfungen reden zu können:

- Der **Prüfling** ist das zu prüfende Programm oder Dokument, nicht dessen Autor.
- Der **Autor** ist die Person (bzw. die Personen), der den Prüfling verfasst hat.
- **Abnahmetests** sind eine Menge definierter Prüffälle, denen die Software bei der Übergabe unterzogen wird. Sie sind – mehr oder weniger genau – zwischen Auftraggeber und Auftragnehmer vereinbart und bilden das Kriterium für die Abnahme.

Abnahmetests sind aber nach den obigen Kriterien keine Tests: Denn bei der Abnahme hat in der Regel niemand mehr die Absicht, Fehler zu finden. Vielmehr versucht der Kunde tatsächlich *festzustellen*, *ob* das Programm das Nötige leistet, damit die Bezahlung erfolgen kann. Die Entwickler wollen anhand der Abnahmetests sogar beweisen, *dass* das Programm die Anforderungen erfüllt. Der Verwendungszweck widerspricht also völlig einem normalen Test. Abnahmetests sind nicht ergebnisoffen, und sie haben schon gar nicht das Ziel, Fehler zu finden: Aus

Sicht des Auftragnehmers wären Fehler an dieser Stelle im Projekt höchst ärgerlich. Die Bezahlung ist nämlich erst fällig, wenn der Abnahmetest erfolgreich ist. In der Regel freut sich aber auch der Auftraggeber, wenn seine Software »offenbar funktioniert«. Dazu hat er sie schließlich beauftragt.

Testen muss auch geplant werden. Das Durchführen aller Tests kostet einige Zeit. Die Tester müssen diese Arbeitszeit einplanen. Darüber hinaus muss man aber auch wichtige Abläufe vorausplanen: So müssen überhaupt Testfälle vorbereitet werden, bevor sie durchgeführt werden können. Im Rahmen der **Testplanung** sollte dem intellektuell anspruchsvollsten Teil, der Ermittlung von Testfällen, ausreichend Zeit eingeräumt werden. Im Wesentlichen werden dabei Testeingaben und Sollwerte ermittelt. Wie zuvor schon der Testplan muss auch die Testfallbeschreibung schriftlich dokumentiert werden.

Dann werden die Tests anhand der Testpläne durchgeführt, und die Tester dokumentieren genau, wie sich das Programm wirklich verhalten hat (Ist-Verhalten). Bei übereinstimmenden Soll- und Istwerten reicht hier ein Häkchen pro Testfall. Abweichungen bedeuten Fehler und müssen viel genauer beschrieben werden. Tritt ein Fehler auf, wird er dokumentiert. Dann versucht man trotzdem weiterzutesten, also nicht jeden Fehler gleich zu beheben und dann erst weiter zu testen. Am Ende der Testsequenz, wenn alle geplanten Testfälle durchgeführt sind, wird ein zusammenfassender Bericht geschrieben. Dafür gibt es meist Formulare oder Werkzeuge, die elektronische Formulare anbieten.

Testfälle zu erstellen ist die schwierigste und interessanteste Aufgabe in der Testvorbereitung. Später werden wir uns noch genauer damit beschäftigen, wie man gute Testfälle erstellt. Im Überblick kann man dabei zwei Ansätze unterscheiden:

Beim **Black-Box-Test** nimmt man sich die Spezifikation vor und leitet daraus Testfälle ab. In der Spezifikation stehen alle dokumentierten Anforderungen, daher ist sie der Bezugspunkt für die Tests. Man interessiert sich bei dieser Vorgehensweise nur dafür, wie sich das System laut Spezifikation verhalten soll, nicht aber dafür, wie es intern aufgebaut ist. Deswegen sagt man, man betrachte das System als »Black Box«, deren Inneres man nicht sehen kann. In den Testfällen kann man nur das abdecken, was man ohne Kenntnis der Innereien weiß.

Die zweite Stoßrichtung kommt von »innen«, also aus dem Programm heraus, und orientiert sich an dessen Struktur. Nun sieht man in die Box hinein und spricht daher von **Glass-Box-Test** [Frühauf et al. '02]; früher nannte man dieses Vorgehen **White-Box-Test**, aber da man in eine weiße Box eigentlich auch nicht gut hineinsehen kann, wurde der Begriff »Glass-Box-Test« vorgeschlagen. Inzwischen sind beide Bezeichnungen üblich.

Wir werden später sehen, welche Vor- und Nachteile die beiden Vorgehensweisen haben. Beide sind systematische Ansätze, mit denen man Testfälle sucht; sie ergänzen sich, ersetzen einander aber nicht. Für jedes der beiden Verfahren gibt es Kriterien, wann man genug Testfälle aufgestellt hat und erst einmal aufhören kann. Damit helfen beide Strategien bei der konkreten Testvorbereitung.

Professionelles Testen ist nicht einfach und erfordert erhebliche Vorbereitung. Testen ist auch kein intuitiver Vorgang, bei dem man herumprobiert, was einem gerade einfällt. Sogenannte »Laufzeitversuche« sind der erste Schritt. Hier hat man noch keine Sollwerte ermittelt und hofft nur, dass das Programm überhaupt zu einem Resultat kommt, das nicht offensichtlich falsch ist. Erst wenn das Programm in diesem Sinne »läuft«, kommen die Tests zum Tragen und prüfen, »ob es auch richtig läuft«. Zum eigentlichen Testen braucht man sinnvolle Testeingaben und muss zusätzlich dokumentieren, was dabei genau herauskommen soll. Man braucht also korrekte und gut dokumentierte Sollwerte.

Q erinnert sich, dass Testen nur in Bezug auf Anforderungen sinnvoll war; und Anforderungen stehen normalerweise in der Spezifikation. Damals, im studentischen Softwareprojekt, war das ganz seltsam gewesen: Alle im Programmierteam waren sich einig, was die beste Lösung für den Kunden war. Trotzdem war der Kunde überhaupt nicht zufrieden gewesen. Man hatte ihn gründlich missverstanden. Auch beim »Testen« hatten sie es damals nicht bemerkt – kein Wunder, schließlich bauten die Testfälle ja auch wieder auf den Vermutungen der Studierenden, also der Entwickler und Tester, auf, aber eben nicht auf einer Spezifikation, die mit dem Kunden abgestimmt worden war. Denn eine richtige Spezifikation hatte es in diesem Projekt zunächst nicht gegeben. Erst nach dem Schock mit dem Missverständnis hatten sie eine angelegt. »Aber so etwas gibt es ja sicher nur an der Uni«, beruhigt sich Q, »für ein Unternehmen wäre das ja eine Katastrophe.« Stimmt.

Mit den Qualitätsanforderungen wie Bedienbarkeit und Schnelligkeit war es besonders schlimm gewesen; auch hier schien anfangs alles klar zu sein. Aber nach und nach stellte sich heraus, dass für den Kunden »Schnelligkeit« etwas ganz anderes bedeutete, erinnert sich Q. Das hatte damals zu heftigem Ärger geführt, erst mit dem Kunden und dann im Team. Darauf kann Q jetzt eigentlich gut verzichten.

Weil Q den neuen Kollegen imponieren will, hilft wohl nur ein Blick in die Lehrbücher und Skripte: Wie ermittelt man doch gleich die Qualitätsanforderungen und wie kann man sie testbar machen? Bei der Lektüre muss sich Q wieder zuerst durch ein paar Definitionen und Normen wühlen. »Hoffentlich lohnt sich das«, denkt Q.

2.6 Normen und Standards

Normen und Definitionen sind in der Softwarequalität besonders wichtig, gerade weil die Anforderungen und die Terminologie des Kunden oft so stark im Fluss sind. Gerade unter diesen Umständen braucht man feste Bezugspunkte und klare Begriffe. Wann immer ein Begriff genormt oder definiert ist, sollte man sich erst einmal daran halten. Manche Normen gehen auch über Begriffe hinaus und legen gewisse Prozesse (Abläufe) fest. Als Qualitätsbeauftragter sollte man zumindest wissen, womit sich die folgenden Normen beschäftigen:

Das V-Modell des Bundes (www.v-modell.iabg.de) beschreibt die Abläufe und Prozesse bei der Entwicklung von Systemen und Software. In vielen Unternehmen hat man die Version von 1997 zum Vorbild für eigene, unternehmensinterne Vorgaben gemacht. Jedes Projekt soll dann diesen Vorgaben folgen. Darin sind Arbeitsschritte, zu erzielende Ergebnisarten und Prüfungen beschrieben. Das V-Modell ist sehr detailliert und umfangreich. Die wenigsten Projekte können es vollständig umsetzen. Daher gibt es in der neuen Version von 2006, dem sogenannten *V-Modell XT*, verbesserte Möglichkeiten für die Anpassung. Das V-Modell ist im deutschen Sprachraum die bekannteste Referenz für ein geordnetes Vorgehen bei der Softwareentwicklung. Auch die Belange der Softwarequalität werden beschrieben.

Besonders für die deutsche Automobilindustrie und ihre Zulieferer ist die ISO 15504 eine wichtige Norm. Darin ist geregelt, was unter einem reifen Prozess zu verstehen ist. Wer sich zum Beispiel eng an das V-Modell hält, dem wird ISO 15504 sicher einen hohen »Reifegrad« bescheinigen. Das bedeutet, dieses Unternehmen wird in der Lage sein, Softwareprojekte erfolgreich zu bearbeiten, wenn es ähnliche Projekte schon einmal durchgeführt hat. Denn das Unternehmen verwendet einen definierten Prozess, der schon so ausgereift (»reif«) ist, dass die Mitarbeiter mit seiner Hilfe Bewährtes wiederholen können. Meist wird ISO 15504 als »SPICE« bezeichnet. Das war der Projektname eines EU-geförderten Forschungsprojekts, aus dem die Norm ISO 15504 hervorgegangen ist. Wie SPICE in der Praxis funktioniert, zeigen [Hörmann et al. '06].

Die Normenreihe ISO 9000 (und folgende) beschäftigt sich mit Qualitätsmanagement, jedoch nicht nur in der Software. Sogar Hotels lassen sich nach ISO 9001 zertifizieren und hängen die Zertifikate stolz in der Hotelhalle auf. Diese Norm ist nicht spezifisch für Software, ja noch nicht einmal technischer Natur. Es geht um Qualitätsmanagement im Allgemeinen. Für Software hilft der Leitfaden ISO 9001-3, in dem Anleitungen zur Konkretisierung auf den Softwarebereich gegeben werden. SPICE ist konform mit ISO 9000, man wird also keine Schwierigkeiten mit der Zertifizierung haben, wenn man SPICE (oder das V-Modell) befolgt.

ANSI/IEEE Standard 729-1983 war allgemeiner gehalten. Hier wurden Begriffe aus dem Software Engineering definiert, so wie »Software« selbst. Was viele nicht wissen: Zur Software gehören demnach nicht nur Programme, sondern auch »alle Dokumente und Daten, die zum Betrieb der Software erforderlich sind«. Die Norm stammt aus dem Jahr 1983. Im Jahr 1990 erschien eine neue Fassung als IEEE 610.12-1990. Für Softwarequalität gibt es noch speziellere Normen.

ISO 8402 definiert Begriffe aus dem Qualitätsmanagement und dem Softwarequalitätsmanagement und ist daher für Qualitätsbeauftragte interessant. Aus dieser Norm sind hier viele Begriffe wiedergegeben.

In ISO/IEC 9126 werden Qualitätsmerkmale von Softwareprodukten definiert. Prozesse werden nicht behandelt. Die Definitionen sind zwar hilfreich,
sie müssen aber fast immer noch konkretisiert werden.

IEC 61 508 ist eine Norm zur Sicherheit elektrischer und programmierbarer
sicherheitskritischer Systeme. In solchen Systemen ist stets auch Software enthalten. Diese Norm geht daher darauf ein, wie durch geregelte Abläufe den
Sicherheitsanforderungen Genüge getan werden kann. Sicherheitsanforderungen sind Qualitätsziele, und die Norm gibt Hinweise, wie sie zu erreichen
sind. Um herauszufinden, wie streng die Sicherheitsanforderungen an ein
bestimmtes System sein müssen, gibt es die »Safety Integrity Levels (SILs)«, in
die jedes System eingestuft wird. Je nach Gefahrenpotenzial (bis hin zur
Gefährdung vieler Menschenleben) und entsprechendem Sicherheitsbedarf
wird ein SIL zugeteilt. Auf der Basis des SIL schreibt die Norm dann organisatorische und technische Maßnahmen vor. Je höher der SIL, desto aufwendigere Qualitätssicherungsmaßnahmen werden gefordert. Für die praktische
Umsetzung müssen auch diese Vorgaben noch konkretisiert werden, IEC 61
508 gilt als sogenannte »Sicherheits-Grundnorm«.

Beispielsweise ist seit Ende 2011 die ISO 26262 verfügbar, in der die Vorgaben der IEC 61 508 für den Automotive-Bereich konkretisiert werden. Die
ISO-Norm beschäftigt sich mit »Road Vehicles - Functional Safety« und ist in
neun Teile aufgeteilt. Wer heute im Automotive-Bereich Software entwickelt
oder einsetzt, kommt nicht umhin, die ISO 26262 zu kennen und anzuwenden. In anderen Anwendungsbereichen werden ähnliche Normen zur Konkretisierung entwickelt.

Es gibt noch viele weitere Normen – und das ist ein Problem. Hätte man nur eine
oder wenige Normen, wüsste man genauer, woran man sich halten soll. Gegenwärtig ist man noch nicht so weit. Es ist schon ein erster Schritt, überhaupt zu
wissen, welches die einschlägigen Normen sind. Die hier genannten Normen
gehören unbestritten zum Kern der Softwarequalität.

*In den Vorlesungsskripten werden einige Normen immer wieder zitiert. Aber
richtig gesehen hat Q diese Normen noch nie. Wieso eigentlich nicht? Heut-
zutage kann man sich doch alles aus dem Internet ziehen! Q fängt also an zu
suchen und stellt verblüfft fest: Die Normen sind nicht kostenlos verfügbar,
sondern müssen relativ teuer bezahlt werden! Zum Teil weit über 100 Dol-
lar! O.k., man findet vielleicht mal eine illegale Schwarzkopie, aber damit
will sich Q im neuen Job nicht abgeben; das wäre ja nicht gerade der richtige
Start ins Berufsleben.*

*Aber als dann ein ausgedruckter Stapel Papier auf dem Schreibtisch eines
Kollegen liegt und darauf ISO 61 508 steht, da kann Q nicht mehr widerste-
hen. Q bittet darum, sich das mehrere Zentimeter hohe Konvolut einmal
ausleihen zu dürfen. »Leihen ja, behalten nein«, raunzt der Kollege. »Das hat*

*einen Haufen Geld gekostet!« Q zieht glücklich ab. Einmal wollte Q doch
eine Original-Norm in Händen halten.*

Manche Normen, gerade die für Qualitätsaspekte, sind nicht sehr konkret ge-
fasst. Daher muss man sich etwas Neues überlegen. Hier kommen Qualitätsmodelle ins Spiel, die man in jedem Projekt neu und individuell erstellt. Darin
verwendet man Normen, muss aber noch eigene Begriffsklärungen hinzufügen.

2.7   Qualitätsaspekte, -anforderungen und Qualitätsmodelle

Die ISO-Definition 8402 von Qualität bezieht sich auf mehrere Merkmale einer
Einheit und auf Erfordernisse (also Anforderungen), denen die Einheit genügen
soll:

> Qualität ist die Gesamtheit von Merkmalen einer Einheit bezüglich ihrer Eignung,
> festgelegte und vorausgesetzte Erfordernisse zu erfüllen.   *ISO 8402*

Unter der Einheit kann ein Programm verstanden werden, aber auch ein Handbuch oder ein Prozess oder ein Gerät mit Software darin. Entsprechend vielfältig
können die Merkmale der Einheit sein. Mit *festgelegten Erfordernissen* hat man
weniger Probleme; das sind explizit benannte Anforderungen; die muss man eben
umsetzen und im Test berücksichtigen. Problematischer wird es bei den *vorausge-
setzten Erfordernissen*, denn sie laden geradezu zu Missverständnissen ein: Was
der eine voraussetzt, muss der andere noch lange nicht wissen!

*Q beschließt, nur festgelegte Anforderungen ernst zu nehmen. Der Kunde
muss eben sagen, was er will, wie soll FunGate es sonst erfüllen?*

Es ist leider kein Ausweg, nur festgelegte Anforderungen akzeptieren zu wollen.
Denn wo sollte man da aufhören? Irgendwann erreicht man immer Aussagen und
Details, die absolut selbstverständlich erscheinen. Wer sich eine Uhr implementieren lässt, wird kaum fordern, dass sie nach 23:59 Uhr wieder mit 0:00 Uhr
beginnt. Ein gewisses Grundverständnis muss man einfach voraussetzen. Aber
wo endet es?

Man sollte sich merken: Vermeintliche Selbstverständlichkeiten sind *immer
eine Falle*. Sie lassen sich nicht vermeiden, aber man muss sich der Gefahr bewusst
sein, etwas Wichtiges zu übersehen, weil der Gesprächspartner es für selbstverständlich hält. Das macht die Softwareentwicklung aber auch so spannend.

Viele Anforderungen beziehen sich auf die Qualität von Software und Systemen. Qualitätsanforderungen sind aus Qualitätszielen aufgebaut, die sich ihrerseits auf Qualitätsaspekte beziehen. Diese Begriffe gehören in das Repertoire
jedes professionellen Projektmitarbeiters.

▓ **Qualitätsaspekte** (und synonym Qualitätsmerkmale) sind einzelne Eigenschaften einer Einheit, anhand derer ihre Qualität beschrieben und beurteilt wird. Robustheit ist beispielsweise ein Qualitätsaspekt.

▓ Ein **Qualitätsziel** ist ein *angestrebtes* Merkmal. Robustheit gegen hohe Netzlast (viele Internetzugriffe) ist ein Qualitätsziel, wenn der Kunde es wünscht.

▓ Ein Qualitätsziel oder mehrere davon bilden zusammen eine **Qualitätsanforderung** (zusammengehörige Qualitätsziele). Man kann in einer Qualitätsanforderung Robustheit, Geschwindigkeit und einfache Benutzeroberflächen fordern und dies eine »hohe Verfügbarkeit des Systems« nennen.

▓ Wenn man die gewünschte Ausprägung von Qualitätsaspekten angeben möchte, braucht man **Qualitätsmetriken**. Das sind Maße oder Indikatoren für bestimmte Qualitätsaspekte. Hier könnte man als Metrik für die Geschwindigkeit die Anzahl von Transaktionen pro Stunde annehmen, oder von parallelen Benutzern. Es gibt viele mögliche Metriken und Indikatoren.

In der Literatur findet man mehrere fertige Listen von Qualitätsmerkmalen. Auf den ersten Blick könnte man meinen, dass man damit Qualitätsanforderungen leicht verstehen kann und nicht mehr so lange mit dem Kunden diskutieren muss. Leider stimmt das nur teilweise.

Boehms sogenannter »Qualitätenbaum« [Boehm '81] ist eine bekannte Auflistung. Der Qualitätenbaum zeigt, dass manche Begriffe zusammengehören, so wie im Beispiel oben Robustheit, Geschwindigkeit und Verfügbarkeit. Aber viele Kunden kennen diesen Qualitätenbaum nicht und lassen sich auch nicht darauf ein, die Begriffe genau so zu verwenden.

Eine eigene Begriffsbildung ist daher unverzichtbar, bei der man mit den Kunden Qualitätsanforderungen diskutiert. Man kann gut mit vordefinierten Begriffen beginnen, muss dann aber spezifischer werden. Auch auf Normen für Qualitätsaspekte kann man zurückgreifen, sollte sie aber dem Kunden nicht aufzwingen; er wird aus Gewohnheit viele Begriffe mit anderer Bedeutung verwenden. Da man als Auftragnehmer nicht mit dem Kunden über Worte streiten will, sollte man lieber versuchen zu verstehen, was er meint.

In **IEEE 610.12-1990** sind viele **Qualitätsmerkmale** definiert. Schon an dreien davon lässt sich zeigen, wie verwoben die Begriffe sind:

▓ **Flexibilität** (*flexibility*): Leichtigkeit, mit der ein System abgeändert werden kann, um es in Anwendungen oder Umgebungen zu benutzen, für die es nicht entwickelt worden ist.

▓ **Portabilität** (*portability*): Leichtigkeit, mit der ein System von einer Hardware- bzw. Softwareumgebung in eine andere transferiert werden kann.

▓ **Wiederverwendbarkeit** (*reusability*): Ausmaß, in dem Software in mehr als einem Programm oder Softwaresystem verwendet werden kann.

Wenn man bei der Programmierung auf »Flexibilität achtet«, käme man mit dieser Definition in Konflikt. Denn sobald das System so entwickelt wird, dass es für einen möglichen erweiterten Einsatzzweck geeignet ist, wäre das nach dieser Definition schon nicht mehr Flexibilität: Das System war ja für die Erweiterung entwickelt. Der allgemeine Sprachgebrauch weicht von dieser sophistischen Auslegung der Definition ab, was aber zu Verwirrung führen kann: Normalerweise betrachtet man vorsorglich verallgemeinerten Code durchaus als flexibel. Die beiden anderen Begriffe stehen in enger Verwandtschaft zur Flexibilität. Obwohl man sich also an Details stören mag, helfen die Definitionen sicher bei der Verständigung.

Auch viele andere Begriffe kann man aus der IEEE-Norm übernehmen, kommt aber um eine eigene Auslegung nicht herum. Für uns ist die Testbarkeit noch besonders interessant.

▒ **Testbarkeit** ist das »Ausmaß, in dem ein System das Erstellen von Testbedingungen sowie die Durchführung der Tests erleichtert«.

[Boehm '81] definiert Testbarkeit über die folgenden Teilmerkmale. Das heißt, ein Programm ist testbar, wenn es die folgenden Eigenschaften hat:

▒ Accountability (Zurechenbarkeit)
▒ Accessability (Zugreifbarkeit bzw. Verfügbarkeit)
▒ Communicativeness (Kommunikationsbeziehungen)
▒ Self-Descriptiveness (Selbstbeschreibungsfähigkeit)
▒ Structuredness (Strukturiertheit)

Damit ist zwar etwas klarer, was mit Testbarkeit gemeint ist. Dennoch reicht es nicht, Begriffe zuzuordnen; man braucht konkretere Qualitätsziele und -anforderungen. Also muss dann doch der Kunde in die Pflicht genommen werden, um zu den allgemeinen Begriffen (wie »Accessability«) spezifische Anforderungen und Prioritäten klar zu formulieren. Idealerweise wird man versuchen, den Kunden zu einer quantitativen Beschreibung zu bringen, also bis hin zu messbaren Kriterien.

Bei Anforderungen denken viele Entwickler und auch Kunden zuerst an **funktionale Anforderung**. Sie beschreiben, welche Funktionen ein Programm haben soll. Qualitätsanforderungen, die festlegen, wie und in welcher Qualität das Programm laufen soll, sind aber genauso wichtig. Auf die Architektur des Systems haben sie sogar oft größeren Einfluss als funktionale Anforderungen.

Workshops und Interviews, Abstimmungsrunden und Validierungen sind erforderlich, um Qualitätsanforderungen vernünftig zu erheben und zu prüfen. Die Erfahrung zeigt, dass man relativ schnell zu allgemeinen, vagen Qualitätsanforderungen kommt. Ein großer Teil der Arbeit steckt dann darin, sie gemeinsam mit dem Kunden zu konkretisieren.

*Q hat eine Kollegin getroffen, die in einem anderen Projekt Qualitäts-
beauftragte ist. Nach freundlicher Begrüßung wundert sich die Kollegin über
die vielen Bücher, mit denen sich Q umgeben hat: »Da steht bestimmt nicht
drin, was unsere Kunden dieses Mal genau wollen. Und auch wenn wir bei
FunGate uns immer möglichst an Normen halten, können wir unsere Kunden nicht zwingen, in den normierten ISO-Begriffen zu denken. Nein, Q, Sie
müssen ran an die Leute! Aber überfordern Sie sie nicht. Sie sollen keine
Masterarbeit mit einem perfekten Qualitätsmodell abliefern, sondern unseren Entwicklern Leitlinien geben, worauf sie bei diesem System besonders
achten sollen. Verwenden Sie ein einfaches Schema, lassen Sie den Leuten
Zeit, ihre unbewussten Prioritäten zu finden – und schubsen Sie sie immer
wieder einmal, sonst kommen sie vom Hundertsten ins Tausendste und diskutieren morgen noch! Ich muss aber jetzt weiter, wir haben bald Quality
Gate«. Q fragt sich, was ein Quality Gate ist, aber das muss warten. Den
Rat der Kollegin will Q beherzigen.*

Weil Qualität so schwer fassbar ist, muss man einige Anstrengungen unternehmen, um sie greifbarer zu machen, möglichst sogar messbar. Das braucht man
aus zwei Gründen:

- Um auch in Bezug auf die Qualitätsaspekte den Fortschritt des Projekts verfolgen zu können. Und ohne Fortschrittsmessung kann man ja nicht feststellen, ob man im Plan ist.
- Der zweite Grund geht über ein Projekt hinaus: Eine Softwarefirma sollte ihre
  Abläufe ständig verbessern. Dazu muss sie feststellen können, ob und wie
  weit eine Änderung in Ablauf, Werkzeugen oder Techniken sich auf die Qualität auswirkt.

Man wird sich schrittweise an konkret messbare Qualitätsanforderungen heran-
tasten. Dabei hat es sich bewährt, drei Ebenen zu unterscheiden: abstrakte Ziele,
konkrete Merkmale und Maße oder Indikatoren.

Abstrakte Qualitätsziele:
Auf der obersten Ebene werden die Qualitätsziele festgelegt. Dabei bedient
man sich normierter Begriffe aus einer vorgegebenen Liste. Auf dieser Ebene
wird der Kunde grob angeben, was er meint, indem er ein Merkmal durch
andere allgemeine Qualitätsmerkmale erklärt. Oben war Verfügbarkeit
dadurch erklärt worden, dass man Robustheit als Teilaspekt zuordnete. Das
geht meistens ziemlich schnell.

Konkrete Qualitätsaspekte:
Die meiste Zeit wird für die mittlere Ebene aufgewendet. Hier geht es darum,
die Bedeutung der abstrakten Qualitätsziele auf die konkrete Situation des
Kunden und des Projekts zu beziehen. Robustheit gegen Stromausfall? Oder

gegen Netzüberlast? Oder gegen Fehlbedienung? Die allgemeinen Qualitäts-aspekte müssen nicht erschöpfend erklärt werden, sondern durch einige wichtige, typische Ausprägungen konkretisiert werden.

▦ **Indikatoren und Metriken:**
Hier geht es darum, welches Maß an welches Objekt angelegt wird. Das können quantitative Maße sein, oder auch qualitative Hinweise, wie Indikatoren. Oft ist es sinnvoll, diese unterste Ebene mit den Entscheidungsträgern des Kunden nur kurz anzusprechen und dann eher mit seinen technischen Experten zu vertiefen.

Abstrakt:	Allgemeine Qualitätsziele
Konkret:	Konkretisiert für eigene Situation
Messbar:	Indikatoren und Metriken

Abb. 2–7 *Aufbau eines Qualitätsmodells in drei Ebenen*

Man arbeitet von oben nach unten und bindet dabei die Kunden eng ein. Das Resultat nennt man ein **Qualitätsmodell**, denn es modelliert, was die Kunden unter den Qualitätszielen (und Qualitätsaspekten) genau verstehen. Mit dem Qualitätsmodell hat man eine Vorgabe für die Entwicklung und einen Bewertungsmaßstab für die Software zur Verfügung.

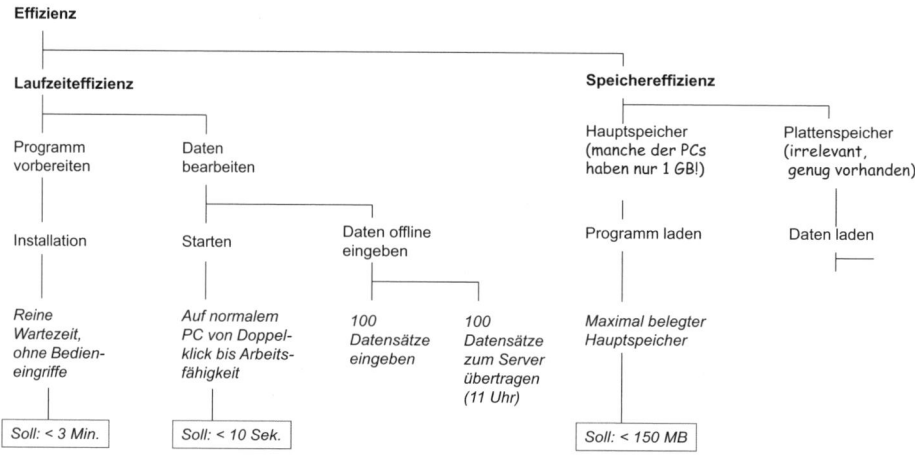

Abb. 2–8 *Ausschnitt aus einem Qualitätsmodell (Beispiel)*

In Abbildung 2–8 wurde das Qualitätsmerkmal Effizienz in zwei Begriffe unterteilt: Laufzeit und Speicher. Das sind noch allgemeine, generische Begriffe, die man auch in einer Norm finden wird. Dann kommen mehrere Stufen von immer konkreteren Kriterien, die schließlich zu (in Abb. 2–8 kursiv gesetzten) Metriken führen. Diese sind ganz individuell für die Situation eines Kunden ausgewählt worden. Zu manchen Metriken konnte der Kunde schon Sollwerte angeben, zu anderen nicht. Manche Kommentare am Qualitätsmodell spiegeln die Situation des Kunden wider: Während seine PCs noch wenig Hauptspeicher haben, sind sie mit ausreichend Plattenspeicher ausgerüstet. Die Bemerkung »11 Uhr« berücksichtigt, dass die Netzbelastung über den Tag schwankt. Man hat sich daher auf eine Referenzzeit geeinigt.

Man wird feststellen, dass in einem Workshop oft nur ein oder zwei Qualitätsziele ausführlich besprochen werden können. Man orientiert sich dabei an der Vorgehensweise aus Abbildung 2–9. Dann ist die Zeit für den Workshop vorüber und die Konzentration erschöpft. Manche Zweige des Qualitätsmodells bleiben unvollendet, wie dies auch in Abbildung 2–8 zu sehen ist. Der Workshop muss daher unbedingt kompetent moderiert werden, um die kostbare Zeit nicht mit Nebenaspekten zu verschwenden. Auf diese Weise entsteht ein einfaches Qualitätsmodell. Was dem Kunden wichtig war, das wird sehr detailliert konkretisiert und diskutiert. Was ihm egal ist, darauf verschwendet man keine Zeit.

Aufstellen eines Qualitätsmodells (mit den Kunden)

1. Qualitätsanforderungen abfragen und sammeln
2. Priorisieren: nach Wichtigkeit ordnen
3. Konkretisieren: auf das konkrete Problem anwenden und detaillierter beschreiben
4. Anforderungen auf drei Ebenen anordnen:
    Oben: Qualitätsziele aus existierenden Qualitätsmodellen wiederverwenden
    Mitte: Qualitätsziele verfeinern und konkretisieren zu messbaren Kriterien
    Unten: Metriken für die Messung auswählen oder – selten – neue entwickeln
5. Passende Präsentationsform für Qualitätsmodell wählen
Qualitätsmodell als Referenz für Entwicklung, Reviews und Abnahme nutzen

---

Abb. 2–9 *Kochrezept zum Aufstellen eines Qualitätsmodells*

Das Qualitätsmodell bildet dann eine Brücke zwischen den allgemeinen Begriffen und Zielen des Kunden sowie bekannten Metriken, auf die man sich zur Messung verständigt hat. Zwischen diesen beiden Seiten stellen die individuellen Kriterien die Verbindung her. Durch diese Kriterien wird immer klarer, was mit den Qualitätsvorstellungen des Kunden genau gemeint ist. Das braucht natürlich gute Moderation und kostet Zeit.

Qualitätsmodelle wirken auf viele Unerfahrene simpel und trivial. Entwickler lehnen solche einfachen Verfahren oft als »zu soft« ab. Ungeachtet dieser Vorbehalte sind selbst so einfache Methoden heute in vielen Projekten keineswegs üblich – und bessere Alternativen sind kaum in Sicht. Die Verfahren haben sich nur dem schwierigen Material angepasst, mit dem sie umgehen: Anforderungen und Qualitätsanforderungen in den Vorstellungen der Kunden.

Qualitätsanforderungen muss man praktisch in jedem Projekt erheben. Sie haben erheblichen Einfluss auf die Architektur und die Erfolgschancen der Software. Wieso vernachlässigen dann immer noch so viele Projekte ihre Qualitätsanforderungen? Knappe Zeit, mangelndes Problembewusstsein und schlichtes Unvermögen stehen vielen Projekten im Wege. Weil man die einfachen Verfahren für zu trivial hält, verzichtet man ganz auf systematische Klärung, und das hat viele Nachteile. An diesem Punkt erweist sich schon früh in einem Projekt, ob ein Entwicklerteam die Softwarequalität professionell ernst nimmt oder nur »herumwurstelt«.

Abbildung 2–10 zeigt das Qualitätsmodell aus Abbildung 2–8, erweitert um den Qualitätsaspekt der »Bedieneffizienz«. Diesen Begriff hat sich der Kunde ausgedacht, nachdem eines seiner Anliegen weder unter Speicher- noch unter Laufzeiteffizienz abzuhandeln war. Ebenso ist »Usability Datenerfassung« sicher kein normierter Begriff; wenn ein Kunde ihn aber wiederholt gebraucht, sollte er auch im Qualitätsmodell stehen. Offensichtlich ist entscheidend, dass das geplante System viel leichter zu bedienen sein soll als das alte. Dadurch sollen Mitarbeiter doppelt so schnell Daten eingeben können wie bisher. Natürlich muss man noch herausfinden, wie viele Datensätze im alten System pro Stunde übertragen werden. Aber das kann man ja später nachholen. Immerhin hat man sogar ein quantitatives Qualitätsziel für Bedieneffizienz festgelegt. In der beschränkten Zeit kann man nicht viel mehr erwarten.

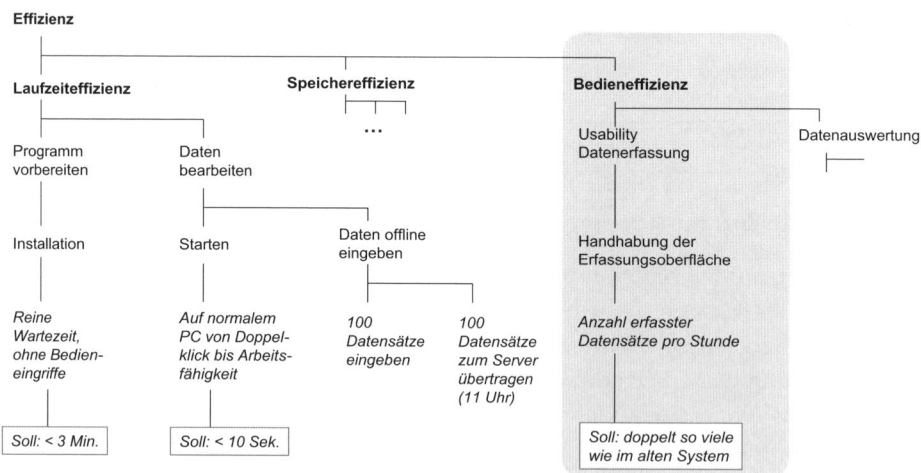

Abb. 2–10 *Andere Interpretation von »Effizienz« als in Abbildung 2–8 (Beispiel)*

Q hat an einem Workshop mit Kundenvertretern teilgenommen. Mit einem erfahreneren Kollegen war man zum Kunden gefahren und hatte dort Qualitätsmodelle entwickelt. Das hatte ganz harmlos begonnen. Effizienz war dem Kunden sehr wichtig. Aber Q erinnerte sich an den Rat der Kollegin und bohrte nach: Der Versuch, den Begriff »Effizienz« zu konkretisieren, verlängerte die Sitzung um mindestens eine Stunde. Dabei entstanden schließlich Qualitätsmodelle, wie in den Abbildungen 2–8 und 2–10 gezeigt.

Nach dem Workshop ist Q ziemlich erledigt. Wie lange die an so klaren Begriffen wie Effizienz herumdiskutiert haben! Erst am Schluss ist deutlich geworden, dass sie mit weniger Personal für die Datenerfassung auskommen wollen. Darauf wäre Q nie gekommen. Glück gehabt, denkt sich Q. Ohne die nette Kollegin hätte ich einfach aufgeschrieben, was mir die Leute in den Block diktieren. Das hätte nur eine halbe Stunde gedauert. Dann hätte man sich getrennt.

Unsere Entwickler hätten bestimmt noch mal an ihren Algorithmen geschraubt, wenn sie »Effizienz« lesen. Dabei kommt es auf die hier überhaupt nicht an. Wir müssen stattdessen wahrscheinlich den Bedienungsablauf des Programms umstellen, um Bedienpersonal einzusparen. Nicht vorzustellen, wenn wir das falsch verstanden hätten!

3 Erfahrungen systematisch nutzen

Es gibt noch immer kein Verfahren, um Qualitätsanforderungen automatisch abzuleiten. Obwohl sich die Forschung seit Jahren intensiv um Qualitätsanforderungen bemüht, ist man nach wie vor darauf angewiesen, mit dem oder den Kunden Qualitätsmodelle auszuhandeln. Viele haben versucht, sich das zu ersparen – die meisten haben es bitter bereut. Das ist eine Einsicht, die man aus Erfahrung gewinnt.

Die Softwarequalität ist ein Gebiet, auf dem Erfahrungen eine besonders wichtige Rolle spielen.

Auf Erfahrungen ist man angewiesen, wenn man für eine Aufgabe

(1) technische Kenntnisse braucht, zusätzlich aber auch
(2) die Fähigkeit, unter Unsicherheit zu bewerten und zu entscheiden,
(3) weil es keine klaren Erfolgskriterien gibt.

Genau diese Situation liegt in der Softwarequalität oft vor. Ständig muss man zwischen Kosten, Kundenzufriedenheit und technischer Machbarkeit abwägen. Welcher Kompromiss in einer Situation der beste ist, lässt sich nicht nach einfachen Regeln ableiten – Erfahrung ist gefordert.

Nun dauert es aber einige Zeit, bis man sich vom Neueinsteiger zum erfahrenen Qualitätsbeauftragten entwickelt hat. Eine Firma kann sich kaum erlauben, in der Zwischenzeit auf Erfahrung aus früheren Projekten zu verzichten und ständig faule Kompromisse einzugehen. Auch können die wenigen erfahrenen Kollegen nicht in allen Projekten gleichzeitig tätig sein. Daher liegt es nahe, zumindest die wichtigsten Erfahrungen auch anderen zu vermitteln, sodass sie – praktisch aus zweiter Hand – ihr Urteilsvermögen unter Unsicherheit verbessern. Darum geht es in der systematischen Erfahrungsnutzung.

Kaum jemand wird den Wert von Erfahrungen bestreiten, so lange man nur abstrakt darüber spricht. Auch Erfahrungsweitergabe scheint eine Selbstverständlichkeit zu sein. In Wirklichkeit sieht es ganz anders aus; Erfahrungen werden in vielen Unternehmen noch kaum ernst genommen, ihre Weitergabe wird kaum gefördert und bleibt auf zufällige Kantinengespräche beschränkt. Für erfolgreiche Erfahrungsweitergabe muss man aber einige Randbedingungen beachten – sonst klappt es einfach nicht.

In diesem Kapitel werden drei Beispiele von systematischer Erfahrungsnutzung vorgestellt. Sie zeigen das Spektrum von Techniken, die man hier einsetzen kann: Von relativ informellen Qualitätszirkeln über eine einfache, aber streng geregelte Methode zur Erfahrungserhebung bis hin zu einem organisatorischen Mechanismus, um die eingesammelten Erfahrungen zu bearbeiten und wiederzuverwenden. Es gibt natürlich noch viel mehr Möglichkeiten, bewusst und gezielt mit den wertvollen Erfahrungen umzugehen. Solange man sich an die Randbedingungen für systematische Erfahrungsnutzung hält, sind der Kreativität hier kaum Grenzen gesetzt.

3.1   Qualitätsnetzwerke und Qualitätszirkel

Auf dem Schreibtisch liegt eine Karte von der Qualitätsinitiative: Einladung zum Quality Circle (Qualitätszirkel). Na, was das schon wieder sein soll? Als Q den Raum betritt, sind dort 12–15 Leute versammelt, die sich angeregt über Qualität unterhalten. Das kommt Q irgendwie vom Gang zum Vorstellungsgespräch bekannt vor. Offenbar gibt es unter Qualitätsbeauftragten auch wirklich mehr Frauen als sonst unter Informatikern. Jedenfalls sind hier fast die Hälfte Damen. Man setzt sich zusammen und begrüßt Q.

Qualitätszirkel sind lose Zusammenschlüsse von Qualitätsbeauftragten aus verschiedenen Projekten. Idealerweise finden diese Treffen etwa alle vier bis zehn Wochen statt und werden durch einen kurzen Impulsvortrag eines Teilnehmers auf ein Qualitätsthema fokussiert. Das ist wichtig, damit man sich nicht unverbindlich verplaudert. Der erste Teil ist also dem Thema gewidmet, das durch den Impulsvortrag vorgegeben ist. Die Teilnehmer berichten, was sie zu diesem Thema (zum Beispiel »Qualitätsmodelle erstellen«) kürzlich erlebt und erfahren haben.

Nach etwa einer oder zwei Stunden, wenn sich das Thema erschöpft hat, kann man auf andere aktuelle Qualitätsthemen übergehen. Voraussetzung ist, dass frische Erfahrungen zu berichten sind oder jemand gerade Unterstützung braucht, also ein Anliegen hat. Wenn sich die Gruppe einigermaßen regelmäßig trifft und an einige Regeln hält, bildet sie eine sogenannte »**community of practice**« [Wenger '98], also eine Gemeinschaft, die nicht durch Hierarchie oder Pflicht zusammengehalten wird, sondern durch eine gleichartige Aufgabe (auch wenn diese nicht in einem gemeinsamen Projekt ausgeübt wird). Zu den Regeln gehören Vertraulichkeit nach außen und gegenüber Vorgesetzten sowie einige weitere Vereinbarungen, damit kein Teilnehmer befürchten muss, dass seine Beiträge auf ihn zurückfallen. Das ist besonders wichtig, wenn einmal negative Erfahrungen berichtet werden.

Qualitätszirkel sind seit vielen Jahren bekannt, aber nur in größeren Firmen üblich. Sie stellen in der Tat einen Glücksfall für die Beteiligten dar, weil diese sich hier informell unterhalten und zu ihrem Thema Erfahrungen austauschen können.

Wie so oft ist die Idee einfach, die erfolgreiche Durchführung hängt aber von vielen Faktoren ab – auch von scheinbar unwichtigen. Da es sich um eine unterstützende Maßnahme handelt, müssen Aufwand und Nutzen in einem guten Verhältnis stehen. Das kann man erreichen, indem der Nutzen sehr hoch *oder* indem der Aufwand relativ niedrig bleibt. Man muss also stets das Verhältnis von »gefühltem Aufwand« zu »gefühltem Nutzen« für alle Teilnehmer im Auge behalten. Das beginnt dabei, wie die Ergebnisse eines Qualitätszirkels protokolliert werden. Oft reicht ein einfaches Protokoll, um sich an die wichtigsten Beiträge erinnern zu können. Ein vorstrukturiertes Protokoll kann noch einfacher anzufertigen sein; Tonbandaufnahmen wären noch einfacher zu erstellen, aber die Wiedergabe dauert zu lang. Vor allem widersprächen sie der Regel, die Beiträge zu anonymisieren.

Gerade eine freiwillige Aktivität wird nur funktionieren, wenn alle Teilnehmer das Gefühl haben, mehr herauszuholen, als sie selbst hineinstecken. Qualitätszirkel wirken oft spontan und mühelos. Das sollte nicht darüber hinwegtäuschen, dass wirksame Qualitätszirkel auf Dauer Initiatoren und Moderatoren brauchen und jemand die Veranstaltung planen und organisieren muss. Schon das Thema des Impulsvortrags muss sorgfältig gewählt werden, damit genügend einschlägige Erfahrungen vorliegen – und damit auch jemand diese Erfahrungen gerade brauchen kann. Wenn die Firma den benötigten Aufwand teilweise übernimmt, bleibt die Kosten/Nutzen-Bilanz für die Teilnehmer positiv.

Q freut sich: Es geht dieses Mal um Qualitätsmodelle und wie viele Varianten von »Effizienz« man inzwischen in verschiedenen Projekten beschrieben hat. Zwei Leute haben im Impulsvortrag über ihre Erlebnisse und Erfahrungen berichtet, nachher hatten fast alle etwas dazu zu sagen – sogar Q konnte schon etwas beisteuern. In der Ecke saß jemand, der immer mitgeschrieben hat. »Ob das wohl alles der Geschäftsleitung gepetzt wird?«, fragt sich Q. »Dann würde ich vielleicht nicht so offen über die Kunden reden, die anfangs selbst nicht wussten, was sie eigentlich wollten.« Aber nein: Bald hat Q erfahren, dass die Qualitätsinitiative die interessantesten Sachen notiert, damit man vielleicht eine Sammlung von Qualitätsmodellen zur »Effizienz« aufstellen kann. Vielleicht würde das zukünftige Diskussionen mit dem Kunden fördern. Die Sammlerei und Anonymisierung übernimmt die Qualitätsinitiative, um die Erfahrungsträger nicht damit zu belasten. Außerdem erzählt man Q von den anderen Erfahrungsaustauschaktivitäten, die FunGate unterstützt.

3.2   Leichtgewichtige Dokumentation von Erfahrungen

Immer wieder gibt es im Projektalltag Zeitpunkte, an denen eine größere Aufgabe abgeschlossen ist. Ob nun nach mehreren Wochen die Anforderungsspezifikation endlich fertig ist, oder ob man einen Qualitätsplan erstellt hat – an solchen Punkten sollte man die Erfahrungen sichern. Das kann in einem Qualitätszirkel geschehen, es gibt aber auch speziellere Verfahren, die genau auf solche Situationen zugeschnitten sind und in gleicher Zeit mehr herausholen.

Die sogenannten post-mortem-Techniken [Birk et al. '02] gehören dazu. Sie werden typischerweise erst nach Projektabschluss (daher »post mortem«) eingesetzt, um das Wissen und die Erfahrungen von Mitarbeitern aufzunehmen. Solche Techniken können selbst mehrere Stunden bis einige Tage in Anspruch nehmen. Das ist schon wieder bedenklich viel Aufwand – verglichen mit dem Nutzen, den die Teilnehmer selbst davon haben; schließlich ist ihr Projekt ja schon vorbei. Es besteht die Gefahr, dass man in der Hektik des Projektgeschäfts lieber das post mortem auslässt und gleich zum nächsten Kundenprojekt übergeht – damit wird schließlich richtiges Geld verdient. Leider vergibt man damit eine Chance, aus den eigenen Erfahrungen zu lernen und zahlt unter Umständen deutlich mehr »Lehrgeld«.

Daher soll hier nicht eine typische post-mortem-Technik besprochen werden, sondern eine Spezialtechnik, die im Jahr 2000 bei DaimlerChrysler entwickelt worden ist. Sie heißt LIDs und dient zur Erhebung von Erfahrungen einer Gruppe von Personen, die gemeinsam eine Aufgabe durchgeführt haben. Das kann am Projektende geschehen, aber eben auch schon zwischendurch. Ablauf und Hilfsmittel sind so angelegt, dass die beteiligten Erfahrungsträger ein gutes Verhältnis von Aufwand zu Nutzen wahrnehmen. Daher kann man sich erlauben, LIDs während des Projekts einzusetzen. Teilweise profitiert man dann später noch im selben Projekt davon, wenn eine ähnliche Aufgabe erneut durchzuführen ist, zum Beispiel: Qualitätsmodell überarbeiten, neuen Kunden einbinden.

LIDs steht als Abkürzung für »Light-weight Documentation of Experiences«. Das englische Wort *lid* bedeutet übersetzt »*Deckel*«. Das ist beabsichtigt. Es soll assoziieren, dass man rasch einige Erfahrungen einsammelt, sie »in einen Topf« wirft und »den Deckel drauf« setzt. Man hat die Erfahrungen im Topf und kann sich beruhigt den nächsten Herausforderungen zuwenden. Das »Deckeldokument« selbst heißt LID, die Technik, mit solchen Deckeln zu arbeiten, heißt LIDs (mehrere Deckel).

Mit LIDs werden Erfahrungen eingesammelt. Später muss man dafür sorgen, dass diese Erfahrungen dort wieder angeboten werden, wo man sie verwenden kann. Die beiden Vorgänge werden hier kurz beschrieben; ausführlicher ist das Verfahren in [Schneider '00] dargestellt. Das Verfahren wird inzwischen in mehreren Firmen und an Universitäten eingesetzt.

Die Erfahrungserfassung läuft wie folgt ab:

1. Der Qualitätsbeauftragte, der Projektleiter oder der Verantwortliche für die abgeschlossene Aufgabe setzt eine LID-Sitzung an. Das geschieht nach einer interessanten, wahrscheinlich wiederkehrenden Aufgabe, die etwa zwei bis drei (höchstens sechs) Monate gedauert hat. Dann sind Aufwand und Nutzen besonders günstig, die Erinnerung ist noch frisch.

2. Die Gruppe, die an der Aktivität beteiligt war, trifft sich in einem Besprechungsraum. Dort ist ein Beamer aufgebaut, eine Person ist Schriftführer (oft jemand, der zwar beteiligt war, aber nicht so eng).

3. Auf dem Computer liegt die Struktur eines LID bereit, das sind die Überschriften mit ein paar Angaben, was darunter zu verstehen ist (Abb. 3–1). Nun geht man die Kapitel der Reihe nach durch, erzählt, was passiert ist, und füllt die Kapitel aus. Häufig verwendet man sogar einen älteren LID, der ja die gleiche Struktur aufweist und schon ausgefüllt ist. Hier kann man einfach den alten durch den neuen Text ersetzen. Dann sieht man, wie viel Text an die betreffende Stelle soll, und hat auch gleich ein Beispiel für eine Formulierung. Das löscht man und schreibt den neuen Text hin, denn inhaltlich haben neuer und alter LID ja in der Regel nicht viel miteinander zu tun.

Grobstruktur eines LID (Erfahrungsberichts)

1   Um welche Aktivität geht es?
2   Kommt so eine Aktivität häufiger vor?
3   Gesamteindruck: War die Aktivität erfolgreich?
4   Ziele, Erwartungen, Hoffnungen und Risiken
    vor Beginn der Aktivität?
5   Darstellung des Ablaufs, mit Bewertung
    1   Chronologisch
    2   Einzelfragen und spezifische Aspekte
6   Resümee und Kritik
7   Schlussfolgerung: Was empfehlen wir in Zukunft?

Abb. 3–1   _Struktur eines LID in Form von Kapitelüberschriften [Schneider '00]_

Durch die Reihenfolge der Kapitel werden die Teilnehmer angeleitet, sich langsam wieder in die Aufgabe zurückzuversetzen und schließlich chronologisch zu berichten, was der Reihe nach passierte und getan wurde. Der Schriftführer schreibt mit und projiziert es mit dem Beamer an die Wand. Berichtigungen werden sofort vorgenommen, eine Prüfrunde nachher ist unnötig.

Wenn ein Dokument erwähnt wird, das für die Aktivität wichtig war (z.B. eine Vorlage, ein Plan oder auch ein Zwischenergebnis), so wird dessen Name im LID unterstrichen.

Nach der LIDs-Sitzung, die etwa zwei bis drei Stunden dauert, wendet sich der Schriftführer noch an die Teilnehmer und klärt, wo die unterstrichenen Dokumente sind. Viele liegen auf dem Projektserver, manche muss er einscannen oder sich schicken lassen. Das sollte innerhalb von 24 Stunden geschehen. LIDs muss schnell gehen und darf die Beteiligten nicht belasten.

Die erwähnten Dokumente werden in ein neues Verzeichnis kopiert (»in den Topf geworfen«) und durch einen Hyperlink aus der LIDs-Protokolldatei (dem »Deckel«) verbunden. In Word kann man dafür Links setzen. Damit sind alle erwähnten Dokumente jetzt gegen Änderungen geschützt und vom Deckel aus durch einen Klick zu erreichen. Sie sind an der Stelle im Ablauf erwähnt, wo sie in der Aktivität wichtig waren. Dort findet man sie wieder.

Auf diese Weise kann man an einem halben Tag den Deckel und die Dokumente im Topf sammeln, verlinken und bei Bedarf weitergeben. Der Deckel selbst ist durch die vorgegebene Struktur nicht nur Anleitung beim Sammeln, sondern auch Hilfestellung, um sich in den fünf bis 15 Seiten schnell zurechtzufinden, die ein LID normalerweise umfasst.

Es gibt keine nennenswerte Vor- oder Nachbereitung, nur das Dokumentverlinken durch den Schriftführer. Das wichtigstes Prinzip ist, möglichst wenig Arbeit hineinzustecken, diese aber umso effizienter zu organisieren. Insbesondere sollen die Teilnehmer nicht eigens Erfahrungsberichte schreiben müssen, sondern allenfalls vorhandene Dokumente per E-Mail verschicken.

Bei der **Wiederverwendung der Erfahrungen** muss man vor allem darauf achten, dass man vor einer Aktivität prüft, ob es schon einschlägige LIDs gibt. Dafür gibt es verschiedene Möglichkeiten. Verfolgen alle Projekte ein Vorgehens- oder Prozessmodell, so kann man einen Schritt einplanen, in dem die LIDs geprüft werden. Das machen häufig Qualitätsbeauftragte. Sie müssen selten mehr als die Titel der LIDs lesen. Wenn man auf einen oder mehrere relevante LIDs gestoßen ist, zögern die Verantwortlichen in der Regel nicht, die wenigen Seiten zumindest kurz zu überfliegen. Fast immer finden sich Anregungen, an die man nicht gedacht hätte, oder man kann eine Vorlage oder Datei (aus dem Topf) selbst nutzen. Wer von Erfahrungen profitieren will, wird auch ein paar Minuten investieren. Aufwand und Nutzen stehen immer noch in sehr gutem Verhältnis.

LIDs ist für die oben genannte Situation optimiert, die übrigens sehr häufig auftritt. Möchte man längere Zeiträume oder wesentlich größere Projekte abdecken, so würden einzelne LIDs zu umfangreich, oder man würde bei der Wiederverwendung zu viele LIDs finden. Ist das der Fall, so muss das Verfahren modifiziert oder durch ein anderes Verfahren ersetzt werden. Große Unternehmen werden auch regelmäßig aufwendigere Vorkehrungen zur Verwaltung der LIDs mit den anhängenden Dokumenten treffen müssen. Das führt zur Erfahrungsverwaltung.

Q hat beim Mittagessen die Kollegin wieder getroffen. Ob Q gleich nachher mit zu einer Erfahrungssammlungssitzung mitkommen möchte? Immer. Von dem dortigen Projekt versteht Q nicht viel, deswegen soll Q gleich Schriftführer machen. Auf diese Weise müssen die Erfahrungsträger nur hier sitzen und erzählen, während Q schreibt. Das ist wirklich nicht zu viel verlangt, denkt sich Q. In den zwei Stunden tippt Q, was das Zeug hält. Es darf ja ruhig fast wörtlich sein, hatte es geheißen. Wie oft man sich dabei verschreibt! Aber das stört keinen, es geht nicht um einen Schönheitspreis. Nach zwei Stunden sind anscheinend alle froh, es schon geschafft zu haben. Viele von den Leuten sind richtiggehend erleichtert, ihre Erlebnisse und Erfahrungen und ihren Ärger endlich los zu sein. Q ist etwas nervös: Ob die vier Dokumente rechtzeitig zugeschickt werden, die noch fehlen? Dreizehn Dokumente waren während der Sitzung erwähnt worden: Einen Plan, eine Teilnehmerliste von einer Informationsveranstaltung und zwei Versionen eines Foliensatzes hatten die Teilnehmer als wichtig bezeichnet. Q hatte deren Namen erst einmal unterstrichen. Die zwei Versionen des Foliensatzes waren interessant, weil man sie im Projekt verwechselt hatte, was zu allerlei Schwierigkeiten führte. Daran erinnern sich die Teilnehmer lebhaft, daher steht es auch in dem LID, mit beiden Versionen angehängt. Die Teilnehmerliste und andere Dokumente wollten die Teilnehmer aus einem anderen Grund aufbewahren: Sie glauben, dass man sie leicht wiederverwenden kann. Neun der dreizehn Dokumente hatte Q direkt vom Server holen und verlinken können. Die anderen vier sollte Q noch per E-Mail bekommen. Eins der Dokumente kommt dann auch wirklich nicht, und die Kollegin meint: »Vergessen Sie es; der schickt nie was.« So fehlt dann eben das eine Dokument. Dieser Pragmatismus ist Q noch ein bisschen fremd; hat aber etwas für sich. Ein anderer Kollege zeigt Q, wie der LID jetzt verwaltet und weiter benutzt wird. Es gibt da offensichtlich eine Erfahrungsbasis. Wird wohl eine Art Datenbank sein, denkt Q.

3.3 Organisation der Erfahrungsverwaltung

Victor R. Basili hat für die Erfahrungsbearbeitung eine eigene Organisationseinheit vorgeschlagen, die er Experience Factory nennt [Basili et al. '94a]. Die Experience Factory ist eine Person oder Gruppe, die nicht einem einzelnen Projekt zugeordnet ist. Mithilfe einschlägiger Werkzeuge und Techniken (wie LIDs) sammelt, strukturiert und bereitet sie Erfahrungen auf. Diese stellt sie dann den Projekten wieder zur Verfügung. Abbildung 3–2 zeigt das Prinzip. Man kann sich also vorstellen, dass die Experience Factory für die Betreuung von Qualitätszirkeln und für die Durchführung und Verwaltung von LIDs zuständig ist. Außerdem gehört im Rahmen des »Experience Engineering« dazu, Best Practices aus den Erfahrungen zu erstellen. Darunter versteht man Anleitungen und Hilfestellungen, um eine Aufgabe gut zu bewältigen. Der Unterschied zu Erfahrungen und LIDs besteht darin, dass eine Best Practice nicht sagt, was sich in diesem oder jenem Projekt ereignet hat, sondern was ein neues Projekt folglich *tun* soll. Das möchten Projektbeteiligte eigentlich wissen. Umso lieber, wenn sie wissen, dass in diese Vorschläge die Erfahrung vieler LIDs und Projekte eingearbeitet worden ist.

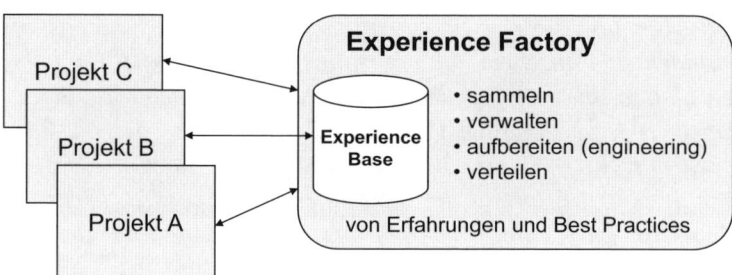

Abb. 3–2   *Prinzip der Experience Factory nach [Basili et al. '94a], vereinfacht dargestellt*

Typischerweise werden Experience Factories von Querschnittsabteilungen (wie dem Qualitätsmanagement oder einer Stabsabteilung der Softwareentwicklung) betrieben. Da die Bezeichnung »Experience Factory« auf die inzwischen vergessene Idee der »Software Factory« anspielt, haben einige große Firmen zwar die Idee übernommen, aber selten den Begriff. Oft werden solche Aktivitäten unter dem Dach des »Wissensmanagements für Software« betrieben. Allerdings unterscheidet sich Erfahrungsnutzung in einigen wesentlichen Punkten vom klassischen Wissensmanagement:

▓ Erfahrungsbeschreibungen sind oft viel vager und umfangreicher als die sehr operativen Handlungsanweisungen in einer Wissensbasis (z.B. für die Reparatur von Kopierern). Erfahrungsbeschreibungen enthalten dafür aber viel mehr Informationen. Ein einziger LID kann über zehn Seiten haben, mit einem Dutzend angehängten Dokumenten.

▓ Schlüsse aus Erfahrungen können auch falsch sein, weil man Beobachtungen unterschiedlich deuten kann. Je ähnlicher ein Projekt dem anderen, desto zuverlässiger kann man Erfahrungen übertragen. Weil das nie ganz sicher ist, sollte man Erfahrungen als Warnung oder Tipp verstehen, nicht aber als absolute Wahrheit.

▓ Es gibt Techniken, die besonders auf den Einsatz in der Softwareentwicklung optimiert sind und die Tatsache ausnutzen, dass die Erzeugnisse und Dokumente dabei in der Regel elektronisch vorliegen. FOCUS ist beispielsweise ein Werkzeug, das bei Programmvorführungen Erklärungen aufzeichnet und mit dem Ablauf der gezeigten Demo verknüpft. Die Demo findet auf dem Rechner statt, der Programmtext wird ebenfalls am Rechner erläutert, und FOCUS verwendet den Rechner zusätzlich als Aufnahme- und Verknüpfungswerkzeug für Sprache, Bildschirminhalte und Programmabläufe. So können Programmvorführungen genutzt werden, um Erklärungen und Erfahrungen effizienter zu erfassen. FOCUS gibt es für Smalltalk [Schneider '96] und für Java [Schneider '06].

Experience Bases sind die Speicher von Experience Factories. Sie enthalten die rohen Erfahrungen, aber auch strukturierte Berichte wie LIDs und die aufbereiteten, als Best Practices präsentierten Hilfestellungen für neue Projekte. Technisch kann man für eine Experience Base eine Datenbank, ein Websystem oder eine Newsgroup einsetzen; natürlich sind auch Eigenentwicklungen möglich. Wie Abbildung 3–2 zeigt, können Projekte direkt oder indirekt auf die Experience Base zugreifen. Über Erfolg oder Misserfolg entscheidet eher, ob die darin verwalteten Erfahrungen hilfreich sind und ob für alle Beteiligten Aufwand und Nutzen in einem vernünftigen Verhältnis stehen. Darin erweist sich, wie gut die Experience Factory ihre Aufgabe verstanden hat und dem Unternehmen wirklich nützt.

Q überlegt, ob man eine Experience Factory zum Thema Testen aufsetzen könnte. Aber woher sollen dann die ersten Erfahrungen kommen? Q wollte einfach eine Website aufmachen und inserieren, dass man dort Erfahrungen eintragen könne. Die wäre natürlich anfangs leer gewesen. Die Kollegen haben gelacht und gemeint, so würde es jeder angehen. Aber wieso sollte jemand zu einer leeren Website gehen: Nur um eigene, mühsam erworbene Erfahrungen von Hand einzutippen? Was hätte man denn davon? Da müssten schon ein paar interessante Dinge drin sein, an die man leichter herankommt, wenn man auch selbst etwas beigesteuert hat. So einfach scheint das alles doch nicht zu sein. Q beschließt, erst einmal selbst genug Informationen einzusammeln und sich auf das eigene Projekt zu konzentrieren. Aber irgendwann will Q auf die Erfahrungsbasis zurückkommen.

3.4 Herausforderungen und Chancen für Erfahrungsnutzung

Erfahrungen sind Katalysatoren in der Softwareentwicklung: Sie helfen, die Ressourcen so einzusetzen, wie es sich schon einmal bewährt hat. Sackgassen kann man meiden. Wenn man Erfahrungsaustausch planmäßig und systematisch betreibt, hängt es weniger vom Zufall oder Glück ab, ob wichtige Erfahrungen wieder genutzt werden können. Systematische Erfahrungsnutzung kann einen davor bewahren, Fehler zu wiederholen.

Dennoch hat sich gezeigt, dass es Vorbehalte gibt, Erfahrungen zu liefern – erstaunlicherweise aber auch, sie anzunehmen [Schneider '01b]. Damit haben neben dem wahrgenommenen Aufwand auch psychologische Faktoren etwas zu tun. Gibt man nicht einen Teil seines Marktwerts preis, wenn man die Erfahrungen zur Verfügung stellt? Und darf man den Erfahrungen anderer glauben? Der letzte Effekt ist als »*not invented here*«-Phänomen bekannt: Nur was man selbst gemacht hat, kann richtig sein. Diese Einstellung blockiert Wiederverwendung auf allen Ebenen, von Erfahrungen bis zum Code.

Hinzu kommen häufig Missverständnisse darüber, was überhaupt eine lohnende Erfahrung darstellt. Nicht jedes unreflektierte Erlebnis kann anderen Projekten helfen. Umgekehrt merkt nicht jeder, dass er ein Problem gelöst hat, das schon viele beschäftigt hatte. Wer sich intensiver mit Erfahrungsnutzung auseinandersetzt, muss sich fragen, was eine Erfahrung so wertvoll – und zugleich so schwer vermittelbar – macht. Daher definieren wir hier diesen Begriff, sodass man in der systematischen Erfahrungsnutzung etwas damit anfangen kann.

Eine **Erfahrung** besteht in diesem Zusammenhang immer aus:

- Einer **Beobachtung**, die (im Gegensatz zu rein theoretischen Überlegungen oder persönlichen Überzeugungen) die authentische und unanfechtbare Basis einer Erfahrung ist.
- Einem **Gefühlswert**, durch den die Beobachtung auffällig und einprägsam wird.
- Einer **Schlussfolgerung**, durch die die Beobachtung übertragbar und anderswo einsetzbar wird. Sie sagt aus, wie es zu dem beobachteten Phänomen gekommen ist, was daraus für Konsequenzen entstehen können oder was man in dieser Situation tun kann.

Beim Stichwort »Erfahrung« denkt Q an den Workshop mit dem Qualitätsmodell. Wie könnte Q das vergessen! Wie man 40 Minuten über »Effizienz« geredet hatte, bis sich endlich herausstellte, dass Kunden und Entwickler etwas ganz Verschiedenes darunter verstanden. Das eine »Beobachtung« zu nennen, findet Q fast zu schwach; es war eher ein Schock. Vor allem, wenn man sich vorstellt, was passiert wäre, wenn dieses Missverständnis nicht aufgeklärt worden wäre. Ist das schon eine richtige Erfahrung? Zusammen mit einer übertragbaren Schlussfolgerung allemal. Q würde in Zukunft nicht mehr annehmen, dass ein bekanntes Wort, wie Effizienz, für Kunden unbedingt auch das Gleiche bedeutet. Man muss nachfragen – oder der Schock kommt bei der Produktübergabe. Nicht auszudenken! Q schüttelt sich. »Aber es wird nicht reichen, nur die Schlussfolgerung weiter zu erzählen«, ist sich Q sicher. »Da würden ja das Erlebnis und seine Eindrücklichkeit fehlen.« Das heißt aber, dass man immer die Begebenheit erzählen muss, wenn man eine Erfahrung weitergeben will.

Wer selbst etwas erlebt und beobachtet hat, dem kann man nicht einreden, es wäre nie passiert. Und je angenehmer oder peinlicher die Situation war, desto länger wird man sich daran erinnern. Um daraus eine nützliche Erfahrung zu machen, muss man vom Einzelfall auf eine Abhängigkeit schlussfolgern. Dann kann man in ähnlicher Situation die Erfahrung anwenden. Fehlt eine der drei

Komponenten, hat man es eigentlich nicht mehr mit einer voll wirksamen Erfahrung zu tun. Daher reicht es zum Beispiel nicht aus, nur die Schlussfolgerung weiterzugeben, denn die wäre nicht so authentisch und einprägsam wie die ganze Erfahrung.

3.5   Networking in Organisationen und auf Tagungen

Beim Nachhausegehen bemerkt Q in der Halle von FunGate einen Tisch voller Flyer und Broschüren, die auf Konferenzen und Tagungen hinweisen. Mit manchen kann Q nicht viel anfangen, aber anderes ist inhaltlich interessant. Bestimmt könnte man dort etwas lernen und nebenbei »Networking« betreiben, also Leute kennenlernen, die man bei Bedarf anrufen und ausfragen kann. Vielleicht machen ja andere Firmen oder Universitäten auch etwas Spannendes zum Thema Testen, was man erst einmal in die Experience Base stecken könnte. In der S-Bahn sieht Q nach, wann und wo die Tagungen stattfinden. Einige von den Zetteln sind von der »GI«, die scheinen zu allen möglichen Themen Arbeitstreffen abzuhalten.

Besonders nahe liegend ist der Erfahrungsaustausch innerhalb des eigenen Unternehmens. Dazu können Qualitätszirkel und Experience Bases beitragen. Manchmal sollte man aber auch über diesen Tellerrand hinausschauen und sich mit Leuten austauschen, die in anderen Firmen und Organisationen etwas Ähnliches tun wie man selbst. Dafür bieten sich Arbeitskreise in den Informatikerverbänden an, oder Fachtagungen zur Softwarequalität.

Die **Gesellschaft für Informatik e.V.** (GI, www.gi-ev.de) ist die Vereinigung der Informatiker in Deutschland. Schwestergesellschaften gibt es in Österreich und in der Schweiz. Jeder Interessierte hat die Möglichkeit, in vielerlei Arbeitskreisen mitzumachen. Wer GI-Mitglied ist, erhält die Zeitschrift »Informatik Spektrum« und kann weitere Veröffentlichungen beziehen. Weil die GI die gesamte Informatik vertritt, ist sie nach Themengebieten strukturiert. Die Softwarequalität ist im Fachbereich Softwaretechnik angesiedelt und dort in mehreren Fachgruppen und Arbeitskreisen vertreten. Man kann Treffen auf allen Ebenen besuchen und auch selbst mitarbeiten. Am intensivsten ist die Arbeit auf der untersten Ebene, in den Arbeitskreisen. Diese Möglichkeit zum Erfahrungsaustausch sollten sich Qualitätsbeauftragte nicht entgehen lassen.

In ähnlicher Weise bietet die **ACM** (Association for Computing Machinery, www.acm.org) vielerlei Dienstleistungen rund um die Informatik an. Zum Erfahrungsaustausch eignen sich besonders die lokalen Special Interest Groups (SIGs), die es auch in vielen deutschen Städten gibt. Hier können sich Qualitätsbeauftragte zusammenschließen, oder man kann sich einer bestehenden SIG anschließen. Man trifft sich im kleinen oder mittleren Kreis und diskutiert ein Thema. Die ACM ist weltweit tätig, dafür aber in Deutschland nicht so präsent wie die GI.

Solche Arbeitskreise können vieles mit Qualitätszirkeln gemeinsam haben. Wenn sie ähnlich organisiert sind und vergleichbaren Regeln folgen, kann man sie als firmenübergreifende Qualitätszirkel betrachten. Oft kann man freilich nicht so offen über vertrauliche Unternehmensdetails sprechen wie in einem internen Qualitätszirkel.

Viele **Tagungen** beschäftigen sich mit Softwarequalität. Auf jeder größeren Software-Engineering-Konferenz (z. B. der International Conference on Software Engineering, ICSE) ist Softwarequalität auch ein Thema, allerdings nur eines unter vielen anderen. In Deutschland existiert beispielsweise mit **iqnite** (Conference for Software Quality Management and Testing) eine Tagungsreihe speziell zur Softwarequalität. Sie wird ausgerichtet von SQS (Software Quality Systems, www.sqs.de), einem deutschen Beratungsunternehmen. Sie bringt Forscher und Industrievertreter zusammen und ist eher praktisch ausgerichtet.

Am besten sieht man sich von interessanten Konferenzen die Websites und die Programme der Vorjahre an, um zu entscheiden, welche davon man besuchen möchte.

Q wäre fast an der Station vorbeigefahren, so interessant waren die Unterlagen. Im Kalender hat Q festgestellt, dass ein Arbeitskreis zum Testen auf einen Brückentag fällt. Das ist jetzt natürlich eine Gewissensfrage, ob man so viel Engagement bringen soll, überlegt Q. Aber wenn die von FunGate schon die Ankündigungen auslegen, ist es bestimmt gern gesehen, da auch mal hinzufahren. So viel Entgegenkommen findet man bestimmt nicht in jeder Firma, ist sich Q sicher. Dieses FunGate ist gar kein schlechter Laden.

4 Messen von Softwarequalität

Q bemerkt, dass in den Kursangeboten immer wieder auf Softwaremetriken und das Messen von Qualität hingewiesen wird. Das war im Studium kaum vorgekommen, oder Q hatte nicht recht aufgepasst. Wenn es schon so schwierig ist, eine Anforderung konkret zu beschreiben, wie soll man dann messen können, ob und wie gut eine Qualitätsanforderung erfüllt ist? Natürlich: Mit einem perfekten Qualitätsmodell wäre man schon einen großen Schritt weiter. Aber Qualitätsmetriken gibt es doch offenbar fertig »von der Stange«, und nicht zu knapp. Damit sollte man doch gut kontrollieren und steuern können, wie man in der Entwicklung vorgeht. »So wie mit einem Armaturenbrett im Auto«, denkt sich Q. Das ist ein gutes Bild, findet Q. Ob darauf schon mal jemand gekommen ist? Q ahnt nicht, dass praktisch jede Firma recht bald bei dieser Metapher landet, wenn sie sich mit Messen und Metriken beschäftigt. Die Vision ist einfach zu verlockend: Ein Anzeigeninstrument mit zwei Zeigern und ein paar Lämpchen wirkt so schön einfach und beherrschbar. Aber wie weit man da wohl bei Software kommt?

Im Bereich der Software hat sich dafür der Begriff »Dashboard« durchgesetzt, also das englische Wort für die Armaturentafel im Auto. Man möchte einige wenige Anzeigen so kompakt zusammenfassen, dass man auf einen Blick den Stand des Projekts und der Softwarequalität gut einschätzen kann. Das soll Managern, Projektleitern und Qualitätsbeauftragten ermöglichen, schnell und gezielt zu reagieren, wenn sich Fehlentwicklungen abzeichnen. Im Auto sieht man die aktuelle Geschwindigkeit und kann bremsen, wenn man zu schnell fährt. Wenn die Tankanzeige aufleuchtet, muss man demnächst eine Tankstelle ansteuern.

Leider sind die Verhältnisse in Softwareprojekten nicht ganz so einfach. Das beginnt schon mit der Frage, welche Informationen man denn angezeigt haben möchte. Gut wären sicher ein Fortschritts- und ein Qualitätsmaß. Aber welche Maße sollten das sein? Die Möglichkeiten reichen von sehr einfachen Größen, wie der Länge des Programmcodes, bis hin zu komplizierten Formeln. Je nach ausgewählter Metrik muss jemand die Eingangsgrößen im Projekt erheben. Im Beispiel der Programmlänge muss es also jemanden geben, der die Programmzeilen zählt oder die Längen abliest. Andere Metriken sind viel aufwendiger zu erheben, weil es nicht automatisch geht; beispielsweise die Kundenzufriedenheit. Und die »Zahl noch nicht gefundener Fehler« ist sogar unbekannt, obwohl sie höchst interessant wäre.

Die entscheidende Frage ist aber, wer auf die gelieferten Angaben auch so reagieren kann, dass Fehlentwicklungen vermieden werden. Um diesen Punkt geht es letztlich in diesem Kapitel. In der Praxis lauten die Fragen bei der Softwarequalitätsmessung stets: Wie können die Beteiligten so früh auf Fehlentwicklungen hingewiesen werden, dass sie noch wirksam reagieren können? Welche Metriken und Indikatoren sind zu erheben und wie kann man das mit möglichst geringem Aufwand erledigen?

4.1   Wozu messen und konkretisieren?

Hauptsächlich möchte man Softwarequalität messen, um den Projektfortschritt prüfen und steuern zu können: Wie nah ist man schon an den geforderten Qualitätszielen? Auf dieser Basis wird man weitere Entwicklungsschritte und Qualitätsmaßnahmen planen, drohende Risiken erkennen und gegensteuern. Bei den Funktionen eines Programms kann man vielleicht noch durch »Augenschein«, also einfaches Vorführen, abschätzen, wie gut man vorangekommen ist. Ein differenzierteres Bild ergibt sich beim Testen, wo man ja prüft, ob die geforderten Funktionen des Programms schon so reagieren, wie in der Spezifikation gefordert.

Es ist viel schwerer festzustellen, wie weit man noch von den Qualitätszielen entfernt ist, die man mit dem Kunden herausgearbeitet hat. Qualitätsmodelle sind das wichtigste Hilfsmittel. Wie oben beschrieben, stellt man sie in der Praxis für die wichtigsten Qualitätsziele auf und verfeinert sie. Ist man hier sehr sorgfältig vorgegangen und hat auch auf der Ebene von Konkretisierung und Prüfungsdurchführung detailliert gearbeitet, dann kann man mit den Qualitätsmodellen beurteilen, wie weit man noch vom Ziel entfernt ist. Hat man sogar quantitative Erfüllungskriterien (wie »höchstens drei kritische Fehler gefunden«), so kann man den Qualitätsfortschritt sogar messen. Auf dieser Basis können Ressourcen und Zeit eingeplant werden, um die fehlenden Anforderungen – auch Qualitätsanforderungen! – zu erfüllen.

Ein Beispiel: Wenn man nur »Effizienz« als Qualitätsziel benannt hätte, fehlte jeder Anhaltspunkt, um den Fortschritt in dieser Richtung zu beurteilen. Weder wüsste man, was mit Effizienz genau gemeint ist (Speichereffizienz, Laufzeiteffizienz, Bedienungsgeschwindigkeit usw.), noch hätte man ein Verfahren, mit dem man den Erreichungsgrad messen kann. Auch ein Zielwert wäre nicht bekannt.

Dagegen könnte ein differenziertes Qualitätsmodell einen Teil enthalten, in dem es zu Effizienz genauer heißt: »Laufzeiteffizienz bei Rechnungserstellung:

Die Erstellung einer typischen Rechnung dauert nach Erfassung aller Einzelposten nicht länger als 5 Sekunden.« Idealerweise wird man die Durchführung sogar noch weiter präzisieren, womit man dann schon einen ziemlich objektiven Maßstab festgelegt hat: »Die Rechnung umfasst 7 Drogerieartikel und 5 Artikel aus dem Schreibwarensortiment. Alle Artikel sind in der Artikelstammdatei erfasst. Die Zeitzählung beginnt beim Drücken der Fertig-Taste und endet, sobald die Rechnung vollständig ausgedruckt ist.« Ganz offenbar ist diese Qualitätsanforderung durch sehr unterschiedliche Maßnahmen erreichbar:

- Man kann die Suche im Artikelstamm durch schnellere Algorithmen beschleunigen.
- Man kann aber auch einen schnelleren Drucker kaufen.

Im Hinblick auf dieses Ziel ist klar: Wenn der Vorgang derzeit (im Durchschnitt) 5,8 Sekunden braucht, ist man der Sache schon viel näher als früher mit 9 Sekunden. Richtig erfüllt ist die Anforderung aber auch mit 5,1 Sekunden noch nicht. Selbstverständlich haftet so einer Festlegung eine gewisse Willkürlichkeit an: Wieso ist man nicht mit 5,2 Sekunden zufrieden, oder mit 5,4? Aber so ist es bei Anforderungen oft: Der Kunde legt sich fest, und die Festlegung führt zu Entwicklungsaufwand und -kosten, die direkt oder indirekt wieder von den Kunden zu tragen sind. Wenn im Beispiel die letzte Zehntelsekunde nur durch einen teureren neuen Drucker erkauft werden könnte, wird ein Kunde vielleicht seine Qualitätsanforderung auf »5,1 Sekunden« absenken. Aber das ist eben Verhandlungssache, die Entwickler nicht vorwegnehmen dürfen (etwa indem sie sagen: »5,1 ist doch 5, wenn man rundet«). Ein neuer Drucker wird vor allem die Kostenplanung beeinflussen, aber dafür Entwicklungsaufwand einsparen. Realistische Planung ist auf gute Messzahlen angewiesen. Den Kunden muss man dabei einbinden.

In manchen Anwendungen kommt es auch auf Sekundenbruchteile an: Bei der Steuerung und Regelung von Maschinen oder Automobilen sind Zehntelsekunden sicher keine »Verhandlungssache« mehr. Aber auch das wird man herausfinden müssen.

Wie schon mehrfach betont, ist die differenzierte Festlegung von Qualitätsmodellen zentral – aber recht aufwendig. In der Praxis wird dieser Tätigkeit oft sehr wenig Zeit eingeräumt, mit allen nachteiligen Konsequenzen auf Qualität und Planbarkeit. Es empfiehlt sich daher, diese kurze Zeit so gut wie möglich auszunutzen. Wie oben ausgeführt, kann man die obersten und die untersten Ebenen eines Qualitätsmodells noch am leichtesten wieder verwenden. Ganz unten sollen Indikatoren oder Metriken stehen. Metriken sind Maße, die man in das Qualitätsmodell einbauen kann.

Somit schließen Messungen den Kreis: Die Qualitätspolitik hatte eine Marschrichtung vorgegeben, die in der Qualitätsplanung konkret heruntergebrochen wurde. Die Qualitätssicherung ist dafür zuständig, die geplanten Maßnahmen durchzuführen und zu dokumentieren (Abb. 4–1).

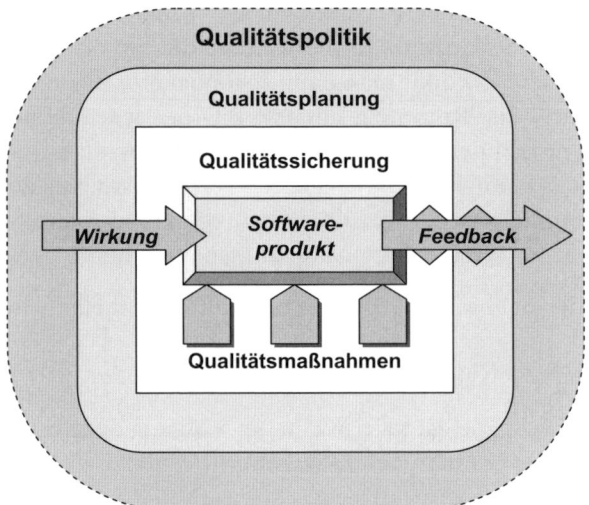

Abb. 4–1   *Metriken und Qualitätsmodelle bieten Feedback zur Zielkontrolle*

Um festzustellen, ob die gesetzten Ziele auch erreicht wurden, braucht man Qualitätsmetriken. Sie erfassen Produkte, Maßnahmen und Prozesse. Über Qualitätsmodelle, die den Zusammenhang zwischen Zielen und Metriken herstellen, erhalten alle Ebenen Feedback. Qualitätsbeauftragte tragen dazu bei, dass diese Rückkopplung funktioniert – und damit die Qualität gezielt gesteuert werden kann.

4.2   Softwaremetriken

Softwaremetriken vermessen Software und ihren Entwicklungsprozess: Man möchte etwas über die Eigenschaften des Messobjekts wissen (z.B. Laufzeiteffizienz) und wendet daher die Messung an. Was dabei herauskommt, ist eine direkte oder indirekte Charakterisierung der interessierenden Eigenschaften. Diese Information kann man verwenden, um etwas zu verbessern. Man ändert etwas und misst dann (die Effizienz) noch einmal. Am Ergebnis kann man ablesen, ob die Veränderung auch wirklich zu einer Verbesserung geführt hat. Auf diese Weise leiten Metriken dazu an, sich so zu verhalten, dass die gewünschten Eigenschaften besser erreicht werden.

> *Q hat sich gerade ein Open-Source-Programm aus dem Netz geladen. Damit kann man Java-Code messen. Q will das mal auf die eigenen Programme anwenden und ist neugierig, ob sie wirklich so gut sind, wie Q vermutet. Wobei das die Metrik in dieser Form ja gar nicht aussagen wird; da kommen nur ein paar Kennzahlen heraus. Aber sieben Metriken werden erhoben, und daran wird man schon irgendwas sehen, denkt Q. Da kommt der Projekt-*

leiter zur Tür herein und will Q sprechen: »Wir müssen was für die Wartbarkeit unserer Software tun. Unseren Kunden kenne ich, dem ist das immer besonders wichtig. Das letzte Mal gab es Ärger, weil wir so wenige Kommentare im Code hatten. Außerdem möchte er einen regelmäßigen Fortschrittsbericht. Dafür sollten wir auch was messen; zählen Sie zumindest mal die Codezeilen und die Kommentare und machen Sie eine schöne Grafik draus. Am besten noch irgendwas zur Wartung.« Q verspricht, sich gleich dranzusetzen. Da kann man jetzt sicher nicht irgendwelche zufällig aufgetauchten sieben Metriken einsetzen, sondern hier heißt es wieder einmal: Systematisch vorgehen!

4.2.1 Grundlagen

Es gibt zahlreiche in der Literatur beschriebene Metriken für Software.

Eine **Softwaremetrik** ist allgemein eine Funktion, die eine Softwareeinheit in einen Zahlenwert abbildet. Dieser Wert ist interpretierbar als der Erfüllungsgrad eines Qualitätsziels für die Softwareeinheit (IEEE Standard 1061).

Es ist sinnvoll, diese Definition noch weiter zu verallgemeinern, um mit Metriken alle relevanten Aspekte erfassen zu können. Konkret sollen außer Zahlenwerte auch Zeichen und Symbole als Bildbereich der Abbildung, also als Ergebnis der Metrik, zugelassen sein. Oft ist es sinnvoll, dass die Ergebnisse eine Einheit tragen. Und schließlich braucht man auch Metriken, die nicht nur die Software selbst vermessen, sondern den Softwareentwicklungsprozess, in dem die Software erstellt wird. Denn dieser Prozess hat offenbar erhebliche Auswirkungen auf die Qualität des Produkts, der Software. Um die geht es letztlich.

Damit ergibt sich die **erweiterte Definition einer Softwaremetrik**:

Funktion, die eine Softwareeinheit oder den Vorgang ihrer Erstellung in einen Zahlenwert oder in Zeichen (eventuell mit einer Einheit) abbildet. Dieser Wert zeigt an, wie gut ein zugehöriges Qualitätsziel erfüllt ist.

Viele Metriken passen zu dieser weiter gefassten Definition. Wenn man eine Metrik sucht, um sie in das eigene Qualitätsmodell einzubauen, muss man die Übersicht gewinnen und bewahren. Dabei hilft es, die Metriken nach verschiedenen Kriterien zu sortieren.

4.2.2 Was Softwaremetriken messen

Es gibt sehr viele Softwaremetriken. Der Überblick ist schwer zu behalten, daher teilt man die Metriken in verschiedene Klassen ein. In diesen »Schubladen« kann man gezielter nach Metriken suchen. Oft werden die Metriken danach klassifiziert, was sie messen:

▨ **Produktmaße:** Sie beziehen sich auf Eigenschaften des Softwareprodukts und liefern Größen, die eine dieser Eigenschaften messen. Man möchte beispielsweise die Zuverlässigkeit oder die Wartbarkeit oder zuerst einmal den Umfang eines Programms messen. Ein Softwareprodukt kann in diesem Zusammenhang auch ein Spezifikationsdokument oder der Entwurf einer grafischen Bedienoberfläche sein. Denn Software ist ja mehr als Code (vgl. ANSI/IEEE Standard 729-1983 in Abschnitt 2.6).

▨ **Prozessmaße:** Dabei wird der Erstellungsprozess der Softwareeinheit als Messgegenstand verwendet. Ein Prozess ist schwerer zu messen als ein Produkt. Mit den Reifegradmodellen SPICE (ISO 15 504) und CMMI [Kneuper '06] wird einem Prozess eine Zahl zugeordnet. Bei SPICE liegen diese Zahlen zwischen 0 und 5. Die Einheit heißt »SPICE-Level«. Je höher die Zahl, desto reifer der Prozess. Die Reifegradmessung, also die Erhebung der Metrik, erfolgt mit mehrtägigen Untersuchungen, den sogenannten Assessments.

▨ **Projektmaße:** Sie beschreiben, wie sich das einzelne Projekt entwickelt, speziell im Vergleich zu den Vorgaben. Aufwands- und Kostenmaße wie die kumulierten Arbeitskosten sind typische, projektspezifische Metriken. Die kumulierten Arbeitszeiten misst zum Beispiel die Stechuhr am Eingangstor.

Q ist überzeugt, vor allem Produktmetriken zu brauchen. Prozessmetriken sind doch eher für FunGate selbst interessant, denn man möchte sich ja dauernd verbessern. Das ist diesem Kunden eher egal. Also wird man für die Wartbarkeit eine Produktmetrik verwenden. Nur welche? Außerdem kann es nicht schaden, die Programmzeilen zu zählen, wie der Projektleiter gesagt hat. Das kann die Entwicklungsumgebung, dafür gibt es einen Befehl. Dann kann man eine Kurve zeigen, wie das Programm wächst – und damit auch, wie fleißig die Entwickler bei FunGate sind.

[Dumke und Lehner '00] haben umfangreiche Sammlungen von Softwaremetriken veröffentlicht. Es ist nicht möglich, auch nur alle halbwegs sinnvollen Metriken zu kennen. In der Praxis ist das auch nicht nötig. Hier reichen wenige Metriken – und die Bereitschaft, bei Bedarf eigene, neue Metriken »zu erfinden«. Wichtiger, als viele Einzelmetriken auswendig zu kennen, ist es, das Prinzip zielgerichteten Messens zu durchschauen. Dann wird man auch mit anderen Vorschlägen gut umgehen können.

Drei klassische, weithin bekannte Metriken werden daher vorgestellt: die Codezeilenzahl (*lines of code*), die zyklomatische Komplexität von McCabe (Schwierigkeitsmaß für Code) und Halstead Software Science. Letzteres ist nicht eine einzelne Metrik, sondern ein ganzes System von Metriken und Berechnungsformeln. Dazu kommen einige Hinweise zu neueren Metriken, die auf objektorientierte Programme zugeschnitten sind. An diesen konkreten Metriken lassen sich gut die Prinzipien und Eigenschaften erläutern, die auch hinter vielen anderen Metriken stecken.

4.2.3 Bezug zwischen Metrik und Qualitätsaspekt

Viele Codeeigenschaften lassen sich direkt zählen oder erkennen. So kann man die Vererbungstiefe in objektorientierten Programmen oder die Anzahl der Codezeilen direkt aus dem Code entnehmen. Allgemein lassen sich viele Produkt- und auch etliche Projektmaße direkt und teilweise automatisch erheben. Bei anderen Metriken ist der Bezug zum ursprünglichen Qualitätsziel sehr viel indirekter – und muss daher im Qualitätsmodell genau herausgearbeitet werden.

»Lesbarkeit von Code« kann beispielsweise sehr unterschiedlich interpretiert werden. So kann man Lesbarkeit als »Anzahl Kommentarzeilen pro Codezeilen« messen, oder alternativ als »geringe zyklomatische Komplexität« (siehe unten). Beide Größen behaupten zu messen, wie schwierig es ist, den Code zu verstehen. Das schlägt sich in verschiedenen Qualitätsmodellen nieder und führt zur Auswahl entsprechend unterschiedlicher Metriken. Offenbar verbergen sich dahinter verschiedene Vorstellungen von »Lesbarkeit«, mit sehr unterschiedlichen Konsequenzen für die Messung. Noch wichtiger: Auch die Softwareentwicklung wird anders laufen, wenn man unterschiedliche Arten von Lesbarkeit anstrebt!

Q hat sich ein kleines Qualitätsmodell skizziert. Leider hat der Kunde nicht mehr zur »Wartbarkeit« gesagt, sonst müsste Q jetzt nicht raten, was damit gemeint ist. Aber nach der Bemerkung des Projektleiters ist Lesbarkeit sicher ein wichtiger Teilaspekt. Und wie misst man die? Kommentarzeilen pro Codezeilen? Oder Länge der Variablennamen? Kann man dann sagen: »Mein Code ist drei Mal so lesbar wie Deiner, weil meine Kommentare drei mal so lang sind?« Wohl kaum. Aber was kann man denn dann sagen, welche Rückschlüsse sind erlaubt?

4.2.4 Skalen für die Resultate der Metriken

Man muss die Eingabedaten für eine Metrik bewusst wählen. Von ihnen hängt es ab, wie verlässlich und aussagekräftig die Resultate sein können. Aber was kann man aus diesen Resultaten wirklich ablesen? Besonders groß ist die Gefahr, mehr in ein Resultat hineinzuinterpretieren, als wirklich darin steckt.

Nehmen wir an, zwei Unternehmen haben nach SPICE die Reife ihrer Softwareentwicklungsprozesse bewerten lassen. Unternehmen A hat Level 1, das Unternehmen B dagegen Level 2 erreicht. Man hat hier mit der »Metrik SPICE-Level« gemessen und das Ergebnis ist für B doppelt so hoch wie für A. Es wäre aber verfehlt, daraus abzuleiten, dass Unternehmen B »doppelt so reife« Prozesse hat wie Unternehmen A. Eine Stufe höher bedeutet zwar »reifer«, aber noch lange nicht »doppelt so hoch«. Die Metrik ist nicht so differenziert und aussagekräftig, dass man mit den Resultaten Verhältnisse bilden dürfte. Tut man es doch, kommt Unsinn heraus.

Mathematisch liegt das Problem darin, auf welcher Skala die Resultate liegen. Eine Skala ist das Raster, mit dem die Zahlen interpretiert und verrechnet werden können. Je nach Skala sind unterschiedliche Operationen auf den Resultaten möglich und erlaubt, zum Beispiel Vergleichen, Addieren oder Multiplizieren. So ist die Operation *Division* auf SPICE-Level nicht definiert oder erlaubt, weil Reifegrade nur auf einer sogenannten »Ordinalskala« liegen. Dort kann man die Zahlen zwar vergleichen und in eine sinnvolle Reihenfolge bringen, aber man darf sie nicht dividieren. Die Konstruktion von SPICE-Level ist einfach nicht aussagekräftig genug dafür.

Die wichtigsten Skalen für praktisch einsetzbare Metriken sind:

- **Nominalskala**: Die schwächste Skala erlaubt nur, verschiedene Werte zu unterscheiden. Weder darf man mit den Werten rechnen, noch sie anordnen. Wenn ein Modul mit »Nr.1« und das andere mit »Nr.2« bezeichnet wird, ist auf einer Nominalskala dadurch keinerlei Reihenfolge gemeint. Eine Metrik auf der Nominalskala klassifiziert ihre Eingaben, bildet sie also auf Klassen bzw. deren Bezeichner (lat.: *nomen*) ab. Die Messwerte sind »Schubladen«, in die das Gemessene gesteckt wird.

- **Ordinalskala**: Auf einer Ordinalskala gibt es eine Reihenfolge, man darf aber nicht rechnen. Man kann damit sagen: SPICE-Level 2 ist *besser* als SPICE-Level 1. Wie oben gesehen, ist er aber nicht *doppelt so gut* (entsprechend einem Faktor zwei). Ordinalskalen sind für Bewertungen gut geeignet, weil man Reihenfolgen bilden kann. Gerade hier ist aber die Versuchung manchmal groß, Metrikergebnisse durcheinander oder durch Konstanten zu teilen. Das wäre mathematisch scheinbar kein Problem – aber inhaltlich ist es bedeutungslos.

- In **Intervallskalen** kann man addieren und sogar Lineartransformationen ausführen (also mit Konstanten multiplizieren und verschieben). Summe, Differenz und Durchschnitt können sinnvoll gebildet werden, Multiplikation ist aber nicht erlaubt. Ein Beispiel sind Projekttermine: Jeder Termin lässt sich mit dem Kalender »messen«. Man kann den Starttermin eines Projekts um eine Woche verschieben (Addition), aber man kann nicht »doppelt so spät« anfangen: Für die Multiplikation fehlt der Bezugs-/Nullpunkt auf der Terminskala. Dagegen ist die Aussage zulässig, dass die Teilprojekte im Durchschnitt erst um 20 Tage nach dem geplanten Termin fertig waren.

- In **Rationalskalen** darf man sinnvoll multiplizieren und dividieren, also auch Zahlen ins Verhältnis setzen. Eine Spezifikation mit 200 Seiten *ist doppelt so dick* wie eine mit 100 Seiten. Eine mit 40 Seiten ist nur *0,4 mal so dick*.

Daneben gibt es noch Absolutskalen. Sie spielen aber bei Metriken keine so große Rolle. Auf jeder Skala darf man die Operationen aller »schwächeren« Skalen auch ausführen, und es sind zusätzliche erlaubt.

4.3 Diskussion bekannter Softwaremetriken

Eine Handvoll Softwaremetriken sind weithin bekannt. Sie gehören zum Grundstock der Softwarequalität, man sollte sie kennen.

An diesen Metriken lassen sich auch schon viele Effekte, Fallen und Hinweise erläutern, die man auf zahlreiche andere Metriken anwenden kann. Daher enthalten die folgenden konkreten Metriken gleichzeitig Überlegungen, worauf man ganz allgemein bei Softwaremetriken achten muss. Statt viele Metriken nur kurz zu nennen, werden diese wenigen ausgewählten Beispiele stellvertretend etwas ausführlicher diskutiert.

4.3.1 Lines of code: Der Teufel steckt im Detail

Diese scheinbar einfachste Softwaremetrik ist sicher am weitesten verbreitet. Das liegt mit daran, dass sie sehr einfach zu erheben ist. Man muss ja nur zählen, wie viele Zeilen der Programmcode hat. Praktisch jede Entwicklungsumgebung bietet eine entsprechende Funktion an. Doch hier beginnen die Schwierigkeiten: Selbst diese einfache Metrik ist die Quelle vieler Missverständnisse. Man muss nämlich eine Reihe von Fragen beantworten, bevor man *lines of code* (kurz: loc) einsetzen kann.

Es gibt nämlich verschiedene Definitionen, was genau als Programmzeile gezählt werden soll:

- nur Zeilen, in denen ausführbare Programmbefehle stehen,
- oder auch Zeilen, in denen Kommentare stehen,
- oder auch Leerzeilen dazwischen?

Und in jeder der Varianten muss man sich überlegen:

- Wie zählt man Befehle, die sich über mehrere Zeilen erstrecken (wie Verzweigungen)?
- Werden auch Klammern und Blockbefehle gezählt?
- Was ist, wenn in einer Zeile mehrere Befehle stehen?

Im Prinzip hat jede Variante Vor- und Nachteile. Es ist dennoch nicht gleichgültig, welche Variante man auswählt, denn diese Entscheidung hat durchaus Folgen: Je nach Definition wird ein und dasselbe Codestück (gemessen in *lines of code*) »kürzer« oder »länger«. Abbildung 4–2 zeigt an einem kurzen Programmausschnitt, wie sich verschiedene Varianten unterscheiden.

Das Programmstück in Abbildung 4–2 hat 17 Zeilen, inklusive einer Leerzeile. Ohne Leerzeilen sind es also noch 16 Zeilen, ohne Kommentare nur noch 12 Zeilen. Man könnte auch definieren, dass nur Zeilen mit einem Semikolon »richtige Befehle« enthalten. Das wären nur noch drei.

```
                                        public void kaufeTicket()
                                        {
                                          // Erwachsene zahlen mehr
         Zeile mit Anweisung              if ( isAdult )
                                          {
            Kommentarzeile                  // hier wird bezahlt
                                            payFullFee();
                                          }
                                          else
   Programmzeile ohne Anweisung           {
                                            // alle anderen zahlen weniger
         Zeile mit Semikolon               payReducedFee();
                                          }
              Leere Zeile

                                          // auf jeden Fall Ticket drucken
                                          printTicket();
                                        }
```

Abb. 4–2   *Ein Programmstück, verschiedene Zählweisen und Ergebnisse*

Welche Zählweise angemessen ist, hängt wieder einmal von der Absicht ab, die man mit der Zählung verfolgt. Drei Beispiele zeigen, wie groß das Spektrum ist:

▪ Man möchte wissen, wie groß der Quellcode ist, um abzuschätzen, wie viele Ordner ein Papierausdruck füllen wird. Hier muss man alle Zeilen zählen, egal ob sie leer oder prall gefüllt sind. Denn auf dem Papier nehmen sie gleich viel Raum ein.

▪ Man möchte bewerten, wie viel ein Programmiererteam geleistet hat. Die Codezeilen messen also den erstellten Codeumfang und indirekt die Leistung des Teams. Dazu definiert man als Tagesleistung eine Metrik, die *lines of code* pro Tag misst. Hier wird man Leerzeilen eher nicht mitzählen wollen, weil sie keine Leistung darstellen, Kommentare dagegen schon.

▪ Man möchte abschätzen, wie schwer es einem Neueinsteiger fallen wird, sich in das Programm einzuarbeiten. Je länger das Programm, desto länger wird die Einarbeitung dauern, könnte man annehmen. Allerdings machen viele Kommentare das Programm eher leichter verständlich. Daher sollten sie in diesem Fall nicht mitgezählt werden.

Besonders problematisch ist es, wenn verschiedene Messungen mit der gleichen Bezeichnung (wie »*lines of code*«) durchgeführt und verglichen werden, obwohl dazu unterschiedliche Verfahren eingesetzt wurden. Man vergleicht hier scheinbar Äpfel mit Äpfeln, aber eine Person meint Birnen damit. Um das zu vermeiden, muss man auch im Detail klären, wie eine Metrik genau definiert ist. Wenn das schon für die scheinbar so simple Metrik »Programmzeilen« gilt, um wie viel mehr für kompliziertere Metriken.

Q ist verblüfft: Man kann in der Entwicklungsumgebung in einem versteck-ten Konfigurationsmenü genau einstellen, was die Zeilenzählung wirklich zählen soll. Bisher war es Q gar nicht klar, dass man sich das so genau über-legen muss. Aber einleuchtend ist es schon, besonders im Hinblick auf die Lesbarkeit.

Unangenehmerweise schlägt dieses Problem auch bei den Zählfunktionen zu, die so weit verbreitet sind: Sie zählen meist einfach die Zeilenumbrüche und küm-mern sich nicht darum, ob und was in einer Zeile steht. Damit gibt das Zählpro-gramm stillschweigend das Zählverfahren vor. Wenn man sowieso dieses Verfah-ren einsetzen wollte, ist alles in Ordnung. Hat man sich aber für eine andere Variante entschieden, muss man ein anderes Zählprogramm suchen oder es erst schreiben. Sonst interpretiert man das Ergebnis der Metrik falsch. Die Versu-chung ist dann groß, eben doch das fertig vorhandene Verfahren zu nutzen, um Aufwand zu sparen. Dann misst man aber nicht das, was man eigentlich wollte.

Schließlich lässt sich schon am einfachen Beispiel der *lines of code* ein Phäno-men erkennen, mit dem jede ernsthafte Messung zu kämpfen hat: **Die Messung beeinflusst den gemessenen Aspekt.** Wenn die Entwickler wissen, dass ihre Leis-tung nach *lines of code* (ohne Leerzeilen, mit Kommentarzeilen) bewertet und vielleicht sogar bezahlt wird, dann werden sie ihr Programmierverhalten danach ausrichten und mehr Kommentare schreiben. Ist das Betrug? Keineswegs, im Gegenteil: Eine Metrik muss so gestaltet sein, dass ihre »Optimierung« zu wünschenswertem Verhalten führt. Eine Metrik wirkt damit handlungsleitend, und die Handlungen beeinflussen Erfolg oder Misserfolg des Projekts.

Was so unscheinbar mit einer kleinen Zählroutine zur *Messung* von Leistung begonnen hat, *verändert* nun die Softwarequalität, hier den Qualitätsaspekt Les-barkeit (durch mehr Kommentarzeilen).

4.3.2   Zyklomatische Komplexität von McCabe

Von McCabe stammt eine etwas kompliziertere Metrik [McCabe '76]. Sie heißt zyklomatische Komplexität. Anders als bei den *lines of code* ist die zyklomatische Komplexität genau definiert; es gibt also keine abweichenden Varianten. Oft spricht man auch von der »McCabe-Metrik«. Sie wird, ebenso wie die Pro-grammzeilenzahl, in vielen Unternehmen eingesetzt.

Der Ausdruck »Komplexität« im Namen der Metrik sagt aus, was gemessen werden soll, nämlich wie kompliziert ein Programm oder Programmstück struk-turiert ist. Die Metrik erhält ein Programmstück als Eingabe und liefert eine ganze Zahl auf einer Rationalskala. Man darf also auch dividieren und kann von doppelt so hoher zyklomatischer Komplexität sprechen. Die möglichen Werte beginnen bei 1 und sind im Prinzip nach oben nicht beschränkt.

Man kann dieses Modell einfach übernehmen und die Metrik anwenden, wie sie ist. Das tun die meisten. Professionelle Qualitätsbeauftragte sollten sich aber auch einmal die Mühe gemacht haben, hinter die Kulissen einer Metrik zu sehen; die zyklomatische Komplexität bietet sich dafür an. Dann versteht man nämlich, was sie wirklich *genau* misst und wie man die Aussagen folglich interpretieren kann.

Dazu muss man sich die Vorstellung (das Modell) betrachten, das McCabe von struktureller Schwierigkeit hat: Er geht nämlich davon aus, dass eine einfache Folge von Befehlen nicht schwierig zu verstehen ist. Schwieriger wird es, wenn sich der Programmfluss verzweigt, es also mehrere Möglichkeiten gibt, wie das Programm weiterläuft.

Bei jeder Verzweigung kommen neue »Zweige«, also Ablaufmöglichkeiten, hinzu. In einfachen Verzweigungen (if) gibt es immer zwei Zweige, bei case-Statements entsprechend mehrere Möglichkeiten. Schleifen können einmal, mehrmals oder gar nicht durchlaufen werden, je nach Schleifenbedingung. Die Schleife bietet aber nur zwei Zweige: Die Schleife wird durchlaufen oder nicht.

Die zyklomatische Komplexität ist praktischerweise so definiert, dass man sie direkt aus dem Programmcode ablesen kann, wenn man eine strukturierte Sprache verwendet (Abb. 4–3).

```
Zyklomatische Komplexität [auf Codebasis] =
    Anzahl der Verzweigungen        (if)
    + Anzahl der Schleifen          (for, while, repeat usw.)
    + je: (Anzahl der Zweige - 1)   (case-, switch-Verzweigungen)
    + 1
```

Abb. 4–3   *Definition der zyklomatischen Komplexität im Programmcode*

Diese Definition spiegelt ziemlich genau die obigen Überlegungen wider. Alles, was zu zusätzlichen Verzweigungen führt, erhöht das Resultat. Jede einfache Verzweigung fügt dem sequenziellen Ablauf eine weitere Möglichkeit hinzu; ebenso eine Schleife, die entweder durchlaufen wird oder nicht. Bei Verzweigungen mit *n* Möglichkeiten werden *n-1* neue Fälle zum sequenziellen Ablauf hinzugefügt, daher jeweils minus 1. Die 1 am Schluss der Formel wird immer addiert, was eher willkürlich ist. Sie bewirkt, dass die Metrik auch bei sehr einfachen Programmen mindestens 1 ergibt und nicht null – sogar für ein »leeres Programm« ohne jede Anweisung.

Q überlegt, welchen McCabe-Werte einige Programme haben würden, die Q im Studium mal geschrieben hat. Höllisch war ein mathematisches Programm, mit vielen schwierigen Formeln drin. Aber die würden die zyklomatische Komplexität nicht erhöhen, denn die führten nicht zu einer Verzweigung. Dagegen hätte das Schachprogramm, das Q mal schreiben wollte, sicher eine entsetzlich hohe zyklomatische Komplexität: Da war alles voller Abfragen für alle Zugmöglichkeiten. Jede zählt die McCabe-Metrik um 1 hoch. Aber ehrlich gesagt: Dieses Programm war auch nicht gut strukturiert. Wenn eine mehrfach verschachtelte Abfrage wiederholt vorkommt, müsste man sie eben auslagern und aufrufen. Das gäbe bessere Komplexitätswerte. Und es wäre verständlicher.

Während die obige Definition mithilfe des Programmcodes praktisch für die *Erhebung* der Metrik ist, kann man sich die Begründung dahinter nicht ganz so gut vorstellen. Doch für die zyklomatische Komplexität gibt es noch eine zweite, grafisch anschauliche Darstellung. Gleichzeitig zeigt diese zweite Definition, dass die Metrik von einer speziellen Programmiersprache unabhängig ist und auf beliebige (zumindest auf strukturierte) Programmiersprachen anwendbar. Anders als die Varianten bei den *lines of code* sind die beiden Definitionen der zyklomatischen Komplexität vollständig verträglich miteinander. Für ein bestimmtes Programm kommt in beiden Verfahren immer der gleiche Wert heraus.

Für die zweite graphentheoretische Definition der zyklomatischen Komplexität muss man ein wenig Vorarbeit leisten: Man schält aus dem Programmcode die Ablaufstruktur heraus und stellt sie als Netz von Knoten und Kanten dar. Ein Knoten steht für eine Anweisung, eine Kante für die Verbindung zur nächsten Anweisung. Aus dem Knoten, der einer Verzweigung entspricht, führen zwei Kanten zu den zwei möglichen Folgeanweisungen. Bei Mehrfachverzweigungen braucht man entsprechend mehr Kanten. Abbildung 4–4 zeigt einige Fälle. Die gestrichelt gezeichneten Rechtecke stehen (rekursiv) wiederum für Anweisungen, Verzweigungen und Schleifen. Am Ende bleibt ein Programmablaufgraph, der nur aus Kreisen und Pfeilen (oder allgemeiner: Knoten und Kanten) besteht.

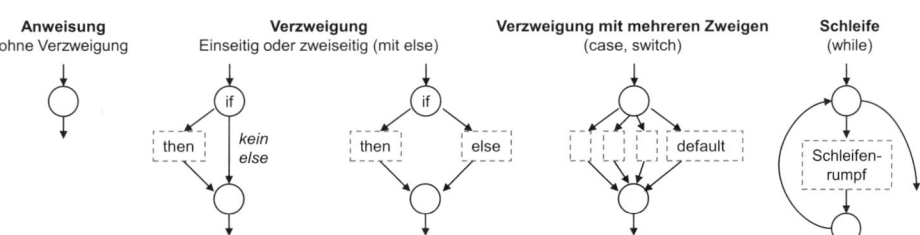

Abb. 4–4 *Verzweigungen im Programmablauf; verschiedene Anweisungsarten*

Weil man sich nur für die Struktur interessiert, muss man sich noch nicht einmal merken, wie die Anweisungen genau heißen, von denen die Knoten und Kanten kamen. Man braucht nur den »Programmablaufgraphen«, der daraus entstanden ist. Er stellt die möglichen Programmabläufe dar – aber sonst nichts, auch keine Variablenwerte, Ein- oder Ausgaben oder dergleichen mehr. Auch die Programmiersprache sieht man dem Graphen nicht mehr an. Sie ist gleichgültig und wirkt sich nicht auf die zyklomatische Komplexität aus. Abbildung 4–5 zeigt als Beispiel ein Programmstück und den entsprechenden Programmablaufgraphen.

```
...
EuroWert kaufpreis=0;
EuroWert rabatt=0;
...
// Waren aussuchen, Kaufpreis ermitteln, dann:

if (kunde.istMitarbeiter()) {
  // Mitarbeiterrabatt, aber keine Gutscheine

  if (kunde.istRabattberechtigt()) {
    rabatt=kaufpreis*kunde.rabattSatz();
  }
}
else {
  // externer Kunde, hat evtl. Gutscheine

  while (kunde.hatGutschein()){
      gutschein = kunde.gibtGutschein();
      rabatt = rabatt+gutschein.wert();
  }
}
kaufpreis=kaufpreis-rabatt;
...
```

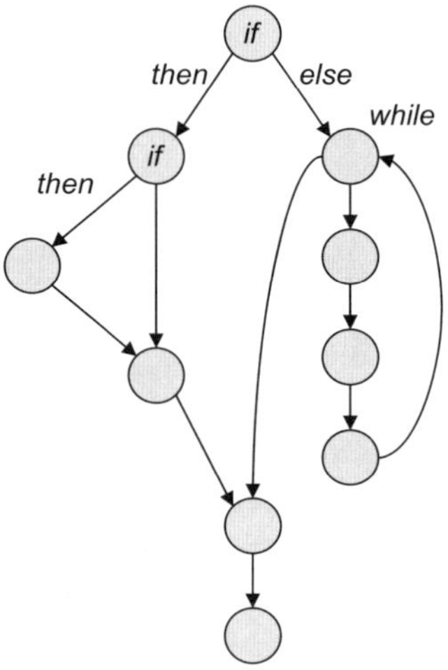

Abb. 4–5 *Programmstück und entsprechender Programmablaufgraph*

Der Programmablaufgraph ist ein Hilfsmittel. Damit berechnen wir die zyklomatische Komplexität nach der folgenden zweiten Definition:

```
Zyklomatische Komplexität [auf Codebasis] =
    Anzahl der Verzweigungen        (if)
    + Anzahl der Schleifen          (for, while, repeat usw.)
    + je: (Anzahl der Zweige - 1)   (case-, switch-Verzweigungen)
    + 1
```

```
Zyklomatische Komplexität [aus Programmablaufgraphen ermittelt] =

    Anzahl der Kanten - Anzahl der Knoten + 2
```

Abb. 4–6 *Zwei Definitionen der zyklomatischen Komplexität im Vergleich*

Diese Definition zählt nur Kanten und Knoten, interessiert sich aber nicht für deren Bedeutung. Wie kompliziert eine Zuweisung aussieht, spielt keine Rolle. Kommentare, Leerzeilen, Einrückungen oder die Wahl der Bezeichner beeinflussen die zyklomatische Komplexität nicht. Offenbar ist die Komplexität etwas anderes als die Lesbarkeit, die eindeutig von diesen Faktoren abhängt. Man kann sich leicht klarmachen, dass auch eine beliebig lange Sequenz von Befehlen ohne Verzweigung die zyklomatische Komplexität nicht erhöht: Für jede zusätzliche Kante (+1) gibt es auch einen zusätzlichen Knoten (-1). Diese Metrik misst also allein den »Verzweigungsgrad« von Quellcode. So war ja auch argumentiert worden.

Offenbar sind diese Werte in gewissem Sinn Messungen von »Komplexität«, aber sehr indirekte Messungen. Man muss nämlich erklären, was eine gemessene zyklomatische Komplexität (beispielsweise: 17) bedeuten soll, ob 17 für eine komplizierte oder für eine einfache Struktur steht – und wieso das so ist. Während *lines of code* die Programmlänge recht direkt messen, steht bei der zyklomatischen Komplexität zwischen dem Messergebnis und dem interessierenden Phänomen (hier: Schwierigkeit der Struktur) ein nicht offensichtlicher Zusammenhang. McCabe argumentiert, dass das Resultat der Metrik die Zahl der Ablaufmöglichkeiten wiedergibt. Je mehr es sind, desto schwieriger ist das Testen. Nebenbei führt die höhere Komplexität auch zu mehr Fehlern, weil das Programm schwerer zu verstehen ist. Diese Argumentation stellt einen Zusammenhang (ein Modell) her und ähnelt damit einem expliziten Qualitätsmodell für »Testbarkeit« und »Verständlichkeit«.

Mit der resultierenden Zahl allein kann man dennoch wenig anfangen (»17 [zyklomatische Komplexität]«). Erst wenn man sie mit den Maßen anderer Programme vergleicht, wird aus der Zahl eine Aussage. Das hat McCabe getan. Er sagt, eine zyklomatische Komplexität bis 10 sei »niedrig«, bis 20 dann »mittel«, darüber »hoch« und über 50 »undurchschaubar«.

Das Programm aus Abbildung 4–5 hat die »niedrige« zyklomatische Komplexität 4. Das kann man aus dem Programmablaufgraphen oder direkt aus dem Code ermitteln.

Wir haben in ganz normalen studentischen Arbeiten an der Leibniz Universität Hannover schon zyklomatische Komplexitäten um die 200 gemessen, ebenso in vielen Industrieprojekten. Die Messung führt in solchen Fällen zur **Interpretation**: Das Programm ist viel zu verzwickt, um anständig durchdacht zu sein. Man kann es auch kaum testen, weil es viel zu viele Zweige hat, was viele Tests verlangt. In so einer schwierigen Struktur kann man leicht Fehler machen; und es ist auch noch besonders schwer, sie zu finden. Daher stecken vermutlich noch viele Fehler im Code. Diese Vermutungen kann man natürlich nicht beweisen. Aber gut begründet sind sie.

Welche **Auswirkungen** hat dann die Anwendung der McCabe-Metrik? Dazu kann man sich wieder überlegen, wie ein Entwickler sie »optimieren« kann. Um den McCabe-Wert zu verbessern, sprich: zu senken, müssen Verzweigungen entfernt werden. Man kann das Programm in Unterprogramme zerlegen und damit kürzen. Jeder Teil hat dann geringere Komplexität. Auch kann man oft Kaskaden von Verzweigungen vereinfachen, wenn man sie mit Entscheidungstabellen durchdenkt. Denn die Anzahl der Verzweigungen ist nicht durch die Aufgabe gegeben – sie hängen vielmehr von der Lösung ab! Abbildung 4–7 zeigt dazu zwei Implementierungen einer Methode, die Schaltjahre identifiziert.

Man gibt ein Jahr ein und erhält die Auskunft, ob es sich dabei um ein Schaltjahr handelt. Die Regel lautet: Ein Schaltjahr ist ein durch 4 teilbares Jahr, außer wenn die Zahl auch durch 100 teilbar ist. Dann ist es kein Schaltjahr. Es sei denn – Ausnahme von der Ausnahme –, die Jahreszahl ist durch 400 teilbar. Im Schaltjahr 2000 waren alle drei Regeln anwendbar. Hier ist nur der Kern der Lösung gezeigt, nicht der Rahmen, der unplausible Angaben abfängt.

```java
public static boolean istSchaltjahr (int n) {
  if (n%4 != 0){
    return(false);           // Schaltjahre sind immer durch 4 teilbar
  }
  else
    if (n%100 != 0) {
      return(true);          // aber nicht durch 100: dann sicher Schaltjahr
    }
    else {
      if (n % 400 == 0) {
        return(true);        // sonst, falls durch 400: doch Schaltjahr
      } else
        return(false);       // alle anderen sind keine Schaltjahre
    }
}
```

```java
public static boolean istSchaltjahr (int n) {
    return(((n%4 == 0) && (n%100 != 0)) || (n%400 == 0));
}
```

Abb. 4–7   *Ist n ein Schaltjahr? Realisierungen mit vier Pfaden bzw. einem Pfad*

Die längere Lösung oben ist voller verschachtelter Verzweigungen. Sie hat den Wert 4, wie man sich über beide Rechenwege klarmachen kann. Die kurze Lösung in Abbildung 4–7 besteht nur aus einer, wenn auch komplizierten Formel. Hier reicht ein Zweig, die zyklomatische Komplexität ist 1. Wenn Entwickler solche Konsequenzen ziehen, um die McCabe-Werte ihrer Programme zu optimieren, wird der Code tatsächlich übersichtlicher. Man kann ihn leichter warten, macht wahrscheinlich weniger Fehler und hat bessere Chancen, die noch verbliebenen Fehler zu finden. Das ist auch im Interesse des Unternehmens. Wenn man die Ergebnisse der Messung den Entwicklern mitteilt und sie darauf reagieren, führt dieses Feedback auch ohne weitere Maßnahmen schon zu einer Verbesserung.

4.3.3   Halstead Software Science

Schon McCabe konnte die strukturelle Schwierigkeit nicht direkt messen. Er musste sie erst über seine Modellvorstellung von den Verzweigungen in einem Programm definieren. Diese Verzweigungen lassen sich dann zählen. Nebenbei kann man die Metrik noch für Aussagen darüber verwenden, wie leicht man das Programm testen kann.

Halstead stellt ebenfalls intensive Überlegungen über Qualitätsattribute an und findet viele Abhängigkeiten. In der Konsequenz hat er nicht eine einzelne Metrik, sondern ein ganzes System von Metriken entwickelt. Wie die zyklomatische Komplexität werden sie durch Formeln berechnet und jeweils von einer Modellvorstellung getragen: Eine Metrik beschreibt, was Halstead »Programmlänge« nennt.

Dieses Maß hat aber nichts mit *lines of code* zu tun. Letztlich will auch Halstead handlungsleitende Abschätzungen liefern: Wie viele Fehler stecken wohl noch in einem bestimmten Programm? Dazu müssen viele Größen erhoben und über Formeln verknüpft werden. Die abgeleiteten Größen bilden ein zusammenhängendes System. Deshalb spricht Halstead von einer »Wissenschaft« (Science).

Dieses System ist Ausdruck eines Gedankengebäudes. Es ist nicht so einfach zu verstehen und nachzuvollziehen wie die Überlegungen zur zyklomatischen Komplexität. Daher sind viele Qualitätsbeauftragte auch mit der Interpretation unsicherer und wenden Halstead kaum mehr an. Anders als das Maß von McCabe, das auch auf neue objektorientierte Sprachen analog übertragen wurde, hat Halsteads System von Metriken nur noch historische Bedeutung. Es verkörpert den Wunsch, aus einem Stückchen Quellcode durch viele komplizierte Berechnungen möglichst viel herauszuholen.

Ähnliche Wünsche tauchen in fast allen Softwarefirmen mit gewisser Regelmäßigkeit auf. Den Durchbruch hat aber noch kein solches Metrikensystem geschafft. Entwickler und Manager können oft die Gedankengebäude und vermuteten Zusammenhänge nicht nachvollziehen und sind daher auch nicht bereit, die damit ermittelten Bewertungen anzunehmen.

Hier sollen nur drei Begriffe aus der Halstead Software Science als Beispiele herausgegriffen werden: die darin definierten Begriffe der *Programmlänge*, des *Programmvolumens* und der *Schätzwert von noch vorhandenen Fehlern*.

Grundlage vieler Halstead-Metriken sind die Anzahl von Operatoren und Operanden sowie die Anzahl *unterschiedlicher* Operatoren und Operanden. Grob gesprochen sind Operatoren Bezeichner für Funktionen, Methoden oder Aufrufe (+, -, sign(), sort() usw.). Die Parameter, mit denen sie aufgerufen werden, heißen Operanden (Variablen- oder Konstantennamen, Zahlen, Objektbezeichner).

Die Anzahlen werden mathematisch verknüpft, also in Formeln eingesetzt. Am Ende kommen mehrere Größen heraus, darunter die geschätzte Anzahl von Fehlern in dem vermessenen Programm (B in Abb. 4–8). Halstead war einer der Pioniere von Softwaremetriken.

Verwendete Symbole
 N1: Gesamtzahl Operatoren
 N2: Gesamtzahl Operanden
 η1: Anzahl verschiedener Operatoren
 η2: Anzahl verschiedener Operanden

Ausgewählte Formeln
 Programmlänge $N = N1 + N2$

 Volumen $V = (N1+N2)\, log_2\, (\eta_1 + \eta_2)$

Damit geschätzte Fehlerzahl $B = V : 3000$

Abb. 4–8 *Ausschnitt aus Halstead Software Science zur Fehlerabschätzung*

Was kann man mit so einer Abschätzung nun anfangen? Ist es im Interesse des Projekts, die Zahl zu optimieren, also zu drücken? Selbstverständlich soll die Fehlerzahl verringert werden. Wie lässt sich das machen, wenn man die Formeln befolgt? Entwickler müssen die Gedankengänge zurückverfolgen, die Halstead zur Formulierung der obigen Formeln gebracht haben. Dann können sie die Eingangsgrößen (Operanden und Operatoren) in ihrem Sinne beeinflussen.

Es ist aber gar nicht so einfach, an Operatoren und Operanden zu sparen, ohne die Funktion eines Programms zu beeinträchtigen. Zwar kann man auch hier durch Aufteilen eines großen Programmstücks das Volumen der Teile verringern. Aber offenbar müsste man nach Halsteads Ansicht auch *Variablennamen* sparen, um die Anzahl verschiedener Operanden zu verringern. Man kann Fälle konstruieren, in denen es den Interessen des Unternehmens zuwiderläuft, die Halstead-Metriken »*geschätzte Fehlerzahl* und *Volumen*« zu optimieren. Andererseits heißt die Daumenregel, dass man beim Testen mindestens so viele Fehler finden sollte, wie nach Halstead anfangs darin enthalten waren. So kann man die Metrik konkret nutzen.

Q optimiert vor sich hin: Nachdem bei McCabe so gute Hinweise herausgekommen sind, bringt es bestimmt hier auch etwas, die geschätzte Fehlerzahl zu verringern. Da steckt ja das Volumen drin, das soll also niedriger werden. Und das Volumen wird kleiner, wenn weniger Operanden oder Operatoren vorkommen – oder weniger verschiedene. Da hat Q eine Idee, die sich ziemlich abstrus anhört: Sollte man also die gleiche Variable für verschiedene Zwecke nacheinander einsetzen, statt zwei Variablen zu nehmen? Der Schleifenzähler i könnte später ja den Vornamen eines Kunden aufnehmen. Nein, nein: Das ist sicher keine gute Idee! Das Volumen würde zwar verringert, der Code aber viel verwirrender gemacht. Diese Science, beschließt Q, ist mir suspekt.

Jede Metrik ist Ausdruck von Überlegungen und Modellvorstellungen. Manchmal sind diese Beziehungen sehr einfach, wie bei den Programmzeilenzählern. Aber auch dort sind sie nicht trivial und völlig offensichtlich. Indirekte Metriken wie McCabe und Halstead machen zunehmend eine »Wissenschaft« aus den Zusammenhängen (»Software Science«), geraten dadurch aber in die Gefahr, nicht mehr intuitiv nachvollziehbar zu sein.

Auf jeden Fall müssen Metriken aber dabei helfen, besser zu arbeiten. Wenn man ihnen folgt und sich so verhält, dass sich ihr Wert *verbessert*, so muss dieses Verhalten auch zu einer Verbesserung im Sinne der angestrebten Qualitätsziele führen. Daneben sollten nicht andere Qualitätsziele gefährdet werden (wie die Lesbarkeit im obigen Beispiel).

4.3.4   Weitere Metriken: ein Ausblick

Neben den oben genannten Basismetriken gibt es eine unüberschaubar große Anzahl weiterer Metriken für die verschiedensten Qualitätsaspekte. Kaum eine davon hat sich breit durchgesetzt, und keine ist auch nur annähernd so bekannt wie die oben genannten drei Metriken.

Da heute oft objektorientierte Sprachen verwendet werden, braucht man auch Metriken, die deren spezielle Eigenschaften berücksichtigen. Die zyklomatische Komplexität eines Moduls kann man zwar leicht auf eine Methode anwenden. Dann muss man aber bedenken, dass die Verteilung eines Programmablaufs in viele Methoden genauso unübersichtlich sein kann wie einige Verzweigungen in einer längeren Methode. Was früher die Komplexität durch Verzweigung innerhalb eines Moduls war, ist heute die Komplexität der Vererbungs- und Klassenstrukturen in objektorientierten Programmen.

Daher wurde für den objektorientierten Fall eine Variante entwickelt, die *Weighted Methods per Class* (WMC [Chidamber und Kemerer '94]) heißt:

$$WMC\ (Klasse) = \textit{Die Komplexitäten aller Methoden dieser Klasse}$$
$$\textit{zusammengezählt}$$

Die Komplexität kann man zum Beispiel mit McCabe messen. Jede Methode wird dann zumindest als 1 gezählt, denn der Minimalwert von McCabe ist ja 1. Viele kleine Methoden führen nach der Formel genauso wie wenige sehr große Methoden zu hohen, ungünstigen WMC-Werten. Auf diese Weise kombiniert WMC die traditionellen Komplexitätsvorstellungen mit objektorientierten Klassenstrukturen.

Es ist nicht einfach, die ideale Balance zwischen vielen einfachen und wenigen komplizierten Methoden zu finden. Wenn die Entwickler ihren Code optimieren wollen, werden sie die McCabe-Werte für jede einzelne Methode betrachten, und dann zusätzlich den WMC für die ganze Klasse. Wird der WMC zu groß, muss die Klasse aufgeteilt werden. Dann hat sie weniger Methoden. Das ist auch im Sinne verständlicher Strukturen.

Im objektorientierten Umfeld kann man viele Aspekte messen, die es in prozeduralen Sprachen wie C oder Pascal noch gar nicht gab: Man kann ermitteln, wie viele Vererbungsstufen zu einer Klasse führen (Vererbungstiefe). Auch kann man die Kommunikationsbeziehungen von Objekten über die Aufrufe auswerten und daraus Aussagen ableiten. Schon bald gelangt man an den Punkt, an dem man eigene Metrikensysteme aufbaut, ähnlich wie früher Halstead. Das liefert zwar viele Zahlen, aber sie sind nicht immer leicht zu interpretieren. Daher sollte man nicht wild drauflos messen und zählen. Schon bei den Qualitätsmodellen war ja deutlich geworden, dass Metriken letztlich dazu dienen, zuvor gesetzte Qualitätsziele zu überprüfen. Man nähert sich also besser von den Zielen als von den verfügbaren Metriken.

4.4 Metriken nach Maß: GQM

GQM steht für *Goal-Question-Metric Paradigm*. Der Ansatz stammt von Victor Basili von der University of Maryland [Basili et al. '94b]. Zusammen mit Dieter Rombach hat er GQM entwickelt. Ursprünglich stammt die Methode aus dem Umfeld der Softwareprozessverbesserung, sie kann aber vereinfacht auch auf Softwareprodukte angewendet werden. GQM ist eine Anleitung, wie man systematisch Kriterien und Metriken bestimmt. Man möchte feststellen, wie gut die eigenen Ziele (Goals) schon erreicht sind. Dazu formuliert man Fragen (Questions) und sucht oder definiert Metriken (Metrics), mit denen man die Fragen beantworten kann. GQM ist also eine Methode, wie man aus Zielen eine Art von Qualitätsmodellen bis hinab zu Metriken ableitet. Das Prinzip wird in vielen Unternehmen eingesetzt.

4.4.1 Von Zielen zu Fragen zu Metriken – und zurück

Die Grundidee von GQM ist einleuchtend und einfach:

> Man soll nicht das messen, was leicht zu messen ist, sondern das, was man braucht, um seine Verbesserungsziele zu erreichen.

In erster Näherung basiert GQM darauf, die eigenen Ziele auf Fragen und diese auf Metriken herunterzubrechen. Besonders bei Softwaremetriken ist das nicht selbstverständlich: Häufig geht man anders herum vor und wendet einfach Metriken an, die man zufällig kennt oder vorfindet. Was dabei herauskommt, kann man oft nur schwer interpretieren. Mit GQM muss man sich dagegen *vorher* überlegen, wie man mögliche Resultate auswerten und interpretieren will. Erst wenn das klar ist, lohnt es sich, Aufwand in die eigentliche Messung zu stecken. Die Ergebnisse sind dann schnell ausgewertet, denn man hat ja vorausgedacht.

GQM geht von Zielen aus und verfeinert diese über Fragen bis hin zu Metriken. Diese schrittweise Verfeinerung ist aber eingebettet in ein zyklisches, iteratives Vorgehen (Abb. 4–9). Man beginnt mit einer Vorstudie, um herauszuarbeiten, worum es bei der eigentlichen Messung genau gehen soll. Nun werden die eigentlichen GQM-Modelle (Zielbäume) erstellt, und ein Messplan wird entwickelt. Dieser Messplan regelt haargenau, wer auf welche Weise welche Messungen und Indikatoren erfasst und weitermeldet. Mit diesem Messplan ist man bereit für die eigentliche Datenerhebung. Sie sollte damit problemlos erfolgen. Ihre Resultate werden gebündelt, analysiert und präsentiert.

Die Auswertung ist relativ einfach, weil man die Resultate praktisch »rückwärts einsetzt« und so von den Metriken bis zu den Zielen verfolgt. Dabei entsteht nicht eine einzelne Zahl als Ergebnis, sondern es werden Antworten auf die gestellten Fragen gegeben. Wie sie zu den Zielen in Beziehung stehen, sagt der Zielbaum aus.

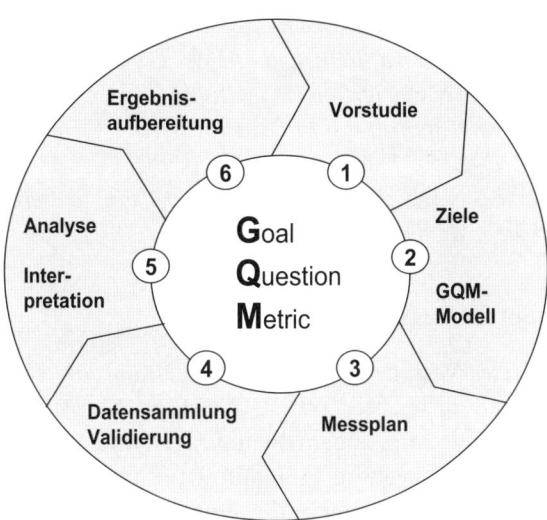

Abb. 4–9 *Basilis Goal-Question-Metric Paradigm zur iterativen Verbesserung*

Häufig regen die Messergebnisse zu neuen Fragen an. Man kann nun gezielter nachhaken, der Zyklus beginnt erneut. Die Messung endet, wenn man die Fragen ausreichend beantwortet hat, wenn die Ziele erreicht sind – oder wenn keine Zeit mehr für weitere Messungen bleibt.

GQM ist auf die Erfolgskontrolle von Prozessverbesserungsmaßnahmen ausgerichtet. In dieser Situation ist Messen – und speziell das Messen von Verbesserungen – ganz besonders schwierig. Denn die Qualität eines Prozesses kann man eigentlich erst langfristig an seinen Auswirkungen auf Produkte erkennen. Wenn man Prozessverbesserungen schon zuvor bewerten will, kann man sich mit GQM ein eigenes System von Zielen, Fragen und Metriken zusammenstellen, das zu den Verbesserungszielen passt. Das erfordert einiges an Vorbereitung und ein iteratives Vorgehen.

Hat man es dagegen besonders eilig und möchte nur einige Metriken für Produktqualität auswählen, kommt man mit einfachen Qualitätsmodellen nach Abschnitt 2.7 aus. Wie bei GQM arbeitet man sich dort von Zielen zu messbaren Größen vor.

Q ist elektrisiert: In einer Fachzeitschrift stand etwas über GQM, und dass man hier für sein eigenes Problem eine Suite maßgeschneiderter Metriken zusammenstellt. Das klingt gut! Wenn Q die Beschreibung richtig verstanden hat, muss man eigentlich nur die eigenen Ziele angeben, die man mit der Messung verfolgt. Dann macht man Fragen und Metriken draus. Klingt nach nichts Besonderem; im Kopf hätte Q das doch sowieso gemacht. Außerdem ist das auch die Vorgehensweise bei Qualitätsmodellen; die scheint sowieso sehr ähnlich zu sein. Wozu dann aber noch GQM? Das läuft doch auch wie-

der nur auf das Konkretisieren hinaus – oder gibt es da irgendwelche Tricks? Als Q es ausprobiert, wird schnell deutlich: GQM macht erstens viel Aufwand, und leicht durchzuführen ist es auch nicht. Und das, obwohl es zu GQM sogar einige Hilfsmittel gibt. Am Ende sitzt Q mit zwölf Seiten voller Fragen und Metriken da: Das kann es ja nun nicht sein! Also noch mal, jetzt etwas fokussierter. Nach zwei Stunden hat Q ein besseres Gefühl: Dieses GQM-Modell sieht doch jetzt richtig praktikabel aus.

4.4.2 Zielorientiertes Messen und Bewerten

GQM ist ein definiertes Verfahren, bei dem man eine Reihe von Schritten durchführt. Die Schritte helfen, leichter zum GQM-Modell zu kommen. Ein GQM-Modell enthält einen Zielbaum, zugeordnete Fragen und Metriken. Ein Messplan kommt hinzu. Oft werden weitere Hilfsmittel für die Auswertung vorbereitet, wie Excel-Sheets, in die die Messergebnisse einfach eintragen werden können. Es liegt in der Natur der Methode, dass man sich diese Dinge schon vor dem Beginn der ersten Messung überlegt.

Man geht systematisch nach den Schritten in Abbildung 4–10 vor.

1. **Ziele** erheben und schrittweise verfeinern.
2. **Facettenbeschreibung** der untersuchten Ziele. Jedes Ziel wird in ähnlicher Form aufgeschrieben, dabei werden fünf oder sechs Aspekte abgefragt und genau angegeben. Die Facetten helfen bei der Fokussierung.
3. **Fragen aus den Zielen ableiten.** Um beurteilen zu können, ob und wie gut ein Ziel schon erreicht ist, werden Fragen dazu formuliert. Dabei helfen Abstraction Sheets, die die Beziehung zwischen einzelnen Zielen, Fragen und Hypothesen herstellen.
4. **Metriken und Erhebungsmethoden** zu den Fragen sammeln oder neu aufstellen. Das ergibt eine Tabelle von Metriken und Indikatoren, die den Fragen zugeordnet sind. Dafür gibt es wenig Unterstützung, dieser Schritt ist Fleißarbeit. Bei den ersten Versuchen mit GQM bleibt man an dieser Stelle oft stecken.
5. **Formulare und Fragenlisten** erstellen, damit bei der Datenerhebung alles glatt geht und ohne Missverständnisse gemessen werden kann. Das Ergebnis ist der Messplan mit den Erhebungsformularen.
6. Nach der **eigentlichen Erhebung** ist die **Auswertung** oft sehr einfach: Wenn man die vorhergehenden Schritte konsequent durchgeführt hat, braucht man die Messwerte eigentlich nur noch von unten nach oben einzusetzen. Die Messdaten übernimmt man in die Metriken, deren Ergebnisse beantworten die Fragen. Die Antworten schreibt man in das Abstraction Sheet, und von dort kommt man zu den ursprünglichen Zielen.

Abb. 4–10 GQM in sechs Schritten systematisch durchführen

Besonders schwierig sind die Schritte 3 bis 5. Gerade hoch motivierte Anfänger auf dem Gebiet verlieren sich häufig in einer Unmenge von Fragen und Metriken, die man keinesfalls alle erheben kann oder sollte. Die Kunst bei GQM besteht darin, zwar das Prinzip der Verfeinerung zu verfolgen, bei jedem Schritt aber *wenige* Maße und Indikatoren auszuwählen, statt »vollständige Abdeckung« anzustreben. Wenn Effizienz gemessen werden soll, muss nicht jede mögliche Interpretation detailliert erfasst werden, sondern es sollen lieber ein oder zwei Kenngrößen für Effizienz genannt werden, um die es in dem speziellen Fall geht (»Kommt es zu Speicherüberlauf?«, »Wie viele Sekunden dauert das Programm-laden?«). GQM-Ergebnisse geben den Beteiligten ganz pragmatisch wertvolle Hinweise, wo sie Verbesserungen ansetzen können.

4.4.3   Zielfacetten schärfen den Blick

Den Zielbaum stellt man ähnlich wie ein Qualitätsmodell auf. Wenn man bei der untersten Ebene angelangt ist, bietet GQM ein Hilfsmittel, um die Ziele in ande-rer Hinsicht noch etwas genauer zu überdenken: die Zielfacetten. Eine Facette ist ein Aspekt, nach dem ein Ziel klassifiziert werden kann. In GQM haben sich vier Facetten bewährt, um zu besonders treffenden Fragen und Metriken zu gelangen.

Die Ziele werden in einem standardisierten Format neu aufgeschrieben, um den Bezug zu den Facetten zu verdeutlichen. Entweder geschieht dies in Form einer kleinen Tabelle oder als vorstrukturierter Satz, wie Abbildung 4–11 zeigt. Man sieht in der Praxis und in Publikationen alle drei Stile. Hier kann man wählen.

Facettentabelle horizontal

Ziel	Zweck	Qualitätsaspekt	Betrachtungsgegenstand	Perspektive
... 3.1	Untersuche	Lesbarkeit	Kommentare im Code	Entwickler
3.2	Verbessere	Lesbarkeit	Kommentare im Code	Tester
... 5.1	Steuere	Effizienz	Ablauf Modultest	Projektleitung

Facettentabelle vertikal

	Ziel 3.1	Ziel 3.2	... Ziel 5.1
Zweck:	Untersuche	Verbessere	Steuere
Qualitätsaspekt:	Lesbarkeit	Lesbarkeit	Effizienz
Betrachtungsgegenstand:	Kommentare im Code	Kommentare im Code	Ablauf Modultest
Perspektive:	Entwickler	Tester	Projektleitung

Facetten als strukturierte Sätze

G3.1: **Untersuche** die **Lesbarkeit** der **Kommentare im Code** aus der Perspektive der **Entwickler**
G3.2: **Verbessere** die **Lesbarkeit** der **Kommentare im Code** aus der Perspektive der **Tester**
...
G5.1: **Steuere** die **Effizienz** des **Ablaufs im Modultest** aus der Perspektive der **Projektleitung**

Abb. 4–11 *Zielfacetten als Tabellen oder als strukturierte Sätze*

Die Facetten wirken wie eine kleine Checkliste: Wenn man sie benutzt, muss man zu den vier Aspekten Stellung beziehen und angeben, was man *genau* mit jedem einzelnen Ziel meint. Dazu muss man die Facetten etwas genauer betrachten:

Zweck der Messung. Man unterscheidet drei grobe Zwecke, die man mit der Messung verfolgen kann. Sie werden oft durch englische Begriffe angegeben: *Characterize* meint die Suche nach besserem Verständnis, bei *control* möchte man Möglichkeiten für steuernde Eingriffe untersuchen, und bei *improve* geht es darum, Verbesserungen zu messen. Möchte man nur besser verstehen, wie viele Fehler im ausgelieferten Programm stecken, muss man die Rückläufer zählen (characterize). Wenn man eingreifen und steuern will, muss man herausfinden, welche Prüfaktion welche Auswirkungen auf die ausgelieferten Fehler hat (control). Und wenn man beispielsweise eine neue Prüftechnik einführt und wissen will, ob sie zu einer echten Verbesserung geführt hat (improve), reicht es nicht aus, einmal zu messen. Stattdessen wird man vor der Einführung eine Kontrollmessung ansetzen, die Prüftechnik dann einführen und nachher erneut messen. Nur so kann man den Unterschied erkennen. Die Frage nach dem Zweck der Messung erinnert daran.

▨ **Qualitätsaspekt:** An diese Facette hat man meist schon gedacht: Hier finden sich Punkte wie Laufzeiteffizienz oder Robustheit gegen Stromausfälle. Auf der Ebene der untersten Ziele sind die Qualitätsaspekte meist recht konkret und spezifisch formuliert.

▨ **Betrachtungsgegenstand:** Diese Facette ist wieder weniger selbstverständlich. Sie fragt danach, auf welches Objekt oder welchen Prozess sich der Qualitätsaspekt bezieht: Soll der Code leicht lesbar sein oder das Handbuch? Sind speziell Programmzeilen oder die Kommentare gemeint? Bezieht man sich mit Effizienz auf den Bearbeitungsvorgang oder den Programmcode? Oft führt diese Facette zu Überraschungen, weil man sich darüber noch keine Gedanken gemacht hatte. Eine Metrik ist nutzlos, wenn sie auf den falschen Gegenstand angewendet wird.

▨ **Perspektive:** Vielleicht am ergiebigsten ist die Facette der Perspektive: Aus wessen Sicht wird der Qualitätsaspekt gemessen? Selbst wenn man die ersten drei Facetten geklärt hat, kann die Perspektive noch viel verändern. So ist ein Kommentar aus Sicht eines Entwicklers vielleicht durchaus lesbar, weil er mit dem Programm vertraut ist; sollen jedoch Tester oder gar Marketingmitarbeiter denselben Kommentar verstehen, werden sie die Lesbarkeit ganz anders beurteilen. Die Frage nach der Perspektive hinterfragt, *wer* relevante subjektive Urteile überhaupt abgeben kann und führt zu drastischen Änderungen bei der Messung: Fehler aus Sicht der QS kann man beim Testen in einem Werkzeug zählen. Fehler aus Sicht des Kunden lernt man nur über Beschwerden oder Nachfragen kennen.

Die Zielfacetten sind ein einfaches, aber sehr wirkungsvolles Mittel, Ziele genauer zu hinterfragen. Die genannten vier Facetten helfen dabei, GQM durchzuführen. Sie haben sich schon vielfach bewährt; wer trotzdem möchte, kann natürlich Anzahl und Benennung der Facetten variieren. Mit den facettenklassifizierten Zielen ist man nun bereit, Fragen und schließlich Metriken abzuleiten. Auch für den nächsten Schritt auf diesem Weg gibt es noch ein spezielles GQM-Hilfsmittel: die Abstraction Sheets [Solingen et al. '00].

4.4.4   Messung vorbereiten mit Abstraction Sheets

Ein Abstraction Sheet ist ein Formular. Es dient als Hilfsmittel, um für je ein Ziel die richtigen Fragen zu stellen. Der Aufbau des Formulars soll die Gedanken in die richtigen Kanäle lenken. Trotz leichter Variationen sehen Abstraction Sheets daher immer ähnlich aus [Gantner und Schneider '03; Solingen et al. '00].

Abbildung 4–12 zeigt ein Beispiel: Im Kopf wird das Ziel eindeutig bezeichnet, um das es geht. Darunter folgt eine Zeile, in die die Facettenschreibweise des Ziels eingetragen wird. Dies ist der Bezugspunkt für das Abstraction Sheet. Von hier aus will man sich zu Fragen vorarbeiten. Dazu bearbeitet man die vier großen Felder des Formulars. Die Reihenfolge in der »U-Form« hat sich bewährt [Gantner und Schneider '03]. Man beginnt links oben, geht nach links unten, von dort nach rechts und endet rechts oben (Abb. 4–12).

Ziel: G 3.1	**Abstraction Sheet**		Ausgefüllt von: **Q** Datum: **14.2.**
Zweck der Messung	Qualitätsaspekt	Betrachtungsgegenstand	Perspektive
Verbessere	Lesbarkeit	Kommentare im Code	Tester

Qualitätsfaktoren
a- Kommentardichte
b- sprachlich verständlich
c- Bezug zum Anwendungsglossar
d- mit Begründungen (Rationale)

Einflussfaktoren
- Forderungen in Programmierrichtlinien
- Englischfähigkeiten
- Schulung
- Moderierter Erfahrungsworkshop zum Kommentarstil

Ausgangshypothese: wie ist es jetzt?
a- unter 5% der Zeilen sind Kommentare
b1- ca.70% enthalten nur Stichwörter, aber keine vollständigen Sätze
b2- schlechtes Englisch
c- keine Referenzen auf Glossar (<1%)
d- ca. $\frac{3}{4}$ der Kommentare beziehen sich darauf, wie es funktioniert – nicht, <u>wieso</u> es so gemacht wird

Einflusshypothese: Abhängigkeiten
- Forderungen in Programmierrichtlinien beeinflussen (a) und (b) positiv
- an den Englischfähigkeiten lässt sich kurzfristig nichts ändern (b2)
- Durch Schulung können Entwickler lernen, Glossar zu nutzen (c)
- Moderierter Erfahrungsworkshop zu gutem Kommentarstil wirkt sich auf alle positiv aus, auch (d)

Abb. 4–12   *Beispiel für ein ausgefülltes Abstraction Sheet [Solingen et al. '00]*

Das Abstraction Sheet fragt dabei nach den folgenden Angaben:

▨ **Faktoren des Qualitätsaspekts:** Hier werden drei bis fünf sehr spezifische Faktoren ausgewählt, anhand derer man ein Urteil über den Qualitätsaspekt abgeben will. Sie beschreiben möglichst kompakt, worin der Qualitätsaspekt besteht. Hier ist man unterhalb der Zielebene und charakterisiert Eigenschaften des Betrachtungsgegenstands.

▨ **Ausgangshypothese:** Zu jedem Faktor des Qualitätsaspekts muss man schätzen, wie es um diesen Faktor im eigenen Umfeld bestellt ist: Wie viele Fehler werden denn nach der Auslieferung entdeckt? Wie viele Beschwerden erreichen uns wirklich? Diese Schätzung liefert einen wichtigen Bezugspunkt für die Auswertung. Man führt die Messung ja meist mit einem Verdacht oder einer Annahme durch: Die explizite Schätzung zwingt dazu, sich diesen Vermutungen zu stellen. Man kann sie dann nachher mit den Messergebnissen vergleichen und erfährt, ob man mit seinen Vermutungen richtig lag. Das ist immer höchst interessant.

Wenn man nicht nur den Qualitätsaspekt besser verstehen, sondern auch Einflüsse oder Verbesserungen durch die Messung untersuchen will, muss man auch den rechten Teil des Abstraction Sheet ausfüllen.

▨ **Einflusshypothese:** Die Einflusshypothese ist eine Sammlung von vermuteten Einflüssen auf die Faktoren des Qualitätsaspekts. Hier werden vermutete Abhängigkeiten gesammelt, welcher Aspekt auf welche Weise Einfluss ausüben kann.

▨ **Einflussfaktoren:** Die Stellschrauben, mit denen man die Qualitätsfaktoren beeinflussen kann, heißen Einflussfaktoren. Weil man ja schon Hypothesen über diese Abhängigkeiten formuliert hat, muss man daraus nur die Aspekte herausziehen, an denen man drehen kann. Das braucht man, wenn man für *control* oder *improve* die vermuteten Abhängigkeiten mit der Messung untersuchen will. Das ist besonders schwierig, und hier hat GQM seine größte Stärke. Wichtige Konsequenz: Wenn man eine Abhängigkeit prüfen will, muss man auch messen, ob die Einflüsse wirken! Denn wie soll ein neues Verfahren zu einer Änderung führen, wenn es in Wahrheit noch gar nicht richtig durchgeführt wird? Lernen die Entwickler zum Beispiel ein neues Verfahren erst kennen, kann es vielleicht seine volle Wirkung noch nicht entfalten. Beispielsweise soll eine neue Testtechnik eingeführt werden, um mehr Fehler zu finden. Das ist die Einflusshypothese. Natürlich wird man die gefundenen Fehler zählen, auf die man es abgesehen hat; das ist der Qualitätsaspekt (z.B. Initialisierungsfehler, Overflowfehler). Nun kann es aber sein, dass einige Mitarbeiter die Technik anfangs noch nicht richtig verstanden haben oder einfach noch keine Zeit hatten, sie sich genauer anzusehen. Daher muss man auch die Einflussfaktoren messen, ob also die Technik tatsächlich wirksam im Einsatz ist: Man kann die Testfälle zählen, die das Wort »Overflow« im Kommentar haben, oder man kann die Mitarbeiter fünf Fragen zu der neuen Technik beantworten lassen, um herauszufinden, wie gut sie sie verstanden haben. Erst wenn die Verständniswertung steigt, kann man davon ausgehen, dass die neue Technik wirklich eingesetzt wird. Erst dann kann man feststellen, ob die neue Technik auch positive Auswirkungen hat. Darauf muss man achten, sonst beurteilt man das Verfahren falsch. Prozessverbesserungen sind schwierig und langwierig. Man muss bewerten, ob sie sich lohnen. Das ist eine typische Aufgabe von Qualitätsbeauftragten und Qualitätsmanagern. Dazu sind systematische Messungen unerlässlich. Sie sind auch mit GQM noch aufwendig – aber immerhin möglich.

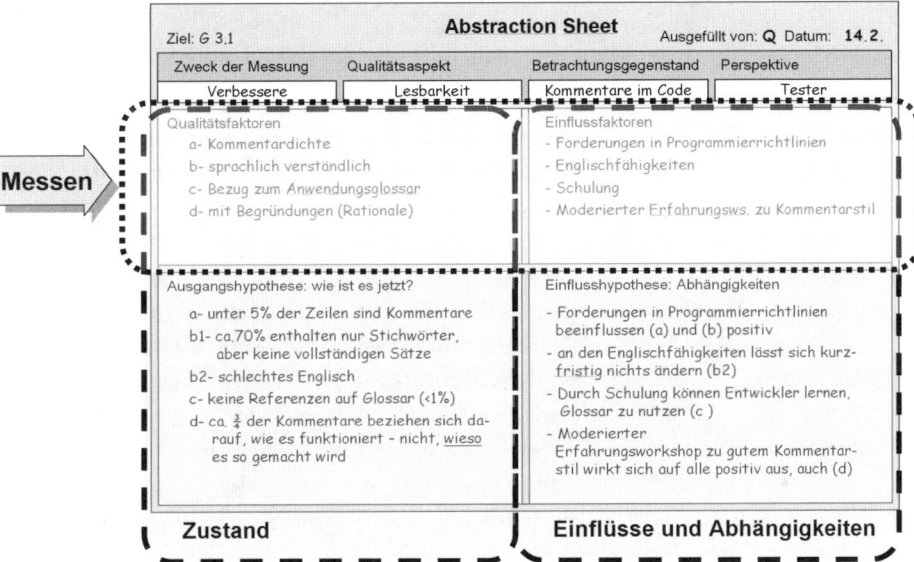

Abb. 4–13 *Die Anordnung verschiedener Aspekte im Abstraction Sheet*

In den oberen beiden Feldern eines Abstraction Sheet stehen also die Faktoren, die direkt zu Fragen und indirekt zu Metriken werden. Indem man Einflussfaktoren mit misst, kann man einen Zusammenhang zwischen Stellschrauben und ihren Auswirkungen ermitteln (Abb. 4–13).

In den unteren Feldern stehen Hypothesen: Wie verhält es sich momentan mit den Qualitätsaspekten? Wie wirken sich die Einflussfaktoren darauf aus? Beides kann man durch die Messungen überprüfen.

Will man nur einen Zustand besser verstehen (characterize), reicht oft die linke Seite des Abstraction Sheet aus. Mit der rechten Seite kann man Einflüsse und Steuerungsmöglichkeiten untersuchen (control). Interessiert man sich für Veränderungen (improve), so muss man vor und nach der Veränderung messen. Meist wird man dabei auch Einflüsse miterfassen.

Eingangshypothesen sind wichtig, um den Nutzen der Messung zu demonstrieren. Denn hier müssen die Nutzer schätzen, welche Ergebnisse die Messungen wohl erbringen werden. Wenn die Messungen diese Vermutungen betätigen, weiß man, dass man von korrekten Voraussetzungen ausgeht. Zeigt sich dagegen, dass die Messungen ganz andere Werte ergeben als vermutet, so hat man schon damit eine erste Erkenntnis gewonnen. Oft wird man der Diskrepanz erst einmal nachgehen. Die Erfahrung zeigt, dass ohne Anfangsschätzung nachher jeder glaubt, den gemessenen Wert sowieso vorhergesehen zu haben (was natürlich nicht stimmt). Die Eingangshypothesen sind daher praktisch immer ein Gewinn.

Nicht nur in Abstraction Sheets ist es eine gute Idee, betroffene Entwickler oder Manager schätzen zu lassen. Jeder, der eine Metrik ansetzt, um einen Aspekt der Softwareentwicklung besser zu verstehen, sollte eine solche Schätzung des Ausgangszustands vornehmen. Es zeigt sich oft, dass der Kontrast dieser Schätzung zum wahren Messwert schon die wichtigste Erkenntnis ist.

Q will es sich nicht zu schwer machen und beginnt mit Aspekten der Lesbarkeit. Die will Q an den folgenden Aspekten messen: (1) Kommentarzeilen pro Codezeilen, (2) den inhaltlichen Bezug von Variablennamen zu ihrer Bedeutung (wie: »Vorname« statt »vn«) und noch einige Dinge mehr. »Das ist schon fast zu detailliert«, zweifelt Q. »Das sind kaum mehr Aspekte, schon fast Metriken. Aber egal. Wie schätze ich da jetzt meinen Code ein? Na, so jede 10. Zeile wird wohl ein Kommentar sein«, vermutet Q. Die Metrik zeigt Q aber, dass im Durchschnitt nur jede 17. Zeile einen Kommentar enthält. Q ist erstaunt und erschrocken. Ob man das noch »lesbar« nennen kann? Auf jeden Fall muss man hier dranbleiben. Im nächsten Schritt wird es noch schwieriger: Jetzt bräuchte man eine Metrik für den inhaltlichen Bezug von Variablennamen. Am ehesten könnte das ein Mensch beurteilen, aber sind denn Menschen als Metrik erlaubt?

In GQM sind ausdrücklich nicht nur automatisch erhebbare Metriken zugelassen. Häufig ist das Urteil einer Person viel relevanter als eine Kennzahl. So ein Urteil ist freilich subjektiv und nicht unbedingt reproduzierbar, aber daran stört man sich in GQM nicht. Es geht ja nicht um einen wissenschaftlichen Nachweis, sondern um Hinweise für besseres Handeln. Man kann also auch Meinungsumfragen und persönliche Bewertungen einbauen. Natürlich sind die besonders zeitaufwendig und sollten sparsam eingesetzt werden. Wenn es einfachere Mittel gibt, ähnlich gut zu messen, sollte man diese vorziehen. Auch ist die Gefahr bei subjektiven Metriken besonders groß, dass die Befragten mit ihren Antworten eine bestimmte Wirkung erzielen wollen. Beispielsweise wollen sie Kritik üben oder »gut dastehen« und verpacken diese Aussage in ihre Antwort.

4.4.5 Besonderheiten bei Messung und Auswertung

Es ist nun zwar noch anstrengend, aber nicht mehr schwierig, aus den Qualitäts- und Einflussfaktoren Fragen und Metriken abzuleiten. Dafür gibt es keine etablierten Hilfsmittel. Häufig werden Tabellen verwendet.

Zu jeder Frage sucht man sich einfache Metriken oder Indikatoren. Dabei sollte man immer wieder den Aufwand im Auge behalten und Metriken für die Behandlung mehrerer Fragen verwenden – oder komplizierte Metriken durch einfachere ersetzen.

Q möchte eigentlich wissen, wie viele Fehler an die Kunden ausgeliefert werden. Natürlich könnte man einen Fragebogen hinschicken, aber das wäre Aufwand für die Kunden – und würde ihre Aufmerksamkeit auf unerwünschte Aspekte lenken. Und: Sie wüssten ja auch nur, wie viele Fehler sie gefunden haben, nicht jedoch, wie viele noch versteckt sind. Wenn es richtig schlimm ist, beschweren sich die Kunden ja sowieso. Also zählt man lieber die Beschwerden. Man kann sie ja noch nach »Missverständnis«, »neuer Fehler«, »bekannter Fehler« klassifizieren, dann kommt man der Frage nach den ausgelieferten Fehlern schon ziemlich nahe. Das Klassifizieren muss man trotzdem manuell machen. Aber das ist ja o.k.

Hier scheitern viele Versuche, GQM durchzuführen. Wenn man zu viele Metriken ableitet, stellt man resigniert fest, dass man so viel unmöglich wird messen können. Auch kommt man an manche Angaben einfach nicht heran. Leider gibt die Methode hier kaum Hilfestellung.

Auch der Messplan ist nicht GQM-spezifisch. Die Erhebung soll so einfach wie möglich ablaufen. Oft erstellt man Formulare oder Checklisten, damit es keine Missverständnisse gibt und die Erhebung sehr schnell vonstatten geht. Datenerfasser sollte man einweisen und ihnen insbesondere mitteilen, *wann* sie die Messergebnisse *in welcher Form wem* mitteilen sollen. Wieder einmal sind es die scheinbar lächerlichen Selbstverständlichkeiten, die sonst zu Pannen und Verzögerungen führen.

FunGate hat ja ein elektronisches Formular, auf dem Fehler an die Entwickler gemeldet werden. Darauf steht sowieso schon, wer den Fehler gefunden hat. Man weiß also, welche Fehler vom Kunden gemeldet wurden. Um die neue Klassifikation in den normalen Arbeitsablauf der Entwickler möglichst nahtlos zu integrieren, sieht sich Q das Formular genau an. Dann fügt Q die zwei Fragen ein, ob es sich aus Sicht des Entwicklers hier um ein Missverständnis des Kunden handelt (kein Fehler) oder der Fehler inzwischen behoben worden ist. Dann hatte jemand anders den Fehler wohl auch schon gefunden. Und jetzt muss man die Formulare nur noch so auswerten, dass alle vom Kunden gelieferten Fehler in eine der drei Rubriken einsortiert und gezählt werden. Q ist zufrieden: ein perfektes Hilfsmittel für die Messung.

Interessanter ist die Auswertung.

Bei konsequenter Anwendung von GQM hat man nun:

- Einen Zielbaum und Facettenbeschreibungen
- Abstraction Sheets für jedes Facettenziel
- Listen von Fragen und zugeordnete Metriken
- Einen Messplan, der auf die Metriken verweist
- Die ausgefüllten Hilfsmittel und Formulare aus der Messung

Nun kann man umgekehrt die Ergebnisse in die Metriken eintragen, zu den Fragen zurückverfolgen und beim Abstraction Sheet innehalten: Bestätigen die Resultate die hier gemachten Annahmen? Die Hypothesen werden geprüft und führen zu besserem Verständnis oder sogar zu Einsichten über Steuerungsmöglichkeiten. Im Abstraction Sheet laufen die Einzelmessungen zusammen und müssen bewertet und verdichtet werden. Jetzt bewähren sich die Hypothesen: Mit ihnen kann man die tatsächlichen Ergebnisse bewerten.

Im Idealfall kann man sich Auswertungsformeln vorbereiten, die dann einen großen Teil der Auswertung übernehmen, sobald die ausgefüllten Formulare eintreffen. Sie können von der Datenerhebung bis zum Abstraction Sheet reichen. Dort setzt die Interpretation durch die Qualitätsexperten ein. Sie wird durch Hypothesen und Zielbaum geleitet.

4.5 Projektfortschritt messen mit Quality Gates

Die klassischen Softwaremetriken *lines of code*, McCabe und Halstead messen Produktqualität. Mit GQM kann man sich selbst ein individuelles System von Metriken zusammenstellen. Sie können Softwareprodukte, aber auch -prozesse messen und sogar zur Prozessverbesserung eingesetzt werden.

Mit Quality Gates kann ein Unternehmen feststellen, wie weit ein Projekt schon fortgeschritten ist. Der Messgegenstand ist hier also ein Projekt, nicht ein Produkt oder ein Prozess. Quality Gates sind ein Verfahren, das viele Ähnlichkeiten mit Meilensteinen aufweist. Beide Techniken dienen dazu, im komplizierten Umfeld von Softwareprojekten rasch zu einer einfachen Beurteilung zu kommen: Hat man den Meilenstein oder das Quality Gate im Projekt XY schon erreicht oder noch nicht? In beiden Fällen stellt man das anhand mehrerer Kriterien fest. Meilensteine sind aber spezielle Zwischenziele eines bestimmten, einzelnen Projekts (»Modul M2X und Dokumentation ausliefern«).

Quality Gates werden dagegen von der Qualitätsorganisation eines Unternehmens oder Bereichs *für alle Projekte einheitlich* definiert. Sie beziehen sich in der Regel auf den Entwicklungsprozess, dem diese Projekte folgen sollen. »Bereit-für-Entwurf« könnte ein Quality Gate am Ende der Anforderungsphase heißen (Abb. 4–14). Es wird anhand einer Checkliste mit festgelegten Kriterien geprüft. Zum Beispiel wird man verlangen, dass der Kunde die Spezifikation begutachtet und akzeptiert hat, bevor man sie zur Grundlage weiterer Arbeiten macht.

Zusätzlich fordern viele Unternehmen eine Aufwandsabschätzung, bevor der Entwurf beginnen darf. Man kann ganz einfach prüfen, ob eine solche Abschätzung überhaupt vorliegt, und genau das fordert oft ein entsprechendes Quality Gate. Wie gut die Aufwandsschätzung ist, ist eine andere Frage.

Wenn alle Kriterien erfüllt sind, ist das Projekt »bereit für Entwurf«, und es darf im Prozess weitergemacht werden. Sonst muss nachgearbeitet werden, oder das Projekt wird, in seltenen Fällen, ganz gestoppt.

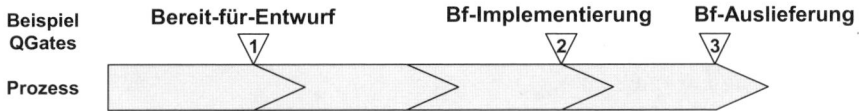

Abb. 4–14   *Ausschnitt aus einem Entwicklungsprozess mit drei Quality Gates*

Quality Gates dienen dem Multi-Projektmanagement: Die meisten Unternehmen haben viele Projekte gleichzeitig laufen, und das Management muss mit vergleichbaren Kriterien feststellen, ob ein Projekt in Verzug ist. Die Kriterien eines Quality Gate werden auf alle Projekte des Bereichs einheitlich angewendet und sind daher ein guter Vergleichsmaßstab für den Projektfortschritt. Dagegen sind Meilensteine in den Projekten für einen solchen Vergleich in der Regel zu spezifisch.

Die Prüfkriterien beziehen sich auch auf die Softwarequalität. Ein Quality Gate ist daher ein komplexer »Messpunkt für Projektfortschritt und Softwarequalität«, der trotzdem ein einfach zu interpretierendes Ergebnis liefert: Das Quality Gate ist bestanden oder nicht.

Die eigentliche Entscheidung fällt in einer Sitzung von Entscheidungsträgern. Sofern einzelne Kriterien detaillierte Prüfungen erfordern, führen Experten diese vor der Sitzung des Quality Gate durch. Die Experten schicken ihre Teilbewertungen, und in der Sitzung wird anhand der Checkliste ein Gesamturteil gebildet. Danach kann das Projekt weiterlaufen oder nicht. Manchmal werden Projekte auch endgültig abgebrochen, wenn sich an einem Quality Gate zeigt, dass sie keine Aussicht auf Erfolg mehr haben. Das muss nicht an schlechter Arbeit im Projekt liegen; manchmal hat sich auch die Marktsituation verändert. Wenn die Konkurrenz inzwischen ein ähnliches Produkt auf den Markt gebracht hat, lohnt es sich vielleicht nicht mehr, die Entwicklung fortzusetzen. Quality Gates können auch solche Kriterien enthalten. Im Zweifel entscheiden die Führungskräfte, die auch die Verantwortung gegenüber dem Kunden tragen. Ein Quality Gate ist für Projekt und Projektleiter ein aufregendes Ereignis.

Man muss sich klar machen, dass Quality Gates nicht dafür gedacht sind, eine detaillierte und präzise Bewertung der Qualität von Produkt und Dokumentation zu geben. Quality Gates liefern keinen differenzierten Vergleich, sondern eine einfache Entscheidungsgrundlage. Die Frage im Hintergrund lautet stets:

Hat das Projekt die Voraussetzungen, um erfolgreich weitermachen zu können? Wenn eine wesentliche Voraussetzung fehlt, besteht die Gefahr, sich beim Kunden zu blamieren oder sich andere Schwierigkeiten einzuhandeln. Sind die Anforderungen zum Beispiel noch nicht weit genug herausgearbeitet, dann hat es auch keinen Sinn, bereits mit der Implementierung zu beginnen. Man müsste das Meiste sowieso wieder wegwerfen.

Das Quality Gate muss also nur feststellen, ob wenigstens ein definiertes Minimum erreicht ist. Ein besseres Qualitätsniveau ist natürlich besser, aber darum geht es im Quality Gate erst einmal nicht. So kann man sich mit vertretbarem Aufwand einen Überblick über den Projektfortschritt verschaffen und über die Fortsetzung entscheiden.

Es gibt in jedem Prozess mehrere Quality Gates. Sie stehen an definierten Punkten im Prozess, die alle Projekte passieren müssen. Jedes Unternehmen setzt fest, welche Quality Gates es von seinen Projekten fordert. Viele Unternehmen beschränken sich auf weniger als ein Dutzend Quality Gates im Entwicklungsprozess. Die definierte Folge von Quality Gates im definierten Prozess stellt eine ordinale Skala von Fortschrittspunkten dar. Je mehr dieser Fortschrittspunkte ein Projekt passiert hat, desto weiter ist es. So lassen sich auch Projekte und ihr Fortschritt (ordinal) vergleichen.

Quality Gates sind derzeit in Unternehmen sehr weit verbreitet. Sie stammen eigentlich aus dem Maschinenbau, wo auch viele verschiedene Projekte und Teilprojekte koordiniert werden müssen. Inzwischen wird auch Software in diese Koordination eingebunden, und so sind Quality Gates jetzt auch ein Mechanismus zur Fortschrittskontrolle und -messung für Softwareprojekte geworden.

5 Systematisches Testen

Q hat sich jetzt einige Tage mit dem Messen von Software beschäftigt. Qualitätsbeauftragte sind oft nicht so eng in ein Projekt eingebunden, da kann man sich schon einmal die Zeit für ein so wichtiges Thema nehmen. Aber jetzt rasch wieder zurück ins Projekt! Gute Qualitätsbeauftragte lassen sich oft dort blicken und arbeiten konstruktiv mit, erinnert sich Q. Ein paar Anforderungen haben sich geändert, und die Entwickler versuchen, sie möglichst rasch umzusetzen. Eigentlich sollten sie ja testen. Aber das ist – wieder einmal – verschoben worden. Nur, was wird dann aus den schon getesteten Programmteilen? Müssen sie die nach den Änderungen noch einmal testen? Und wann ist man dann jemals fertig? Q will den Kollegen jetzt ein paar Tipps und Tricks zusammenstellen, mit denen sie leichter und besser testen können. Diese Aufgabe ist so richtig nach Qs Geschmack! Qualität kann richtig spannend sein, wenn man es anständig macht. Aber zuerst trinkt Q einen Kaffee mit den Kollegen und erzählt von den Erlebnissen der letzten Tage. Sozialer Kontakt ist wichtig, denkt Q. Sonst hören die sich nachher meine Tipps auch nicht an.

5.1 Vorüberlegungen

Beim Testen geht man wohlüberlegt und systematisch vor. Auf diese Weise hat man die besten Chancen, Fehler zu finden und schließlich zu beseitigen. Wie soll aber die Systematik aussehen, mit der man die Fehler aufspürt? Einige Vorüberlegungen lohnen sich. Sie machen deutlich, was beim Testen möglich ist und wie man zu einer guten Strategie kommt [Spillner und Linz '05].

5.1.1 Testvorbereitung

Testen ist ja das Ausführen eines Programms, um Fehler zu finden. Dazu braucht man Testfälle und einen Testplan. Ein **Testfall** beschreibt, welche Eingaben man macht – und was dann herauskommen oder geschehen soll. Man braucht in der

Regel ziemlich viele Testfälle. Je nach Systemgröße reicht die Zahl von einigen Dutzenden bis zu tausenden von Testfällen. Alle diese Testfälle müssen erstellt und verwaltet werden.

Der **Testplan** beschreibt, wie die Testfälle angewendet und wie die Tests durchgeführt werden. Das ist eine Ressourcen- und Zeitfrage: Jeder Testfall kostet Zeit, und die muss erst einmal vorhanden sein. Der Testplan legt fest, wer wann mit dem Testen an der Reihe ist – und welche Testfälle ihm oder ihr zugeordnet sind. Im Idealfall sollte man den Testplan genauso ernst nehmen wie den Entwicklungsplan. Fehlerhafte Software ruiniert den Ruf eines Unternehmens und vertreibt künftige Kunden. Daher ist es ein Warnzeichen für Qualitätsbeauftragte und den Projektleiter, wenn das Testen immer wieder verschoben oder gekürzt wird. Im Extremfall kann das dazu führen, ungetestete Systemteile mit gravierenden Fehlern auszuliefern.

Vor der Testdurchführung steht die Testvorbereitung. Darin werden hauptsächlich die Testfälle erstellt und der Testplan aufgestellt. Auch überlegt man sich, welche Werkzeuge (Testtools) die Arbeit erleichtern könnten. Es gibt viele Testwerkzeuge auf dem Markt. Es hat aber keinen großen Sinn, in diesem Buch auf einzelne Produkte einzugehen, die morgen schon wieder veraltet sein können. Daher werden unten nur Funktionen beschrieben, die man sich von Testwerkzeugen wünscht. Damit kann dann ein aktuelles Werkzeug ausgewählt werden. Ein Werkzeug kann eine systematische Vorgehensweise unterstützen, sie aber auf keinen Fall ersetzen. Daher wird sich dieses Kapitel auf die Vorgehensweise konzentrieren.

> *»Q, kannst Du mal rasch kommen!«, hört Q auf dem Weg durch das Büro. »Klar!«, meint Q und setzt sich zu dem Kollegen. Den kennt Q schon etwas näher, der hat am gleichen Tag bei FunGate angefangen. »Ich bin ja noch nicht so lange hier«, meint der Kollege, »kannst Du mir mal sagen, ob meine Testfälle ausreichen? Brauche ich noch mehr?« Q zieht sich einen Stuhl heran und setzt sich. »Lass mal sehen; die Anforderungen brauche ich natürlich auch, um das zu beantworten.« Nach einer halben Stunde sitzen die beiden immer noch da. Q hat eine Tabelle aufgestellt und den Kollegen überzeugt, dass man nun für jede Zeile in der Tabelle einen Testfall entwerfen muss. Dann hätte man die Spezifikation für dieses Modul »einigermaßen abgedeckt«, wie sich Q ausdrückt. Der Kollege versteht vorerst nicht, warum das so ist – aber Q erklärt ja noch.*

Testfälle aufzustellen ist der Kern der Testvorbereitung. Wenn man hier nach System vorgeht, braucht man nicht so viele Testfälle und wird doch mehr Fehler finden. Gleichzeitig gewinnt man Sicherheit, keine offensichtlichen Fehler übersehen zu haben. Der Schlüssel ist also eine *systematische* Vorgehensweise. Qualitätsbeauftragte müssen mehrere Techniken kennen, mit denen systematisch Testfälle aufgestellt werden können. Eine zusammengehörende Menge von Testfällen nennt man auch »einen Test«.

5.1.2 Vollständig testen?

Mitunter hört man den Ausdruck, ein Programm sei »ausgetestet«. Was kann das bedeuten? Es scheint auf den ersten Blick vernünftig, einfach alle Möglichkeiten des Programms auszuprobieren. Wenn sie alle richtig funktionieren, ist das Programm vollständig getestet. Das klingt gut, ist aber fast immer unmöglich. Es gibt einfach zu viele verschiedene Ablaufmöglichkeiten. Es würde Jahre dauern, sie alle auszuprobieren.

Man kann das an einem kleinen Rechenbeispiel zeigen (Abb. 5–1): Nehmen wir an, eine Methode oder Prozedur habe drei Parameter. Jeder davon sei mit 16 Bit dargestellt. Es gibt also für jeden Parameter 2^{16} mögliche Werte, zusammen 2^{48} verschiedene Werte. Das sind 281.474.976.710.656 verschiedene Parameterbelegungen. Gehen wir jetzt optimistisch davon aus, dass man in jeder Sekunde 100 mal das Programmstück aufrufen und das Ergebnis mit dem richtigen Resultat vergleichen könnte: Dann bräuchte man für einen »vollständigen Test« aller Kombinationen immer noch fast 90.000 Jahre!

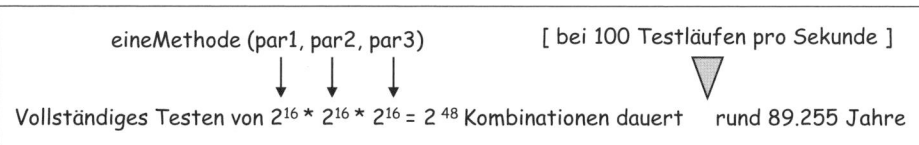

Abb. 5–1   *Nicht einmal einfache Methoden kann man vollständig testen*

Nun haben viele Methoden mehr als drei Parameter, und jede Klasse kann viele Methoden haben. Außerdem müsste jemand noch die 10^{14} richtigen Resultate liefern. Unter diesen Umständen wirklich alle Kombinationen ausprobieren zu wollen, ist völlig illusorisch.

Auch von dieser Regel gibt es Ausnahmen, aber nur sehr wenige. Beispielsweise gibt es kleine Steuermodule, die nur einen oder zwei Parameter haben, deren Werte auch noch auf den Bereich von 0 bis 255 begrenzt sind. Mit einer ähnlichen Rechnung wie oben stellt man fest, dass unter sonst gleichen Bedingungen ein vollständiger Test nur noch etwa 11 Sekunden dauern würde. So lange kann man warten. Immer noch braucht man aber eine Quelle für die 65.536 Sollresultate. Es gibt solche Situationen (wenn man eine Formel hat, die alle Fälle abdeckt), aber sie sind selten und exotisch. Man kann sich ruhig merken, dass man *praktisch nie vollständig testen* kann.

Aber eigentlich geht es ja auch nicht darum, alle oder möglichst viele Testfälle zu haben – sondern möglichst viele Fehler zu finden. Das kann man vielleicht auch mit weniger Versuchen schaffen.

5.1.3   Woraus ein Testfall besteht

Zunächst muss man sich klar machen, was genau zu einem Testfall gehört. Grundsätzlich muss alles dokumentiert werden, was benötigt wird, um den Testfall zu reproduzieren. Das erleichtert die Durchführung des Tests; man braucht nicht mehr nachzudenken und tut einfach, was der Testfall vorgibt. Vor allem muss man einen Testfall aber reproduzieren können, wenn er einen Fehler gefunden hat. Denn dann müssen die Entwickler später den Fehler beheben.

Die Eingabedaten gehören zum Testfall; sie werden »Testdaten« genannt. Ebenso braucht man unbedingt die Sollresultate, damit beurteilt werden kann, ob der Test erfolgreich war. Die Sollresultate stehen entweder direkt in der Spezifikation, oder sie werden auf deren Basis ermittelt. Um das eindeutig nachvollziehen zu können, muss in der Testbeschreibung auch stehen, welche Version der Spezifikation den Testfällen zugrunde liegt. Denn auch Anforderungen und Spezifikationen ändern sich.

Aber das reicht noch nicht, denn auch die Umgebung, in der die Tests ablaufen, hat Einfluss auf die Ergebnisse. Die Begriffe »Eingaben« und »Ausgaben« dürfen nicht davon ablenken, dass jedes Systems einen Zustand hat, der die Ergebnisse beeinflusst: Ein Programm reagiert möglicherweise ganz anders, wenn sich der Inhalt seiner Datenbank ändert oder wenn ein anderer Prozess parallel auf dem Computer läuft oder das Netzwerk stark belastet ist.

Außerdem könnte noch der Compiler einen Fehler haben, sodass sich das Programm falsch verhält, obwohl der Quelltext »in Ordnung« war. Man sollte sich vorsichtshalber die Compilerversion merken – besser noch, den Compiler archivieren. Streng genommen müsste man also die gesamte Testumgebung mit dem Testfall protokollieren und mitverwalten, um den Testfall jederzeit reproduzieren zu können. Hier stößt man jedoch an Grenzen und muss sich pragmatisch darauf beschränken, nur das Wichtigste zu einem Testfall festzuhalten. Abbildung 5–2 zeigt eine Übersicht.

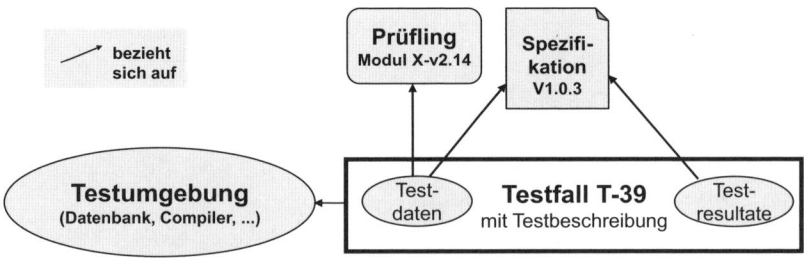

Abb. 5–2   *Testfall und Informationen, die dazugehören*

Das Wichtigste war noch gar nicht genannt worden: Ein Testfall bezieht sich stets auf einen Prüfling. Wie in Abschnitt 2.5 definiert, ist der Prüfling ein Programmstück; nicht etwa der Entwickler, der es geschrieben hat. Man muss genau wissen, welche Version des Programms gemeint ist und den Prüfling darstellt. Bei jeder Änderung wird eine neue Versionsnummer vergeben. Alle Testfälle eines Testdurchgangs beziehen sich stets auf die gleiche Version des Programms, damit man den Testablauf reproduzieren kann. Der Prüfling darf sich also während des Tests nicht ändern – auch nicht, um Fehler auszubessern! Daher werden immer erst alle Testfälle (»der ganze Test«) durchgeführt, und erst nachher werden alle Fehler verbessert.

5.1.4 Testfälle dokumentieren

Testfälle müssen dokumentiert werden, ebenso wie der Ausgang des Tests. Es reicht nicht aus, sich Eingaben zu überlegen, diese schnell auszuprobieren und dann abzuschätzen, ob das Ergebnis plausibel aussieht. Vielmehr muss mindestens festgehalten werden:

- Eine ID, an der sich der Testfall schnell und eindeutig identifizieren lässt. Im Beispiel von Abbildung 5–2 war das »T-39«.
- Die Testdaten. Sie umfassen die Eingaben und Parameter.
- Vorbereitende Schritte, die die Testumgebung in den benötigten Ausgangszustand versetzen (z.B. Datenbank füllen, Sensorsignale simulieren).
- Eine Beschreibung, was zur Durchführung des Tests zu tun oder aufzurufen ist.
- Die Sollresultate. Wiederum kann das einfach ein Rückgabewert oder eine Bildschirmanzeige sein. Es kann aber auch ein Signal ausgelöst oder eine komplizierte Datenstruktur aufgebaut werden.

Im einfachsten Fall schreibt man die Testfälle in eine Tabelle mit den Spalten ID, Eingabe und Sollresultat (Abb. 5–3). In der Praxis werden diese drei Angaben oft noch durch Kommentare ergänzt.

Im Beispiel der Abbildung 5–3 wird für eine computergestützte Schwimmbadkasse die Preisstaffelung nach Lebensalter getestet. Als IDs werden hier einfach fortlaufende Nummern verwendet. Das Alter von Besuchern in Jahren wird eingegeben. In der nächsten Spalte ist das Sollresultat angegeben. Meist wird das der Preis mit Erklärung sein: »jugendlich: 2€«, manchmal aber auch die Anzeige »Fehleingabe«. Die Kommentare erläutern, wieso der entsprechende Testfall ausgewählt wurde. Bei den ganz normalen Fällen ist kein Kommentar nötig. Manche der Eingabewerte erscheinen vielleicht etwas willkürlich. Man wünschte sich eine Strategie, die dabei hilft, »sinnvolle« Testdaten zu ermitteln.

ID	Eingabe	Sollresultat	Kommentar
T01	4	„Kind: gratis"	
T02	14	„jugendlich: 2€"	
T03	18	„volljährig: 3€"	gerade erst volljährig
T04	19	„volljährig: 3€"	
T05	77	„volljährig: 3€"	Senioren zahlen voll
T06	130	„Fehleingabe"	Unmögliches Alter
T07	0	„Kind: gratis"	Baby unter einem Jahr
T08	-1	„Fehleingabe"	Sinnlose Eingabe (mögl.)
T09	„Kind"	(nicht möglich)	Buchstaben nicht akzeptiert

Abb. 5–3   *Einfache Tabelle von Testfällen für das Schwimmbadbeispiel*

Zu jedem Testfall muss man also eine ganze Reihe von Angaben dokumentieren und verwalten. Das kann natürlich mit Papier und Bleistift geschehen. Dann werden Tabellen angelegt und für jeden Testfall alle Angaben in eine Zeile geschrieben. Es liegt nahe, die Tabellen in den Computer zu verlagern. Zunächst reicht dafür ein Tabellenverwaltungsprogramm aus. Viele Unternehmen verwalten ihre Testfälle in Excel oder vergleichbaren Programmen. Möchte man die Testfälle aber nach verschiedenen Kriterien sortieren und unterschiedlich zusammenfassen oder anzeigen, sollte man sie in eine Datenbank stecken. Dann kann man in der Testvorbereitung die Datenbank füllen; bei der Testdurchführung werden die bestandenen Testfälle abgehakt. Wenn ein Testfall fehlschlägt, muss man weitere Angaben hinzufügen, damit die Entwickler das Fehlverhalten reproduzieren und den Fehler beheben können. Alle Angaben stehen am Ende in der Datenbank.

5.1.5   Testfälle ermitteln: eine Strategie

»Wie funktioniert denn Deine Tabelle?«, fragt der Kollege. Q antwortet gerne: »Ich habe mir überlegt, dass wir zu jeder Anforderung, die sich auf Dein Modul bezieht, zumindest einen Testfall brauchen. Oft reicht das natürlich nicht, aber eine untere Schranke ist es. Deswegen habe ich in die Zeilen die Anforderungen geschrieben und verlangt, dass wir zu jeder einen Testfall machen müssen. Meine Idee dabei: Eine Anforderung, für die ich überhaupt keinen Testfall habe, kann ich auch nicht geprüft haben.« »Da kann man aber immer noch viel übersehen«, wirft der Kollege ein. »Was ist denn, wenn eine Anforderung so kompliziert ist, dass man sie gar nicht mit einem Testfall erschlagen kann?« Q grinst: »Dann machen wir eben mehr. Aber am Anfang hattest Du ja nicht mal einen Testfall pro Anforderung.« Das muss der Kollege einräumen.

Testfälle zu ermitteln, zu verwalten und durchzuführen ist aufwendig. Es kostet Zeit und damit Geld. Daher möchte man mit möglichst wenigen Testfällen auskommen. Andererseits will man beim Testen ja möglichst viele Fehler finden. Das sieht wie ein Widerspruch aus, und es ist wirklich nicht einfach, mit wenigen Testfällen viele Fehler zu finden.

Leider gibt es kein Verfahren, um den optimalen Kompromiss zu ermitteln und nur genau die nötige Menge an Testfällen aufzustellen. Die Forschung arbeitet an Strategien und Techniken, aber die Ermittlung von geeigneten Testfällen wird eine spannende und kreative Aufgabe bleiben.

Es gibt aber relativ einfache Verfahren, mit denen man gute Testfälle ermitteln kann. Sie werden nicht alle Fehler finden, und nicht jeder Testfall wird unbedingt nötig sein. Viele Testfälle werden keinen Fehler finden und also ihr Ziel nicht erreichen.

Qualitätsbeauftragte und alle, die selbst testen, sollten wenigstens die Grundtechniken beherrschen. Führungskräfte brauchen das nicht. Weil sie aber Ressourcen verteilen und Personal zuordnen, sollten auch sie sich einen Eindruck davon verschaffen, womit sich Tester beschäftigen: Sie versuchen, mit wenig Aufwand viele Fehler zu finden.

Dazu müssen sie Heuristiken einsetzen. Eine **Heuristik** ist eine Daumenregel: »Eine Regel, die eine Vorgehensweise vorgibt. Die Vorgehensweise hat sich bewährt, aber es ist nicht sicher, dass sie immer das gewünschte Ziel erreicht.« Hätte man ein sicheres Verfahren, einen Algorithmus, bräuchte man keine Heuristik. Aber eine Heuristik ist immerhin eine Anleitung, um systematisch an Testfälle zu kommen. Denn es soll nicht nur vom Glück abhängen, ob man Fehler findet.

Dabei geht es zunächst darum, »gute« Testdaten zu finden, also Eingaben, die das Programm zu Fehlverhalten führen. Erst im zweiten Schritt werden die Sollresultate entwickelt. Dann führt man die Tests durch und vergleicht, ob die Ergebnisse mit den Sollresultaten übereinstimmen.

Unten werden einige Verfahren beschrieben, die dabei helfen, gute Testfälle aufzustellen. Jedes Verfahren basiert auf gewissen Beobachtungen, Erfahrungen und daraus abgeleiteten Heuristiken. Wenn man zum Beispiel schon oft gesehen hat, dass Entwickler vergessen haben, eine Variable zu initialisieren, dann kann man daraus die Vermutung ableiten, dass die Belegung mit Anfangswerten fehlerträchtig ist. Als Heuristik ergibt sich die Regel: »Teste für jede Variable, ob sie initialisiert wurde.« Die Heuristik sagt nichts aus über die Sollresultate; sie gibt nur eine Anregung, wo man nach Fehlern suchen kann.

Es gibt einige allgemeingültige Heuristiken, die man in fast jedem Programm anwenden kann. Die Initialisierungsheuristik gehört dazu. Auch eine »Zufallsheuristik« ist generell überlegenswert: Man ermittelt Testdaten zufällig. Die Idee dahinter: Einige Fehler findet man nicht durch Nachdenken, sondern nur durch Zufälle. Man sollte diese Heuristik aber immer mit anderen, etwas gezielter suchenden Verfahren kombinieren.

Unten werden die wichtigsten Techniken beschrieben, die man in vielen Umgebungen einsetzen kann. Man kann aber auch eigene Heuristiken entwickeln, die viel spezieller und spezifischer sind. Vielleicht weiß man, dass der Umgang mit einer zugekauften Komponente schon sehr oft zu Fehlern geführt hat. Dann kann man die Heuristik ableiten, dort intensiver zu testen.

Die Forschung verfeinert die Verfahren (und ihre Heuristiken) weiter; wer ein spezielles Problem hat, muss beim Testen nach einer möglichst spezifischen Heuristik suchen. Sie führt zu Testfällen, die in dieser Umgebung besonders wirkungsvoll nach Fehlern suchen.

5.1.6   Hintergrund von Fehlern

Ein erfolgreicher Testfall führt dazu, einen Fehler zu finden. Wurde ein Fehler gefunden, sollte man ihn nicht einfach beseitigen, sondern genau analysieren und angemessen darauf reagieren. Das entspricht auch der TQM-Philosophie (Abschnitt 2.4): Sie fordert, immer die Ursache zu beseitigen, statt nur *einen* Fehler, das Symptom. Aus wiederkehrenden Fehlern können neue Heuristiken abgeleitet und damit in der Zukunft noch mehr Fehler gefunden werden.

Je nach gefundenem Fehler sind unterschiedliche Reaktionen angemessen. Man unterscheidet:

- **Fehlverhalten**, das man im Test beobachtet (engl.: *failure*). Man hat bemerkt, dass sich das Programm anders verhält, als es soll. Das war die Definition für einen Fehler.
- **Fehler im Code** (engl.: *defect*). Das sind die »fehlerhaften« Programmzeilen, die das Fehlverhalten hervorbringen.
- **Denkfehler** (engl.: *error*), der dazu geführt hat, den falschen Code zu schreiben.

Ein Codefehler (defect) kann zu unterschiedlichem Fehlverhalten (failure) führen. Es kann also durchaus sein, dass man mit einem *defect* viele *failures* beseitigt, die man in verschiedenen Testfällen gefunden hatte. Gelingt es sogar, einen Denkfehler (error) aufzudecken, so hat man die Chance, mehrere ähnliche Codefehler zu finden; denn der Entwickler hat vielleicht an vielen Stellen auf gleiche Weise falsch gedacht. Je näher man an die Wurzel, den Denkfehler, kommt, desto wirkungsvoller kann die Fehlerbeseitigung sein.

Natürlich gibt es auch Leichtsinnsfehler (defects), hinter denen kein Denkfehler steckt. Solche Fehler werden vermerkt, zeigen aber keine Spur zu ähnlichen Problemen. Sie werden nach dem Test einfach beseitigt. Syntaktische Fehler, die schon vom Compiler erkannt werden, gelangen erst gar nicht bis in den Test. Beim Testen will man sich nicht mit einem fehlenden Semikolon abgeben. Daher beginnt das »Testen« erst, sobald die Entwickler an ihrem Schreibtisch oberflächliche Schnitzer beseitigt haben und das Programm zumindest »zu laufen scheint«.

Q startet das Programm. Aber es bricht sofort mit einer Fehlermeldung ab. »Das kannst Du doch noch gar nicht testen, da fehlt ja jede Grundlage!«, meint Q etwas gereizt. »Weiß ich«, entgegnet der Kollege. »Ich bereite ja nur schon die Testfälle vor, damit ich gleich loslegen kann, sobald ich überzeugt bin, dass mein Programm nicht nur läuft – sondern auch richtig funktioniert!« Q ist beeindruckt. Q hatte angenommen, die Testfälle sollten jetzt gleich ausprobiert werden; aber das hat der Kollege ja gar nicht gesagt. Er hat hier absolut die richtige Einstellung: Beim Testen wird nicht herumprobiert! Und man fängt auch erst an, wenn man mit der Testvorbereitung fertig ist. Die kann durchaus parallel zur Entwicklung erfolgen. Jetzt grinst der Kollege: »Nicht nur Ihr Qualitätsbeauftragte achtet hier auf Qualität!« Der Seitenhieb sitzt. Q wird den Kollegen noch ernster nehmen.

5.1.7   Übersicht: Black-Box-Test und Glass-Box-Test

Wenn man Testfälle erstellen will, muss man sich jeweils für eine Strategie entscheiden. Man kann die Strategie später ändern und auch verschiedene Ansätze miteinander verbinden. Aber zu jeder Zeit nimmt man eine von zwei grundverschiedenen Haltungen ein:

- Man betrachtet den Prüfling als Black Box, deren Inneres nicht zu erkennen ist. Dann werden die Testfälle nur mit dem Wissen formuliert, das man unter diesen Umständen trotzdem noch hat: Im Wesentlichen kennt man die Anforderungen und weiß, dass der Prüfling sie erfüllen soll. Ob er das tut, kann man durch Tests feststellen, indem man die Spezifikation heranzieht. Man spricht dann von **Black-Box-Test.**
- Alternativ kann man in den Prüfling hineinblicken und die Strukturen dort prüfen: Wo gibt es schwierige oder komplizierte Stellen, an denen leicht Fehler auftreten können? Wurden mit den Testfällen alle inneren Kombinationen und Abläufe geprüft? Dann spricht man von **White-Box-Test** oder **Glass-Box-Test.** Beide Begriffe werden synonym verwendet: Es werden die Strukturen im Prüfling betrachtet und die Testfälle auf dieser Basis formuliert.

Für jede der beiden Perspektiven gibt es Heuristiken, die bei der Testfallerstellung helfen.

5.2   Black-Box-Tests aus der Spezifikation

Die Idee hinter Black-Box-Tests ist: Jede Anforderung muss getestet werden. Daraus ergibt sich direkt die Heuristik: Für jede Anforderung einen Testfall schreiben. Mit einer Anforderung ist dabei eine atomare, also nicht weiter unterteilbare Anforderung gemeint. Wenn die Spezifikation als längerer Fließtext vorliegt, muss sie erst einmal in Einzelanforderungen zerlegt werden. Es ergibt eine größere Menge von kurzen Sätzen, die jeweils nur *eine* Anforderung enthalten. Wenn nun Testfälle erstellt werden, werden zu jeder Anforderung der oder die Testfälle notiert, die diese Anforderung überprüfen. Damit das einfach geht, nummeriert man sowohl die (atomaren) Anforderungen als auch die Testfälle. In Abbildung 5–4 sollen die fünf Anforderungen R01 bis R05 durch neun Testfälle abgedeckt werden. Die grauen Spalten rechts zeigen, dass das gelungen ist: Zu jeder Anforderung gibt es mindestens einen Testfall, also ein Kreuz in jeder Spalte.

Auszug aus der Spezifikation

Funktion „Preis-nach-Altersstufe"
R01: 0 bis 10 J.: „Kind: gratis"
R02: Bis 17 J.: „jugendlich: 2€"
R03: Bis 110 J.: „volljährig: 3€"
R04: Andere Zahlen: „Fehleingabe" (rot)
R05: Andere Zeichen (Text): nicht möglich

ID	Eingabe	Sollresultat	Kommentar	R01	R02	R03	R04	R05
T01	4	„Kind: gratis"		x				
T02	14	„jugendlich: 2€"			x			
T03	18	„volljährig: 3€"	gerade erst volljährig			x		
T04	19	„volljährig: 3€"				x		
T05	77	„volljährig: 3€"	Senioren zahlen voll			x		
T06	130	„Fehleingabe"	Unmögliches Alter				x	
T07	0	„Kind: gratis"	Baby unter einem Jahr	x				
T08	-1	„Fehleingabe"	Sinnlose Eingabe (mögl.)				x	
T09	„Kind"	(nicht möglich)	Buchstaben nicht akzeptiert					x

Abb. 5–4   *Einzelanforderungen aus der Spezifikation sollen abgedeckt werden*

Oft ist es nicht ganz einfach, einen Fließtext, Diagramme und Tabellen in Einzelanforderungen zu zerlegen. Eine ganze Reihe von Problemen ergibt sich aus den Abhängigkeiten zwischen Einzelanforderungen [Houdek '06]. Manchmal muss beim Kunden nachgefragt werden, weil Details bisher noch nicht besprochen worden waren: Wo genau verlaufen zum Beispiel die Altersgrenzen? Auf diese Weise trägt die Testvorbereitung zur Klärung von Anforderungen bei. Testen wirkt sich positiv aus – schon lange, bevor der erste Testfall ausgeführt wird.

5.2.1   Minimalforderung und Effizienzprinzip

Zu einer Liste von Anforderungen können natürlich ganz unterschiedliche Testfälle erstellt werden. Je konkreter die Eingaben in den Anforderungen beschrieben sind, umso leichter erfolgt die Ableitung der Testfälle. Immer noch bleiben aber Fragen offen: Wann wurden genug Testfälle gefunden? Sicher gibt es bessere und schlechtere Testfälle – wie können sie unterschieden werden? Für diesen Zweck gibt es innerhalb des Black-Box-Tests zwei Kriterien, an denen man gute

Tests erkennen kann. Ein »guter Test« ist eine Sammlung von Testfällen, die sowohl der Spezifikation als auch dem ökonomischen Zwang in Softwareprojekten genügen:

- **Minimalforderung**: Jede spezifizierte Anforderung muss durch mindestens einen Testfall angesprochen werden. Man sagt dann: »Der Testfall deckt die Anforderung ab.« Alle Testfälle zusammen sollen alle Anforderungen abdecken, also die gesamte Spezifikation.

Die Minimalforderung gilt für alle Arten von Anforderungen: Für konkrete Anforderungen, die genaue Eingabe- und Sollresultate spezifizieren, für funktionale Anforderungen, aber auch für Qualitätsanforderungen. Sie gilt für Anforderungen über Fehlbedienung und Fehlermeldungen. Schließlich gilt die Minimalforderung sogar für komplizierte Formeln und vage Forderungen, sofern man sie als Anforderungen akzeptiert hat. Bei der Testfallerstellung rächen sich schwache und unklare Anforderungen. Dieser Minimalforderung steht das zweite Grundprinzip entgegen:

- Das **Effizienzprinzip** fordert, möglichst wenige Testfälle zu erstellen und dabei möglichst auch mehrere Anforderungen durch einen gemeinsamen Testfall abzudecken.

Das Minimalprinzip fordert im Endeffekt eine gewisse Mindestzahl von Anforderungen. Das Effizienzprinzip zwingt dagegen zur Beschränkung. Wendet man beide Prinzipien zugleich an, bedeutet das: Für jede Anforderung soll es am besten einen, aber auch *nur einen* Testfall geben. Man kann sich sogar überlegen, ob man mit weniger Testfällen als Anforderungen auskommt, weil ein Testfall gleichzeitig mehrere Anforderungen prüft.

Es gibt ein einfaches Hilfsmittel, um zu überprüfen, ob eine Sammlung von Testfällen beiden Grundsätzen gehorcht. Dazu wird eine Matrix (Tabelle wie in Abb. 5–4) aufgestellt. Die Spalten sind die Anforderungen, während die Zeilen für die Testfälle stehen (oder umgekehrt). Darin wird angekreuzt, welche Anforderungen durch welche Testfälle geprüft werden. Die Minimalforderung ist erfüllt, wenn in jeder Spalte mindestens ein Kreuz steht, denn dann gibt es für jede Anforderung mindestens einen Testfall. Das Effizienzprinzip ist erfüllt, wenn in keiner Spalte *mehr als ein Kreuz* steht; dann gibt es nicht mehr als einen Testfall pro Anforderung. Besonders günstig ist es, wenn zusätzlich manche Zeilen mehrere Kreuze enthalten. In diesem Fall prüft ein Testfall mehrere Anforderungen. Sobald die Zahl der Anforderungen und der Testfälle steigt, wird man die Matrix natürlich nicht mehr als vollständige Tabelle ausführen. Mit einer Datenbank oder einem Testwerkzeug muss nur sichergestellt werden, dass das obige Prinzip (ein und möglichst *nur* ein Testfall pro Anforderung) angewendet werden kann.

Während die Minimalforderung unbedingt einzuhalten ist, ist das Effizienzprinzip eher als Empfehlung zu verstehen. Es kann nicht immer streng befolgt

werden. Zum einen kann nicht immer ein Testfall mehrere Anforderungen prüfen. Und es ist auch nicht schlimm, wenn ein Testfall nebenher noch eine andere
Anforderung unnötigerweise noch einmal abdeckt. Daher lohnt es sich nicht,
jeden Verstoß gegen das Effizienzprinzip zu beseitigen.

5.2.2 Äquivalenzklassenmethode

Mit der Äquivalenzklassenmethode können Testfälle gefunden werden, die gut zu
einer gegebenen Spezifikation passen. Die Äquivalenzklassenmethode ist damit
eine spezielle Form des Black-Box-Tests. Sie ist darauf ausgelegt, sowohl Minimalforderung als auch Effizienzprinzip zu befolgen.

Das Prinzip der Äquivalenzklassenmethode basiert auf der Beobachtung,
dass oft viele ähnliche Eingaben den gleichen Fehler auslösen – während viele
andere Eingaben ihn alle nicht auslösen. Nun wird versucht, die Eingaben in
Schubladen (Äquivalenzklassen) einzuteilen. Ideal wäre, wenn aus jeder Schublade nur *ein* Testfall als Vertreter verwendet würde, weil damit Fehler genauso
gut gefunden werden könnten wie mit jedem anderen Vertreter. Dann wären alle
Vertreter in der Schublade gleichwertig oder eben »äquivalent bezüglich Fehlverhalten«, sie fallen alle in dieselbe Äquivalenzklasse.

Im **Beispiel** von der Schwimmbadkasse kann eine Äquivalenzklasse für den
Parameter »Alter« leicht gefunden werden:

Jugendlich = {11, 12, 13, 14, 15, 16, 17}, alle jugendlichen Personen.

Jeder Vertreter davon ist so gut oder so schlecht wie jeder andere. Es gibt keinen
Grund anzunehmen, dass einer einen Fehler auslösen würde, der beim anderen
nicht aufträte. Sonst müsste die Klasse geteilt werden. Für Testfälle suchen wir
immer irgendeinen Vertreter aus, egal welchen.

Erwachsene = {18,..., 110} wären alle Erwachsenen bis zu 110 Jahren. Diese
Klasse teilen wir aber noch einmal auf, weil wir vermuten, dass es mit den drei-
stelligen Altersangaben Probleme geben könnte. Also haben wir statt *Erwachsene*
zwei Äquivalenzklassen:

ZweistelligeErwachsene = {18,..., 99} und

DreistelligeErwachsene = {100,..., 110}.

Dann brauchen wir noch die Kinder. Da nehmen wir an, dass es zwischen einem
und zehn Jahren keine wesentlichen Unterschiede in der Tarifberechnung gibt,
also alle in eine Klasse passen:

KinderAbEins = {1, 2, 3, 4, 5, 6, 7, 8, 9, 10}

Dagegen vergisst man leicht, dass es auch »nulljährige« Kinder gibt, die also das erste Lebensjahr noch nicht vollendet haben. Das könnten auch die Entwickler vergessen haben, also wollen wir, dass dieser Fall unbedingt getestet wird. Mit einer eigenen Äquivalenzklasse ist das gewährleistet:

Säuglinge = {0}. Die Klasse hat nur ein Element, das folglich immer als Vertreter gewählt wird. Aber *Säugling* ist kein guter Name, denn er ist zu blumig, und die Äquivalenzklassen sollen nach der klassenbildenden Eigenschaft benannt werden. Wenn der Name nicht schon alles sagt, muss ein Stichwort oder eine Begründung für die Äquivalenzklasse her. Kurze Begründungen für die Klasseneinteilung haben wir oben im Text geliefert. Ein besserer Name wäre: *UnterEinemJahr* = {0}.

Wird davon ausgegangen, dass wir nur zulässige Parameterwerte erhalten, könnte man hier aufhören und hätte dann das Äquivalenzklassensystem bestehend aus den fünf Klassen *(UnterEinemJahr, KinderAbEins, Jugendliche, ZweistelligeErwachsene, DreistelligeErwachsene)*. Es deckt den ganzen erlaubten Wertebereich ab.

Wenn auch Falscheingaben vorkommen können, braucht man auch dafür Äquivalenzklassen. Die Wertebereiche müssen durchaus nicht zusammenhängen: *FalscheZahl* könnten die negativen Zahlen, zusammen mit den Zahlen über 110 sein. Oder man macht daraus zwei Klassen, wenn man glaubt, dass sie andere Fehler auslösen. *AndereZeichen* wären eine gute weitere Klasse, wenn derartige Eingaben überhaupt möglich sind.

An diesem Beispiel zeigt sich, dass man mit den Überlegungen über die Äquivalenzklassen zwar bei den Anforderungen beginnt (Black Box), dann aber Annahmen und Vermutungen über Fehler einfließen lässt, die darüber hinausgehen. Es gibt einen Gestaltungsspielraum.

Die Kunst bei der Äquivalenzklassenmethode besteht darin, »gute Äquivalenzklassen« zu finden, deren Vertreter wirklich zu gleichem Verhalten führen. Auch das geht nicht automatisch und ohne Missgriffe, es ist aber einfacher, als direkt »gute Testfälle« aus der Spezifikation ableiten zu wollen. Darin liegt ein Vorteil der Methode.

Außerdem sollte darauf geachtet werden, immer nur wenige Äquivalenzklassen zu bilden; jede enthält dafür viele gleichwertige Vertreter. Da jeweils nur ein Testfall-Vertreter wirklich durchgeführt werden muss, können alle Äquivalenzklassen realistisch abgedeckt werden. Das verleiht die Zuversicht, wenigstens keinen offensichtlichen Fall beim Testen unterschlagen zu haben. Äquivalenzklassentests sind natürlich weit vom vollständigen Testen entfernt. Aber man verschafft sich immerhin Gewissheit, alle *erkennbar verschiedenen Fälle* durch je einen Testfall abgedeckt zu haben.

5.2.3   Grenzwertanalyse

Recht leicht ergeben sich Äquivalenzklassen, wenn die Grenzen erlaubter Eingabewerte betrachtet werden. Dahinter steckt die Erfahrung, dass es an diesen
Grenzen besonders häufig Fehler gibt.

Entwickler verwechseln 0 und 1 als Startwert oder denken nicht an die Obergrenze eines Gültigkeitsbereichs. Das sind kleine, aber häufige Fehler. Oft war gar
nicht in der Spezifikation festgelegt worden, was eigentlich bei einer falschen Eingabe, außerhalb des erlaubten Bereichs, geschehen soll. Daraus leitet sich die
Heuristik ab: »Verwende an jeder Grenze Testeingaben, die gerade noch erlaubt
sind, und solche, die gerade nicht mehr erlaubt sind.« Es gibt außerdem Erfah-
rungswerte, wie an diesen Grenzen genau zu verfahren ist [Liggesmeyer '02]. So
können eindeutig erlaubte, gerade noch erlaubte und nicht mehr erlaubte Werte
unterschieden werden.

Für jede Eingabe bzw. jeden Parameter werden somit eigene Äquivalenzklassen aufgestellt. Hat eine Methode beispielsweise drei Parameter, so wird für
jeden der drei Parameter eine Aufteilung der Eingabewerte in Äquivalenzklassen
vorgenommen. Um die Methode dann im Test aufrufen zu können, müssen alle
drei Parameter mit einem konkreten Wert belegt werden. Dazu wird aus jeder der
drei Mengen von Äquivalenzklassen *ein* Vertreter herangezogen, deckt also je
Parameter eine Äquivalenzklasse ab. Es ergeben sich einige Freiheiten, welche
drei Vertreter zu einem Testfall kombiniert werden. Nun können die Kombinationen so geschickt ausgewählt werden, dass man mit wenigen Testfällen auskommt und doch alle Äquivalenzklassen für jeden Parameter abdeckt.

5.2.4   Spezifikationsabdeckung optimieren

Es sollen alle Anforderungen einer Spezifikation abgedeckt werden. Durch die
Äquivalenzklassenmethode wird noch einmal nach den Eingabeparametern für jede
Methode differenziert. Trotzdem soll die Zahl der Testfälle beschränkt werden.

Dazu werden wieder die Minimalforderung und das Effizienzprinzip verwendet: Jede Äquivalenzklasse für jeden Parameter muss mindestens einmal angesprochen werden, also in mindestens einem Testfall auftauchen. Eigentlich
könnte jede Äquivalenzklasse auch mehrmals angesprochen werden, aber das
Effizienzprinzip begrenzt dies: Durch günstige Kombination der Äquivalenzklassen aller Parameter sollten nicht (viel) mehr Testfälle entstehen, als man schon
allein für den Parameter mit den meisten Äquivalenzklassen braucht – nämlich so
viele, wie er Äquivalenzklassen hat.

Ein Rechenbeispiel soll das illustrieren: Will man eine Methode mit drei Parametern testen, so kann man für jeden die Äquivalenzklassen bilden. Nehmen wir
an, es seien für den ersten Parameter n Stück, für den zweiten m und für den dritten p verschiedene Äquivalenzklassen. Ein Testfall ruft die Methode auf, braucht

also für jeden Parameter einen konkreten Wert für die Testdaten. Wie viele Testfälle werden benötigt, um alle Äquivalenzklassen aller Parameter abzudecken?

Ohne viel nachzudenken könnte man jede Kombination von Äquivalenzklas-
senvertretern verwenden. Das wären dann $n*m*p$ Stück. Wenn es jeweils fünf
Äquivalenzklassen gibt, sind das immerhin $5*5*5=125$ Testfälle. Werden die
Vertreter in den Testfällen dagegen geschickter kombiniert, reichen $max(n,m,p)$
aus. Für den Parameter mit den meisten Äquivalenzklassen muss jede Möglichkeit ausprobiert werden, also 5. Aber dabei werden auch die Vertreter der anderen Parameter gleich mit variiert, sodass sie nebenbei ebenfalls abgedeckt werden.
In unserem Beispiel reichen dann 5 statt 125 Testfällen aus. Die systematische
Vorgehensweise hat den Aufwand drastisch reduziert, ohne Qualität preiszuge-
ben. Es sind immer noch alle Äquivalenzklassen abgedeckt.

Ein weiteres Beispiel soll veranschaulichen, wie sich diese Optimierung der
Testfälle auswirken kann: Ein Reisebüro möchte seinen Kunden schreiben. Ein
Programm soll die Anrede (»Sehr geehrte Frau Dr. Schulz« bzw. »Lieber Tho-
mas« bei Kindern) und eine passende Auswahl von Angeboten zusammenstellen.
Das Programm differenziert nach Alter, Geschlecht und Jahresumsatz. Dieses
Programm soll getestet werden.

Wird nach der Äquivalenzklassenmethode vorgegangen, kann für jeden der
drei Parameter ein System von Äquivalenzklassen aufgestellt werden: Beim
Geschlecht gibt es die zwei Klassen (weiblich, männlich), die Äquivalenzklassen
für Alter und Umsatz sind aus Abbildung 5–5 zu entnehmen. Es zeigt sich, dass
hier Äquivalenzklassen über unplausible Werte (wie 0,50€ oder 200 Jahre alt)
fehlen. Das kann sinnvoll sein, wenn das Programm durch eine Eingabeprüfung
nur zugelassene Werte erhält. Sonst wäre man mit entsprechend mehr Grenzfäl-
len konfrontiert.

Um nun Testfälle zu spezifizieren, müssen sie so im dreidimensionalen Raum
der Äquivalenzklassen platziert werden, dass jede Äquivalenzklasse zumindest
einen Testfall abbekommt. Das ist in Abbildung 5–5 gelungen. Sowohl zu jeder
Zeile (Umsatzklasse), zu jeder Spalte (Altersklasse), als auch zu jedem Geschlecht
(Ebene) gibt es Testfälle. Insgesamt sind es fünf Stück, T1 bis T5: So viele, wie es
Altersklassen gibt, also

max(5 Altersklassen, 4 Umsatzklassen, 2 Geschlechtsklassen) = 5 .

Umsatz (€)	w	m	w	m	w	m	w	m	w	m	Geschlecht	
>7.000								T5			weiblich	männlich
3.000-6.999			T2				T4					
100-2.999	T1										Einträge: **Testfälle T1-T5**	
< 100					T3							
	10-13		14-17		18-29		30-60		über 60		*Alter*	

Abb. 5–5   *Testfälle mit mehreren Eingabeparametern optimal gestalten*

Wenn nun jemand im Reisebüro beschließt, auch noch die bevorzugten Reiseziele und das entsprechende Äquivalenzklassensystem (*nah, fern, beides*) in die Entscheidung aufzunehmen, erhält man einen vierdimensionalen Raum. Beispielsweise kann die Äquivalenzklasse *nah* wie folgt aussehen:

nah = {Deutschland, Österreich, Dänemark, Frankreich}. Diesen Zuschnitt der Äquivalenzklasse müsste man wieder begründen, etwa durch die typischen Besuchszahlen. Bemerkenswert ist, dass die drei Klassen die Menge der Reisenden überschneidungsfrei unter sich aufteilen müssen, sonst sind es keine Äquivalenzklassen. Verstößt die Klasse *beides* nicht gegen diese Forderung? Sie verstößt nur scheinbar dagegen. Denn wenn die anderen Klassen als *nur-nah* und *nur-fern* interpretiert werden, gibt es keinen Reisenden, der in zwei Klassen fällt.

Interessanterweise werden gegenüber Abbildung 5–5 trotz der hinzugekommenen Reiseziele mit drei Äquivalenzklassen nicht mehr Testfälle benötigt, denn *max(5,4,2,3)* ist immer noch 5. Es werden lediglich die Testfälle um einen vierten Parameter erweitert, der mindestens ein Mal jeden der drei neuen Werte annimmt. Insgesamt werden nur fünf von 120 möglichen Kombinationen getestet.

Q hat mal mit den Äquivalenzklassen herumgespielt, um ein Gefühl dafür zu kriegen, wie »vollständig« ein Test wirkt, der alle Äquivalenzklassen abdeckt. Wenn man es dumm anstellt, kann man die Vertreter so wählen, dass zwar alle Äquivalenzklassen einmal berührt werden – aber eben nur ein Mal, und noch dazu in einem Sonderfall. Das mag ja korrekte Äquivalenzklassenmethode sein, aber Q fragt sich, ob man nicht doch noch die Vertreter ein bisschen geschickter variieren könnte. Man kann doch die Parameter einfach bei jedem Testfall anders setzen, das streut doch schon mal besser. Oder?

Die Äquivalenzklassenmethode fordert einen Kompromiss. Natürlich können innerhalb dieser Systematik durch eigene Erfahrungen und Heuristiken die Vertreter noch verfeinert werden. Die Methode fordert dies aber ausdrücklich nicht.

Bisher war nur von Eingabedaten als Quelle von Äquivalenzklassen die Rede. Das gleiche Prinzip lässt sich aber auch auf Ausgabedaten oder Darstellungsformate anwenden. Wenn zum Beispiel in der Spezifikation eine Ausgabe auf Drucker, Bildschirm und per Infrarotübertragung gefordert wird, können auch die Ausgabemedien zur Bildung von Äquivalenzklassen herangezogen werden. Zum Beispiel wird eine Äquivalenzklasse pro Ausgabemedium ausgewählt. Die verschiedenen Inhalte, die ausgeben werden sollen, sind die äquivalenten Vertreter in diesen Klassen. Es muss nun sichergestellt werden, dass alle Testfälle zusammen jede Ausgabe-Äquivalenzklasse mindestens einmal ansprechen. Im Beispiel muss also einmal gedruckt, einmal etwas am Bildschirm angezeigt und einmal etwas per Infrarot übertragen werden. Aus dieser Sicht reichen drei Ausgabe-Äquivalenzklassen. Nun kann man natürlich verfeinern und verschiedene Inhalte (z.B. Text und Grafik) noch in feinere Ausgabe-Äquivalenzklassen aufteilen. Dann muss im Beispiel wenigstens ein Text und wenigstens eine Grafik jeweils per

Infrarot, Druck und Bildschirm ausgegeben werden. Auch so ergeben sich sinnvolle Testfälle.

5.2.5   Klassifikationsbaummethode

Die Klassifikationsbaummethode [Grimm '95] ist in ihrem Grundansatz eine Variante der Äquivalenzklassenmethode. Sie verwendet aber eigene, spezielle Heuristiken, nach denen die Äquivalenzklassen gebildet werden. In diesen Heuristiken verbinden sich klassische Black-Box-Aspekte mit Erfahrungen darüber, welche Implementierung oft zu Fehlern führt. Das geht dann schon eher in Richtung Glass-Box-Test.

Wenn in einer Spezifikation beispielsweise von einer Liste die Rede ist, in der etwas gesucht werden kann, wird man auch an den Fall einer leeren Liste oder einer Liste mit nur einem Element denken. Diese Fälle werden *erfahrungsgemäß* bei der Implementierung leicht übersehen und müssen daher unbedingt getestet werden.

Eine Stärke der Klassifikationsbaummethode besteht darin, solche Sonderfälle systematisch abzuarbeiten. Im obigen Beispiel werden also die drei Fälle (1) leere Liste, (2) nur ein Element in der Liste und (3) längere Liste unterschieden. Man betrachtet dies als eine Fallunterscheidung für die Listenlänge.

Nun kann noch feiner unterschieden werden, ob das eine Element nach Fall (2) auch das gesuchte ist oder nicht. Denn wenn die Liste nur ein Element enthält, sind beide Fälle fehlerträchtig. Diese Fallunterscheidung verfeinert also Fall (2). So entsteht ein Baum von Fallunterscheidungen, wie in Abbildung 5–6 gezeigt. Parallel können noch ganz andere Fallunterscheidungen vorgenommen werden. In Abbildung 5–6 wird zum Beispiel nach dem Typ des gesuchten Elements unterschieden. Das ist unabhängig von der Listenlänge und spannt einen neuen Baum auf. Alle diese parallel entwickelten Bäume fasst man unter einer gemeinsamen Wurzel zusammen und nennt sie den »Klassifikationsbaum«.

Jede Fallunterscheidung entspricht einem Äquivalenzklassensystem. Jeder vertikale Strich in Abbildung 5–6 steht darin für eine Äquivalenzklasse. Der Klassifikationsbaum enthält also mehrere, teilweise ineinander verschachtelte Äquivalenzklassensysteme.

Um Testfälle zu erstellen, werden Vertreter paralleler Teilbäume kombiniert, weil die ja weitgehend unabhängig voneinander sind. Hier werden also nicht, wie üblich, Äquivalenzklassen verschiedener Eingabeparameter kombiniert, sondern Äquivalenzklassen verschiedener Fälle, die für fehlerträchtig gehalten werden (»nur ein Element« und »Typ ist Zahl«). Unter dem Klassifikationsbaum wird als Punkt auf einer horizontalen Linie gekennzeichnet, welche vertikal aufgetragenen Äquivalenzklassen in einem Testfall angesprochen werden sollen. Das wird durch Kreise auf den Kreuzungspunkten von Äquivalenzklasse und Testfall dargestellt. Der erste Testfall T1 müsste also eine Zahl in einem leeren Feld suchen. Der vierte

Testfall T4 sucht dagegen einen Text in einem Feld mit mehreren Elementen. Dieses Feld steht in eckigen Klammern und enthält ganz unterschiedliche Objekte, Zahlen und Zeichenketten.

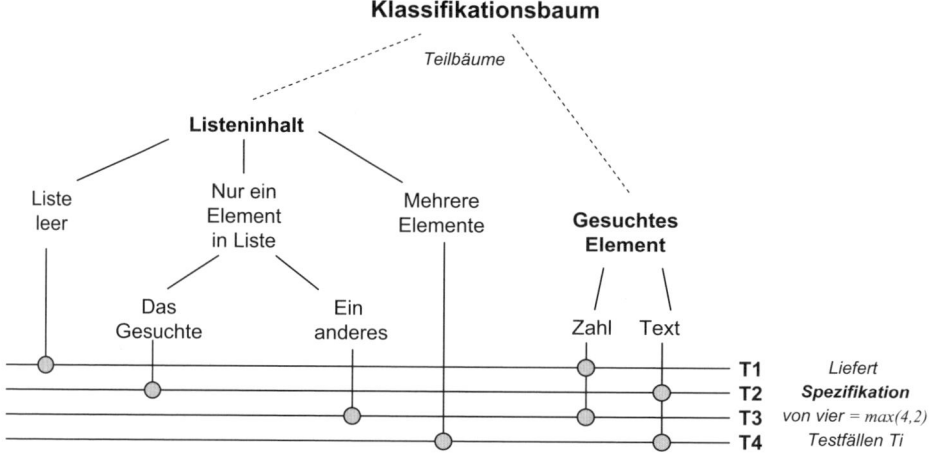

Beispiele für die vier Testfälle

T1: Suche „2" in [ ]

T2: Suche „abc" in [abc]

T3: Suche „564.789,3456" in [abc]

T4: Suche „SWQ" in [3, 4, abc, 567.891, SWT]

Einzelne Elemente stehen in Anführungszeichen, wie „2" oder „abc".

Inhalt einer *Liste* steht in eckigen Klammern [ ]

Abb. 5–6   *Testfälle spezifizieren mit dem Klassifikationsbaum*

Ob der gesuchte Text überhaupt in der Liste steht, ist für T4 nicht festgelegt. Auch beschreibt der Klassifikationsbaum nicht, welche Vertreter aus den Klassen zu wählen sind. Aber das ist nicht schwierig: Es kann jeder beliebige Vertreter verwendet werden, sofern er nur den Vorgaben entspricht (siehe Beispiele für Testfälle T1-T4 in Abb. 5–6).

Auch die Klassifikationsbaummethode folgt der Minimalforderung und dem Effizienzprinzip: Die Minimalforderung drückt sich darin aus, dass jede vertikal gezeichnete Äquivalenzklasse mindestens einen Punkt (Beteiligung an einem Testfall) braucht. Das Effizienzprinzip wird umgesetzt, indem alle parallelen Teilbäume gleichzeitig variiert und nach Möglichkeit miteinander kombiniert werden. Außerdem werden »verschachtelte« Fallunterscheidungen nicht parallel verfolgt, sondern als Verfeinerungen aufgefasst. Ein Vertreter der Verfeinerung ist immer auch ein Vertreter der verfeinerten Klasse. In Abbildung 5–6 wird die Äquivalenzklasse »nur ein Element in der Liste« verfeinert durch zwei Unteräquivalenzklassen. In dem einen Fall ist es das gesuchte, im anderen Fall nicht. Jeder Vertreter einer Unterklasse steht auch für die verfeinerte Klasse »nur ein Element in der Liste«.

Dadurch ergibt sich im obigen Beispiel eine Fallunterscheidung mit vier Äqui-valenzklassen (vertikale Linien im linken Baum). Daneben gibt es noch eine andere Fallunterscheidung mit zwei Fällen (»Typ des Elements«). Wie vom Effizienzprinzip gefordert, reichen 4 = *max(4,2)* Testfälle aus, um alle Äquivalenz-klassen abzudecken. Es gibt frei verfügbare Werkzeuge, die die Klassifikations-baummethode unterstützen (Classification Tree Editor [Grochtmann und Wegener '95]).

5.2.6   Zustandsbasiertes Testen

Bei vielen Programmen weiß man, dass sie eine Reihe von klar unterschiedenen Zuständen einnehmen können. In einem Zustand reagieren sie anders auf Einga-ben und externe Signale als in einem anderen Zustand. Das gilt für viele Haus-haltsgeräte, aber auch für Fotoapparate, Autos und auch für Programme auf dem PC. Je mehr man über ein Programm weiß, desto gezielter kann man nach Feh-lern suchen. Zustände sind ein guter Angriffspunkt.

In vielen Softwareprojekten werden Zustände ausdrücklich modelliert. Dazu gibt es verschiedene, aber sehr ähnliche Notationen. Man könnte beispielsweise eine kleine Uhr mit nur einem einzigen Bedienknopf modellieren. Im sogenannten Zustandsübergangsdiagramm in Abbildung 5–7 sieht man ihre drei Zustände, die abgerundeten Rechtecke, von denen *zeigt Uhrzeit* als Startzustand markiert ist; der schwarze Kreis ist das Symbol dafür. Zwischen den Zuständen verlaufen Pfeile mit entsprechender Beschriftung. Jeder Pfeil steht für einen möglichen Zustandsübergang. Die Beschriftung gibt an, bei welchem Ereignis der Übergang stattfindet und ob dabei auch noch eine Aktion ausgeführt wird. Zum Beispiel kann man *kurz* auf den Knopf drücken, wenn die Stunde blinkt. Dann blinkt die Stunde immer noch, denn der kreisförmige Pfeil verweist auf denselben Zustand. Aber die Stundenzahl ist jetzt um eins erhöht. Hätte man dagegen *lang* auf den Knopf gedrückt, wäre die Uhr in den Zustand *Minute blinkt* übergegangen. Bei diesem Zustandsübergang wäre keine Aktion ausgeführt worden. Ein Zustands-übergang kann auch ausgelöst werden, wenn eine Zeitlang nichts geschieht. In Abbildung 5–7 hört die Uhr nach 10 Sekunden auf zu blinken. Dann zeigt die Uhr einfach wieder die Zeit an.

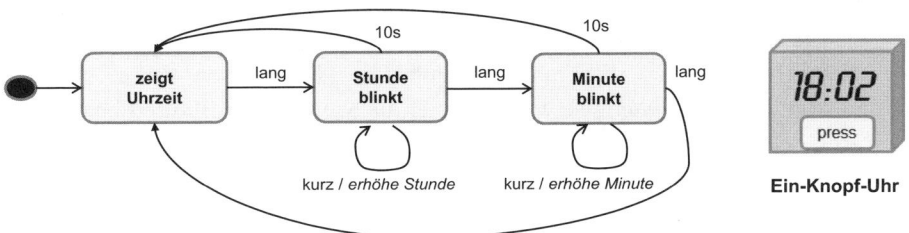

Abb. 5–7   *Zustandsübergangsdiagramm einer einfachen Uhr mit nur einem Knopf*

Die Darstellung als Zustandsübergangsdiagramm ist sehr anschaulich. Sie kann zum Teil sogar mit Kunden diskutiert werden, wenn die Entwickler die genaue Bedeutung erklären. Für die weitere Entwicklung und speziell den Test empfiehlt es sich, das Diagramm in eine Tabelle zu übersetzen (Abb. 5–8). Das geht fast mechanisch; aber an manchen Stellen treten Fragen auf – und um die geht es vor allem.

Zustand Ereignis	zeigt Uhrzeit	Stunde blinkt	Minute blinkt
lang (drücken)	Stunde blinkt	Minute blinkt	zeigt Uhrzeit
kurz (drücken)	–	Stunde blinkt/ *Stunde erhöhen*	Minute blinkt/ *Minute erhöhen*
10s (Zeit vergangen)	–	zeigt Uhrzeit	zeigt Uhrzeit

Abb. 5–8 *Zustandsübergangstabelle der Ein-Knopf-Uhr*

Oben im Kopf der Tabelle sind die Zustände (Z) angegeben. In der linken Spalte sind alle Ereignisse (E) aufgelistet, die es im Diagramm gibt. In der Zelle (Z, E) der Tabelle steht dann, was geschieht, wenn im Zustand Z das Ereignis E auftritt. Das kann ein Zustandsübergang in den Zustand Z' sein, aber auch eine Aktion A. In der Tabelle ist meist nur der Folgezustand Z' angegeben. Wenn es außerdem eine Aktion A gibt, steht sie kursiv hinter dem »/«-Zeichen. Die Tabelle wird dadurch übersichtlicher.

Man sieht:

▨ In einem Zustand können unterschiedliche Ereignisse zu verschiedenen Reaktionen führen.

▨ In verschiedenen Zuständen lösen dieselben Ereignisse unterschiedliche Reaktionen aus.

Aus dieser Tabelle lassen sich ganz leicht Testfälle ableiten. Das geht so: Jede Zelle ergibt einen Testfall. Er besteht darin, dass im Zustand Z das Ereignis E ausgelöst wird. Das Sollverhalten ist dann, dass der Zustand Z' eintritt. Sofern in der Tabelle auch eine Aktion A eingeplant ist, muss auch diese ausgelöst worden sein. Damit der Testfall ablaufen kann, muss der Testrahmen vorher den Ausgangszustand Z herstellen, also zum Beispiel die Stunde zum Blinken bringen.

Oft gibt es Zellen in der Tabelle, die aus dem Diagramm nicht gefüllt werden können, weil dort keine Angaben dazu vorhanden sind. Dann muss man herausfinden, was es mit diesen Fällen auf sich hat und was in unserem Beispiel die Uhr tun soll. Im Diagramm ist nämlich nicht festgelegt, was geschehen soll, wenn man *kurz* auf den Knopf drückt oder wenn man längere Zeit den Knopf nicht drückt, während die Uhrzeit angezeigt wird. Vielleicht soll ja gar nichts geschehen? Genauer gesagt: Der Zustand ändert sich nicht, und keine Aktion wird ausgelöst. So ist es in unserem Beispiel, daher steht nur ein Strich in den beiden Feldern. Es wäre aber auch denkbar, dass bei kurzem Drücken die Beleuchtung für einige Sekunden angeht und diese Funktion im Diagramm nur vergessen worden ist. Eine beseitigte Unklarheit führt zu besseren Testfällen und vollständigeren Anforderungen.

> *Q wundert sich: Dieser zustandsbasierte Test ist ja ganz einfach, wenn man das Diagramm einmal hat. Aber ist das dann nicht sogar ein vollständiger Test? Oder welche Fälle sind hier nicht abgedeckt? »Also kann man auf einmal doch vollständig testen?«, fragt sich Q.*

Für die Uhr kann man aus den neun Feldern der Tabelle neun Testfälle ableiten, wie oben beschrieben. Diese neun Testfälle decken dann auch alle möglichen Zustandsübergänge der Uhr ab. Allerdings wird nicht geprüft, ob die Aktionen *Stunde erhöhen* oder *Minute erhöhen* jeweils die korrekte Zeit ergeben. Hier wird man daran denken müssen, dass der Überlauf von 23 auf 00 Uhr und von 59 auf 00 Minuten korrekt programmiert ist. Auch ist nicht ersichtlich, ob das Erhöhen von 04:59 um eine Minute auf 05:00 oder auf 04:00 führen soll. Wenn die Uhr korrekt funktionieren soll, müssen solche Dinge festgelegt sein. Und zwar nicht nur als Tester – sondern auch als Entwickler! Offensichtlich wird auch vom zustandsbasierten Test nur ein kleiner Aspekt der Softwarefunktionen erfasst.

Man geht von einer Beschreibung des geforderten Verhaltens aus; dafür eignen sich Zustandsübergangsdiagramme und die entsprechende Tabelle. Da die Testfälle nicht danach fragen, wie das Programm das geforderte Verhalten hervorbringt, handelt es sich um Black-Box-Tests. Jeder Zustand, ebenso wie jedes Ereignis, kann ganze Äquivalenzklassen repräsentieren, wie schon bei der einfachen Uhr zu sehen. Aus Sicht der Zustandsübergänge hält man alle Repräsentanten einer solchen Klasse für äquivalent; wenn der Zustandsübergang bei einem von ihnen funktioniert, wird er auch bei allen anderen funktionieren, lautet die Annahme. Daher ist das zustandsbasierte Testen eine Form des Äquivalenzklassentests.

> *Q fragt sich, wieso immer alle Ereignisse auf alle Zustände angewendet werden. Das ist doch gar nicht immer sinnvoll, oder? Außerdem wird die Tabelle dadurch unnötig groß.*

Wenn man es mit etwas komplizierteren Softwaresystemen zu tun hat, werden Diagramme und Tabellen schnell groß und unübersichtlich. Dann ist es besonders wichtig, die Übersicht über alle möglichen – und unmöglichen! – Kombinationen zu bewahren. Während im Beispiel der Uhr die Felder einfach mit »keine Reaktion« gefüllt wurden, kann es auch sein, dass man eine Reaktion vergessen hat, wie »Beleuchtung einschalten«. Oder es könnte sein, dass ein Ereignis unter bestimmten Umständen zu einer Fehlermeldung führen muss – weil dann der Benutzer oder ein anderer Systemteil etwas falsch gemacht hat. Manche Ereignisse können aus technischen oder logischen Gründen in einzelnen Zuständen auch gar nicht auftreten. Das sollte man ebenfalls in der Tabelle vermerken. Dann kann und braucht man auch keinen Testfall zu schreiben.

Im etwas komplizierteren Beispiel eines Fahrkartenautomaten in Abbildung 5–9 erkennt man einige dieser Konstellationen: Hier sieht man zunächst *Werbung*. Sobald man den Bildschirm berührt, kann man die (Fahrt-)*Strecke wählen*. Dann wird man zur *Zahlung* aufgefordert und kann mit Münzen oder Karte bezahlen. Sobald der Preis bezahlt ist, erfolgt die *Ticketausgabe*, d.h., die Fahrkarte wird gedruckt. Auch hier stehen Zustände wieder für ganze Äquivalenzklassen, die man sich als Tester später noch viel genauer ansehen sollte. Aus der Perspektive der Zustandsübergänge ist es völlig egal, ob man von München nach Hamburg fahren will oder von Amberg nach Schwandorf. Ein einziger Repräsentant der Äquivalenzklasse »gültige Strecke« reicht für den zustandsbasierten Test aus. Für die korrekte Preisermittlung gibt es eigene Programmteile; deren korrekte Funktion muss man unabhängig davon noch separat testen. Wieder hat man ein schwieriges Problem in zwei einfachere zerlegt: das Testen von Zustandsübergängen und die Preisermittlung.

Das Diagramm stellt wieder den Normalfall dar. Man kann sich aber leicht überlegen, dass es mehrere Sonderfälle gibt, für die man ebenfalls das gewünschte Verhalten festlegen muss. Sie stehen in der Regel nicht alle im Diagramm, um es nicht zu überfrachten. Hier haben die Modellierer aber einen Ermessensspielraum.

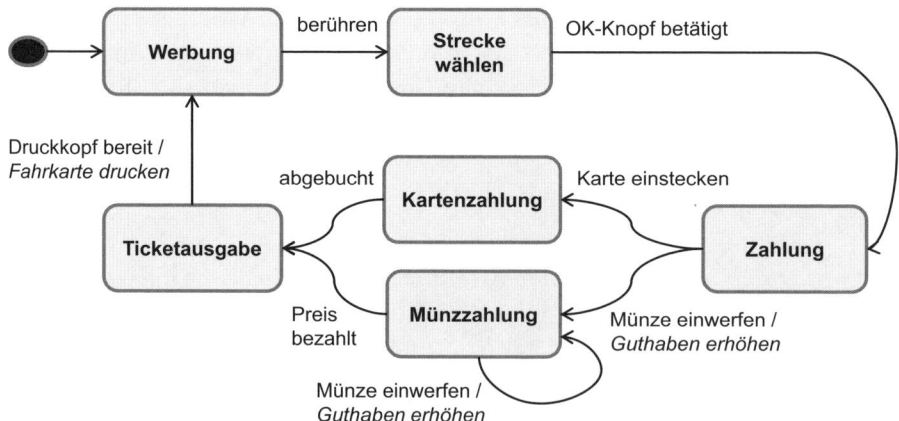

Abb. 5–9   *Zustandsübergangsdiagramm eines Fahrkartenautomaten*

Wenn man das Diagramm in eine Tabelle übertragen will, treten folgende Fragen auf:

- Was geschieht, wenn man den Bildschirm berührt, während man die Strecke wählt? Das tut man ja ständig, weil es sich um einen Touchscreen handelt. Man gibt zum Beispiel den Zielort mit einer virtuellen Tastatur ein. Aus Zustandssicht ändert sich aber nichts – außer, wenn man auf OK drückt.
- Der OK-Knopf wird aber gar nicht in allen Zuständen angezeigt. Daher ist es auch nicht möglich, ihn überall zu betätigen. Folglich muss man das auch nicht testen.
- Was geschieht eigentlich, wenn jemand während der Kartenzahlung plötzlich eine Münze einwirft? Das muss man mit dem Kunden klären: Man könnte Mischzahlungen akzeptieren, man könnte einfach die Münze wieder auswerfen oder man könnte einen Fehler anzeigen. Es wäre sogar denkbar, den Vorgang abzubrechen und zur Werbung zurückzukehren. Es gibt keine von Natur aus richtige Lösung. Vielmehr ist eine Entscheidung gefordert.
- Es wäre kein Wunder, wenn erst die Tester herausfänden, dass man den »Zurück«-Knopf vergessen hat; dass weder klar ist, ob man einen Vorgang abbrechen kann, noch was geschieht, wenn man zu große Münzen einwirft und Wechselgeld erwartet.

Zustände und die Übergänge zwischen ihnen sind eine Sicht auf ein softwarebasiertes System. Je klarer die Zustände zu unterscheiden sind, desto mehr hat man von zustandsbasierten Tests, wie an der einfachen Uhr zu sehen ist. Man kann natürlich gewisse Zustände auch noch weiter unterteilen und feinere Zustände ausweisen, zum Beispiel beim Auswählen einer Strecke im Fahrkartenautomaten. Aber dann geht die Übersichtlichkeit wieder verloren, die man doch gerade gesucht hatte. Die systematische Darstellung von Zustandsübergängen als Diagramm und als Tabelle hilft, Missverständnisse und Vergessenes aufzudecken. Schon an sehr einfachen Beispielen wird deutlich, dass man beim Ermitteln von Testfällen oft erst herausfindet, wie das System eigentlich funktionieren soll. Das ist alles andere als eine mechanische oder langweilige Angelegenheit.

5.2.7   Testablauf dokumentieren

Testfälle muss man aufschreiben, den Verlauf der Tests muss man dokumentieren. Es reicht nicht, sich im Kopf zu merken oder auf einem Schmierzettel zu notieren, wie die Tests verlaufen sind. Das hat mehrere Gründe:

- Das Protokoll der Testdurchführung muss es den Entwicklern ermöglichen, Fehlerfälle schnell zu rekonstruieren. Dazu müssen sie mit allen nötigen Vorarbeiten und den erwarteten Sollwerten dokumentiert sein.
- Qualitätsbeauftragte brauchen verlässliche Daten über Art und Menge von Fehlern, wann und bei welchen Tests sie gefunden wurden.

Wenn überhaupt Qualitätsmetriken erhoben werden, spielen Statistiken über Fehler fast immer eine wichtige Rolle. Einerseits kann der Fortschritt der Qualitätssicherung an Anzahl und Art der gefundenen Fehler abgeschätzt werden. Das ist für die Projektplanung und -verfolgung wichtig. Andererseits können Qualitätsbeauftragte aus wiederholt auftretenden Fehlerarten Schlüsse ziehen und den Ursachen entgegenwirken. Dafür kommen Schulungen und andere konstruktive Qualitätssicherungsmaßnahmen in Frage. Sie werden in Kapitel 9 vorgestellt.

Testfälle, die keinen Fehler gefunden haben, können im Testprotokoll einfach abgehakt werden. Wurde dagegen ein Fehler entdeckt, müssen Zusatzangaben erfasst und dokumentiert werden.

> *Q wühlt in den Testfallbeschreibungen. Wo ist nur wieder das Testproto-koll? Diese ganze Testerei ist doch mit viel Papier verbunden. Oder doch zumindest mit Bürokratie, denkt Q. Q hatte nämlich gesehen, dass manche der Kollegen die Testfälle ausdrucken, neben den Rechner legen und dort abhaken. Aber es gibt ja bei FunGate dieses Testsystem, mit dem man alle Tabellen und die Testfallliste in eine Datenbank steckt. Die könnte ich jetzt Schritt für Schritt abarbeiten und abhaken. Oder, wie jetzt, eine Fehler-meldung eintragen. Q seufzt. Aber jetzt ist das Chaos auf dem Schreibtisch gelandet. »Das nächste Mal probiere ich es am Rechner«, denkt Q. Schließ-lich verlangt die Qualitätsabteilung ja sowieso, dass man das Protokoll am Ende im Rechner abliefert. Da muss wohl jeder seinen Stil finden.*

Nach einer Testsequenz muss klar dokumentiert sein, welche Testfälle durchge-führt wurden, welche davon die Sollwerte geliefert haben und welche Abwei-chungen es gab. Dies wird am besten mit einheitlichen Formularen festgehalten, und der Gesamtablauf wird noch zusätzlich zusammengefasst. Weil dabei die Testfallbeschreibungen aus der Testvorbereitung genutzt und ergänzt werden können, bieten sich für diese Verwaltungsaufgaben Werkzeuge an [Mercury].

5.3   Sollwerte aus der Spezifikation

Black-Box-Test-Methoden leiten aus der Spezifikation die Testdaten (Eingaben) für gute Testfälle ab. Zu jeder Eingabe müssen aber auch die Sollresultate ermit-telt werden. Die Black-Box-Test-Methoden sagen nichts darüber aus, wie das erfolgen soll.

Die Spezifikation liefert die Sollwerte für alle Testfälle. Sie ist damit für die systematische Ableitung von Testfällen von zentraler Bedeutung. Spezifikationen werden in vielen Büchern über Software oder Requirements Engineering besprochen [Alexander und Stevens '02; Robertson und Robertson '99; Zuser et al. '04]. Während des gesamten Projektverlaufs ist die Spezifikation eines der wichtigsten Arbeitsmittel. Hier sollen nur die Aspekte herausgehoben werden, die für das Testen besonders wichtig sind:

▪ Ideal für den Test ist eine Liste knapp und klar formulierter Anforderungen in der Spezifikation. Anforderungen sollten nummeriert sein und das geforderte Verhalten eindeutig beschreiben. Dann können sie einfach den Testfällen zugeordnet werden (wie in Abb. 5–4).

▪ Besteht die Spezifikation aus Fließtext, müssen Tester selbst die Zerlegung in Einzelanforderungen vornehmen. Diese werden benötigt, um zum Beispiel Äquivalenzklassen zu ermitteln und festzustellen, ob schon alle Anforderungen durch Testfälle abgedeckt sind. In der Regel werden bei der Zerlegung noch etliche Unklarheiten und Widersprüche auftauchen. Sie waren bisher nicht bemerkt worden, weil nie so genau auf jeden Einzelfall geachtet wurde.

▪ Spezifikationen enthalten neben Text auch Diagramme, Tabellen oder Use Cases (Anwendungsfälle [Cockburn '05]). Oft helfen diese Elemente, Anforderungen anschaulicher und klarer zu machen oder – bei Tabellen – alle möglichen Fälle aufzulisten. Das hilft bei der Testfallerstellung. Schwieriger ist es mit Diagrammen, deren Aussage oft nicht explizit genannt wird. Die Gefahr von Missverständnissen und Fehlinterpretationen ist daher besonders groß. Man wird nicht umhin kommen, sich mit den Anforderungsexperten zusammen um eine Klärung zu bemühen. Am Ende müssen für den Black-Box-Test unterscheidbare Einzelanforderungen stehen.

▪ Use Cases sind tabellarische Beschreibungen wichtiger Abläufe, die mit einem geplanten System möglich sein sollen. Dabei wird besonders die Interaktion von Benutzern mit dem System betrachtet, während sie es benutzen [Cockburn '05]. Außerdem werden Vor- und Nachbedingungen, Sonderfälle und die Interessen der Beteiligten festgehalten. Use Cases erfreuen sich zurzeit größter Beliebtheit bei der Anforderungsklärung. Sie kommen immer häufiger in Spezifikationen vor. Folglich müssen sie auch bei der Testfallerstellung genutzt und abgedeckt werden. Mitunter werden Use Cases sogar mit Testfällen verwechselt. Sie beschreiben die Abläufe jedoch nicht so konkret wie Testfälle und geben auch keine Sollwerte vor. Andererseits können mithilfe von Use Cases sehr einfach Testfälle erstellt werden, indem eine bekannte Methode wie die Grenzwertanalyse auf einen Use Case angewendet wird. Dabei muss man konkrete Eingaben einsetzen, die Interaktion im Use Case nachverfolgen und die Sollwerte bestimmen. Für die Sollwerte braucht man manchmal zusätzliche Details, die nicht im Use Case selbst stehen.

Q schwirrt der Kopf. Überall Tabellen! Eine Tabelle der Ist- und Sollwerte. Noch eine Tabelle für die Zuordnung von Testfällen zu Anforderungen. Dann die Äquivalenzklassen, aus denen man sich Repräsentanten als konkrete Eingabedaten herausholt. Und dann noch die Darstellung von Grenzwerten und Use Cases mit ihren Szenarien. Sind das dann endlich alle Tabellen? Q zweifelt.

Und außerdem: Nur die Spezifikation allein als Quelle aller Testfälle kann doch nicht ausreichen! Schließlich macht man die Fehler beim Programmieren, sie stecken also im Code. Dort sollte man nachsehen. Jeder Entwickler weiß doch intuitiv, wann er so kompliziert programmiert hat, dass es wohl nicht ganz ohne Fehler abgegangen sein kann. Vielleicht kann man da ja noch ein bisschen Systematik reinbringen. Das hat aber nichts mit den Anforderungen zu tun, sondern mit der Implementierung. Interessehalber schaut Q einem Entwickler über die Schulter. Und weiß auf einmal ganz sicher, dass man auch den Glass-Box-Test braucht. Was für ein Durcheinander!

5.4   Glass-Box: Testen nach der Codestruktur

In komplizierten Programmen werden leichter Fehler gemacht. Sie sind dort auch schwerer zu finden. Strukturbezogene Tests sollen bei komplizierten Programmstrukturen ansetzen und dafür sorgen, dass kein Teil des Codes beim Test vergessen oder übergangen wird.

Konkret steht dahinter die folgende Überlegung: Wenn ein Programmteil durch keinen Testfall ausgeführt wird, kann der Test auch keinen Fehler finden, der dort vielleicht steckt. Komplizierte Programme haben viele Teile, an die man nur schwer herankommt oder die man leicht übersieht. Das darf aber nicht passieren.

Daher soll zunächst sichergestellt werden, dass alle Programmteile durch die Tests überhaupt angesprochen werden. Bei sehr komplizierten Kontrollstrukturen und Fehlerbehandlungen ist das mitunter schwierig.

Hier wird von der »Überdeckung des Codes durch die Testfälle« gesprochen. Der englische Begriff »coverage« ist für diese Form der Überdeckung auch in deutschen Texten gebräuchlich. Die Anforderungen sollen *abgedeckt* und der Code soll *überdeckt* werden; dann wurde ausreichend getestet. Denn dann gab es Testfälle für alle Anforderungen und für den gesamten Code. Abbildung 5–10 zeigt die Begriffe im Zusammenhang.

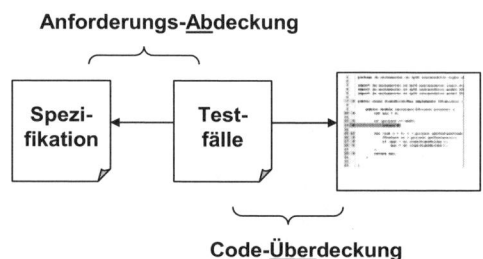

Abb. 5–10 *Begriffsklärung: Abdeckung und Überdeckung durch Testfälle*

Der strukturbezogene Glass-Box-Test orientiert sich an verschiedenen Varianten der *Codeüberdeckung*. Sie messen, welcher Anteil des Programmcodes durch die gegebenen Testfälle überdeckt wird. Damit kann die Qualität der Testfälle bewertet werden.

Solange noch gar keine Testfälle vorhanden sind, ist die Überdeckung 0%. Daraus können leider nicht direkt Testfälle ableitet werden. Vielmehr muss man sich der Mühe unterziehen, die Testfälle (kreativ) so zu gestalten, dass eine hohe Überdeckung erreicht wird.

Oft wird aber nicht völlig ohne Testfälle begonnen, sondern hat aus den Anforderungen schon mit der Black-Box-Methode etliche Testfälle ermittelt. Selbst wenn dadurch alle Anforderungen *abgedeckt* sind, heißt das noch lange nicht, dass mit den gleichen Testfällen auch alle Codeteile *überdeckt* werden. Eine Anforderung kann durch sehr unterschiedliche Programme erfüllt werden. Anforderungen und Programmstruktur sind daher völlig verschiedene Bezugspunkte für das Testen. In der Regel wird also mit einer Sammlung von Testfällen begonnen, egal woher sie stammen. Man misst ihre Codeüberdeckung.

Die Überdeckung wird fast immer durch Werkzeuge gemessen. Die meisten davon können auch anzeigen, welche Programmteile nicht vollständig überdeckt sind. Damit unterstützen sie zumindest indirekt die Testfallerstellung. Man erfährt immerhin, welche Teile noch durch Tests ausgeführt werden müssen. Die dafür nötigen Eingabedaten muss man sich aber auf anderem Weg überlegen. Dabei hilft die Überdeckung nicht.

Bisher war nur von Testdaten, also Eingaben, die Rede. Ob bei den Tests das Richtige herauskommt, war kein Thema. Eine hohe Überdeckung sagt aus, dass fast alle Programmteile getestet worden sind. Sie sagt aber nicht aus, ob der Test erfolgreich war. In die Codeüberdeckung geht auf keine Weise ein, was die korrekten Sollresultate sind oder wie viele Fehler gefunden wurden. Es werden zwar meist mehr Testfälle benötigt, um ein kompliziert strukturiertes Programm zu überdecken. Die Überdeckung bezieht sich aber allein auf die Güte der Tests, nicht das Verhalten des getesteten Programms.

5.4.1 Maße für Codeüberdeckung

Die Codeüberdeckung (engl.: *code coverage*) wird in Prozent angegeben. Das Maß besagt, welcher Anteil der Pfade, Zweige oder Anweisungen mithilfe der gegebenen Testfälle wirklich ausgeführt wird.

Damit werden die Testfälle im Verhältnis zum Code bewertet: Bessere Testfälle zum gleichen Code führen zu einer höheren Codeüberdeckung. Komplizierter Code ist schwieriger zu testen; man kommt nicht so leicht auf hohe Überdeckungen. Es sind bessere Testfälle erforderlich, um auf die gleiche Überdeckung für komplizierten Code zu kommen.

Für verschiedene Aspekte der Programmstruktur gibt es unterschiedliche Überdeckungs- bzw. Coverage-Maße. Immer geht es darum, ob die Aspekte durch zumindest einen Testfall ausgeführt werden:

▪ Am einfachsten ist die *Anweisungsüberdeckung* oder C0-Coverage: Welcher Anteil der Anweisungen im Programm wird ausgeführt?

░ *Zweigüberdeckung* oder C1-Coverage bezieht sich auf Verzweigungen (if, Schleifen). Hier kann der Kontrollfluss in verschiedene Richtung weiterlaufen. Sie werden Zweige genannt. Welcher Anteil dieser Zweige wird ausgeführt?

░ *Pfadüberdeckung* oder C^∞-Coverage fragt nach den verschiedenen Pfaden. Ein Pfad ist eine konkrete Ablaufmöglichkeit des Programms. An einer einfachen if-Verzweigung gibt es zwei Möglichkeiten weiterzulaufen, damit also zwei Pfade. Zu noch viel mehr Pfaden führen Schleifen: Wird eine Schleife einmal durchlaufen, so ist das ein Pfad. Wird sie zwei Mal durchlaufen, ist das schon ein anderer Pfad und so weiter. Kommen gar Schleifen mit potenziell unbegrenzter Durchlaufzahl vor, so ist auch die Anzahl verschiedener Pfade unendlich groß, was den Namen C^∞ erklärt. Die Kombination aller Verzweigungen und Schleifen führt zu einer kombinatorischen Explosion der Pfadanzahl. In der Regel ist vollständige Pfadüberdeckung nicht realistisch.

░ Es gibt noch mehr Varianten, zum Beispiel die Prädikatüberdeckung von *Bedingungen* (C1p): Eine Bedingung kann aus mehreren Prädikaten (Teiltermen) bestehen. Beispielsweise besteht in Abbildung 5–11 die Bedingung $((x>3) \wedge (y=2))$ aus zwei Prädikaten, die durch ein »und« verbunden sind. Die Prädikatenüberdeckung fragt, ob auch jeder einzelne Teilterm dabei jeden Wahrheitswert angenommen hat. Wenn die gesamte Bedingung wegen $(x=4, y=2)$ erfüllt ist, hat man dadurch erst eine Prädikatüberdeckung von 25 % erreicht. Erst wenn jeder Teilterm $(x>3)$ und $(y=2)$ einmal wahr und einmal falsch war und jede der vier Kombinationen getestet wurde, sind 100 % erreicht.

In Abbildung 5–11 werden verschiedene Überdeckungsmaße an einem Beispiel gegenübergestellt. Das Flussdiagramm rechts steht für ein Programmstück, in das drei Integerwerte eingehen (x,y,z). Wie viele Testfälle braucht man, um nach den Überdeckungsmaßen 100 % zu erreichen? Abläufe bzw. Pfade sind als Folgen durchlaufender Anweisungen in eckigen Klammern notiert, Testfälle als Dreitupel, z.B. (4,2,0).

Es zeigt sich, dass ein einziger Testfall ausreicht, um alle Anweisungen zu durchlaufen. Um alle Zweige zu erreichen, werden schon zwei Testfälle, und für die Bedingungs- bzw. Prädikatüberdeckung vier benötigt. Dabei wird bereits ausgenutzt, dass die zweite Verzweigung »mit überdeckt« wird, wenn für die erste Verzweigung vier Kombinationen abgearbeitet werden. Auch Pfadüberdeckung würde hier nur die gezeigten vier Pfade ausführen müssen. Das ist nicht viel. Aber es geht nicht! Denn nach Anweisung (2) hat z mindestens den Wert 6; es kann also nicht mehr kleiner als 4 sein. Wie in diesem konstruierten Fall kann es immer wieder vorkommen, dass 100 %ige Überdeckung nicht möglich ist. Manchmal spricht das für eine nicht optimale Struktur des Programms; aber nicht immer.

Aufgabe:
100% Überdeckung mit möglichst wenigen Testfällen

Legende
(4,2,0) sind Startwerte für x=4, y=2 und z=0
[1,3,4,5] ist ein Pfad, als Folge von Anweisungen ① ③ ④ ⑤

Anweisungsüberdeckung (statement coverage): 1 Testfall
Eingabe (4,2,0) führt zu Pfad [1,2,3,4,5]

Zweigüberdeckung (branch coverage): 2 Testfälle
Eingabe (4,1,0) stimuliert oben Nein-Zweig, unten Ja-Zweig
Eingabe (4,2,0) stimuliert oben Ja-Zweig, unten Nein-Zweig

Bedingungsüberdeckung (condition coverage): 4 Testfälle
(x>3) wahr, (y=2) wahr durch (4,2,0)
(x>3) wahr, (y=2) falsch durch (4,1,0)
(x>3) falsch, (y=2) wahr durch (1,2,0)
(x>3) falsch, (y=2) falsch durch (1,1,0)
gleichzeitig wird (z<4) mit überdeckt durch (4,1,0), (4,2,0)

Pfadüberdeckung (path coverage): theoretisch 4 Testfälle
erfordert Testfälle für folgende Pfade
[1,2,3,5], [1,3,5], [1,2,4,5], [1,3,4,5]

einen Testfall für [1,2,3,5] gibt es aber nicht!

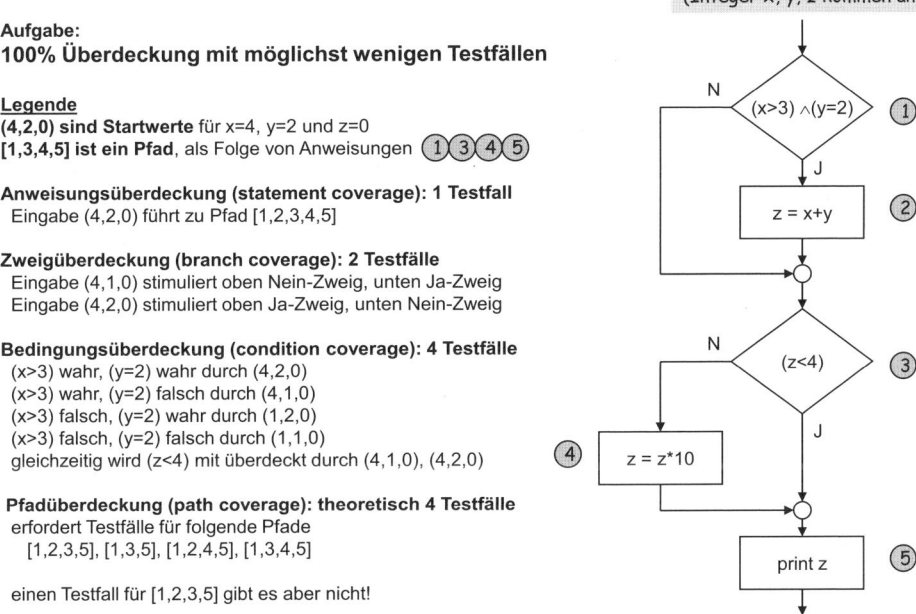

Abb. 5–11 *Beispiel für verschiedene Überdeckungsmaße und Testfälle*

5.4.2   Interpretation von Überdeckungsmaßen

Anweisungs- und Zweigüberdeckung sind am weitesten verbreitet. Die weiteren Überdeckungsmaße bieten Möglichkeiten für Verfeinerung und Perfektionierung.

In der Praxis sollte zumindest eine hohe Anforderungsüberdeckung gefordert werden. Sie sollte nahe bei 100% liegen. Bei einer vollständigen Anforderungsüberdeckung müsste auch jede Fehlerbehandlung (Exception) und jede Ausnahme einmal ausgeführt werden. Das ist nicht immer einfach, aber möglich und durchaus vernünftig.

Vollständige Pfadüberdeckung ist in der Regel ein zu ambitioniertes Ziel. Man kann sich zwar an den Pfaden orientieren. Die Schleifendurchläufe müssen aber begrenzt werden. Immer sollte man den Pfad überdecken, in dem die Schleife überhaupt nicht durchlaufen wird: Diese Möglichkeit wird oft übersehen und ist somit fehleranfällig. Darüber hinaus kann es reichen, für Schleifen höchstens drei Durchläufe zu verlangen (oder sogar nur einen!). Dann werden »alle Pfade« als überdeckt betrachtet, obwohl eine Schleife natürlich auch 12.513 Mal durchlaufen werden könnte.

Überdeckungsmaße messen, wie vollständig Testfälle den *vorhandenen* Code ausführen. Sie können aber nicht messen, ob möglicherweise Programmteile (und damit Funktionen) fehlen. Denn der Strukturtest basiert nur auf *vorhandenen*

Strukturen. Ob Funktionen fehlen, müsste der Black-Box-Test beantworten. Die beiden Testarten ergänzen sich also: Sinnvollerweise werden zuerst aus den Anforderungen Testfälle abgeleitet. Damit kann festgestellt werden, ob die geforderten Funktionen implementiert sind und den Sollvorgaben entsprechen. Anschließend kann die Codeüberdeckung der bis dahin verwendeten Testfälle bestimmt werden. Weist sie auf Lücken hin, wird versucht, mit zusätzlichen Testfällen genau die noch nicht überdeckten Teile auszuführen. Natürlich werden zu allen Testfällen auch Sollwerte und Fehler ebenso wie beim Black-Box-Test protokolliert. Alle Fehler werden nach einem Testlauf korrigiert.

5.4.3   Objektorientierung und Glass-Box-Test

Natürlich können nicht nur die oben genannten Konstrukte wie Pfade, Zweige und Anweisungen überdeckt werden. Analog könnte man in objektorientierten Sprachen wie Smalltalk, C++ oder Java fragen, ob jede *Klasse* und jede *Methode* ausgeführt wird. Das würde man Klassenüberdeckung bzw. Methodenüberdeckung nennen. Moderne Werkzeuge können diese Maße erheben.

Objektorientierte Programme sind inzwischen sehr weit verbreitet. Sie werden nach den gleichen Prinzipien wie prozedurale und imperative Sprachen getestet: Cobol, Fortran, Assembler, C, Delfi, Ada sind einige Beispiele.

Allerdings lässt sich die Arbeit bei objektorientierten Programmen deutlich vereinfachen, wenn die Testfälle in einer bestimmten Reihenfolge durchgeführt werden. Dazu wird eine weitere Regel eingeführt: *Stets das Benutzte vor dem Benutzenden testen.* Die Regel ist für alle Programmiersprachen sinnvoll, in der Objektorientierung aber umso wichtiger, weil es eine Vielzahl von Klassen gibt, die sich direkt oder deren Objekte sich ständig gegenseitig benutzen.

Bei der Vererbung übernimmt eine Klasse alle Eigenschaften und Fähigkeiten der Oberklasse und fügt spezielle, eigene hinzu. Auf diese Weise verwendet die Unterklasse ihre Oberklasse. Wenn Instanzen (Ausprägungen der Klassen) erzeugt werden, können diese Instanzen wiederum andere Instanzen verwenden. Eine Adress-Instanz verwendet dann beispielsweise eine Postleitzahlen-Instanz. Hier muss beim Test auf die richtige Reihenfolge geachtet werden. Konkret bedeutet das:

▨ Von oben nach unten entlang der Vererbungshierarchie testen; Oberklasse vor Unterklasse, denn der Erbende benutzt den geerbten Code.
▨ Bei Benutzt-Beziehungen zwischen Klassen die verwendete vor der verwendenden Klasse testen.

Dieses Prinzip wird an dem (sehr vereinfachten) Klassendiagramm eines grafischen Designtools veranschaulicht. In diesem Designtool soll es eine Zeichenfläche und einen Stift geben. Die Klassen (Kästchen) sind durch Vererbungs- und Verwendungsbeziehungen miteinander verbunden. Nun geht es darum, stets das

Verwendete *vor* dem Verwendenden zu testen. Praktisch bedeutet das: Eine Klasse wird erst getestet, wenn alle Klassen »in Ordnung« sind, auf die sie sich verlässt. Beide Beziehungspfeile zeigen auf die Klassen, auf die sich die Ausgangsklasse verlässt.

In Abbildung 5–12 gibt es verschiedene mögliche Testreihenfolgen, die dieses Prinzip beachten. Eine davon wäre:

[GeometrischeForm, Mehreck, Quadrat;
Arbeitsfläche, Zeichenfläche; Stift, GrafikEditor, DesignTool].

Das Quadrat hätte auch viel später getestet werden können, weil es hier von keiner Klasse verwendet wird. Dagegen muss der GrafikEditor auf den Stift warten.

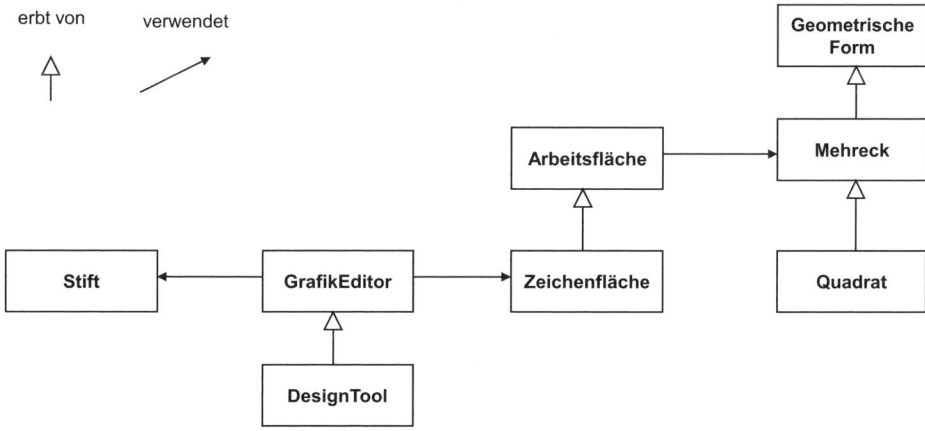

Abb. 5–12 *Skizze eines Klassendiagramms mit Abhängigkeiten*

Zwei Vorteile ergeben sich, wenn diese Reihenfolge eingehalten wird:

▪ Es befindet sich jeweils die kleinstmögliche Einheit im Test. Die getestete Einheit ist so einfach wie möglich. Dafür werden weniger Testfälle benötigt.

▪ Wenn ein Fehler auftritt, lässt er sich leichter lokalisieren. Es kann davon ausgegangen werden, dass er nur in der gerade getesteten Klasse stecken kann – alle Bestandteile, die diese ihrerseits verwendet, waren ja vorher schon getestet worden.

Wenn eine Klasse Fehler enthält, die Testsequenz aber noch weiter geht, muss abgewogen werden: Es wird möglichst weitergetestet, um gleich mehrere Fehler zu identifizieren und gemeinsam nachher zu beheben. Verwenden aber viele andere Klassen eine fehlerhafte, könnte es zu zahlreichen Folgefehlern kommen. Dann kann eine Fortsetzung zu aufwendig werden. Aber auch Abbruch, Korrektur und neuer Test mit einer neuen Programmversion kosten Zeit und Aufwand.

5.5   Testfälle für spezielle Qualitätsaspekte

Q fühlt sich inzwischen recht gut. Die Standardmethoden, um Testfälle zu finden, hat Q gut im Griff. Die Kollegen sind zwar erstaunt, wie viele Tabellen und Begründungen Q mitliefert; das sind sie nicht gewohnt. Aber der leise Spott verstummt rasch, als sich mit den vielen neuen Testfällen auch einige kritische Fehler finden lassen.

Während die Entwickler nach dem Test jetzt am Korrigieren sind, erforscht Q noch ein bisschen die Firma. Besonders im Erdgeschoss und im Keller scheinen sich ja noch interessante Aktivitäten zu verbergen. Dort will Q mal reinschauen. Allerdings hat Q nicht sehr viel Zeit, denn gute Qualitätsbeauftragte sollen natürlich anwesend sein, wenn der nächste Testzyklus ansteht. Denn irgendwie hat Q das Gefühl, dass man die Entwickler dann daran erinnern sollte, alle Testfälle nun noch einmal durchzuführen; auch die, die keinen Fehler gezeigt hatten. Das riecht nach Arbeit! Aber jetzt erst einmal ins Erdgeschoss, zu den Embedded-Software-Leuten. Die haben ja sogar ein kleines Fabrikgelände aus Lego aufgebaut, mit ein paar Lämpchen hier und da. Spielen die hier rum oder was?

Die Ermittlung von Testfällen ist der intellektuell schwierigste Teil des Testens. Zuerst sind gute Eingabedaten nötig. Dann müssen mit viel Akribie dazu die Sollresultate ermittelt werden, oft von Hand. Meistens ist die Spezifikation auch nicht ganz vollständig und eindeutig. Dann muss nachgefragt werden.

Und wenn alle diese Schwierigkeiten genommen sind, kommt oft noch eine eher praktische Hürde: Wie kann die Testdurchführung so weit wie möglich automatisiert werden, damit rasch und immer wieder getestet werden kann? Das ist erforderlich, um nach Korrekturen zu prüfen, ob die Veränderung nicht vielleicht unerwünschte Nebenwirkungen hatte. Die könnten etwas kaputt gemacht haben, was vorher schon funktionierte.

Einen automatisierten Wiederholungstest nennt man »Regressionstest«. In professionellen Umgebungen ist ein Regressionstest nichts Exotisches, sondern der Normalfall. Dazu wird ein Werkzeug verwendet, das die Testfälle gespeichert hat und sie der Reihe nach auf den Prüfling anwenden kann. Ohne Automatisierung sähe die Situation nämlich so aus: Ein Tester sitzt am Computer, gibt Testdaten ein und beobachtet, was sich am Bildschirm ereignet. Das wird mit den Sollresultaten manuell verglichen und im Erfolgsfall abgehakt. Ergibt sich eine Abweichung, werden Formulare ausgefüllt und dann weitergetestet. Dieses Verfahren ist höchst aufwendig und bildet eine viel zu hohe Hürde für eine Testwiederholung. Projekte, die sich *darauf* verlassen, müssen damit rechnen, dass die Tests nicht systematisch wiederholt werden. Viele kleine und mittlere Unternehmen arbeiten noch so. Sie stecken oft erheblichen Aufwand in die Testvorbereitung, ernten dann aber die Früchte ihrer Arbeit nur zum kleinen Teil. Ein Testfall kann aber immer wieder verwendet werden. Geschieht dies nicht, werden Qualitätsaufwand und -kosten verschwendet.

Für eine vollständige oder teilweise Automatisierung ist es nötig, den Prüfling in einen Testrahmen einzuspannen. Das ist ein Programm, das die Testfälle verwaltet und dem Prüfling der Reihe nach die Aufrufe und Parameter zuführt, die den Testdaten entsprechen. Auch fängt der Testrahmen die Ist-Resultate ab und vergleicht sie mit den (ebenfalls gespeicherten) Sollresultaten. Ein Testrahmen braucht die Testfälle natürlich in einem maschinell interpretierbaren Format. Die nötigen Informationen stehen in den oben vorgestellten Testfalltabellen.

Damit der Testrahmen die Versorgung des Prüflings mit Eingaben und die Interpretation der Ausgaben übernehmen kann, muss der Prüfling entsprechende Schnittstellen für Aufruf, Datenaustausch und Ergebnis aufweisen. Im manuellen Fall des obigen Beispiels waren Tastatur und Bildschirm diese Schnittstellen. Beide sind aber wenig geeignet für eine automatisierte Testdurchführung.

Auch Debugger, die im manuellen Modus detaillierte Einblicke und Veränderungen ermöglichen, eignen sich nicht für den automatisierten Einsatz. Dagegen können im automatisierten Betrieb gut und einfach Daten von der Standardeingabe gelesen und darauf geschrieben werden. Dateien sind für den automatisierten Batchbetrieb eine geeignete Schnittstelle.

Gerade bei eingebetteter Software reicht das oft nicht aus, weil Signale und Flanken (Signalverläufe) erzeugt und parallele Prozesse synchronisiert werden müssen. In diesen fortgeschrittenen Fällen sind spezielle Monitore oder ganze Simulationsumgebungen erforderlich. Darin gibt es stark vereinfachte Komponenten, die als Dummies oder Mocks komplizierte Nachbarsysteme vertreten. Sie passen zwar zu einer bestimmten Schnittstelle, können aber nur sehr wenig oder gar nichts. Sie werden verwendet, damit der Prüfling ablauf- und testfähig ist. Aufwendige Simulatoren repräsentieren dagegen auch einen Teil des Umgebungsverhaltens.

Mitunter werden verschiedene Varianten der Platzhalterkomponenten unterschieden [Link '05]:

- *Stubs* sind am einfachsten. Sie sind zwar nötig, damit der Prüfling ablaufen kann, haben aber keine echte Funktion. Vor allem stellen sie eine Schnittstelle zur Verfügung – mit nichts dahinter.
- *Dummies* können für Testzwecke die fehlenden Programmteile ersetzen, mit denen der Prüfling zusammenarbeiten soll. Sie liefern meist bei Aufrufen konstante Werte zurück. Diese Werte passen genau zu den Testfällen. Für andere Testfälle müssen die Dummies verändert werden.
- Noch vielseitiger sind *Mocks*, die parametrisiert werden können und damit für verschiedene Testzwecke ohne Programmänderung einsetzbar sind.

Eingebettete Software bezieht ihre Eingaben oft von Sensoren statt von der Tastatur. Ihre Ausgaben werden nicht am Bildschirm angezeigt, sondern steuern als elektrische Signale Aktuatoren (Motoren oder andere Geräte). Will man diese Software testen, muss die Umgebung einschließlich der Sensoren und Aktuatoren nachgebildet werden. Häufig reichen dafür einfache Platzhalter nicht aus. Dann können relevante Teile der Hardware ausgebaut und direkt verwendet werden; oder man kann eine aufwendige Computersimulation aufbauen. Eine dritte Möglichkeit besteht darin, mit Lego oder Fischer-Technik Stellvertreter für die Hardware zu bauen. Das ist in den frühen Phasen einer Systementwicklung manchmal eine gangbare und billige Möglichkeit, um zumindest grobe Testfälle durchzuführen, bevor die echte Hardware gebaut und verfügbar ist.

5.5.1   Testfälle in Form von Code

Testfälle können in Form einer Tabelle eindeutig definiert werden. Praktischer ist es oft, wenn die Tests selbst als Programmcode vorliegen und ausführbar sind. Dieser Testcode muss zumindest den Prüfling mit den Eingabeparametern aufrufen, das Resultat entgegennehmen und es mit dem Sollresultat vergleichen können. Das Resultat des Vergleichs wird ausgegeben.

Ein Testrahmen wird die Codeteile einbinden, die die Testfälle repräsentieren. In Pseudocode leistet der Testrahmen also Folgendes:

```
gebeAus(
  Vergleich(SollTestfallX,AufrufPruefling(TestdatenX))
);
```

Mit geeigneten Testframeworks kann dieses Muster noch kompakter aufgeschrieben werden. Für Java gibt es beispielsweise das kostenlose Testframework JUnit. Für C heißt es CUnit, SUnit für Smalltalk und so weiter [sourceforge – JUnit]. Man kann JUnit in die Entwicklungsumgebung einbinden und die `assert`-Methoden verwenden, die JUnit anbietet.

Assert bedeutet Zusicherung, und eine `assert`-Methode beantwortet, ob eine bestimmte Zusicherung erfüllt ist. Die Zusicherung repräsentiert den Vergleich von Soll- und Istwert in einem Testfall. Ein Assertmechanismus ist seit J2SE Version 1.4 auch in die Sprache Java selbst integriert; die assert-Anweisungen von JUnit sind aber eigens darauf ausgelegt, nahtlos mit dem JUnit-Framework zusammenzuarbeiten.

Assert-Methoden erfüllen genau das obige Muster von Aufruf, Vergleich und Ausgabe. Die verschiedenen `asserts` unterscheiden sich im Typ der Parameter und führen alle entweder zur Protokollierung eines erfolgreichen Testfalls oder zur Ausgabe einer Fehlermeldung.

```
assertTrue(<Erklärungstext>, <boolescher Ausdruck>)
```

steht für die Zusicherung, dass der <boolesche Ausdruck> erfüllt (*true*) ist. Ist der boolesche Ausdruck nicht *true*, wenn dieses *assert* aufgerufen wird, dann wird dies mit einer Fehlermeldung quittiert.

`Asserts` können eigentlich überall in Programmen stehen. Andererseits möchte man nicht sein gesamtes Programm (beispielsweise für die Buchhaltung) mit `asserts` durchziehen. Sie tragen ja nichts zum eigentlichen Programmzweck bei, sondern dienen der Qualitätssicherung. Viele `asserts` im Buchhaltungsprogramm würden dieses sogar unübersichtlicher machen und die Lesbarkeit senken. Es empfiehlt sich daher, die `asserts` in eigenen Codeteilen (z.B. in eigenen Testklassen) zu konzentrieren. Die Testklassen heißen in JUnit »`TestCase`«. Sie enthalten hauptsächlich `asserts` mit Aufrufen an den Prüfling. Der Prüfling selbst enthält damit keine `asserts` mehr. Die Testfälle werden durchgeführt, indem JUnit die Testklassen mit allen ihren Testfällen und `asserts` aufruft und auf den Prüfling anwendet (Abb. 5–13).

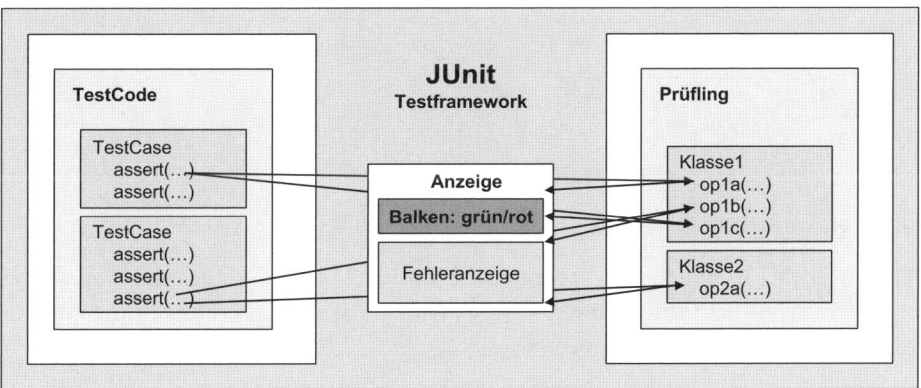

Abb. 5–13 *JUnit wendet den Testcode auf den Prüfling an und wertet aus*

Wichtig ist die zurückhaltende und doch eindrucksvolle Anzeige des Ergebnisses: JUnit zeigt einen grünen Balken, wenn alle Testfälle erfolgreich waren, die `asserts` also erfüllt sind. Sonst werden ein roter Balken und die zugehörigen Fehler angezeigt. Indem JUnit auf programmierte Testfälle zugreifen kann, ist der automatisierte Regressionstest ganz einfach.

In vielen größeren Projekten finden Regressionstests regelmäßig über Nacht statt. Weil alles automatisiert ist, muss kein Bedienungspersonal anwesend sein, und es bleibt genug Zeit, um die umfangreichen Programme zu testen. Am nächsten Morgen liegt dann das Ergebnis vor; war alles korrekt, so wird das gerne als »grüne Ampel« dargestellt.

5.5.2 Granularität und Reihenfolge von Prüflingen

Oben wurde bereits der Grundsatz eingeführt, jeweils *alle Teile, die verwendet werden, vor den verwendenden Programmeinheiten zu testen*. Testen sollte von unten nach oben, beginnend bei den kleinsten Einheiten, durchgeführt werden (Abb. 5–14). Dann kann man sich beim Systemtest darauf verlassen, dass die Teile schon funktionieren, und sich darauf konzentrieren, ob das Zusammenspiel »im System« funktioniert. Werden Fehler gefunden, stammen sie aus der Kombination der Teile, nicht aus den Teilen selbst. Das macht die Fehlersuche wesentlich einfacher.

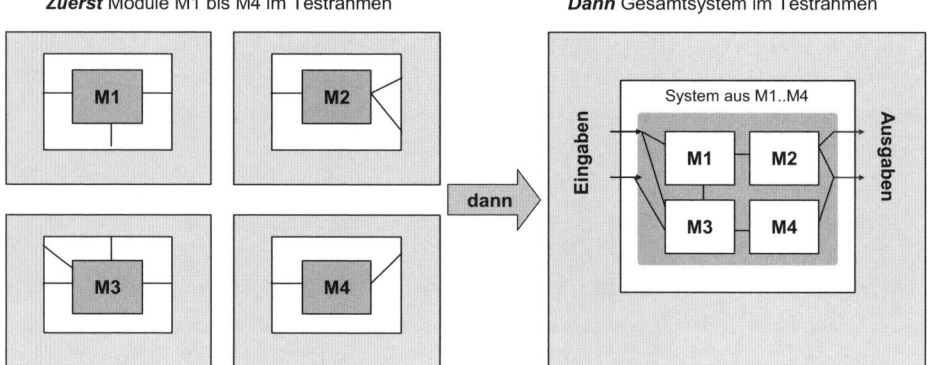

Abb. 5–14 *Testen beginnt bei den kleinsten Bestandteilen (»bottom-up«)*

Das gilt auch für eingebettete Software: Einzelne Module (Units) der eingebetteten Software sollen fertig getestet sein, bevor sie im Systemtest zusammengebaut werden. Daraus lässt sich schließen:

▥ Gerade für eingebettete Software werden Testrahmen und Simulatoren mit Dummies und Mocks, die den Rest des Systems vertreten, benötigt; dazu gehören Hardware, Elektrik/Elektronik und auch andere Softwarekomponenten.

▥ Diese Umgebungen sind meist etwas komplizierter aufgebaut und teurer als im Umfeld von reinen Softwaresystemen. Eingebettete Systeme verlangen oft individuelle Speziallösungen, während es für reine Softwaresysteme generische Mocks und Hilfsmittel gibt.

▥ Systemtests sind auch deshalb schwierig, weil sich Systeme selten ganz exakt nach Spezifikation verhalten. Toleranzen und Abweichungen müssen in den Testfällen explizit berücksichtigt werden. Auch bei der Interpretation und Bewertung des Ist-Verhaltens sind die Toleranzen zu berücksichtigen. Oft kann nicht durch bloßes Hinsehen erkannt werden, ob ein Systemtestfall erfolgreich war oder nicht.

▥ Daher ist in diesem Umfeld besonders wichtig, auf der Softwareebene möglichst viele Fehler im automatisierten Testbetrieb zu finden und zu beseitigen, bevor der ungleich aufwendigere Systemtest beginnt.

Die verschiedenen Testarten können unterschiedlichen Abstraktionsebenen in der Softwareentwicklung zugeordnet werden: Glass-Box-Tests sind nur auf den untersten Ebenen einsetzbar, beim Test von Modulen oder Units. Dort sind Anweisungen und Zweige im Code noch sinnvolle Bezugsgrößen, die Anzahl der Testfälle bleibt im Rahmen.

Wenn die Module integriert werden, muss sich das Testen auf die Aufrufe und Abhängigkeiten zwischen den Modulen konzentrieren. Hier und im Systemtest werden Black-Box-Tests eingesetzt. Sie stehen auf der gleichen Abstraktionsebene wie die Spezifikation, aus der sie ja vollständig hervorgegangen sind. Auf dieser Ebene hat auch der Kunde seine Anforderungen formuliert.

5.5.3   Stresstest, Recovery und Security Tests

Bisher wurden Funktionen getestet. Es gibt aber eine Reihe von Tests, bei denen es nicht auf korrekte Ausgabewerte oder Signalstärken ankommt, sondern auf nichtfunktionale Eigenschaften des Systems.

Zum Beispiel werden dabei absichtlich Situationen herbeigeführt, die die Stabilität des gesamten Systems auf die Probe stellen sollen. Auch hier wird das Programm mit dem Ziel ausgeführt, Fehler zu finden. Diese Prüfung entspricht daher unserer Definition für einen Test.

Beim **Stresstest** wird hohe Last und großes Volumen an Daten oder Aufträgen erzeugt. Die Erfahrung besagt, dass so großer Andrang das System überfordern könnte. Auch im Stresstest muss das genaue Sollverhalten der Spezifikation entnommen sein, sonst ist ein ernsthafter Test nicht möglich. Zum Beispiel hängt es von der Spezifikation ab, ob 1.000 oder 1.000.000 Transaktionen pro Tag in einem Onlineshop abzuwickeln sind. Dieser Unterschied wird auch zu erheblichen Preisunterschieden führen. Das Sollverhalten muss spezifizieren, was im Falle höherer Zugriffsraten geschehen soll.

Der **Recovery Test** prüft, ob in den spezifizierten Situationen bei einer Systemunterbrechung (durch Stromausfall, Netzunterbrechung oder Hardwaredefekte) die Wiederherstellung im verlangten Umfang gelingt. Derartige Testfälle erfordern oft manuelle Eingriffe. Jemand muss den Netzstecker oder das Netzwerkkabel ziehen.

Security Tests versuchen, die Schwachstellen eines Programms auszunutzen und unerwünschte Manipulationen vorzunehmen.

Testen ist ein aktives Forschungsgebiet. Für sehr spezielle Rahmenbedingungen und Bedürfnisse kann man hoffen, in der umfangreichen Literatur Hinweise zu finden. Den Rahmen einer Einführung in die Softwarequalität würden sie sprengen.

5.6   Hilfsmittel und Werkzeuge für das Testen

5.6.1   Debuggen ist nicht Testen

Debugging bedeutet, ein Programm in kleinen Schritten zu untersuchen, zu verändern und wieder laufen zu lassen. Debugger unterstützen diese Tätigkeit, indem sie die Ausführung an Haltepunkten pausieren und wieder fortsetzen lassen. Außerdem erlauben sie viele Zugriffe auf Variablenwerte.

Debugging ist aber nicht Testen, weil die systematische Testfallerstellung und die Sollwerte fehlen. Aber umgekehrt kann beim systematischen manuellen Tes-

ten ein Debugger hilfreich sein: Vor dem Aufruf des Prüflings wird ein Halte-
punkt gesetzt, und die Variablenwerte werden gezielt mit den Eingabedaten
belegt. Dann läuft das Programm weiter und stoppt über einen weiteren Halte-
punkt nach Abschluss der Prüflingsaktivität. Nun müssen die Istwerte noch mit
den Sollwerten verglichen werden. Ein aufwendiges Verfahren, aber möglich.

Oft wird man sich zu unsystematischem Ausprobieren verleiten lassen. Daher
sollte man nur in Ausnahmefällen beim Testen auf den Debugger zurückgreifen.

5.6.2   Standardhilfsmittel: Testrahmen

Das häufigste Hilfsmittel beim Testen sind Tabellen. Das häufigste Werkzeug ist
ein Testrahmen, der die Testfälle der Reihe nach ausführt und die Resultate mit
den Sollwerten vergleicht (Abb. 5–15). Dabei spielt es keine Rolle, mit welcher
Methode die Testfälle ermittelt wurden.

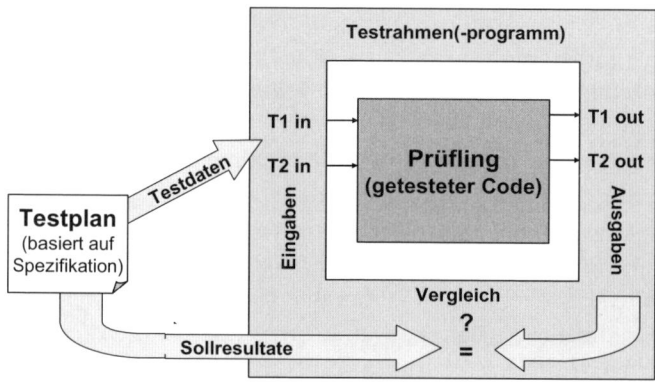

Abb. 5–15 *Die Rolle des Testrahmens*

Eine wichtige Funktion des Testrahmens ist außerdem, Fehler und Exceptions
abzufangen, damit nicht die ganze Testsuite abbricht. Der Testrahmen protokolliert diese Ereignisse und die auslösenden Testdaten, setzt dann aber beim nächsten Testfall fort. Dadurch kann zum Beispiel ein nächtlicher Regressionstest weiterlaufen, auch wenn der Prüfling außerhalb des Testrahmens mit einem Fehler
abgebrochen wäre.

5.6.3   Werkzeuge für Glass-Box-Test

Für den Glass-Box-Test ist ein Test-Instrumentierer nötig. Dieses Programm
bereitet den Prüfling so auf, dass während der Testdurchführung auch die gewünschten Überdeckungsmaße erhoben werden können. Dabei fügt der Instru-
mentierer an den entscheidenden Stellen (Verzweigungen, Bedingungen usw.)
Zähler ein. Die Zählerstände werden nach den Tests abgefragt. Da bekannt ist,

wo die Zähler stehen, kann daraus abgeleitet werden, welche Teile des Programms ausgeführt wurden.

In Abbildung 5–16 sieht man einen Ausschnitt aus dem Coverage Report des Open-Source-Werkzeugs Cobertura [sourceforge – Cobertura]. Es kann Javacode instrumentieren und Überdeckungsmaße erheben, speziell Line Coverage (Zeilenüberdeckung, sehr ähnlich zu Anweisungsüberdeckung) und Branch Coverage (Zweigüberdeckung).

Coverage Report - de.unihannover.se.xp06.usecaseditor.logic.statistic.StakeHolderMax

Classes in this File	Line Coverage		Branch Coverage	
StakeHolderMax	89%	8/9	100%	3/3

```
 1         package de.unihannover.se.xp06.usecaseditor.logic.statistic.statistics;
 2
 3         import de.unihannover.se.xp06.usecaseditor.logic.statistic.IStatistic;
 4         import de.unihannover.se.xp06.usecaseditor.model.IProject;
 5         import de.unihannover.se.xp06.usecaseditor.model.IUseCase;
 6
 7   4     public class StakeHolderMax implements IStatistic {
 8
 9             public double calculate(IProject project) {
10   4             int max = 0;
11
12   4             if (project == null)
13   0                 return 0;
14
15  12             for (int i = 0; i < project.getUseCaseCount(); i++) {
16   8                 IUseCase uc = project.getUseCase(i);
17   8                 if (max < uc.countStakeHolder())
18   6                     max = uc.countStakeHolder();
19             }
20   4             return max;
21         }
22
23     }
```

Report generated by Cobertura 1.8 on 5/11/06 3:18 PM.

Abb. 5–16 *Report von [sourceforge – Cobertura] »return 0« nicht überdeckt*

Das Werkzeug markiert mit grünen, kurzen Balken neben den Zeilenzahlen die Zeilen, die überdeckt wurden. Mit einem langen (roten) Balken werden dagegen Zeilen gekennzeichnet, die von keinem Testfall ausgeführt worden sind. Zeilen, die überhaupt nicht markiert sind, enthalten keine ausführbaren Anweisungen, sondern Klammern, import-Befehle oder Leerzeilen. Das obige Beispiel ist ziemlich typisch: In einer kleinen Klasse sind alle Zweige (100% Branch Coverage) überdeckt und immerhin 89% der Zeilen. Eine von neun Zeilen fehlt aber: In Zeile 12 wird gefragt, ob noch kein Projekt gesetzt ist. Dann käme man in Zeile 13. Aber dieser Fall trat in keinem der Testfälle auf, daher ist Zeile 13 nicht abgedeckt – und wird in Cobertura rot markiert. Das hilft, an diesen Sonderfall zu denken und zu prüfen, ob 0 wirklich der geeignete Rückgabewert ist. Außerdem wird ein Testfall hinzugefügt, der die Zeile 13 ausführt.

5.6.4   Sonstige Hilfsmittel und Werkzeuge

Auch existierende **Mocks**, also kleine parametrisierbare Programme, die die Umgebung eines Prüflings während des Testens nachbilden, gehören zu den Testhilfsmitteln.

Deutlich komplizierter sind **Simulatoren**, besonders wenn sie eine sehr spezielle Umgebung darstellen. Wenn eine Fertigungsanlage oder ein neues Automobilmodell entwickelt wird, kann die Software zunächst nicht im realen System getestet werden: Es existiert noch nicht. Während der parallelen Entwicklung werden exzessiv Simulatoren genutzt. Erst wenn die Software alle Simulationstests hinter sich hat, wagt man sich an die Hardware, die bis dahin fertig ist.

Ein interessantes Hilfsmittel für die Ermittlung von Sollwerten ist ein **Orakel**. Wie mehrfach betont, können die Sollresultate nur aus der Spezifikation stammen. Das ist auch *fast* immer richtig. Es gibt aber Ausnahmen, in denen auch andere Quellen für diese gleichen Inhalte herangezogen werden können.

So soll die Spezifikation ja den Kundenwillen ausdrücken. Daher scheint es vernünftig, auch direkt den Kunden nach Sollwerten zu fragen. Freilich müssen die Aussagen dokumentiert werden; man ergänzt hier eben nur die Spezifikation. Es gibt aber sogar Orakel, die automatisiert Sollwerte liefern. Mit dem Begriff Orakel wird in diesem Zusammenhang ein Mechanismus bezeichnet, der eine richtige Antwort (hier: Sollwert) liefert, obwohl nicht im Detail klar ist, wie sie ermittelt wird.

So kann die letzte Systemversion oder das gerade abzulösende Programm als Orakel für die Teile verwendet werden, die nicht verändert wurden. Diese Funktionen sollen sich ja im neuen Programm ebenso verhalten wie im alten. Es wird also die Ausgabe der alten Version als Sollwerte für die neue betrachtet. Natürlich ist auch diese Methode nicht perfekt, weil sich das neue System ja vom alten unterscheiden soll. Dennoch kann ein Orakel eine gute Hilfe sein. Abweichungen müssen dann eben manuell analysiert werden.

5.7   Testen von grafischen Oberflächen

Q ist selbst ein wenig erschüttert, was alles an Werkzeugen und Verfahren und heuristischen Tricks nötig ist, um ein Programm zu testen – wo es doch im Prinzip so einfach klang. Bei den Projekten mit eingebetteter Software hat es besonders viele Schwierigkeiten gegeben. Davon erzählt Q im Projektteam. Aber die Kollegen sind nicht beeindruckt: »Haben Sie mal eine GUI richtig getestet? Ein ›Graphical User Interface‹, wie das so harmlos heißt? Wenn Sie richtig aufwendige und herausfordernde Testaufgaben suchen, brauchen Sie nicht runter ins Erdgeschoß zu gehen. Sehen Sie sich nur mal an, was unser Praktikant hier zusammenprogrammiert hat. Alles ein Brei aus Oberfläche und Algorithmen und was weiß ich nicht. Testen Sie das mal! Dann zeigen wir Ihnen, wie man hier schon bei der Entwicklung für einfacheres Testen sorgen kann.« Q nimmt sich das Programm vor.

5.7.1 Sackgasse: System als Ganzes

Wie schon bemerkt, sollte von den kleinen Einheiten zu den großen getestet werden. Entsprechend ist es nicht sinnvoll, ein Programm mit grafischer Bedienoberfläche immer als Ganzes über diese Oberfläche anzusprechen. Das wäre nur schwer automatisierbar. Und wenn dabei Fehler gefunden werden, weiß man nicht, in welchem Teil des Systems sie stecken. Um das Testen zu vereinfachen, muss man ein solches Programmsystem daher in »testfreundliche« Teile zerlegen.

Bedienoberflächen werden anders entwickelt und verändern sich in anderer Weise als Suchalgorithmen oder Verarbeitungsregeln. Entsprechend bietet sich die Aufteilung in Oberfläche und inhaltliche Aspekte an. Dafür gibt es Architekturmuster wie das MVC-Pattern [Krasner und Pope '88]. MVC steht für *Model/View/Controller*. Es wird ein Programm mit umfangreicher Bedienoberfläche aus diesen drei Teilen aufgebaut, die in Abbildung 5–17 schematisch dargestellt sind:

- Das *Model* steht für die eigentlichen fachlichen Funktionen des Programms. In betriebswirtschaftlichen Anwendungen wird auch von der Geschäftslogik gesprochen. Dieser Teil enthält keinerlei Angaben, wie die Werte angezeigt oder eingegeben werden.
- Die *Views* zeigen Werte und den Zustand des *Models* an. Was auf dem Bildschirm dargestellt wird, besteht hauptsächlich aus *Views*. Eine *View* könnte beispielsweise Werte als Linien- oder als Tortengrafik anzeigen, eine andere als Zahlen. *Views* holen sich die Werte aus dem *Model* und zeigen sie an.
- *Controller* gehören eng zu *Views*. Sie kontrollieren Benutzereingaben und leiten sie ans *Model* weiter. Wenn ein Knopf gedrückt oder ein Name eingegeben wird, nimmt ihn ein *Controller* entgegen und schickt ihn ans *Model*.

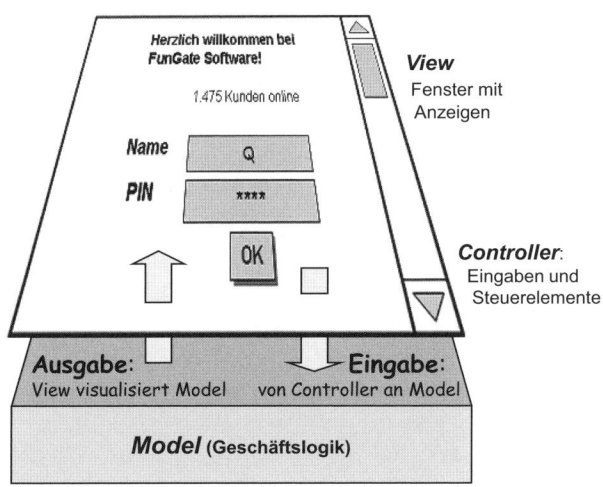

Abb. 5–17 *Views und Controller bilden die Oberfläche für das Model*

Durch die Entkoppelung der drei Teile kann jeder Aspekt relativ unabhängig von den anderen verändert – und getestet werden. Damit ist keine Oberfläche nötig, um das *Model* zu testen. Es erhält seine Eingaben einfach aus dem Testrahmen statt vom *Controller*.

5.7.2 Capture/Replay-Tools

Die eigentliche Oberfläche, mitsamt ihren Views und Controllern, kann ebenfalls separat getestet werden. Oft werden Werkzeuge eingesetzt, um die Oberfläche zu generieren, sogenannte GUI-Builder (für den Aufbau von Graphical User Interfaces). Wer seinem GUI-Builder vertraut, kann mit deutlich weniger Tests auskommen. Im Wesentlichen muss dann nur noch getestet werden, ob die Bedienungselemente (Menüs, Knöpfe, Eingabefelder) auch mit den richtigen inhaltlichen Aktionen verbunden sind.

Eine Klasse von Werkzeugen unterstützt die Prüfung grafischer Bedienoberflächen, wie in Abbildung 5–18 dargestellt: die Capture/Replay-Tools. Sie nehmen eine tatsächlich stattfindende Interaktion wie das Drücken einer Taste oder einen Mausklick auf (capture) und spielen sie beliebig oft wieder ab (replay). Das Besondere daran ist, dass die Aufzeichnung nicht flach den Bildschirm abfilmt, sondern die beteiligten internen Ereignisse (Events) erfasst, die beim Betätigen eines Bedienungselements ausgelöst und zwischen *Controllern*, *Model* und *Views* verschickt werden. Beim Replay werden diese Events vom Tool wieder eingeschleust, als kämen sie von der Oberfläche. Man operiert also sehr nahe an den Bedienungselementen, kann sie anhand der Events noch unterscheiden und damit auch ihre Funktion prüfen.

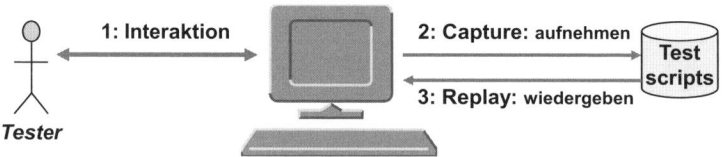

Abb. 5–18 *Capture/Replay-Tools geben aufgenommene Events wieder*

Allerdings überstehen die aufgezeichneten Szenarien kaum größere Änderungen an der Oberfläche: Wird ein Menü oder ein paar Knöpfe verschoben, können die aufgezeichneten Aktionen und Events nicht mehr zugeordnet werden, eine neue Aufzeichnung wird nötig.

Q glaubt jetzt gern, dass auch das Oberflächen-Testen viel Arbeit macht. Aber so richtig befriedigt ist Q von den Capture/Replay-Tools und von der Idee mit MVC nicht. Schließlich kommt es doch bei einer guten Oberfläche vor allem darauf an, dass man gut damit zurecht kommt, oder? Und schön muss sie auch sein, sonst sind die Kunden doch weg wie nichts. Muss man diese Sachen alle jedes Mal wieder von vorne per Qualitätsmodell aushandeln? Hat sich denn noch keiner überlegt, wie man anständige Oberflächen hinbekommt? Dass man Ästhetik nicht so leicht prüfen kann, ist Q klar. Aber manche Leute können so was eben gestalten (Q denkt hier auch an sich selbst). Viele andere können es nicht einmal richtig lernen.

6 Usability Engineering

Nach einem Termin beim Chef muss Q an einer Tür vorbei, an der »UsabilityLab – Qualitätsinitiative« steht. Das klingt ja spannend. Der Raum ist leer, aber es steht allerlei Gerät herum: Videokameras und Blöcke, große Bildschirme und seltsame Rekorder. Und dieser große Spiegel an der Hinterwand kommt Q irgendwie seltsam vor; man fühlt sich hier beobachtet. Plötzlich geht eine Tür neben dem Spiegel auf, ein Mann und eine Frau kommen heraus und fragen Q, ob sie helfen können. Sie hätten Qs verstörtes Gesicht gesehen. Q wundert sich; sie waren doch gar nicht im Raum. Die beiden lachen und führen Q in einen kleineren Raum hinter dem Spiegel. Von hier aus kann man genau sehen, was im »UsabilityLab« vor sich geht: die Scheibe ist nur einseitig verspiegelt. »Wir brauchen das, um zu beobachten, wie unsere Versuchspersonen mit den Programmen zurechtkommen«, meint der Mann. Und die Kollegin ergänzt: »Dabei sollen sie sich möglichst unbeobachtet fühlen, das gibt die brauchbarsten Ergebnisse.« Q ist erschüttert und fragt, was so viel Aufwand rechtfertigt.

Sehr interessant ist der Besuch in einem Usability Lab. Es gibt sie in verschiedenen Größen und Ausführungen. Von transportablen Geräten bis zu Versuchsräumen mit teildurchsichtigen Spiegeln [Nielsen '93]. Ausgewählte Benutzer führen definierte Aufgaben an Prototypen oder Systemvarianten durch. Sie werden dabei gefilmt und beobachtet sowie nach dem Versuch nach ihren subjektiven Eindrücken befragt. Oft sollen sie laut sagen, was sie während der Arbeit an der Aufgabe gerade denken, das liefert ein sogenanntes »think-aloud-protocol«. Alle Interaktionen und der Bildschirm werden aufgezeichnet und miteinander synchronisiert. Die Hauptaufgabe für die Usability Engineers kommt nach der Beobachtung: Die Auswertung dauert deutlich länger als die Aufzeichnung. Wo Usability Engineering ernst genommen wird, kann sich die Anschaffung zumindest eines kleinen, transportablen Usability Labs lohnen. Die Kosten dafür liegen aber auch schon über 20.000 Euro.

6.1   Software und Bedienbarkeit

Unter den Qualitätsaspekten von Software nimmt die Bedienbarkeit einen beson-
deren Rang ein. Benutzer assoziieren mit Qualität von Software neben deren
Nützlichkeit vor allem ihre Bedienbarkeit. Die Auswirkungen guter oder schlechter Bedienbarkeit auf den Gesamteindruck eines Programms sind erheblich. Im
Internet ist die Konkurrenz »nur einen Mausklick entfernt«, und niemand schlägt
sich mit schwer bedienbaren Websites lange herum. Der Geschäftserfolg eines
Internetauftritts hängt unmittelbar von dessen Bedienbarkeit ab. Aber auch soft-
waregesteuerte Ticketautomaten, Bankomaten und Büroanwendungen zeigen
mit der Oberfläche den Nutzern und Kunden ihr Gesicht.

Leider sieht man vielen Programmoberflächen an, dass sich ihre Autoren
noch nicht einmal mit den *Grundlagen* der Gestaltung von Bedienoberflächen
auseinandergesetzt haben. Dahinter stecken meist mangelnde Kompetenz und
erschreckende Sorglosigkeit. Das hat oft gravierende Folgen.

Usability Engineering ist die Disziplin von der systematischen Entwicklung
bedienerfreundlicher Software. Zur Gestaltung von Bedienoberflächen gibt es
umfangreiche Speziallliteratur [Mayhew '99; Shneiderman und Plaisant '04],
zahlreiche Vorlesungen [Offergeld '04] und Schulungen. Idealerweise werden sich
Entwickler und Qualitätsbeauftragte daran orientieren und vertiefte Kenntnisse
erwerben. Das Thema könnte leicht den Rahmen dieses Buchs sprengen. Daher
beschränken wir uns hier auf einen Überblick und die Frage: Was sind Grundkonzepte und einfache Mittel, mit denen man als Entwickler und Qualitätsbeauftragter schon einmal anfangen kann – auch ohne Usability Lab?

Dazu muss man sich klarmachen, dass ein Programm einem bestimmten
Zweck dient und von den Benutzern für gewisse Aufgaben eingesetzt werden soll.
Wenn erreicht wird, das Programm ernsthaft auf diesen Kontext auszurichten, ist
man ein entscheidendes Stück weitergekommen. Um schöne Buttons und coole
Menüleisten geht es erst in zweiter Linie.

Ein Qualitätsmodell kann hier ein wichtiger erster Schritt sein. Denn wenn
Kunden über ihre Anforderungen sprechen, taucht dabei früher oder später auch
die Bedienung der Software auf. Es reicht allerdings nicht aus, »intuitiv bedienbar« als Qualitätsanforderung aufzunehmen. Denn das steht in fast jeder Spezifikation, aber es bewirkt wenig. Es muss schon genauer nachgefragt und nachge-
dacht werden.

6.2   Usability als Qualitätsaspekt

Bedienbarkeit ist häufig ein wichtiges Qualitätsziel. In den letzten Jahren haben
sich die Gestaltungsmöglichkeiten für Bedienoberflächen drastisch erweitert:
Große Farbbildschirme, Touch-Screens und die Entwicklung von Bibliotheken
und Frameworks für die Oberflächengestaltung sind Trümpfe in der Hand der Entwickler.

Leider wissen sie diese Trümpfe nicht immer richtig zu spielen. Jeder kennt abschreckende Beispiele von kryptischen Fehlermeldungen, unverständlichen Aufforderungen und wild blinkenden Internetseiten. Man verliert sich leicht in den technischen Möglichkeiten und vergisst, wozu das Programm ursprünglich gedacht war.

Professionelle Entwickler und Qualitätsbeauftragte müssen vor allem für die Möglichkeiten und Gefahren komplizierter Oberflächen *sensibilisiert* werden. Es bringt schon einen merklichen Qualitätsgewinn, wenn sie wenigstens die fundamentalsten Erkenntnisse des Usability Engineering beherzigen – das heißt: sich an den Benutzern und ihren Aufgaben orientieren. Wenn dann noch jemand die Benutzer ernst nimmt, fällt das Ergebnis regelrecht positiv auf. Das kann ein Wettbewerbsvorteil sein.

Q findet, dass es bei Oberflächen doch nicht so sehr um »richtig« oder »falsch« gehen kann – ist da nicht viel Geschmackssache dabei? Natürlich, wenn die falsche Funktion aufgerufen wird, muss man das feststellen und korrigieren. Das haben die Kollegen in Qs Projekt ja gerade eindrucksvoll im Test demonstriert. Besonders die Links in Weboberflächen haben die unheilvolle Neigung, im Nichts zu enden. Aber die Gestaltung der Oberfläche? Wann ist ein Knopf »falsch«? Zugegeben, da kann man vieles anrichten, was auch kein Test findet. Q fragt sich: Gestaltet man mit einseitigen Spiegeln und Usability Labs wirklich »schönere« Oberflächen? Q konfrontiert die beiden Kollegen im UsabilityLab mit diesen Bedenken. »Da geht ja einiges bei Ihnen durcheinander. Sie sollten unsere Tätigkeit nicht zu oberflächlich sehen, Q!«, meint der eine. »Ein Button ist ›falsch‹, wenn ich ihn nicht verstehe oder nicht sofort finde, sobald ich ihn bei meiner Aufgabe bräuchte. Denn wir passen die ganze Software den Arbeitsabläufen und Bedürfnissen an, nicht nur die Oberfläche. Dann kann man das Programm auch anständig verwenden. Wie meinen Sie? Ob es dadurch ›schöner‹ wird? Na, dafür sind nicht wir, sondern die Webdesigner zuständig. Usability ist etwas anderes als reine Ästhetik. Und sie geht auch tief unter die Oberfläche. Wir stellen den menschlichen Nutzer und seine Aufgabe ins Zentrum. Wie gesagt.«

6.2.1   Gute Bedienoberflächen und Qualitätsaspekte

Es gibt viele verwandte Begriffe in diesem Bereich: Software-Ergonomie, Bedienbarkeit und Usability gehören dazu. In der ISO-Norm ISO 6385:2004 heißt es zur Ergonomie: »... Gestaltung von Arbeitssystemen ... mit dem Ziel, das Wohlbefinden des Menschen und die Leistung des Gesamtsystems zu optimieren.« Kurz gesagt, man kann Ergonomie als »Wissenschaft von der Anpassung der Arbeit an den Menschen« definieren.

In der Software-Ergonomie geht es darum, die Software an die Bedürfnisse des Menschen anzupassen, der damit arbeitet. So steigt nicht nur das Wohlbefinden von Einzelnen, sondern auch die Leistungsfähigkeit der Verwaltung oder des Unternehmens, für das sie arbeiten.

Analog werden auch Hardware und Organisationsstrukturen an den Menschen angepasst. Das beginnt bei angenehm geformten Computermäusen und bei Bildschirmen, die flimmerfrei und groß genug für die jeweilige Aufgabe sind. Und es reicht bis in die Gestaltung von Arbeitsabläufen hinein. Sachbearbeitern hilft ein gut organisierter Arbeitsablauf mehr als ein in sich gutes Programm zur Unterstützung unnötig komplizierter Vorgänge.

Es geht also nicht um Zierde und Schönheit, sondern darum, dass nicht der Mensch sich für die Arbeit verbiegen muss. Umgekehrt will man Arbeitsabläufe, Geräte und schließlich auch Software so gestalten, dass sie den Menschen entgegenkommen. Ein solches Programm ist dadurch besser bedienbar. Für die Anpassung von Software an den Menschen werden die folgenden Qualitätsaspekte unterschieden:

- **Nützlichkeit:** Die benötigten Funktionen müssen überhaupt vorhanden sein. Das wird durch die Techniken des Requirements Engineering (Umgang mit Anforderungen) unterstützt [Robertson und Robertson '99; Rupp '04]. In der Anforderungsklärung muss herausgefunden werden, welche Funktionen benötigt werden. Das hat noch nicht speziell etwas mit Bedienung zu tun; man hätte sich damit auch auseinandergesetzt, ohne an die Oberfläche zu denken. Ein Programm, dem wichtige Funktionen fehlen, ist natürlich auch keine große Hilfe bei den Aufgaben der Benutzer.
- **Korrektheit:** Scheinbar ebenso selbstverständlich ist, dass die Funktionen nicht nur *vorhanden* sein müssen, sondern auch wie gefordert funktionieren. Auch dieser Aspekt wird schon durch die herkömmlichen Anforderungs- und Prüfverfahren abgedeckt, ist aber für Usability besonders wichtig.
- **Benutzbarkeit:** Es hängt von den Schnittstellen des Systems zu Benutzern ab (also von den Oberflächen), wie weit die nützlichen und korrekten Funktionen praktisch *eingesetzt* werden. Dies ist der Kern von Ergonomie, der deutlich über Nützlichkeit und Korrektheit hinausgeht.

Mitunter stehen Nützlichkeit und Bedienbarkeit in einem Widerspruch: Ganz einfache Programme können zwar bedienbar gestaltet sein, aber sie nützen nicht viel. Anwendungen für komplizierte, umfangreiche Tätigkeiten (wie Textverarbeitungsprogramme) brauchen einfach viel mehr Bedienungselemente, in denen man sich leichter verlieren kann. Hier sind Prioritäten gefragt.

6.2.2   Usability definiert sich über Anforderungen

Usability ist ein relativ neuer Begriff. Seine Definition zeigt viele Ähnlichkeiten mit dem allgemeinen Anforderungsbegriff – und tatsächlich gibt es eine enge Verwandtschaft:

Usability ist nach ISO 9241, Teil 11: »Der Grad, zu dem ein Produkt oder System durch definierte Benutzer verwendet werden kann, um spezielle Ziele, nämlich

- Effektivität (Genauigkeit und Vollständigkeit, mit der die Benutzer bestimmte Ziele erreichen)
- Effizienz (von Benutzern aufgewendete Mittel im Verhältnis zur Zielerreichung)
- Zufriedenheit (Freiheit von Unbehagen und Beschwerden sowie die positive Einstellung zur Nutzung des Produkts oder Systems)

in einem bestimmten Nutzungskontext zu erreichen.«

Ansatzpunkte für systematische Entwicklung gut bedienbarer Software sind die Festlegung auf *definierte Benutzer, spezielle Ziele* und einen *bestimmten Nutzungskontext*. Es gibt nicht einfach »gut bedienbare« und »schlecht bedienbare« Programme: Vielmehr hängt die Bewertung von diesen drei Parametern ab. Die Parameter Benutzer, Ziele und Nutzungskontext müssen folglich erst einmal ermittelt werden, um die Software entsprechend auszulegen. Viele Aktivitäten im Usability Engineering dienen genau diesem Zweck.

Viele Entwickler denken erst spät und zu eingeschränkt an die Bedienbarkeit. Sie stecken alle Energie in die Entwicklung raffinierter Funktionen. In Wahrheit verlieren sie viele potenzielle Nutzer und Käufer schon viel früher. Dabei spielt die Orientierung eine große Rolle.

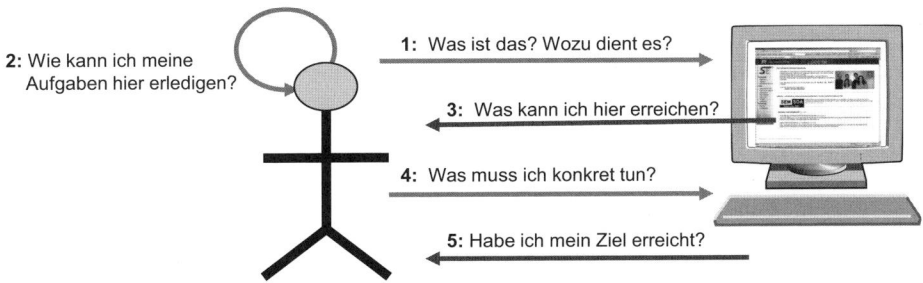

Abb. 6–1   *Erfolgreiche Bedienung setzt ständige Orientierung voraus*

In Abbildung 6–1 stellt sich ein Benutzer typische Fragen in der Reihenfolge der Zahlen. Zunächst fragt er sich, wozu das ganze Programm überhaupt gedacht ist. Für viele Entwickler ist das verblüffend: Sie beschäftigen sich seit langem mit dem Programm und kommen nicht auf die Idee, dass ein Anwender gar nicht wissen könnte, wozu es überhaupt dient. Aber Anwender arbeiten mit vielen Programmen und erhalten oft nur kurze Einweisungen – wenn überhaupt. Daher muss das Programm selbst seinen eigenen Einsatzzweck verdeutlichen. In Schritt 2 fragt sich der Benutzer selbst, wobei dieses »Ding« nach seiner Wahrnehmung und seinem Verständnis bei den eigenen Aufgaben helfen könnte. Wenn es sich zu lohnen scheint, wird in Schritt 3 versucht, genauer herauszufinden, in welchem Zustand das Programm gerade ist und was es hier und jetzt für den Benutzer tun kann. Erst danach folgt in Schritt 4 die Suche nach Buttons und Bedienungselementen, mit denen der erhoffte Nutzen konkret abgerufen werden kann. Wichtig ist, dass gut bedienbare Software auch noch Schritt 5 unterstützt, in dem der Benutzer erkennt, ob und inwieweit seine Absichten und Ziele erreicht wurden.

Einige Bemerkungen zu Abbildung 6–1 sind angebracht:

▥ Nicht selten wird nur an Schritt 4 gedacht, wenn es um Bedienbarkeit und Oberflächen geht. Doch das ist zu kurz gegriffen. Wer schon nicht schnell genug herausfindet, was das System für ihn oder sie tun kann, der macht sich um Bedienelemente keine Gedanken mehr.

▥ Wenn Benutzer das System über längere Zeit regelmäßig nutzen, werden sie die Schritte 3 bis 5 gezielter angehen und in zahlreichen Sitzungen mehr Zustände und Optionen kennenlernen. Sind sie nur gelegentliche Nutzer, fangen sie unter Umständen immer wieder mit Schritt 1 an. Immer stellt sich die Frage: Wo bin ich? Was kann ich hier tun und wie geht es weiter?

▥ Der Begriff der »Aufgabe« lässt sich natürlich auch auf den privaten Bereich übertragen, die Orientierungsschritte oben ebenso: Wer in einem Onlineshop einkaufen will, hat eine selbst gesteckte »Aufgabe«. Was man genau erreichen kann, hängt vom Zustand des Systems ab. Wer beispielsweise noch nicht als Benutzer eingetragen ist, kann in einem Onlineshop nichts kaufen (Schritt 3). Die Orientierung über Zustand und Möglichkeiten geht weiter: Was bedeutet es genau, einen Artikel in einen virtuellen »Warenkorb« zu legen? Ist er dann schon gekauft oder nur reserviert oder nur vorgemerkt? Was passiert, wenn man den Warenkorb drei Wochen stehen lässt? Ist er dann wieder leer? Wie kann man das konkret herausfinden? Solche Zustände soll ein Benutzer ohne viel Aufwand erkennen und auch wissen, welche Konsequenzen sie haben. Denn auch hier sollte leicht festgestellt werden, ob die eigenen Absichten wie gewünscht umgesetzt wurden (Schritt 5).

▥ Anordnung und Aussehen von Oberflächenelementen sind für die meisten der obigen Aktivitäten nur von untergeordneter Bedeutung. Der Benutzer soll Zustand und gebotene Möglichkeiten leicht erkennen können, ohne ständig viel Text lesen zu müssen. Hier beginnt der Bereich kreativer Gestaltung, der nicht mit Daumenregeln abgedeckt werden kann: Der Warenkorb könnte als Symbol mehr oder weniger gefüllt angezeigt werden, oder den Preis der Waren als indirekten Füllstand. Solange jemand noch nicht angemeldet ist, bietet das System noch gar keinen Warenkorb an. Die »Aufgabe« des Benutzers (Einkaufen), die Absicht der Auftraggeber (Kunden in den Onlineshop locken und zu Einkäufen animieren) und eine entsprechende Programmgestaltung durchdringen einander.

Worauf es dem zahlenden Auftraggeber vor allem ankommt – und wie man die betroffenen Benutzer am besten unterstützt – hängt vom Einzelfall ab. Mit Interviews und Workshops kann ein Qualitätsmodell zum Aspekt »Bedienung« ebenso verfeinert werden wie zu anderen Qualitätsaspekten. Hier geht es um die klassische Erhebung nichtfunktionaler Qualitätsanforderungen.

Es ist wichtig festzustellen, dass zwar der Gestaltungsvorgang für eine Bedienoberfläche nicht in allen Details vorgegeben werden kann. Die Ergebnisse müssen sich aber wieder an den obigen Kriterien messen lassen. Diese Prüfungen können auch Qualitätsbeauftragte vornehmen, die selbst keine begnadeten Oberflächengestalter oder -designer sind.

6.3   Aspekte der Benutzerfreundlichkeit nach ISO 9241

Die Anforderungen an die Bedienung können leichter formuliert werden, wenn man sich fertig beschriebener Qualitätsaspekte bedient. Man priorisiert sie, füllt sie konkret mit Leben und klärt so die eigenen Anforderungen. Das war schon in Abschnitt 2.7 bei Qualitätsmodellen so. Bei der Usability ist es nicht anders. Qualitätsaspekte der Benutzerfreundlichkeit können aus der Norm ISO 9241, Teil 10 entnommen werden:

- **Erwartungskonformität** wird von praktisch allen Systemen gefordert. Wenn es nicht explizit in der Spezifikation steht, erwarten es die Benutzer als »Selbstverständlichkeit«. Das System soll sich so verhalten, wie es der Benutzer erwartet. Dies gilt für die Reaktionen auf Eingaben und für die Abfolge von Bildschirminhalten. Freilich kostet es einige Mühe herauszubekommen, *was* der Benutzer erwartet. Dafür gibt es Techniken.
- **Steuerbarkeit** bezeichnet den Einfluss des Benutzers auf den Dialog mit dem Programm, auf seine Richtung und Geschwindigkeit. Fest programmierte Dialoge sind kaum steuerbar. Manche Oberflächen überlassen dagegen weitgehend dem Kunden, in welcher Reihenfolge bestimmte Funktionen ausgeführt werden (wie Kontoauszug drucken, Kontostand ansehen, abheben, Überweisung tätigen).
- **Individualisierbarkeit** bezeichnet die Möglichkeit, das System an die eigenen Bedürfnisse anzupassen. Viele Internetseiten bieten die Möglichkeit, eigene Voreinstellungen vorzunehmen und zu speichern. Dann präsentiert sich die Seite beim nächsten Besuch so, wie sie der Benutzer für sich eingestellt hat. Man sieht gleich die Kurse der eigenen Aktien oder die Entwicklung des

Depotwerts über der Zeit, sobald man das Login passiert hat. Im Experten-
modus wird das Ziel schneller erreicht, aber auch weniger unterstützt.

▨ **Lernförderlichkeit** hängt oft mit den anderen Begriffen zusammen, kann aber
eigens gewichtet und interpretiert werden. Gerade Systeme, für die keine
Schulungen angeboten werden können (wie Informationskioske, Fahrkartenautomaten, Websites) sind oft auf hohe Lernförderlichkeit angewiesen. Ein
Anfängermodus kann die Lernförderlichkeit unterstützen, der Expertenmo-
dus die Individualisierbarkeit betonen.

Es gibt noch weitere Qualitätsaspekte (siehe ISO 9241), aber schon an dieser
kleinen Auswahl zeigt sich das alte Dilemma: Offenbar hängen manche Usability-
Aspekte voneinander ab, sie verstärken oder widersprechen sich. Ein sehr mäch-
tiges, nützliches Werkzeug mit vielen Funktionen wird schon dadurch leicht
unübersichtlich; vielfältig individualisierbare Software kann kaum gleichzeitig auf
alle Fehlerfälle verständlich reagieren. In Abbildung 6–2 sind die Qualitätsaspekte
links wie in einem Qualitätsmodell gruppiert. Rechts sind sie den oft widerstre-
benden Qualitätsaspekten *Funktionalität* bzw. *Benutzbarkeit* zugeordnet.

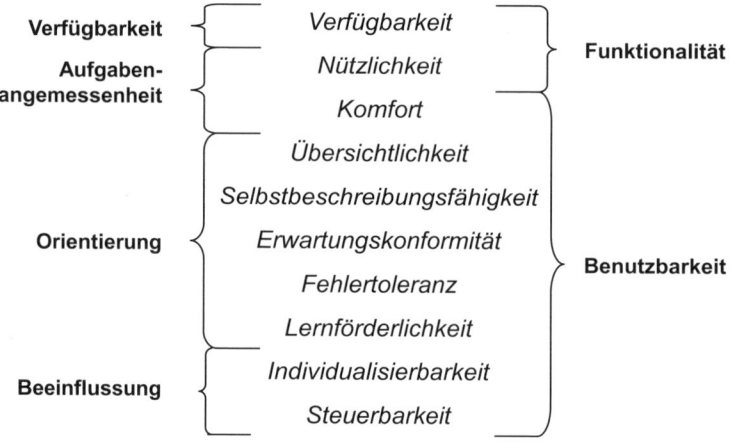

Abb. 6–2   *Qualitätsaspekte der Benutzerfreundlichkeit, vgl. ISO 9241-Teil 10*

Gute Software ist nützlich *und* bedienbar. Es kann aber meist nicht alles zusammen erreicht werden, zumal nur beschränkte Zeit und Mittel zur Verfügung stehen. Daher müssen klare Prioritäten zwischen Qualitätsaspekten gesetzt werden.
Techniken des Usability Engineering können helfen, die verfügbaren Ressourcen
effizient einzusetzen.

6.4   Bedienbarkeit messen

Gute Bedienbarkeit soll sich in besserer Leistung und in höherem Wohlbefinden des Benutzers niederschlagen. Um Usability zu messen, werden »typische« Aufgaben gestellt und von Benutzern bearbeitet. In der Regel gibt es verschiedene Varianten für die Bedienschnittstelle, die verglichen werden sollen. Es wird die Zeit gemessen, die Versuchspersonen für die Aufgabe brauchen. Dabei werden die Fehler gezählt, die Ihnen dabei unterlaufen. Wenn die Versuche im Usability Lab durchgeführt werden, wird auch auf Äußerungen oder Verhaltensweisen geachtet, die auf Probleme hindeuten. Das Wohlbefinden wird ebenfalls beobachtet, oder es werden Fragebögen und Interviews eingesetzt. Mit all diesen Daten werden die Varianten verglichen und daraus geschlossen, welche am ergonomischsten ist, dem Menschen und seinen Aufgaben also am weitesten entgegenkommt.

Q ist fasziniert von der Idee, dass man zur Oberflächengestaltung tief unter die Oberfläche schauen muss. Im Studium hatte man das eigentlich nie gemacht; Hauptsache, da war irgendwo ein Knopf, der die Funktion auslöste. »Im Praktikum haben wir nur ›selbsterklärend‹ oder ›intuitiv bedienbar‹ aufgeschrieben, wenn es um diesen Aspekt ging. Damit waren die Kunden natürlich auch einverstanden. Aber später hat sich dann gezeigt, dass wir beim Entwickeln gar nicht wussten, für wen und in welchem Umfeld das Programm eingesetzt wurde. Wir haben die Oberfläche eben immer so gemacht, dass wir Entwickler selbst gut damit zurecht kamen.« Q erinnert sich, dass die Informatikstudenten sehr enttäuscht waren, als die Damen in der Verwaltung ihr Programm ständig falsch bedient haben. Sie suchten Funktionen, an die keiner gedacht hatte. Da ging es eigentlich gar nicht um Bedienbarkeit, sondern um vergessene Anforderungen. In der Verwaltung schien man die Vorgänge ganz anders zu sehen als die Studierenden. »Das alte Problem«, sinniert Q. »Man hätte sie früher einbinden sollen. Immer das Gleiche, und immer noch ein Problem.«

6.5   Konstruktives Usability Engineering

Am liebsten möchte jeder gleich gut bedienbare Software entwickeln. Das wäre noch besser, als erst einmal einiges falsch zu machen und es dann immerhin zu entdecken. Viele Projektmitarbeiter wollen von vornherein konstruktiv die Bedienbarkeit erhöhen. Sobald sie erkannt haben, wie wichtig die Bedienbarkeit ist und an welchen Aspekten sie erkannt wird, wollen sie wissen, wie sie richtig arbeiten sollen. Mit manchen Aktivitäten kann deutlich mehr erreicht werden als mit anderen. Man sollte die Sache am langen Hebel anpacken.

Wenn ein ganzer Arbeitsablauf umgestellt und ergonomischer gestaltet wird, wird natürlich viel mehr erreicht, als wenn nur ein paar Bedienungselemente umgeordnet werden. Also sollte man von den großen Festlegungen (Arbeitsablauf, Verteilung der Zuständigkeiten, Festlegung der Systemgrenzen) aus beginnen und dort zunächst die Entscheidungen mit der größten Wirkung fällen. Schließlich kommt noch die Gestaltung des (Software-)Werkzeugs an die Reihe, und am Ende die Gestaltung von Dialogen und Bedienelementen.

Es wäre dagegen kontraproduktiv, bei den Oberflächendetails für eine Seite anzufangen. Denn wenn später auf organisatorischer Ebene entschieden wird, die entsprechende Aufgabe gar nicht mehr durchzuführen, war die ganze Seite umsonst. Softwareentwickler nehmen oft an, die Arbeitsabläufe und die Grenzen eines geplanten Systems stünden fest und könnten (zumal von ihnen) nicht verändert werden. Daher konzentrieren sie sich auf die Verbesserung der Bedienelemente, obwohl auf dieser Ebene nur lokale Optima erreicht werden können.

Gerade in den frühen Projektphasen können aber oft auch noch grundsätzliche Abläufe hinterfragt werden, um keine Chancen für große Verbesserungen zu verpassen. Dazu müssen Requirements Engineering und Usability Engineering schon früh im Projekt zusammenarbeiten. Usability Engineering, das erst mit dem fast fertigen System einsetzt, hat dann seine meisten Chancen schon vertan. Wenn erst gegen Ende die Usability geprüft oder konstruktiv beteiligt wird, arbeitet man diagnoseorientiert. Eine Verbesserung kommt erst nach der Diagnose zustande. Dafür ist der Entwicklungsprozess aber zu lang. Man sollte sich um kürzere Zyklen und schnelleres Feedback bemühen.

6.5.1   Aufgaben im Usability Engineering

Um die Bedienbarkeit zu verbessern, müssen einige zusätzliche Aufgaben in der Softwareentwicklung erledigt werden. Diese Aktivitäten fördern gezielt den Qualitätsaspekt »Bedienbarkeit«. Bei [Mayhew '99] finden sich ausführliche Beschreibungen der Prozesse und Aufgaben im Usability Engineering. [Offergeld '01] hat zur Übersicht ein vereinfachtes Referenzmodell abgeleitet. In Abbildung 6–3 sind besonders relevante Aktivitäten grau hinterlegt, die wichtigsten davon dunkler. UI steht für User Interface.

Abbildung 6–3 zeigt für fünf wichtige Entwicklungsphasen nur solche Tätigkeiten, die auch mit Usability Engineering zu tun haben, also mit der systematischen Herstellung guter Bedienbarkeit. So ist in der Projektvorbereitung überall auch Usability einzuplanen und zu berücksichtigen. Aber nur wenige Tätigkeiten haben *ausschließlich* damit etwas zu tun. Sie sind grau hinterlegt: Lediglich die »Sensibilisierung für Usability« ist in der Projektvorbereitung ausschließlich für Usability-Aspekte zuständig. Benutzerbeteiligung ist dagegen bei der Anforderungserhebung sowieso geboten. Zeit, Ressourcen und Rollen müssen unabhängig von der Oberfläche geplant werden. Nur muss eben auch die Usability *explizit* berücksichtigt werden. Alle Aktivitäten kosten Zeit und Aufwand, das muss eingeplant sein. Usability, ihre Bedeutung für das Projekt und die zugeordneten Aufwände sollten daher bereits in Ausschreibung und Vertrag verankert sein – was allerdings oft vernachlässigt wird.

Projekt-vorbereitung	Anforderungs-analyse	Entwurf der Oberfläche	Evaluation und Test	Rollout
Kosten-/ Nutzen-Analyse	Geschäfts-/ Einsatzziele	Workflow Reengineering	System-Integration	Abnahme
Ausschreibung Angebot/Vertrag	Analyse Iststand	Konzeptuelles UI-Modell	Entwurfs-optimierung	Bedienungs-anleitung
Rollenverteilung	Benutzerprofil-analyse	User Interface Mock-ups	Entwicklungs-unterstützung	Benutzer-schulung
Planung (Zeit, Ressourcen)	Kontextuelle Aufgabenanalyse	Iterative UI-Walkthroughs	Usability-Tests	
Benutzer-beteiligung	Umgebungs-bedingungen	Elektronische UI-Prototypen		
Sensibilisierung für Usability	HW-/SW-Rand-bedingung	Iterative Usability-Tests		
	Allg. Prinzipien	UI-Styleguide		
	Usability-Ziele	Detailentwurf		

Abb. 6–3   *Aufgaben im Usability Engineering nach [Offergeld '01]*

Bei der Anforderungsanalyse gibt es mehr Aktivitäten, die von Usability dominiert sind. Die wichtigsten davon sind in Abbildung 6–3 dick umrandet und dunkler hinterlegt. Evaluation, Test und Rollout (Einführung des Programms in die Nutzung) sind ohnehin nötig, werden durch Usability-Aspekte aber ergänzt. Natürlich gibt es in einem Softwareprojekt noch viele weitere Entwicklungsaufgaben, die nichts mit Usability zu tun haben und die daher oben nicht gezeigt sind (wie Konfigurationsmanagement, Systemarchitektur und funktionaler Test).

Die Bedeutung der wichtigsten Usability-Aufgaben wird nun erläutert.

6.5.2   Kernaufgaben in der Anforderungsklärung

In »Anforderungsanalyse« und »Entwurf der Oberfläche« muss man besonders aktiv werden, um bedienbarere Software zu entwickeln. Am wichtigsten sind:

- **Benutzerprofilanalyse:** Sie dient dazu, systematisch die Benutzer und ihre Fähigkeiten, Erwartungen und Hintergründe zu analysieren.
- **Kontextuelle Aufgabenanalyse:** Die Aufgaben der Benutzer werden analysiert. Wenn möglich, möchte man bei der Verbesserung schon bei den Abläufen ansetzen, muss sie also genau kennen. Außerdem interessiert man sich besonders dafür, wie die Benutzer mit der neuen Software arbeiten wollen oder sol-

len. Werden Anforderungen als Anwendungsfälle (Use Cases [Cockburn '05]) erhoben, arbeitet man ähnlich. Für die Oberflächengestaltung wird aber die Interaktion mit dem System eher noch feiner untersucht werden, bis hin zu Bedienungsdetails. Diese werden bei Use Cases ausdrücklich ausgespart.

▓ **Umgebungsbedingungen und HW/SW-Randbedingungen** werden oft nicht sehr ausführlich erhoben, wenn keine Besonderheiten festzustellen sind. Andererseits können schon die installierte Browserversion und die Geschwindigkeit des Netzzugangs wichtige Randbedingungen sein, die bei der Gestaltung unbedingt beachtet werden muss. Mitunter ist Software für den Einsatz in Bahnhöfen, Fabrikhallen oder öffentlichen Infokiosken zu erstellen. Schlechte Lichtverhältnisse und die Umgebung (wie die Corporate Identity auf einem Messestand) können die Oberflächengestaltung beeinflussen. Diese Randbedingungen müssen erfasst und beachtet werden.

In den **Benutzerprofilen** können sehr viele Eigenschaften aufgenommen werden. Zumindest werden aber zwei Fragen zur Profilbildung herangezogen, mit der jede Gruppe von Benutzern charakterisiert wird:

▓ Sind diese Benutzer mit Computerarbeit vertraut?
▓ Sind sie mit der Aufgabe und ihrer Bearbeitung vertraut?

Jede Kombination ist möglich. Dazu können Fragen, zum Beispiel nach Lerngewohnheiten und Aufmerksamkeitsspannen, kommen. Besonders interessant wäre es, die mentalen Modelle der Benutzer zu kennen: Wie sehen sie die Aufgabe, die Rolle des Computers und sich selbst?

Auch bei der **kontextuellen Aufgabenanalyse** werden einige Punkte stets abgefragt. Sie können gut in eine Checkliste aufgenommen werden:

▓ Worin besteht genau die Aufgabe (für Validierung und Abgrenzung)?
▓ Warum, von wem und wie oft wird die Aufgabe durchgeführt?
▓ Wer oder was löst die Aufgabe aus, was ist im Einzelnen zu tun und was braucht man dazu?
▓ Welche Anregungen oder Warnungen möchten die Benutzer weitergeben? Was würden sie unbedingt gegenüber dem derzeitigen Zustand ändern – und was fanden sie bisher gut und möchten es unbedingt beibehalten?

Die Eigenschaften der Zielbenutzer kann oft der Auftraggeber beschreiben. Ihre Aufgaben können in Gesprächen abgefragt, bevorzugt aber durch Beobachtung erhoben werden. Viele Benutzer werden nicht bewusst sagen können, wie sie einen Vorgang bearbeiten, weil sie es ohne Nachdenken tun [Polanyi '66]. Sie können aber gut dabei beobachtet und anschließend dazu befragt werden. Einsatzbedingungen sollte man sich vom Auftraggeber beschreiben lassen und dann vor Ort selbst in Augenschein nehmen. Natürlich können auch Benutzer Aussagen zu ihrer Arbeitsumgebung machen.

6.5.3   Aktivitäten in Entwurf und Entwicklung

Besonders bei Entwurf und Implementierung ist iteratives Vorgehen wichtig. Erste Entwürfe von Oberflächen sollten bewusst noch unfertig aussehen, um zu verdeutlichen, dass sich noch vieles verändern lässt. Bleistiftskizzen sind elektronischen Prototypen hier überlegen. Jedes elektronische Format verleitet dazu, irrelevante Kleinigkeiten zu ernst zu nehmen und darüber die großen Linien zu vernachlässigen. Erst wenn der grobe Aufbau und die Abfolge von Masken mit Bleistiftskizzen geklärt sind, sollte man in der nächsten Verfeinerung zu elektronischen Prototypen übergehen. [Mayhew '99] zeigt mehrere Bleistiftbeispiele für konzeptuelle Modelle.

[Liro '04] hat zum Beispiel eine neue Komponente für eine Experience Base entworfen. Das konzeptuelle Modell liegt in Form von Bleistiftskizzen vor. Abbildung 6–4 zeigt ein Beispiel daraus.

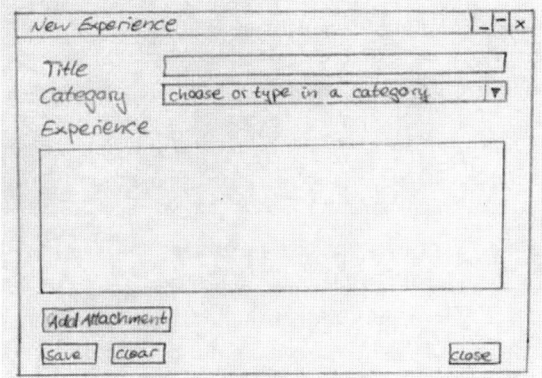

Abb. 6–4   *Bleistiftskizze für ein Fenster einer Experience Base [Liro '04]*

Solche Skizzen reichen aus, um eine Vorstellung von der gewünschten Oberfläche abzustimmen. Die Art und Anordnung der Bedienungselemente sind zu erkennen: Es gibt ein Texteingabefeld, ein aufklappbares Menü für die »Category« und einige Buttons.

Außerdem ist aber klar, dass es auf die genaue Größe des Textbereichs oder die Schriftart in den Menüs (hier noch Handschrift) nicht ankommt. Ob die Buttons einen Schatten haben und welche Farbe sie letztlich bekommen werden, steht hier – erkennbar! – noch nicht zur Debatte.

Im Laufe der weiteren Entwicklung hat Liro dann ein weiteres Feld für den Namen des ausgewählten Attachments hinzugefügt. Das ging mit wenigen Strichen während einer Besprechung. Auch Radieren ist einfach. Bleistiftskizzen laden zu Verbesserungsvorschlägen ein.

6.5.4   Acht Goldene Regeln nach Shneiderman

Bei der Gestaltung von Dialogen geht es um den Ablauf der Interaktion von Benutzern und System. Wenn die Aufgaben einigermaßen geklärt sind, kann auf der nächsten Detaillierungsebene beschrieben werden, wie sie im Einzelnen erledigt werden sollen. Dazu hat Ben Shneiderman acht goldene Regeln aufgestellt (Abb. 6–5, [Shneiderman und Plaisant '04]).

---

1. Strebe nach Konsistenz
2. Biete geübten Benutzern Abkürzungen an
3. Biete informatives, angemessenes Feedback
4. Vermittle das Gefühl, den Dialog auch abzuschließen
5. Erlaube einfache Fehlerbehandlung
6. Erlaube, Aktionen einfach zurückzunehmen
7. Vermittle den Benutzern das Gefühl, die Kontrolle zu haben
8. Beanspruche das Kurzzeitgedächtnis so wenig wie möglich

Abb. 6–5   *Shneidermans acht goldene Regeln für Dialoggestaltung [Shneiderman und Plaisant '04]*

Die Qualität eines Dialogs kann anhand der acht goldenen Regeln bewertet werden. Zusätzlich wird das Verhalten von Benutzern beobachtet; entweder eher informell oder akribisch im Usability Lab.

Ähnlich wie die acht goldenen Regeln gibt es im Usability Engineering eine Vielzahl von Hinweisen und Richtlinien, wie man bei der Gestaltung auf jeder Ebene vorgehen sollte. Sie füllen ganze Bücher. So gibt es Entscheidungsbäume, für welchen Zweck welches Bedienungselement ausgewählt werden soll, zum Beispiel welche Menüart oder welche Buttons. Interessierte werden in [Lauesen '05] fündig werden.

Einerseits ist es ja gut, dass es so viele Hilfen gibt; andererseits sind sie verstreut, manchmal vage und nicht unbedingt konsistent. Für die Arbeit in einem Projekt werden aber klare, überschaubare Vorgaben an einem Fleck benötigt. Dazu werden sogenannte *Styleguides* aufgestellt. Das sind Handbücher für die Gestaltung aller Programme in einem Unternehmen oder in einem Bereich. Sie beschreiben ganz präzise die Maskenaufteilungen, Farbschemata und Dialogelemente, die in diesem Umfeld empfohlen oder gar vorgeschrieben sind. Auch konkrete Beispiele und Regeln helfen dabei, konsistente und verständliche Oberflächen zu entwickeln. Wer einen gepflegten Styleguide vorfindet, ist als Entwickler fein heraus: Ganz falsch kann man es damit nicht mehr machen. Wo Styleguides fehlen, sollte sich sogar ein einzelnes Projekt auf eine Sammlung von Stilelementen einigen. So ein Mini-Styleguide ist ein konstruktives Element für bessere Bedienbarkeit.

6.6 Experten-Evaluationen

Konstruktives Usability Engineering beginnt am Anfang eines Projekts und begleitet es durch alle Phasen und Aktivitäten. Von der Sensibilisierung für Bedienungsfragen über kontextuelle Aufgabenklärung bis hin zu Prototypen und Styleguides reicht die Palette konstruktiver Elemente.

Dennoch beschäftigen sich viele Projekte erst sehr spät mit »der Oberfläche«: Kurz vor Projektende, wenn das Programm schon weitgehend fertiggestellt ist, bemerken sie, dass es für Kunden und Außenstehende schwer zu bedienen ist. Nun wird versucht, ganz am Schluss noch etwas zu retten, indem die Projekte »die Oberfläche« evaluieren lassen. Wie oben ausgeführt, ist die Oberfläche aber nur ein kleiner Teil dessen, was zur Bedienbarkeit bzw. Usability beiträgt. Tiefer greifende, wirksamere Änderungen an den Bearbeitungsprozessen oder dem Bildschirmaufbau sind so kurz vor Projektende kaum noch durchzusetzen. Wenn sich das Programm zu diesem Zeitpunkt noch nicht gut bedienen lässt, bleibt nicht viel mehr als Kosmetik.

Für viele Projektmitarbeiter wird eine Experten-Evaluation dennoch die erste größere Aktivität sein, die gezielt für Usability eingesetzt wird. Daher sollte jeder wissen, wie sie in etwa abläuft. Experten-Evaluationen werden von meistens zwei externen Experten durchgeführt. Bei Usability-Experten kann davon ausgegangen werden (oder sollte es jedenfalls), dass sie die einschlägigen Checklisten und Qualitätskriterien kennen.

Eine fundierte Evaluation absolviert die folgenden Schritte:

1. Die Experten machen sich zunächst einen Eindruck von dem System, indem sie sich ohne festes Ziel darin umsehen. Sie navigieren zwischen Bildschirmmasken bzw. Internetseiten. Dabei entsteht ein wichtiger erster Eindruck zu Anmutung und Bedienungsweise.

2. Im zweiten Schritt werden allgemeine Grundregeln geprüft. Auch Experten verwenden dabei Checklisten, um nichts zu vergessen. Hier geht es um formale Kriterien wie Schriftgröße, Farbkontrast und Konsistenz der Platzierung (z.B. von Menüeinträgen). Die Checklisten enthalten konkrete Fragen, zum Beispiel zu den acht goldenen Regeln von Shneider-man [Shneiderman und Plaisant '04]. Ähnlich wie bei Testfällen notieren die Experten ihre Befunde zu jedem Checklistenpunkt. Es wird auch geprüft, ob die richtigen GUI-Elemente für eine Aufgabe ausgewählt wurden, ob die Dialoge konsistent ausgeführt werden und wie verständlich Fehlermeldungen sind. Tote Links und unpassende Überschriften werden gesucht. Um alle Punkte zu prüfen, müssen oft beide Prüfer stundenlang immer wieder durch das Programm gehen. Bei Befunden (Beanstandungen) machen sie Bildschirmabzüge, um später darüber berichten zu können.

3. Dann wird das System im Zusammenhang mit einer kleinen, selbstgestellten Aufgabe erprobt. Dabei können weitere Aussagen zur Aufgabenangemessenheit gemacht werden. Ein Usability Lab ist hier nicht nötig, weil die Experten sich praktisch selbst beobachten.

4. Meist sind zwei Experten mit der Evaluation beschäftigt. Sie arbeiten teilweise alleine (gerade bei der Prüfung der Grundregeln), dann aber auch zusammen, um ihre Eindrücke auszutauschen. Nach der Begutachtung werden die Beobachtungen sortiert und ausgewertet. Es ist heute Stand der Technik, Befunde durch Bildschirmabzüge oder kurze Filme (für beanstandete Dialogabläufe) zu illustrieren.

5. Am Ende steht eine Präsentation vor dem Auftraggeber. Dabei werden professionelle Evaluateure streng darauf achten, Geschmacksfragen zu meiden. Sollte die Präsentation auf die Ebene subjektiver Vorlieben absinken, würde das den Wert der Evaluation in den Augen der Auftraggeber wesentlich verringern. Schließlich werden übertragbare Bewertungen gesucht, die auch für die intendierten Kunden gelten. Daher werden alle Aussagen mit aufgezeichneten Beobachtungen belegt. Die Ursache für Kritik wird dargelegt, wie zum Beispiel: »Die Schrift von 9 pt auf einem grauen Hintergrund ist für Kunden über 50 Jahren möglicherweise zu klein. In IEEE-Norm xy werden Schriften von mindestens 12 pt für relevante Details empfohlen. Der graue Hintergrund verringert zudem den Kontrast. Gerade bei Schriften unter 12 pt sollte darauf geachtet werden, die Lesbarkeit nicht weiter herabzusetzen.« Auch Befunde über Arbeitsabläufe oder Konsistenz werden in diesem Stil begründet.

Experten-Evaluationen gehören zu den sogenannten »heuristischen Evaluationsmethoden«. In Usability Tests lösen echte Benutzer Aufgaben, oft im Usability Labor, und laufen in echte Schwierigkeiten. Im Gegensatz dazu treten in der Experten-Evaluation Fachleute für Usability an ihre Stelle. Mithilfe ihrer Vorkenntnisse und auf der Basis von Erfahrungen und Heuristiken bewerten sie die Bedienbarkeit [Lauesen '05].

Usability Engineering hilft, die Bedienbarkeit zu verbessern. Das kann für den Markterfolg eines Programms entscheidend sein. Am besten wird von Anfang der Entwicklung an auf konstruktive Usability-Aktivitäten gesetzt, wie sie oben skizziert sind. Damit wird eine frühe Entwickler- und Kundensensibilisierung erreicht. Missverständnisse werden vermieden, ebenso einsame Bauchentscheidungen von Entwicklern. Sie sind in der Regel nicht für Dialoggestaltung ausgebildet oder qualifiziert und sollten sie daher nicht alleine durchführen. Rückfragen beim Kunden und dessen Zustimmung sichern dem entstehenden Softwareprodukt auch psychologisch wesentlich mehr Zustimmung.

Wenn die Oberflächen schon früh festgelegt werden, kann parallel auch mit der Entwicklung von Schulungsmaterial und Kursen begonnen werden. Das spart Zeit und verringert das Risiko, dass unvorbereitete Benutzer mit dem System nicht zurechtkommen oder es ablehnen.

Q ist beeindruckt. Die Kollegen haben ein paar Checklisten gezeigt, die sie bei Evaluierungen einsetzen. So viel steckt hinter ein paar Buttons und Menüs! Aber das ist natürlich schon wieder falsch gedacht, diese Reflexe sollte Q ja inzwischen abgelegt haben. »Wollen Sie nicht mal zusehen, wenn wir eine Website begutachten?«, hatten sie Q am Schluss gefragt. Das lässt sich Q natürlich nicht zweimal sagen.

In Gedanken geht Q zur Treppe und erinnert sich, dass eine der Fragen nicht beantwortet worden ist: Wer macht denn nun die Seiten und Oberflächen schön und anziehend? Die Entwickler bemühen sich zwar, aber richtige Künstler sind sie nicht. Das können doch die Usability-Leute auch nicht, oder?

In der Halle werden gerade hohe, schmale Banner aufgehängt. Überall prangt das Logo von FunGate, witzige Skizzen von erfolgreichen Benutzern sind zu sehen. Darum herum stehen auffallende Persönlichkeiten mit Designerbrillen und betont individueller Kleidung neben Anzugträgern. Letztere haben Mappen mit »Corporate Design« dabei, während Erstere offenbar die Künstler sind. Aha, hier müssen also auch Einheitlichkeit, Corporate Design und künstlerische Freiheit zusammenkommen. Vermutlich ist es mit den Webdesignern und den Usabilisten so ähnlich. Hoffentlich vertragen sich die auch. Denkt Q.

7 Reviews und Inspektionen

Q durfte bei einer Experten-Evaluation zusehen. Diese Leute haben nicht Stapel von detaillierten Testfällen gebraucht, die hatten das alles im Kopf! Könnte man nicht generell jede Art von Software durch Experten evaluieren lassen, statt 250 Tests zu fahren und dann doch noch einiges zu übersehen? Während der Arbeit an den Testtabellen für das Projekt fällt Q auf, dass es ein ganz ähnliches Prinzip gibt. »Reviews oder Inspektionen hat in meinem Projekt noch keiner erwähnt!«, erschrickt Q. »Das ändere ich!« Denn im Studium hatte Q an zwei Reviews teilgenommen und fand sie richtig gut. Beim ersten Mal musste man einen Entwurf prüfen. Die Studierenden hatten vor allem Schreibfehler gefunden, weil sich niemand richtig vorbereitet hatte. Q wollte freiwillig an einem weiteren Review teilnehmen. Die Betreuer waren über den ungewohnten Eifer erfreut. Q durfte die Sitzung sogar moderieren. Das war eine Ehre und eine besondere Verantwortung, erinnert sich Q wohlgefällig. Der Moderator hat schließlich die wichtigste Rolle in einem Review. Q hatte den Mitstudenten damals drastisch klargemacht, wie wichtig die Vorbereitung ist. Das hatte gewirkt.

Das Review im Projekt wird bestimmt auch wieder ein Heimspiel, ist sich Q sicher. Q weiß genau, was man dazu braucht – und das ist auch wichtig, denn bei einem Review muss man sich an einige Regeln ganz genau halten.

Der Überbegriff »Review« steht für Prüfverfahren, bei denen ein Dokument von mehreren Gutachtern gelesen und geprüft wird. Jeder Gutachter konzentriert sich auf einige ausgewählte Aspekte. Die Ergebnisse werden meist in einer gemeinsamen Sitzung zusammengeführt.

Unter diesen Überbegriff fällt ein ganzes Spektrum von Techniken, von sehr lockeren Walkthroughs bis hin zu den streng regulierten technischen Inspektionen. Zu den Inspektionen gehören insbesondere die »Design and Code Inspections« von [Fagan '76]. Diese formale Art von Reviews ist die Grundlage für die folgenden Ausführungen. Frühauf, Ludewig und Sandmayr [Frühauf et al. '04] haben Reviews sehr prägnant beschrieben. In vielen Unternehmen finden sich leicht veränderte Varianten.

Wie Tests haben Reviews das Ziel, Fehler zu finden. Man spricht allerdings zunächst von »Befunden« statt von Fehlern, weil sich ja ein Gutachter beim Durchlesen irren kann. Wie im Test werden auch im Review nur Befunde gesammelt, Korrekturen oder Verbesserungen sollen aber nicht vorgeschlagen werden. Die führt der Autor in der sogenannten Nacharbeit durch.

Wie im Test bedeutet auch im Review der Begriff »Prüfling« stets das zu prüfende Dokument und nicht die Person, die es geschrieben hat. Diese Person heißt »Autor«.

Ein Vorteil von Reviews gegenüber Tests ist, dass auch Spezifikationen, Entwürfe und sogar Testpläne geprüft werden können, die nicht ausführbar sind. Solange ein Gutachter sie lesen kann, können die Dokumente auch einem Review unterzogen werden. Viele Dokumente können damit nicht getestet, wohl aber in einem Review geprüft werden.

Anders als beim Test wird der Prüfling im Review selbst dann nicht ausgeführt, wenn das möglich wäre. Code oder automatisch interpretierbare Modelle können gut gereviewt werden, also durch Lesen geprüft werden. Code-Reviews sind sogar ziemlich häufig. Ein weiterer Vorteil von Reviews liegt darin, dass Experten ihr Wissen in eine Prüfung einfließen lassen können, auch wenn sie es nur im Kopf mit sich tragen und nirgends explizit dokumentiert haben. Bei Tests müssen dagegen alle Voraussetzungen, Eingabe- und Sollwerte explizit aufgeschrieben werden.

Leider sind Reviews ziemlich aufwendig, weil mehrere Gutachter den Prüfling sehr gründlich lesen müssen. Oft wird ein Gutachter den Prüfling sogar mehrmals lesen und sich dabei auf verschiedene Aspekte konzentrieren. Wegen dieses Aufwands werden Reviews von vielen Projektleitern gefürchtet und oft vernachlässigt. Zu unrecht, denn aus Praxiserfahrungen und empirischen Untersuchungen ist bekannt, dass ein systematisch durchgeführtes Review sogar hohen Aufwand wieder hereinholt und damit rechtfertigt. Die im Review gefundenen Fehler hätten Schäden angerichtet, die noch viel teurer geworden wären als das Review.

7.1   Rollen und Ablauf

Die Grundlagen systematischer Reviews werden anhand von technischen Inspektionen vorgestellt. Das ist eine strenge Form von Reviews, sie eignet sich gut als Referenz für die Beschreibung. Der Begriff »Review« ist im Sprachgebrauch von Projekten sehr üblich und wird daher im Folgenden dem präziseren Ausdruck »technische Inspektion« vorgezogen. Zuletzt werden weniger rigorose Varianten angesprochen.

In einem Review gibt es eine Reihe klar definierter Rollen. Die geordnete Interaktion dieser Rollen in einem definierten Ablauf macht das Review aus.

Oft spricht jemand von »Review«, obwohl die Rollen, der Ablauf oder die Regeln nicht beachtet werden. Das ist falsch. Ein richtiges Review erfordert die

Einhaltung dieser Bedingungen. Außerdem ist es nicht klug, Reviews unreflektiert zu kürzen oder zu verändern: Lesen und Kritisieren alleine garantieren noch nicht die Vorteile von systematischen Reviews. Wie unten diskutiert wird, kann man sich zwar Anpassungen und gewisse Abkürzungen überlegen. Dabei muss jedoch sehr vorsichtig vorgegangen werden. Sonst wird der Nutzen eines echten Reviews aufs Spiel gesetzt, nur um einen kleinen Teil des Aufwands zu sparen. Es ist also wichtig, Rollen, Ablauf und Regeln zu kennen und so gut wie möglich einzuhalten.

Die folgenden Rollen treten in einem Review (genauer: einer technischen Inspektion) auf:

- Das **Management** ordnet das Review an und benennt einen Moderator. Das kann direkt geschehen, indem ein Vorgesetzter die Weisung erteilt. In großen Softwareunternehmen wird das Review vom Management indirekt angeordnet: Es ist im Softwareentwicklungsprozess des Unternehmens vorgeschrieben. Daran müssen sich alle Projekte halten.
- Der **Moderator** organisiert den weiteren Ablauf und leitet insbesondere die gemeinsamen Sitzungen.
- Zwei bis fünf **Gutachter** werden in der Regel vom Moderator benannt. Sie lesen und prüfen den Prüfling und berichten darüber.
- Ein **Schriftführer** schreibt in der Sitzung mit, welche Befunde gesammelt wurden.
- Der **Autor** kann, muss aber nicht in der gemeinsamen Sitzung dabei sein. Oft vereinfacht seine Anwesenheit die Informationsweitergabe. Wenn der Autor zuhört, bekommt er direkt mit, wie die Befunde diskutiert werden. Eine aktive Rolle spielt der Autor in der Sitzung aber nicht. Er muss sich still verhalten.

Auch die Rollen einiger Dokumente sind festgelegt:

- Der **Prüfling** ist das zu prüfende Dokument.
- **Referenzdokumente** sind Vorgaben oder Zwischenergebnisse, gegen die der Prüfling geprüft werden soll. Wird zum Beispiel ein Entwurf gereviewt, kann dessen Spezifikation ein Bezugsdokument sein. Auch für einen Testplan sind Spezifikation und Teststrategie geeignete Referenzdokumente. Ein regelgerechtes Review braucht eine Referenz; die Gutachter können nicht »nach ihrem Bauchgefühl« prüfen. Sie wissen auch nicht, was die Anforderungen des Kunden sind. In der Spezifikation ist es beschrieben.
- Oft gibt es außerdem **Checklisten**, die eine Reihe von Prüfaspekten bzw. -kriterien auflisten. Sie reichen von formalen Aspekten wie fehlerfreier Syntax bis hin zu Bewertungsfragen wie: »Wird im Entwurf angemessen die mögliche Erweiterbarkeit vorgesehen?« Jeder Gutachter erhält eine Auswahl dieser Prüfaspekte zugeteilt, nach denen er prüfen soll.

░ Bei der Prüfung erstellt jeder Gutachter einen **Einzelprüfbericht**. Das ist ein Formular, in das jeder Befund einzutragen ist. Auf der Basis aller ausgefüllten Einzelprüfberichte findet die gemeinsame Reviewsitzung statt.

░ In der Reviewsitzung wird ein **gemeinsames Reviewprotokoll** vom Schriftführer erstellt. Viele Teile können aus den Einzelprüfberichten übernommen werden. Aber die Experten vergleichen und diskutieren ihre Befunde, sodass die gemeinsame Einschätzung von den Einzelbefunden abweichen kann. Kommt keine Einigung zustande, werden alle Meinungen ins Protokoll aufgenommen. Erfahrungsgemäß werden in der gemeinsamen Sitzung oft zusätzliche Befunde entdeckt, die kein Gutachter alleine gefunden hatte.

Mit diesen Rollen und Dokumenten kann nun der Ablauf der technischen Inspektion beschrieben werden. Alle drei Aspekte sind in Abbildung 7–1 in der Übersicht dargestellt. Am Ende verwendet der Autor die Einzelprüfberichte und das Reviewprotokoll und verbessert den Prüfling.

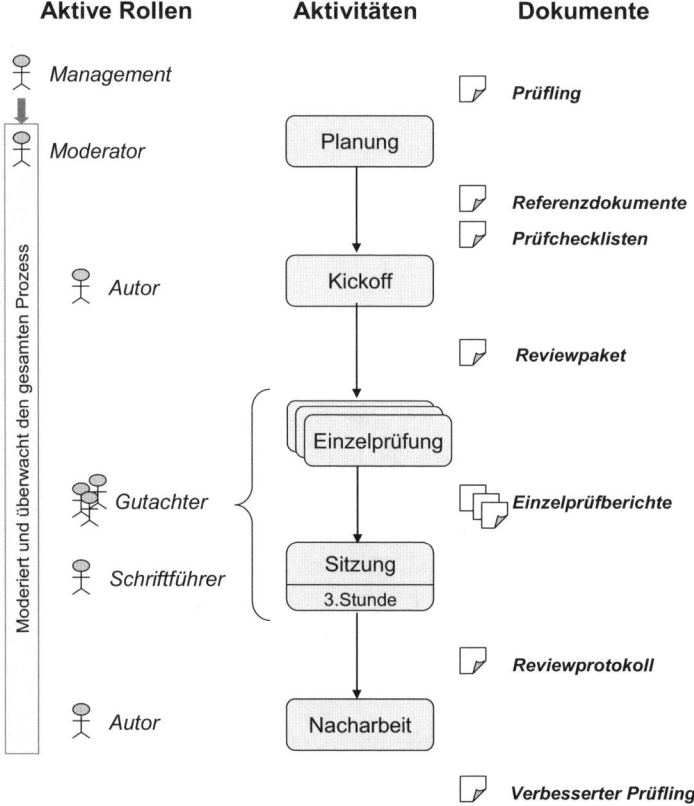

Abb. 7–1   *Ablauf eines Reviews mit Rollen und Dokumenten*

Im Prinzip läuft das Review in den folgenden Schritten ab:

1. Zunächst benennt das Management einen Moderator, der den weiteren Ablauf plant, vorbereitet und moderiert.

2. Das **Kickoff** ist eine gemeinsame Sitzung zum Start des Reviewvorgangs. Der Moderator lädt dazu ein und erklärt den Gutachtern, worum es geht. Der Autor erläutert ihnen dann den Prüfling, stellt also kurz die wichtigsten Teile des zu prüfenden Dokuments vor. Vom Moderator erhalten die Gutachter den Prüfling und zusätzlich die Referenzdokumente, gegen die die Prüfung stattfinden soll. Außerdem verteilt der Moderator die Listen von Prüfaspekten, die jedem Gutachter individuell zugeordnet sind. Experimente haben gezeigt, dass durch explizit benannte Prüfaspekte mehr Probleme aufgedeckt werden. Jeder Prüfaspekt sollte von mindestens zwei Gutachtern geprüft werden. Damit wissen die Gutachter nun, welchen Prüfling sie gegen welche Referenz prüfen sollen und auf welche Aspekte sie dabei achten sollen.

3. Dann **prüfen** die Gutachter unabhängig voneinander den Prüfling entsprechend den ihnen zugewiesenen Prüfaspekten und halten ihre Befunde in ihrem Einzelprüfbericht fest. Eine Kopie dieses ausgefüllten Formulars sollte vor der gemeinsamen Sitzung an den Moderator geschickt werden. Dann kann der Moderator die Sitzung besser vorbereiten. Diese Einzelprüfung darf nicht zu kurz angesetzt werden, sonst können die Gutachter nicht gründlich genug prüfen.

4. Nach Möglichkeit fasst der Moderator ähnliche Befunde, die sich auf dieselbe Stelle des Prüflings beziehen, schon vor der Sitzung zusammen und markiert reine Form- oder Interpunktionsfehler. Das macht die Sitzung nachher flüssiger. Der Moderator leitet dann die gemeinsame **Sitzung**, die den Kern des Reviews bildet:

   ▪ Dabei wird Seite für Seite des Prüflings durchgegangen; der Moderator fragt, ob es zu der betreffenden Seite einen Befund gibt. Damit alle folgen können, hat entweder jeder eine Kopie des Prüflings vor sich liegen, oder der Prüfling wird an die Wand projiziert.

   ▪ Wenn der Moderator die Einzelprüfberichte schon vorab bekommen hat, weiß er, an welchen Stellen es Befunde gibt. Dennoch wird er Seite für Seite abfragen, da es spontane Äußerungen geben könnte.

   ▪ Hat ein Gutachter einen Befund, so nennt er ihn. Jeder Befund wird besprochen, wenn es Unklarheiten oder unterschiedliche Meinungen gibt. Das in der Diskussion erzielte Resultat wird im gemeinsamen Reviewprotokoll festgehalten. Lösungsvorschläge sind nicht erlaubt.

   ▪ Der Schriftführer projiziert das Protokoll sichtbar, sodass Missverständnisse rasch aufgedeckt werden können. Am Ende der Sitzung sollen alle Teilnehmer genau wissen, was im Protokoll steht.

5. Am Schluss entscheiden die Gutachter, ob der Prüfling unverändert, mit Änderungsauflagen oder erst nach einem erneuten Review freigegeben wird. Der Autor kann dann **nacharbeiten**.

Für dieses Verfahren werden im Idealfall zwei Beamer oder Overheadprojektoren benötigt: einen für den Prüfling, einen für das Reviewprotokoll. Da aber jeder Gutachter sowieso im Kickoff eine Kopie des Prüflings erhalten hat, kann notfalls darauf verzichtet werden, den Prüfling zu projizieren.

Auf jeden Fall müssen schnell und sehr gezielt Teile des Prüflings angesprochen werden können. Seitenzahlen sind dafür zu grob. Viel besser ist es, im Prüfling die Zeilen zu nummerieren. Das kann der Moderator in der Planung mit jedem gängigen Textverarbeitungsprogramm erledigen. Mit den Zeilennummern kann präzise angegeben werden, worüber man gerade spricht, jeder findet es in seiner Kopie: »Seite 17, Zeile 27 (wie in Abb. 7–2)« oder »Seite 31, Abbildung 3, links oben«. Große Abbildungen können mit einer Folie und einem Koordinatensystem überdeckt werden, um damit die Position anzugeben. Meist ist das aber nicht nötig.

```
23
24
25          public void start() {
26              if (runThread == null) {
27                  runThread = new Thread(this, "xy");
28                  runThread.start();
29                  isPaused = false;
30              }
31          }
32
```

Abb. 7–2   *Nummerierte Zeilen einer Seite des Prüflings (hier: Java-Code)*

Bei dem gesamten Ablauf müssen einige Regeln beachtet werden. Sie dienen hauptsächlich dazu, die beteiligten Gutachter und den betroffenen Autor zu schützen. Werden sie missachtet, werden die Beteiligten in Zukunft nicht mehr mitmachen – sie werden sich offen oder passiv verweigern. Die folgenden Regeln mögen auf den ersten Blick etwas formalistisch erscheinen, sie sind aber für das Gelingen von Reviews entscheidend.

▨ Ein Review dauert maximal zwei Stunden; die Konzentration lässt dann nach. In einer sogenannten »dritten Stunde« nach der Sitzung können Gutachter auch ihre Lösungsvorschläge anbringen, und der Autor darf (erst jetzt!) auf die Befunde antworten. Die dritte Stunde schließt sich direkt an die Reviewsitzung an (vgl. Abb. 7–1).

▨ Wenn ein Prüfling zu umfangreich ist, sind mehrere Reviews nötig. [Frühauf et al. '04] sprechen von höchstens 50 Seiten pro Review bei einem normalen Dokument, bei Code halten sie 20 Seiten für die Obergrenze.

◌ Jegliche Angriffe oder Vorwürfe gegen den Autor sind zu unterlassen. Weder darf ein Gutachter den Autor oder seine Fähigkeiten herabwürdigen, noch sollte sich der Autor verteidigen. Die Befunde sind als Beschreibungen der Situation und der möglichen Probleme zu formulieren und nicht als Handlungsanweisung an den Autor.

◌ Da es um Fehlerbehebung geht, dürfen reine Stilfragen, persönliche Vorlieben oder auch Verbesserungsvorschläge nicht besprochen werden. Auch diese Regel muss der Moderator überwachen. Belanglosigkeiten dürfen aus Zeitgründen nicht besprochen werden. Meist werden gefundene Schreib- und Interpunktionsfehler einfach in Form der Einzelprüfberichte an den Autor weitergegeben; man spart sich damit die Zeit, sie zu »diskutieren«.

◌ Bemerkt der Moderator, dass ein Gutachter unvorbereitet ist oder den Prüfling nur oberflächlich durchgesehen hat, kann er das Review abbrechen. Dies soll die anderen Teilnehmer davor schützen, ihre Zeit zu vergeuden. Von diesem drastischen Mittel sollte ein Moderator ruhig einmal Gebrauch machen. Die Teilnehmer werden sich dankbar erinnern, dass der Moderator ihnen eine unsäglich langweilige Reviewsitzung erspart hat. Denn bei einer Sitzung mit unvorbereiteten Gutachtern kann ja nichts Aufschlussreiches herauskommen. Das Verfahren profitiert von so einer demonstrativen Geste.

Aus dem Ablauf und der Rollenverteilung können Tipps und Tricks für alle Beteiligten abgeleitet werden. Sie basieren zum größten Teil aus Fehlern, die in echten Reviews beobachtet wurden und nicht wiederholt werden sollten.

7.2 Hilfsmittel

Es gibt einige softwarebasierte Werkzeuge, die vor allem den Dokumentenfluss zwischen Moderator und Gutachtern regeln [Schneider und Lübke '05]. In der Praxis sind oft einfache Checklisten und Formulare die wichtigsten Hilfsmittel:

Die Checkliste der **Prüfaspekte** gehört dazu. Geeignete Prüfaspekte hängen von der Art des Prüflings ab. Ein Entwurf wird nach anderen Kriterien geprüft als ein Stück Quellcode. An Testfälle werden andere Kriterien angelegt als an einen Vertragsentwurf. Alle diese Dokumente können jedoch mit Vorteil einem Review unterzogen werden. Wenn jeder Gutachter genau weiß, worauf er achten soll, wird die Qualität des Reviews erfahrungsgemäß besser, die Prüfung wird vertieft. Denn wenn nur auf zwei oder drei Aspekte auf einmal zu achten ist, kann man sich viel besser darauf konzentrieren und findet mehr Anomalien. Das ist effizienter, als ohne Ziel nach allen möglichen Mängeln gleichzeitig zu suchen.

Die Prüfaspekte können neben allgemeinen Kriterien (wie in Abb. 7–3) durchaus individuelle Eigenschaften oder befürchtete Schwächen des vorliegenden Prüflings abfragen; schließlich geht es darum, sie gegebenenfalls zu finden und in der Nacharbeit auszumerzen.

Prüfaspekte für Entwurfsdokument

In Klassendiagrammen wurden alle Klassen und ihre Beziehungen erfasst	A1
Für alle in der Spezifikation (Referenz) geforderten Interaktionen sind Sequenz-diagramme vorhanden	A2
Alle Diagramme entsprechen dem UML-Standard, Version 2.0 (Referenz)	A3
Wichtige Konzepte, Algorithmen und Patterns sind verständlich erklärt	A4
Wichtige Schnittstellen sind beschrieben	A5
	...

Prüfaspekte für Testplan

Für alle Parameter im Entwurf (Referenz) sind Äquivalenzklassen angegeben	T7
Die Wahl der Äquivalenzklassen ist nachvollziehbar begründet	T8
Jede Äquivalenzklasse wird durch mindestens einen Testfall angesprochen	T9
Die Testfälle enthalten konkrete Werte für Testeingaben und Sollresultate	T10
Die Sollwerte stimmen mit den Angaben aus Spezifikation (Referenz) überein oder sind daraus korrekt errechnet	T11

Abb. 7–3   *Checklistenauszüge für Prüflinge vom Typ »Entwurf« bzw. »Testplan«*

Die Prüfaspekte hat der Moderator mit Überlegung den Gutachtern zugeteilt, die sie am kompetentesten beurteilen können. Manche Gutachter ziehen es vor, den Prüfling für jeden einzelnen Prüfaspekt separat durchzugehen. Einige, aber nicht alle Prüfaspekte beziehen sich auf ein Referenzdokument. Für den Testplan ist der Entwurf eine Referenz, für den Entwurf ist es die Spezifikation oder der UML-Standard. Bei jedem Befund ist anzugeben, welcher Prüfaspekt auf der Checkliste betroffen ist.

Der **Einzelprüfbericht** hält die Befunde eines einzelnen Gutachters fest. Während der Prüfung füllt der Gutachter das Formular aus. Der Kern ist eine durchnummerierte Tabelle von Befunden. Neben einer kurzen Beschreibung des Befunds müssen seine Position im Prüfling (»Seite 24, Zeile 3«) und der Prüfaspekt in der Checkliste (»A3«) angegeben werden. So kann sich der Autor bei der anschließenden Nacharbeit schnell orientieren. Besonders wichtig ist, für wie kritisch der Gutachter den Befund hält: Darüber wird auch in der Sitzung häufig diskutiert. Es werden Kritikalitätsstufen vorgegeben, aus denen die Gutachter wählen sollen. Im Beispiel von Abbildung 7–4 werden sie durch die Buchstaben k (kritisch), b (bedeutend) und u (unbedeutend) codiert. Fragen (f) bilden eine eigene Kategorie (vgl. Abb. 7–4).

Der Kopf des Einzelprüfberichts kann mit dem Projektnamen oder einem Logo versehen werden. Wichtiger sind die administrativen Angaben: Welcher Gutachter hat wann welchen Prüfling (genau mit Angabe der Version) geprüft? Häufig muss der Gutachter noch Fragen zu seiner Ausbeute beantworten: Wie viel Zeit wurde auf das Review verwendet und wie viele Befunde wurden dabei zutage befördert? Mit diesen Angaben kann sich der Moderator schnell einen Überblick verschaffen; gibt ein Gutachter an, nur sehr wenig Zeit investiert oder aber nur sehr wenige ernsthafte Befunde gefunden zu haben, so ist dies ein Alarmsignal: Ist der Gutachter wirklich vorbereitet, oder setzt er sich nach einer kursorischen Durchsicht in die Sitzung? Dann sollte der Moderator den Abbruch erwägen. Natürlich kann ein Gutachter bei diesen Angaben »schwindeln«. Sehr wenige Befunde bei angeblich langer Prüfung sind zum Beispiel unplausibel.

Einzelprüfbericht Simulator-Code	Prüfling: **Simulator.java vom 5.7.2007**		Anzahl der Befunde nach ihren Kritikalitäten:	
	Gutachter:	**K. Napp**	k= kritisch (wichtige Projektziele verletzt)	**3**
	Überprüfungsaufwand in Minuten:	**170**	b = bedeutend (muss bearbeitet werden):	**18**
	Kennung der Prüfliste:	**Code-Java-v12**	u = unbedeutend (kann später verbessert werden)	**23**
	☒ Der Prüfgegenstand ist gemäß Aufgabenstellung vollständig inspiziert		f = Frage (Unklarheit wird in Sitzung behandelt/eingestuft) :	**5**
	☒ Alle Auffälligkeiten sind vollständig auf diesem Formular aufgeführt		Anzahl der gefundenen Auffälligkeiten ins.:	**49**

Lfd. Nr.	Position im Prüfgegenstand	Beschreibung des Befunds	Checklisten-Referenz	Kritikalität
1.	...			
2.	...			
3.	**25**	**Kopfkommentar zu dieser Methode fehlt**	**CJ-3**	**b**
4.	**27**	**„xy" nicht als Konstante definiert**	**CJ-7**	**u**
5.	**27**	**Was bedeutet „xy"? Ich nehme an, das ist nur ein beliebiger Platzhalter. Missverständnisse möglich.**	**CJ-7**	**f**
6.	...			
7.	...			

Abb. 7–4   *Formular Einzelprüfbericht mit Befunden eines Gutachters*

Die Idee ist, dass jeder ankreuzen und damit explizit versichern muss, dass er den Prüfling vollständig inspiziert und alle Befunde hier aufgelistet hat. Stellt sich nachher in der gemeinsamen Sitzung heraus, dass trotzdem grobe Fehler übersehen wurden, wirft dies ein sehr schlechtes Licht auf den Gutachter. Ein Review lebt vom Engagement aller Beteiligten. Über kleine, subtile Tricks wie die beiden Kreuzchen wird versucht, dieses Engagement zu wecken bzw. wenigstens herauszufinden, wie groß es ist.

Die drei Befundbeispiele in Abbildung 7–4 beziehen sich auf das nummerierte Codestückchen in Abbildung 7–2. Die Eintragungen des Gutachters K. Napp sind fett hervorgehoben. Als Referenz kann man sich hier eine umfangreiche Codierrichtlinie vorstellen, aus der die »Checkliste Code-Java.v12« einige Punkte herausgeholt hat. Deren dritter Punkt (CJ-3) bezog sich auf korrekte Kommentare, der siebte Punkt (CJ-7) auf den Umgang mit Literalen und Konstanten. K. Napp ist sich nicht sicher, wie Befund 5 zu bewerten ist. Das wird in der Sitzung besprochen. Die Codezeilen in diesem Beispiel sind fortlaufend nummeriert, daher entfällt hier eine Seitenangabe.

Im **Reviewprotokoll** werden die gemeinsamen Befunde aus der Sitzung zusammengetragen (Abb. 7–5). Es besteht wie der Einzelprüfbericht aus einer Tabelle und einem Kopf. Die Tabelleneinträge weisen zusätzlich den oder die Gutachter aus, die einen Befund vorgebracht haben (Namenskürzel). Der Kopf ist anders aufgebaut, er hält vor allem fest, welche Gutachter beteiligt waren, wie lange die Sitzung dauerte und wie viele kritische Befunde gefunden wurden. Damit kann die Effizienz des Reviews anschließend sehr gut bewertet werden.

Review-Protokoll Simulator-Code Datum der Sitzung, Unterschrift d. Schriftführers 19.7.07, Napp	Prüfling: Simulator.java vom 5.7.2007		Anzahl der gefundenen Auffälligkeiten nach ihren Kritikalitäten:	
	Moderator:	Q	k = kritisch (wichtige Projektziele verletzt):	5
	Schriftführer:	K. Napp	b = bedeutend (muss bearbeitet werden):	32
	Gutachter:	A. Meier (AM)	u = unbedeutend (kann später verbessert werden)	71
		I. Schulte (IS)	Anzahl der gefundenen Auffälligkeiten ins.:	108
		K. Napp (KN)	Empfehlung des Review-Teams:	
	Dauer des Reviews in Minuten: 120		O Akzeptiert ohne Änderung x Akzeptiert mit Änderungen O Erneutes Review nach Änderungen	
	Kennung der Prüfliste: Code-Java-v12			

Lfd. Nr.	Position im Prüfgegenstand	Gut-achter	Befund	Checklisten-Referenz	Kritikalität
1.	...				
2.	...				
3.	...				
4.	25	KN	Kopfkommentar zu dieser Methode fehlt	CJ-3	b
5.	26	AM	Was geschieht, falls runThread nicht null ist? Kommentar fehlt	CJ-5	u
6.	27	KN, AM	Name „xy" ist beliebig und damit missverständlich.	CJ-7	b
7.	...				

Abb. 7–5   *Gemeinsames Reviewprotokoll entsteht in der Sitzung*

Wieder beziehen sich die Einträge auf das obige Beispiel. Drei Gutachter waren anwesend, darunter A. Meier und K. Napp, von dem der obige Einzelprüfbericht stammt. K. Napp wurde gebeten, das Protokoll zu schreiben. Zusammen hat die Gruppe mehr Befunde gesammelt als jeder Einzelne, aber natürlich gab es auch Überlappungen: Schließlich gibt es zu jedem Prüfaspekt zwei zuständige Gutachter. Das hat dazu geführt, dass Meier und Napp beide auf den Befund in Zeile 27 gestoßen sind. Man hat sich auf einen *bedeutenden* Befund geeinigt. In der Diskussion dazu hatten beide unterschiedliche Lösungen vorgeschlagen. Das ist aber im Review nicht erlaubt; der Moderator hat es unterbunden und auf die 3. Stunde vertagt.

Ganz wesentlich ist am Ende die Empfehlung des Reviewteams, also der Gutachter und des Moderators: Kann der Prüfling unverändert übernommen werden, muss er noch geringfügig überarbeitet werden, ohne noch einmal einem Review unterzogen zu werden, oder sind die Überarbeitungen so umfangreich oder so schwierig, dass anschließend ein erneutes Review nötig wird? Der Moderator ist verantwortlich, dass bei dieser Entscheidung jeder Gutachter zu Wort kommt und hinter der Entscheidung stehen kann.

Q hat mit einiger Mühe drei Leute überzeugt, ein besonders wichtiges Modul zu reviewen. Das ging ja noch. Aber der Autor war ein harter Brocken. Wollte einfach nicht glauben, dass das nicht zu einer persönlichen Rechtfertigung für ihn führen würde: »Ich arbeite hier seit sieben Jahren, und jetzt wüsste ich doch gerne mal, was mir die jungen Kollegen noch beibringen sollen! Ich habe es doch nicht nötig, mich von denen auseinandernehmen zu lassen.« Q seufzt, weil die Kultur bei FunGate hier noch so rückständig ist. Aber es ist ja eine alte Wahrheit, dass man beim Review mit besonders viel Finger-

spitzengefühl vorgehen muss. Es hat keinen Sinn, jemanden zu verprellen. Im Gegenteil: Dem Autor muss Q die Angst nehmen – und es darf dann auch wirklich keine unsachlichen oder überheblichen Angriffe geben. Q nimmt sich vor, als Moderator darauf mit eiserner Hand zu achten. Soziale Kompetenz, geht es Q durch den Kopf. Die braucht man wirklich. Und außerdem müssen die Beteiligten nachher merken, dass ihnen das Review etwas gebracht hat. Auch dafür ist der Moderator zuständig.

7.3 Aufwand und Nutzen

Wenn sich ein Entwickler beim Codieren verschreibt und der Compiler einen Syntaxfehler anzeigt, kann dieser in wenigen Sekunden behoben werden. Der Fehler hat praktisch keine Kosten verursacht. Ist der Fehler jedoch nicht syntaktischer Natur, sondern wurde eine falsche Variable angesprochen, so dauert es länger, den Fehler zu finden. Das kostet mehr Zeit und damit auch mehr Geld.

In eine ganz andere Größenordnung stoßen Fehler vor, die sich schon im Entwurf oder gar in der Spezifikation eingeschlichen haben: Wenn sich erst im Test herausstellt, dass eine Anforderung missverstanden wurde, muss nicht nur die Spezifikation geändert werden. Vielmehr hat sich der Fehler schon in den Entwurf und in die getesteten Programmteile fortgepflanzt. Diese Stellen müssen identifiziert, geändert und erneut getestet werden. Das kostet ein Vielfaches des Aufwands im Verhältnis zu einem kurzlebigen Syntaxfehler.

Doch in welcher Phase können Fehler überhaupt gefunden werden? Wenn man sich allein auf Tests verlässt, können missverstandene Anforderungen während Entwurf, Codierung, Modultest und Integration nicht entdeckt werden: Denn alles verhält sich ja wie spezifiziert. Aber die Spezifikation ist falsch! Das merkt vielleicht erst der Kunde, wenn er feststellt, dass die »Software nicht tut, was sie soll«. Daher werden gerade frühe Fehler oft erst sehr spät entdeckt, wenn es schon sehr, sehr teuer ist, sie zu beseitigen.

Hier bieten Reviews eine Abhilfe: Mit einem Review wird ein Dokument sofort geprüft, nachdem es erstellt wurde. Ähnlich wie der Syntaxfehler durch die sofortige Compilerprüfung wird ein Fehler im Dokument durch ein sofortiges Review aufgedeckt. Der Trick liegt darin, nicht erst die ganze Entwicklung durchzuführen und dann festzustellen, dass sie auf einer falschen Annahme basierte. Mit Tests lassen sich Anforderungsfehler erst spät identifizieren, weil ja erst das ganze Programm entworfen und implementiert werden muss, bevor es getestet werden kann. Stattdessen wird das Dokument im Review geprüft, bevor es Folgeschäden verursachen konnte. Wie der Syntaxfehler ist auch ein im Review gefundener Fehler daher relativ »billig« zu beheben.

Auf diese Weise liefert das Review eine handfeste Ersparnis: den Unterschied zwischen den Kosten, die entstanden wären, wenn der Fehler ausgeliefert worden wäre, und den tatsächlichen Kosten für die Beseitigung in Folge des Reviews. Es ist seit langem bekannt, dass die Kosten für einen Fehler exponentiell über der Verweilzeit des Fehlers im Projekt steigen. Tausende von Euro für einen Fehler sind hier keine Seltenheit. Je früher ein Fehler also gefunden wird, desto besser – viel besser. Reviews können Fehler schon an der Quelle finden. Das ist der Hauptnutzen von Reviews.

Viele Maßnahmen in der Softwarequalität sind eindeutig nützlich. Sie verbessern die Qualität der Software, verhindern Fehler oder helfen, sie zu beseitigen. Dennoch ist es oft schwierig, ihren Nutzen in Heller und Pfennig (oder Euro und Cent) anzugeben. Das wäre aber sehr hilfreich, um auch das Management zu überzeugen, dass sich Investitionen in diesem Bereich lohnen – im wörtlichen, finanziellen Sinne.

Bei Reviews können tatsächlich solche Abschätzungen vorgenommen werden, vgl. auch [Gilb et al. '93]. Inzwischen gilt es als eine gesicherte Wahrheit, dass (systematisch durchgeführte) Reviews deutlich mehr Fehlerkosten sparen, als sie an Fehlervermeidungskosten verursachen (vgl. Abb. 2–4 in Abschnitt 2.2). Das mag zunächst verblüffend sein, denn bei vielen Teilnehmern prägt sich der hohe Aufwand ein, den sie mit dem Review hatten. Dagegen ist die Ersparnis nicht so unmittelbar erfahrbar – sie ist aber noch größer.

Wird ein Dokument vollständig durch Reviews geprüft, müssen dafür noch einmal ca. 15–20% der Erstellungskosten dieses Dokuments gerechnet werden, abhängig von der Dokumentart und den Prüfaspekten. Andererseits findet ein gut durchgeführtes Review bis zu 70% aller Fehler, auch der kritischen [Frühauf et al. '04; Glinz '05]. Viele Unternehmen erfassen den Aufwand für Korrekturen nach Auslieferung, das Controlling kann also firmenspezifische Durchschnittszahlen liefern. Es lässt sich damit ausrechnen, wie viel ein Fehler kostet, der nicht gleich gefunden wird, sondern erst beim Kunden auftaucht. Im Reviewprotokoll steht andererseits, wie viele kritische oder ernste Fehler im Review gefunden wurden. Wird diese Anzahl mit den durchschnittlichen Kosten multipliziert, dann ergibt sich für jedes Review, wie viel es eingespart hat. Die Einsparung übertrifft die Kosten oft um ein Mehrfaches, wie im Beispiel von Abbildung 7–6. Der Return on Investment (ROI) ist das Verhältnis zwischen Nutzen und Aufwand. Zahlen über 1 zeigen, dass mehr als das eingesetzte Kapitel zurückgeflossen ist. Bei einem ROI von 2,5 hat jeder eingesetzte Euro zu einem Rückfluss von 2,50 Euro geführt. In diesem Rechenbeispiel ist sogar die Nacharbeit nach dem Review bereits eingerechnet.

Daher handelt jeder Qualitätsbeauftragte und jeder Projektleiter, der keine Reviews einsetzt, fahrlässig und gegen die Interessen des eigenen Unternehmens.

Kosten/Nutzen
Beispielsrechnung mit typischen Daten
Controlling liefert Daten, zum Beispiel:
Aufwand für späte Fehlerbehebung: 2 Personentage pro Fehler, etwa 1.500 €
Stundensatz Reviewteilnehmer im Durchschnitt etwa 100 €

Aufwand   (in Personenstunden)

Planung, Vorbereitung (Moderator):	2
Kickoff (Moderator, 3 Gutachter, Autor):	3
Einzelprüfungen (Gutachter):	20
Reviewsitzung, dritte Stunde:	15
Nacharbeit und Kontrolle:	20
Summe	*60*

Bei Stundensatz von 100 €: **ca. 6.000 €**

Nutzen
10 kritische Fehler gefunden: 10*1.500 € = **15.000 €**

Schwer quantifizierbarer Nutzen
1-2 Fehler gefunden, die das Projekt gefährdet hätten
Imageschaden durch fehlerhafte Software vermieden

Zusätzlicher Nutzen (qualitativ)
- Nicht kritische Fehler beseitigt
- Gegenseitiges Lernen durch Lesen und Erklären

Bewertung
Kosten 6.000 € hoch, aber viel geringer als Nutzen 15.000 €
ROI (return on investment) = Nutzen/Kosten = 2,5: viel besser als 1.
Zusätzlich nichtquantifizierter Nutzen

Abb. 7–6   *Beispiel für Kosten-/Nutzenrechnung zu einem Review*

Q hat zum Abschluss der dritten Stunde überschlagen, wie viel das Review eingespart hat. Die Gutachter sind begeistert, haben sie doch die Befunde geliefert. Aber sogar der Autor ist halbwegs positiv gestimmt. Schließlich sind die persönlichen Verletzungen ausgeblieben, und die meisten Fehler hätten die jungen Kollegen wohl auch gemacht. Nur die Nutzenabschätzung findet der Autor zu gewagt: »Vielleicht hätte ja doch jemand die Fehler noch gefunden, oder es hätte nicht gar so viel gekostet, sie zu beseitigen. Es sind eben keine echten Kosten, nur hypothetische«, *meint er.* »Stimmt!«, *gibt Q zu.* »Aber ein verhinderter Schaden ist doch ein echter Gewinn, oder? Gerade weil er nicht wirklich eingetreten ist.« *Restlose Begeisterung hatte Q nicht erwartet, ist aber ziemlich sicher, dass diese Leute beim nächsten Mal wieder mitmachen werden. Gut gemacht, lobt sich Q selbst. Eine Reviewkultur entsteht.*

7.4 Varianten von Reviews

Fast jedes Dokument kann mit Reviews geprüft werden. Es scheint ideal, überhaupt jedes Entwicklungsdokument einem Review zu unterziehen. Damit können auf allen Ebenen Fehler beseitigt werden. In der Praxis müssen allerdings Kompromisse gemacht werden, weil die Qualitätssicherung ja stets mit der Entwicklung um Ressourcen konkurriert. Daher wird man sich auf einige Schlüsseldokumente beschränken.

Um den Aufwand zu senken, gibt es mehrere Möglichkeiten: Man kann weniger streng prüfen, mit weniger Gutachtern auskommen oder die Einzelprüfungszeit verkürzen. Eine klassische Variante ist das **Walkthrough**, bei dem sich die Gutachter überhaupt nicht auf die Sitzung vorbereiten müssen. Der Autor stellt, ähnlich wie oben im Kickoff, den Prüfling Seite für Seite vor, und die Gutachter nehmen spontan dazu Stellung. Die Einzelprüfung wurde eingespart. Es sollte aber klar sein, dass damit auch ein großer Teil der Wirkung und des Nutzens verloren geht. Die Gutachter müssen mit dem Umfeld des Prüflings vertraut sein, sonst können sie in aller Schnelle nur oberflächliche Kommentare abgeben.

Andere Varianten verlangen zwar eine Einzelvorbereitung, reduzieren aber die Zahl der Gutachter oder ersetzen die gemeinsame Sitzung durch eine Telefonkonferenz oder gar durch asynchrone Kommunikation. Dafür kommen E-Mails, ein Forum oder ein Wiki-Web in Frage, die als Austauschplattform genutzt werden. Diese Formen sind besonders dann sinnvoll, wenn die Entwicklung an verteilten Standorten stattfindet und eine gemeinsame Sitzung schon wegen der Reisekosten ausscheidet.

Letztlich kommt es darauf an, mit zumutbarem Aufwand möglichst diszipliniert zu reviewen. Es beschäftigt immer noch die Forschung, wie das Optimum für jeden einzelnen Fall gefunden werden kann. Außerdem wird versucht, die detaillierten Abläufe in einem Review zu optimieren. So wurden an der University of Maryland mehrere kontrollierte Experimente durchgeführt [Ciolkowski et al. '97; Shull et al. '00]. Man wollte herausfinden, in welcher Form Gutachter ihre Prüfaspekte erhalten sollen. Eine systematisch geordnete Checkliste, von der jeder Gutachter einige Aspekte zugewiesen bekommt, ist das übliche Verfahren [Fagan '76]. In Maryland wurde eine vielversprechende Variante damit verglichen, das »*perspective-based reading*«. Jeder Gutachter erhält hier nicht nur einige Prüfkriterien zugewiesen, sondern eine eigene Rolle, beispielsweise Tester oder Kunde oder Datenbankdesigner. Die Gutachter sollen dann selbst aus dieser Rolle heraus passende Aspekte und Kriterien entwickeln und letztlich aus dieser Perspektive den Prüfling unter die Lupe nehmen. Mehrere Studien haben gezeigt, dass perspective-based reading effektiver arbeitet als die klassische Reviewtechnik mit ganz normalen Listen von Prüfkriterien, also mehr Fehler finden kann [Shull et al. '00].

8 Formale Verfahren

Q denkt über weitere Reviews nach. Trotz ihrer guten Kosten/Nutzen-Bilanz sind Reviews gar nicht einfach zu vermitteln, findet Q: Da sollen drei oder vier hoch bezahlte Entwickler ein Stück Code lesen, das man doch genau so gut ausführen und testen könnte. Aber dafür bräuchte man dann wieder Testdaten und Sollresultate und so weiter. Und nie weiß man, ob nicht doch noch irgendwo ein Mangel sitzt. So richtig befriedigend ist das für heimliche Perfektionisten nicht. Und davon gibt es in der Softwarequalität viele.

Wäre es nicht besser, wenn man richtiggehend beweisen könnte, dass ein Programm korrekt ist? Das wäre doch motivierender, als seine Energie dafür zu verbrauchen, Fehler zu suchen – wie beim Testen oder im Review. Aber dazu bräuchte man natürlich einen festen Bezugspunkt für »Korrektheit«, die manchmal recht vagen Spezifikationen reichen dafür nicht aus. Und ein paar nette Qualitätsmodelle auch nicht. Man bräuchte: Formale Methoden!

Q fasst einen Entschluss: Man darf sich auch vor diesem Thema nicht drücken, nur weil man noch wenig darüber weiß. Wenn es meinem Projekt nützt, sagt sich Q, dann werde ich Tag und Nacht Formalismen büffeln. Q drückt auf den Aufzugsknopf und fährt von den sonnigen Besprechungsräumen der Qualitätsinitiative, in denen das Review stattgefunden hat, hinab in die fundierten Tiefen der Grundlagenabteilung. An den Weißwänden hier unten stehen überall Abkürzungen und Formeln. Man findet sich nicht leicht zurecht; aber vielleicht lohnt es sich ja …

In der Praxis spielen Test und Review die größte Rolle für die Qualitätssicherung. Formale Ansätze haben sich noch nicht so stark durchgesetzt. Aber mit Techniken wie Model Checking [Clarke et al. '00] und Model-Driven Architecture MDA [Mellor und Balcer '02; Petrasch und Meimberg '06] ziehen auch formale Techniken immer mehr in die Entwicklung ein.

Formale Techniken beschreiben mithilfe von mathematischen Formeln zum Beispiel, wie sich ein Programm auf den Startzustand eines Programms oder Geräts auswirkt. Wenn dann noch eine formale Beschreibung der *gewünschten*

Wirkung vorhanden ist – die formale Spezifikation –, dann kann allein auf Basis dieser Formeln festgestellt werden, ob das Programm das Gewünschte leistet. Formeln lassen sich nach festen Regeln ineinander überführen, daher können formal spezifizierte Anforderungen automatisch geprüft und verifiziert werden. Auch gibt es formal arbeitende Verfahren, um bestehende Programme oder Algorithmen gezielt auf gewisse Eigenschaften hin zu prüfen.

Natürlich haben auch formale Verfahren ihre Grenzen: Es kann zum Beispiel niemals ein Verfahren geben, das für beliebige Programme feststellt, ob sie auch nur anhalten werden. Diese sogenannte »Unentscheidbarkeit des Halteproblems« hat Turing 1936 [Turing '36-7] bewiesen. Es ist typisch für formale Verfahren, dass auch dieser Beweis nichts mit Rechnerleistung, Betriebssystemen oder einem bestimmten Compiler zu tun hat. Vielmehr kann auch der beste Entwickler mit der Programmiersprache seiner Wahl kein Programm schreiben, das für alle Programme feststellt, ob sie jemals anhalten oder in eine Endlosschleife laufen. Auch einige andere Eigenschaften lassen sich nicht allgemein entscheiden.

In neueren formalen Verfahren werden oft nicht mehr direkt die mathematischen Formeln manipuliert. Vielmehr wird das gewünschte System modelliert. Das Modell ist so klar definiert, dass es den mathematischen Formeln entspricht und genau so verwendet werden kann. In den letzten Jahren haben modellbasierte Verfahren an Bedeutung gewonnen, bei denen nicht das Verhalten von Programmen, sondern die genaue Bedeutung von Modellen interpretiert wird. Die oben genannten Schlagworte Model Checking [Clarke et al. '00] und Model-Driven Architecture [Petrasch und Meimberg '06] oder modellgetriebener Softwareentwicklung [Stahl und Völter '05] gehören in diese Kategorie. Hier werden Eigenschaften von Modellen genutzt, um formal Qualitätseigenschaften zu beweisen oder um Code zu generieren. Besonders Zustandsdiagramme und eine Reihe von UML 2.0-Modellen sind solchen formalen Methoden zugänglich. Es gibt zahlreiche Bücher, die sich mit Details dieser Verfahren auseinandersetzen. Die folgenden Ausführungen sollen die prinzipielle Funktionsweise formaler Verfahren verdeutlichen, ohne zu sehr ins Detail zu gehen.

8.1   Prädikatenkalkül und formale Beweise

Es gibt verschiedene Ansätze, die Korrektheit eines Programms zu beweisen. Ein solcher Beweis soll ja bestätigen, dass ein Programm mit *allen* erlaubten Eingabewerten ein korrektes Resultat liefert. Wie die Abschätzung im Testkapitel zeigte, ist es nicht möglich, alle Eingabewerte auszuprobieren – es sind fast immer viel zu viele. Anders als Tests kann sich ein derartiger Beweis aber auch nicht mit einer Stichprobe von Eingabewerten begnügen.

Die Beweise gehen daher anders vor: Sie beziehen sich zwar unmittelbar auf den Quellcode, lassen das Programm aber nicht übersetzen oder ablaufen. Compiler, Betriebssystem, Hardware und so weiter sind folglich nicht in den Beweis einbezogen (im Test sind sie dagegen immer mit dabei, wenn das Programm läuft). Stattdessen wird mit Formeln der Zustand des Programms allgemein beschrieben, also ohne einzelne Parameter- oder Variablenwerte zu erwähnen.

Ein ganz einfaches Beispiel: Ist bekannt, dass für einen Parameter p nur positive Zahlen zugelassen sind, kann formal festgehalten werden, dass an dieser Stelle *(p > 0)* gilt. Man verfolgt nun, wie sich die Werte unter dem Einfluss des Programms verändern und notiert dies ebenfalls als Formeln. Wird beispielsweise durch die Anweisung »$p = p + 5$« zu p noch 5 hinzuaddiert, so gilt danach *(p > 5)*.

Weil die Formeln mathematischen Vergleichen und Operationen zugänglich sind, können Zusammenhänge abgeleitet werden, ohne jemals das Programm ausgeführt zu haben. Dieses Verfahren wurde nie auf Einzelwerte für p bezogen oder eingeschränkt. Das Prädikatenkalkül von Hoare ist ein bekanntes Verfahren, das nach diesem Prinzip arbeiten [Hoare '69].

In einer Besprechungsecke kritzelt ein junger, bärtiger Kollege ganz allein Formeln an die Tafel. Eine echte Tafel mit Kreide! Q sieht scheu aus der Ferne zu, kann aber nichts lesen. Der Kollege hält inne, steht still und beginnt dann, versonnen im Kreis zu gehen. Nach drei Runden blickt er Q an und fragt: »Stehst Du schon lange da?« Ein freundliches Lächeln. »Tut mir leid, ich grüble schon den ganzen Tag an dieser Schleifeninvariante herum, da erkenne ich mein eigenes Fahrrad nicht mehr. Wie kann ich helfen?« Q ist fasziniert von der Freundlichkeit und Konzentrationsfähigkeit. Vielleicht sitzen diese tiefen Denker deswegen im Keller? Gerne erklärt der Kollege, worum es beim formalen Beweisen geht. »Vielleicht fällt mir die Invariante dann ja umso leichter ein«, hofft er.

8.1.1 Grundvorgehen und Basiselemente

Ein Beweis im Prädikatenkalkül bezieht sich auf den Quellcode. Vor der Durchführung des Programms gilt eine sogenannte Vorbedingung; sie beschreibt, mit welchen Werten und Parametern die Programmausführung starten darf. Die Vorbedingung ist als Formel notiert. Wenn es keine Vorbedingung gibt, ist die Formel *true*, also stets erfüllt.

Dazu muss vorab definiert werden, wie sich verschiedene Programmanweisungen auf den Zustand des Programms auswirken: nämlich Zuweisung, Verzweigung, Schleife und so weiter. Die Definition wird keine großen Überraschungen bringen, denn es ist bekannt, was die Programmanweisungen bedeuten. Wir gehen davon aus, dass sie entsprechend dieser »bekannten« Semantik vom Compiler interpretiert werden. Um einen formalen Beweis führen zu können, reicht dieses intuitive Verständnis aber nicht aus. Es muss die Semantik ausdrücklich mithilfe der Formeln für Vor- und Nachbedingungen spezifiziert werden (d. h. festgelegt werden). Hier kommt das Prädikatenkalkül ins Spiel.

Prädikate sind Formeln. Im Prädikatenkalkül gibt es Regeln, wie durch eine Anweisung eine Formel in eine andere überführt wird; das ist das Kalkül. Statt das Programm laufen zu lassen, werden dann die Regeln auf den Prädikaten durchgeführt. Wenn für jede nötige Anweisungsart eine Regel vorhanden ist, kann die Wirkung des Programms damit auf den Prädikaten formal nachvollzogen werden.

Im Prädikatenkalkül gibt es keine Compilerfehler, Schmutzeffekte oder Nebenwirkungen. Es wird auch nicht mit Einzelwerten (Testdaten), sondern mit allgemeinen Formeln (Prädikaten) gearbeitet. Wenn auf dieser Ebene Eigenschaften abgeleitet werden können, gelten sie in aller Allgemeinheit und für alle von den Formeln erfassten Werte. Sie sind generell bewiesen, und das war das Ziel.

Um die Regeln für die Anweisungsarten formulieren zu können, verwendet das Prädikatenkalkül eine bestimmte Schreibweise: Für jeden Anweisungstyp wird seine Wirkung definiert, indem vor und hinter die Anweisung Prädikate gestellt werden. Üblicherweise wird in einer Regel die Vorbedingung mit P und die Nachbedingung mit Q bezeichnet. Um darauf hinzuweisen, dass diese Bedingungen die Rolle von Prädikaten spielen, werden sie in geschweifte Klammern gesetzt. Zwischen den Prädikaten steht die Anweisungsart:

$$\{ P \} \ Anweisungsart \ \{ Q \}$$

Das bedeutet: Wenn zuvor das Prädikat P galt und dann eine Anweisung der entsprechenden Art durchgeführt wurde, so gilt nachher Q. Interessant wird das natürlich erst, wenn bekannt ist, wie P und Q im Einzelfall eines konkreten Programms aussehen.

Wenn die Anforderungen an ein Programm interpretiert werden, zeigt sich, dass viele davon Prädikate über den *Endzustand* darstellen. Es wird dort gefordert, was am *Programmende* gelten soll (»in der Spalte steht schließlich die Summe aller Buchungen ...«).

8.1.2   Voraussetzungen aus Anforderung ableiten

Oft möchte man fragen: Welche Anfangsbedingungen müssen denn eingangs erfüllt sein, damit mein Programm der Anforderung nach Programmende genügt? Um dies zu beantworten, muss im Beweis *rückwärts* geschlossen werden. Man startet bei der Anforderung, also der gegebenen Nachbedingung des Programms, und arbeitet sich im Quellcode von hinten nach vorne. Bei jeder Anweisung wird gefragt: Was hätte vorher gelten müssen, damit nachher die Nachbedingung für diese Anweisung gilt? Das kann wiederum ermittelt werden, indem auch die Regel »rückwärts angewendet wird«, die die Semantik der betreffenden Anweisungsart beschreibt.

Das lässt sich im einfachsten Fall an einer Zuweisung zeigen. Ein **Beispiel**: Ein Kaufhaus betreibt ein Bonusprogramm. Wer auf seiner Kundenkarte mindestens

1.000 Treuepunkte gesammelt hat, erhält 2 % Rabatt, bei höheren Schwellen
sogar noch mehr. Nun möchte das Kaufhaus in einer Werbeaktion jedem Kunden
Punkte schenken. Damit nicht zu viele sofort den Rabatt erhalten, werden aber
auch die Bonusschwellen erhöht. Die Anforderungen sehen vor, dass »niemand in
den Genuss eines Bonus kommen soll, der zuvor noch unter 800 Punkte war«.
Eine Softwarefirma realisiert die Bonusumstellung als Programm. Sicherheitshal-
ber verifiziert die Projektleitung, ob die Anforderung zuverlässig erfüllt ist.

Dazu wird das Programm rückwärts verifiziert. In Abbildung 8–1 sieht man
links das Prinzip der Rückwärtsanwendung: Der Ausdruck einer Zuweisung wird
in die Formel der Nachbedingung Q eingesetzt. Das ergibt die Vorbedingung der
Zuweisung.

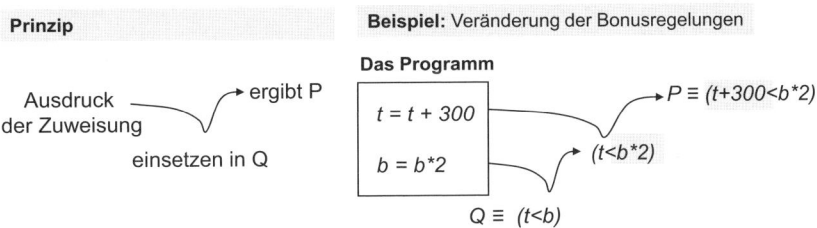

Abb. 8–1   *Rückwärtsableitung von Prädikaten: Prinzip und Beispiel*

Rechts sieht man das kleine Programm, das die Softwarefirma erstellt hat: Die
Treuepunkte t jedes Kunden werden um 300 erhöht, das ist das Geschenk.
Gleichzeitig werden alle Bonusschwellen b verdoppelt. Kann das Kaufhaus sicher
sein, dass die obige Anforderung erfüllt ist und niemand in den Genuss des
Rabatts kommt, der zuvor unter 800 Punkte lag? Das lässt sich mit Tests erkun-
den. Aber es geht auch allgemeiner.

Zur Prüfung dieser Frage wird, wie in Abbildung 8–1 rechts zu sehen, zwei
Mal die Rückwärtsableitung der Zuweisung angewendet: Man beginnt bei der
Nachbedingung Q≡(t<b), die besagt, dass jemand nach der Bonusumstellung
keinen Rabatt bekommt, weil seine Treuepunkte t unter der Bonusschwelle b liegen. Aber unter welchen Vorbedingungen kommt man zu dieser Nachbedingung?

Man sieht zwei Ableitungsschritte. Zunächst wird der Term b*2 für b eingesetzt, dann t+300 für t. Was dabei herauskommt, ist die Vorbedingung
P≡(t+300<b*2).

Diese wird zu P≡(t<b*2-300) umgeformt.

Da man auch noch weiß, dass die erste Bonusschwelle bei b=1.000 lag und
alle anderen höher waren, gilt (b≥1.000) und damit auch P≡(t<1.000*2-300)
≡(t<1.700). Die Anforderung Q bezog sich aber nur auf Personen, bei denen
t<800 war, die also noch 200 Treuepunkte von der ersten Bonusschwelle entfernt
waren. Alle Fälle, die uns für die Anforderung interessieren (t<800), implizieren
auch (t<1.700). Das war ja die Vorbedingung, die laut obigem Beweis zu

$Q \equiv (t < b)$ führt: Keiner, der mit $(t < 800)$ startete, erhält somit nach der Umstellung einen Bonus. Das war jetzt nicht ganz einfach, aber die Anforderung ist damit bewiesen.

Q versucht, das noch einmal in eigenen Worten auszudrücken: »Wie muss der Zustand vorher ausgesehen haben, damit das Programm den Endzustand herstellt, den ich will?« So weit, so gut. »Aber das Programm verändert doch wirklich die Speicherwerte? Dann sehe ich doch, wie es aussieht?«, überlegt Q. »Was gewinne ich denn, wenn ich mir nicht die wirklichen Werte ansehe und stattdessen von Formeln rede, die ich mir mühsam ausdenken muss?« Ach ja! Eben die Allgemeinheit der Aussage. Jede Speicherzelle hat immer nur einen Wert. Aber die Formel steht für alle Werte, die sie beschreibt: $a > 5$ umfasst 6, 7, 8, 9, … 10.465 und so weiter. Tausende von Testfällen in einer einzigen Formel!

8.1.3   Verzweigung als Anweisungsart

Die Zuweisung lässt sich am einfachsten beschreiben. Andere Anweisungsarten sehen etwas komplizierter aus. Das soll hier stellvertretend an der Verzweigung und an einer Schleife gezeigt werden. Weitere Anweisungsarten sind in [Liggesmeyer '02] ausführlich dargestellt. Auf formale Ableitungen gehen auch etliche andere Lehrbücher ein, wie die sehr anschauliche Einführung in die Informatik von [Appelrath und Ludewig '91].

Eine Verzweigung (»if-then-else«) wirkt wie eine Weiche. Wenn die Bedingung B erfüllt ist, werden die Anweisungen im then-Teil ausgeführt, sonst die im else-Teil. Wird nun die Regel für die Rückwärtsableitung konstruiert, gelangt man zu dem in Abbildung 8–2 skizzierten Resultat. Dort wird die Struktur der Anweisung (links) dargestellt, an der die Regel (rechts) veranschaulicht werden kann.

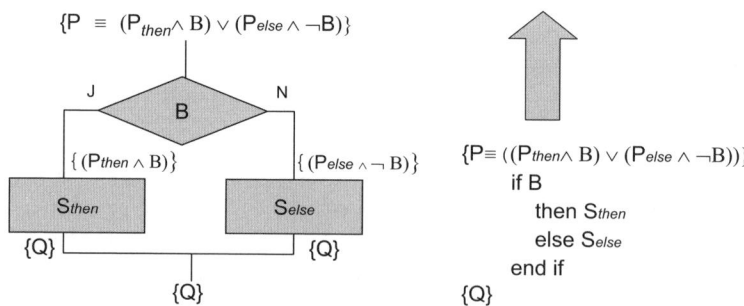

Abb. 8–2   *Struktur der Verzweigung und Regel für Rückwärtsableitung*

Für die Rückwärtsableitung beginnt man die Betrachtung mit der Nachbedingung. Man erreicht die Verzweigung also von »unten«. Die Situation nach der Verzweigung nennen wir hier »Q«, egal wie sie aussieht und wie kompliziert sie ist. Nun ist die Frage, welche Vorbedingung P gegolten haben muss, damit sich nach der Schleife Q ergibt. Wenn das Programm abläuft, kann es auf zweierlei Weise den Punkt nach der Verzweigung erreichen: über den then-Zweig oder über den else-Zweig. Den einen oder den anderen Zweig wird das Programm durchlaufen.

Der then-Zweig wird durchlaufen, wenn die Bedingung B erfüllt ist. Dann werden auch die Anweisungen durchlaufen, die hier zusammengefasst als S_{then} bezeichnet sind. Was muss aber vor dem Eintritt in den then-Zweig gegolten haben, damit anschließend Q erfüllt ist? Um das zu erfahren, werden die Ableitungsregeln des Kalküls nun rückwärts auf die Anweisungen von S_{then} angewendet. Die Vorbedingung, die dabei herauskommt, nennen wir P_{then}. P_{then} ist einfach ein Name dafür, was im then-Zweig gegolten haben muss, damit nachher Q erfüllt ist. Zusammen mit B, das im then-Zweig ja sowieso erfüllt ist, ergibt sich als Vorbedingung: $(P_{then} \wedge B)$. Das ist die eine Möglichkeit, die Verzweigung zu durchlaufen.

Die andere Möglichkeit stellt der else-Zweig dar: Wenn die Bedingung B nicht erfüllt ist, läuft das Programm durch den else-Zweig und dort durch die Anweisungen, die hier als S_{else} zusammengefasst sind. Analog zum then-Zweig fragen wir nun, was vor dem Eintritt in den else-Zweig gegolten haben muss, damit nachher Q erfüllt ist. Wenn man weiß, wie die Anweisungen in S_{else} konkret aussehen, kann man rückwärts ermitteln, wie die Vorbedingung für den else-Zweig aussieht. Da wir es hier nicht konkret wissen, nennen wir die Vorbedingung ganz allgemein P_{else}, und wissen, dass bei Eintritt in den else-Zweig insgesamt $(P_{else} \wedge \neg B)$ gegolten haben muss.

Nun müssen beide Möglichkeiten noch zusammengesetzt werden: Wenn das Programm bei der Verzweigung ankommt, wird es durch einen der beiden Zweige laufen, wodurch in beiden Fällen nachher Q erfüllt sein wird. Man kann daher die Vorbedingungen der beiden Zweige mit einem logischen *oder* verbinden und erhält als Vorbedingung der ganzen Verzweigung: $P \equiv (P_{then} \wedge B) \vee (P_{else} \wedge \neg B)$. In einer konkreten Ableitung sind alle drei Teile davon – B, P_{then} und P_{else} – auch als konkrete Prädikate bekannt. So kann man eine konkrete Vorbedingung P aus einer gegebenen Nachbedingung Q ableiten.

8.1.4 Schleifeninvarianten

Bei Verzweigungen musste eine Regel im Prädikatenkalkül verwendet werden, die sowohl den then- als auch den else-Teil erfasste. Auch Schleifen möchte man nach dem gleichen Prinzip behandeln wie einfache Zuweisungen und Verzweigung. Das ist aber für Schleifen noch einmal deutlich schwieriger, weil eine Schleife ja ein Mal, mehrmals oder auch gar nicht durchlaufen werden kann. Um die

»Anweisungsart Schleife« im Beweis zu erfassen, müssen alle diese Möglichkeiten berücksichtigt werden.

Dazu wird ein Trick verwendet, die sogenannte *Schleifeninvariante*. Das ist ein Prädikat, das in der Schleife erfüllt ist, egal, wie oft sie durchlaufen wird. Sie drückt damit die »Idee« der Schleife aus, die sich bei den Durchläufen nicht verändert – die also invariant ist. Leider lässt sich eine Schleifeninvariante nicht automatisch finden, und nicht jede mögliche Schleifeninvariante ist für den gesuchten Beweis nützlich. Es sind daher einige Erfahrungen notwendig, um eine geeignete Schleifeninvariante aufzustellen:

- Triviale Bedingungen wie *4 = 4* sind natürlich stets erfüllt, auch in einer Schleife. Sie sind Schleifeninvarianten, aber sie bringen nichts.
- Zu starke Bedingungen würden zwar sehr beim Beweis helfen, sie sind aber möglicherweise nicht in allen Fällen erfüllt, also keine Schleifeninvarianten.
- Eine gute Schleifeninvariante ist gültig und möglichst aussagekräftig. Man wird sie mit Erfahrung raten müssen und dann durch Anwendung des Prädikatenkalküls prüfen, ob die Bedingung wirklich stets erfüllt (invariant) ist.

Für den Beweis wird die ganze Schleife als eine einzige Anweisung betrachtet. Was muss vorher gelten und was gilt nachher, egal, was in der Anweisung passiert? Das hängt von der Struktur der Schleife und von ihrer Bedingung B ab. Die Struktur sagt aus, ob zuerst die Bedingung geprüft oder zuerst die Schleife durchlaufen wird. Syntaktisch führt dieser Unterschied zu verschiedenen Arten von Schleifen (while, repeat, for, until usw.). Jede Schleifenart führt zu einer etwas anderen Regel im Prädikatenkalkül. Hier soll als Beispiel nur die while-Schleife behandelt werden. [Liggesmeyer '02] zeigt noch andere Schleifenformen. Die Schleifeninvariante bezieht sich ausdrücklich auf die Bedingung (sie steht in der Invariante) und indirekt auf die Struktur der Schleife.

Die Struktur der while-Schleife ist in Abbildung 8–3 gezeigt: Zuerst erfolgt die Prüfung, ob *B* erfüllt ist. Ist das der Fall, so wird der Schleifenrumpf mit den Anweisungen *R* ausgeführt. Ist *B* dagegen nicht erfüllt, wird der Rumpf nicht (bzw. nicht noch einmal) durchlaufen, die Schleifenanweisung ist beendet.

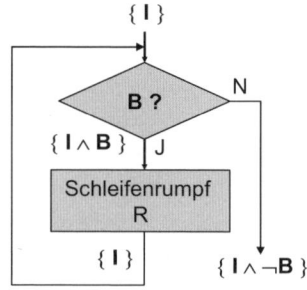

Abb. 8–3 *Struktur der while-Schleife und als Anweisung mit Prädikaten*

Ähnlich wie bei der Verzweigung überlegt man sich nun, wie die Regel für das Prädikatenkalkül aussieht. Wir bauen diese Regel »vorwärts« auf, überlegen also, welche Prädikate gelten, wenn die Teile der Schleife der Reihe nach ausgeführt werden. Die Regel in Abbildung 8–3 kann im Prinzip für Vorwärts- und für Rückwärts-Beweise eingesetzt werden.

Am Eingang der Schleife muss nur die Invariante I sicher gelten, über B ist nichts bekannt. Und dann wird die Bedingung B geprüft. Das ist hier eine ganz einfache Verzweigung. Ist B erfüllt, so gilt also jetzt $(I \wedge B)$. Mit diesem Prädikat tritt man in den Schleifenrumpf R ein. Was dort passiert, hängt von den Anweisungen in R ab. Das kann sehr viel und kompliziert sein. Aber jetzt kommt der Trick mit der Invariante: Vom gesamten Rumpf interessiert uns ausschließlich, dass nachher wieder I gelten muss, da Invarianten unveränderlich sind. Die gesamte Wirkung des Rumpfs darf I nicht zerstören. Anders gesagt: Wir müssen ein geeignetes I finden, das durch den Rumpf nicht zerstört wird. Oder noch prägnanter: Eine Schleifeninvariante ist ein Prädikat, das vorher galt und nach dem Rumpf immer noch nachweislich gilt.

Nach dem Durchlaufen des Rumpfs wird wieder die Bedingung B geprüft. Ist sie noch erfüllt, wird der Rumpf erneut durchgeführt, für den Beweis ist das nichts Neues. Ist B aber irgendwann nicht mehr erfüllt, wird die Schleifenanweisung verlassen. Was weiß man dann, am Ende der Schleife? Offenbar gilt dort B nicht mehr, andererseits muss aber immer noch I gelten, denn das war sowohl anfangs als auch nach beliebig vielen Schleifendurchläufen gefordert worden. Also gilt sicher: $(I \wedge \neg B)$.

Zu erklären, wie eine Invariante I gefunden wird, würde hier zu weit führen. Sobald sie gefunden wurde, ist aber auch die Regel für die `while`-Schleife bekannt, sie steht in Abbildung 8–3 rechts. Ab diesem Punkt kann auch eine `while`-Schleife ganz einfach ins Prädikatenkalkül eingebaut werden. Es können vorwärts und rückwärts Beweise geführt werden. Dabei werden nicht mehr die Dynamik und die möglichen Durchläufe der Schleife bedacht, sondern sie können in einem einzigen Schritt aus der Vorbedingung I geschlossen werden: Nachher gilt $(I \wedge \neg B)$.

Q brütet über ein paar Schleifen, die Q in dem Programm gefunden hat, das vorhin dem Review unterzogen worden war. Was könnte hier die Invariante sein? In einem Fall werden von allen n Kunden die Außenstände zusammengezählt. Also ist die Idee doch, dass eine Variable die Summe der Beträge bis zum Index i enthält. Und dieses i wächst. Die Bedingung sagt: Zähle weiter zusammen, solange i<n. Fast genau das steht ja auch in der Schleifenanweisung. Aber ist das jetzt wirklich eine Invariante oder sieht es nur so aus? Das müsste man richtiggehend beweisen. Q macht sich an die Arbeit.

Wenn der Ausdruck am Anfang der Schleife wirklich erfüllt ist, muss man formal ableiten, wie sich die Variablen innerhalb des Schleifenrumpfs verändern. Dann sollte am Ende der Schleife wieder der gleiche Ausdruck herauskommen. Invariant, eben. Q leitet ab und radiert, vereinfacht und schafft es schließlich. Die » Verankerung« fehlt noch, weiß Q. Ist der Ausdruck denn anfangs wirklich erfüllt? Das klappt leider nicht. Q ist frustriert, denn jetzt geht die Raterei wieder los. Um ein wenig auf andere Gedanken zu kommen, geht Q auf den Gang hinaus, zur Tafel. Dort dreht Q ein paar Runden und sinniert über die Invariante nach.

8.2   Verschiedene Spezifikationsstile

Wer formal beweisen will, dass ein Programm sich entsprechend seiner Anforderungen verhält, braucht zumindest die folgenden Dinge:

▎ eine formale Beschreibung der *tatsächlichen* Programmwirkung (siehe die formale Ableitung oben) und

▎ eine formale Beschreibung der *gewünschten* Programmwirkung.

Dann können beide verglichen werden. Der erste Teil wurde oben schon angesprochen: So kann zum Beispiel mit dem Prädikatenkalkül die Wirkung eines Programms »berechnet werden«, ohne es ablaufen zu lassen. Wer dann aber vergleichen möchte, braucht eine ebenso formale Beschreibung des gewünschten Verhaltens. Sie kann nur aus der Spezifikation stammen.

Schon mehrfach wurde die Spezifikation als Referenz für die Tätigkeiten in der Softwarequalität genannt: Ein Programm gilt genau dann als korrekt, wenn es »frei von Fehlern« ist und seine Spezifikation erfüllt (IEEE 610.12-1990). Aber wie wird festgestellt, ob auch nur Letzteres der Fall ist? Je nach dem Stil der Spezifikation gelten dafür bessere oder schlechtere Voraussetzungen.

▎ Die Mehrzahl aller Spezifikationen wird immer noch in Prosa geschrieben, also als fortlaufender Text, vielleicht mit ein paar Diagrammen und Tabellen angereichert. Am Beispiel der Schwimmbadkasse aus Abbildung 5–4 könnte ein Ausschnitt lauten: »*... wenn das Alter des Kunden festgestellt ist, wird der Preis auf dem Display angezeigt. Er beträgt 3€ bei Erwachsenen, und 2€ für Jugendliche. Kinder unter 11 Jahren haben freien Eintritt.*«

▎ Doch für die Prüfung (Review, Test) und für den Einsatz formaler Verfahren ist diese Darstellung nicht ideal, wie auch schon in Abschnitt 5.3 diskutiert wurde. Besser wäre es, die darin verborgenen Anforderungen einzeln darzustellen (im Beispiel der Schwimmbadkasse: Abb. 8–4). Dabei wird auch deutlich, dass manche Anforderungen noch weiter geklärt werden müssen. Im Beispiel wird präzisiert, wie die Ergebnisse genau anzuzeigen sind. Außerdem werden die Altersgrenzen explizit festgelegt, um Missverständnisse zu vermeiden (nicht in allen Ländern ist man mit 18 volljährig). Auf die folgenden Einzelanforderungen kann man sich über ihre Nummern leicht beziehen, wie dies ja auch in Abbildung 5–4 schon zur Ableitung von Testfällen getan worden ist.

R00: Kassierer ermittelt das Alter (z.B. vom Schülerausweis) und gibt es ein.
R01: 0 bis 10 Jahre alt: Anzeige „Kind: gratis"
R02: 11 bis 17 Jahre alt: Anzeige „jugendlich: 2€"
R03: 18 bis 110 Jahre alt: Anzeige „volljährig: 3€"
R04: Werden andere Zahlen eingegeben, erscheint eine Fehlermeldung (in roter Schrift)
R05: Die Eingabe anderer Zeichen (Buchstaben, Sonderzeichen) soll nicht möglich sein

---

Abb. 8–4   *Spezifikation im Stil von Einzelanforderungen (vgl. Abb. 5–4)*

Dieser Stil der Einzelanforderungen hat viele Vorteile. Er ist klar, knapp und lässt sich schrittweise abarbeiten. Es ist jedoch nicht immer möglich, eng miteinander verflochtene Anforderungen gänzlich zu separieren. Auch können Einzelanforderungen durchaus ungünstig formuliert sein; so fordert R00 nur sehr indirekt, dass die Eingabe des Alters möglich sein muss. Woher das Alter stammt, ist zwar für den Kunden wichtig und im Gesamtablauf relevant, nicht aber bei der Erfüllung dieser Einzelanforderung. Auch Diagramme repräsentieren oft ein Konglomerat von Anforderungen, das ebenfalls nur mit Mühe zerlegt werden kann.

Die tabellarische Darstellung von Anforderungen treibt den Stil der Einzelanforderungen weiter zu einer vordefinierten Form. In einer Entscheidungstabelle kann beispielsweise leichter festgestellt werden, ob alle Werte und Kombinationen berücksichtigt sind.

Für einen formalen Beweis muss sich der Inhalt noch direkter aus der Form ablesen lassen. Eine formale Spezifikation wird in einer mathematischen Notation geschrieben. Dafür kommen zum Beispiel algebraische Spezifikationen [Klaeren '83] oder die Spezifikationssprache Z in Frage (Z ist standardisiert: ISO/IEC 13568:2002). In beiden Fällen werden Operationen spezifiziert, indem ihre Wirkungen allgemein beschrieben werden. In Abbildung 8–5 sieht man oben, dass die Operation `einnahme` zwei Euro-Eingaben (den ursprünglichen Kassenstand und den eingenommenen Betrag) auf einen neuen Euro-Betrag (den Kassenstand nachher) abbildet. `storno` wird durch die Abbildung und ein Axiom (unten) beschrieben. Dem Axiom zufolge erhält man nach `einnahme` und `storno` wieder den ursprünglichen Kassenstand. Diese Operation ist nur definiert und anwendbar, wenn zuvor wirklich etwas eingenommen wurde. Nun müsste man noch `einnahme` und einige weitere Funktionen (`preis(alter)` usw.) weiter definieren.

Die Funktion `storno` bucht den zuletzt eingenommenen Betrag von der Kasse ab. Danach ist wieder so viel in der Kasse wie vor dieser Einnahme.

einnahme: € X € → €
storno: € → €

---

storno(einnahme(initKassenstand, Betrag)) = initKassenstand

Abb. 8–5   *Operation storno wird in Z definiert*

▓ Eine schöne Eigenschaft von Z ist, dass man nicht nur formal spezifiziert. Wie in Abbildung 8–5 stehen textuelle und formale Elemente nebeneinander und ergänzen sich. Das eine ist verständlicher, das andere präziser.

▓ Einen Sonderfall mit wachsender Bedeutung stellen Spezifikationen oder Spezifikationsteile dar, die nicht textuell notiert sind, sondern aus teilweise grafischen Modellen bestehen. Das gewünschte Verhalten eines Systems oder einer Komponente lässt sich zum Beispiel mit unterschiedlichen UML-Diagrammen beschreiben. Unten wird dagegen ein Petrinetz zur Modellierung verwendet, weil daran die Mechanismen besser gezeigt werden können. Wie bei der Textform gibt es Modelle, die eher informelle Skizzen sind und den Prosa-Spezifikationen entsprechen. Andere Modelle sind dagegen höchst formal definiert. Was ein Symbol oder eine Annotation bedeutet, ist genauso klar beschrieben wie bei den Prädikaten. Die Modelle stellen damit formale Spezifikationsteile dar. Darauf können Beweise aufgebaut und auch Code generiert werden.

8.3   Spezifizieren und Beweisen mit Modellen

In letzter Zeit erfreuen sich modellbasierte Techniken für die formalen Beweise und für die Codegenerierung immer größerer Beliebtheit. Man möchte sich nicht mehr mühsam manuell von informellen Texten und Diagrammen zum Code vorarbeiten und dabei allerlei Fehler machen. Vielmehr sollen schon sehr früh formale Modelle eingesetzt werden, aus denen Code generiert und vielleicht auch seine Korrektheit bewiesen werden kann. In den letzten Jahren bauen solche Ansätze vermehrt auf UML-Modellen auf [Mellor und Balcer '02]. Seit der Version 2.0 haben UML-Modelle eine definierte Bedeutung, mit der man auch für formale Operationen (Beweise, Codegenerierung) etwas anfangen kann.

Einige andere Arten von Modellen eignen sich für diese Zwecke sogar noch besser. »Petrinetze« haben zum Beispiel eine klare, eindeutig definierte Semantik und repräsentieren wichtige Aspekte eines geplanten Systems. Sie werden hauptsächlich eingesetzt, um die Synchronisierung nebenläufiger Prozesse und Vorgänge zu modellieren. Deren Eigenschaften können durch Tests besonders schlecht geprüft erden, weil durch Parallelität und Zufallseffekte manche Situationen schwer reproduzierbar sind. Petrinetze können animiert, also »in Bewegung versetzt« werden. Dann entfalten sie Dynamik entsprechend ihrer vordefinierten Bedeutung. Damit könnten die parallelen Systeme simuliert werden, das wäre schon ein Fortschritt.

Sie können aber sogar formal analysiert werden, ohne sie zu animieren. Beispielsweise kann unter Rückgriff auf die Form eines Petrinetz-Modells abgeleitet werden, ob es jemals in einen verbotenen Zustand kommen kann oder ob es sich möglicherweise »verklemmt«: In einem sogenannten *Deadlock* blockieren sich Prozesse gegenseitig. Gefährliche Zustände darf ein System nie erreichen, wünschenswerte soll es immer wieder durchlaufen (zum Beispiel »bereit«).

Um das Prinzip zu illustrieren, soll an einer ganz einfachen Petrinetzvariante gezeigt werden, wie mit anschaulichen Modellen formal gearbeitet wird. Wer sich mit diesem Thema näher beschäftigen will, wird sich mit der umfangreichen Literatur zu diesem Thema auseinandersetzen müssen und dort sicher fündig werden.

8.3.1 Ampelanlage als Petrinetz-Beispiel

Petrinetze wurden von Petri in seiner Dissertation »erfunden«. Sie eignen sich als Modelle für parallel laufende Vorgänge, die sich immer wieder synchronisieren müssen [Baumgarten '90].

Die grafische Darstellung eines einfachen Petrinetzes kommt mit wenigen Symbolen aus, wie Abbildung 8–6 zeigt:

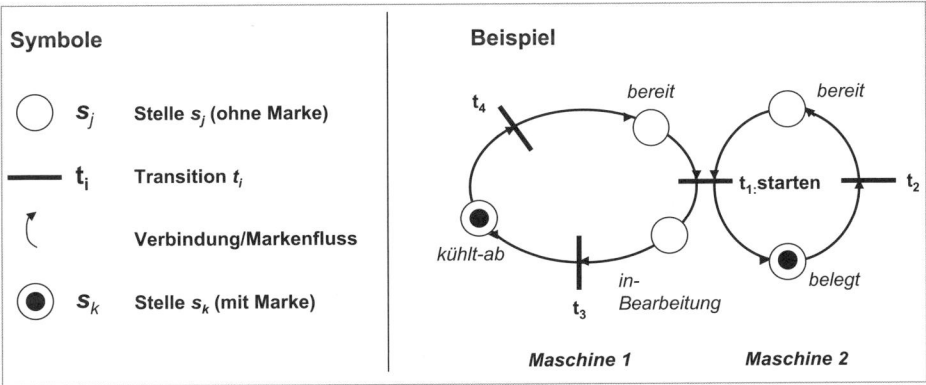

Abb. 8–6   *Die Symbole eines einfachen Petrinetzes und ein Beispielnetz*

Die sogenannten *Stellen* werden als Kreise gezeichnet, die *Transitionen* als Striche. Sie sind durch *Pfeile* verbunden und wechseln einander ab: Nie kommen zwei Stellen oder zwei Transitionen direkt hintereinander. Aus diesen drei Elementen (Stelle, Transition, Pfeil) besteht die Struktur des Netzes. Im Beispiel aus Abbildung 8–6 sind zwei einfache Prozesse dargestellt, deren Stellen und Transitionen in Kreisen angeordnet sind. An Transition t_1 berühren sich die beiden; hier findet die Synchronisation statt. Um nun einen Zustand des Netzes zu beschreiben, wird noch ein viertes Element eingeführt, die *Marken*. Sie sind in Abbildung 8–6 als kleine schwarze Kreise in den Stellen dargestellt. Im Prinzip kann jede Stelle einfach oder mehrfach markiert sein oder auch gar nicht.

Und so ist die Bedeutung der Petrinetze definiert: Eine Transition steht für eine Aktivität oder Operation. Sie kann dann und nur dann ausgeführt werden, wenn alle Stellen, die auf diese Transition zeigen, eine Marke tragen. Man sagt dann, die Transition kann »schalten«. Wenn sie schaltet, nimmt sie je eine Marke aus allen ihren Vorgängerstellen heraus und legt in jede Nachfolgestelle eine Marke ab. Dadurch können wieder neue Transitionen schalten, und so wandern die Marken durch das Petrinetz. Sie repräsentieren seine unterschiedlichen Zustände.

In Abbildung 8–6 sind sehr einfache, zyklische Prozesse für zwei Maschinen dargestellt. Maschine 1 muss nach der Bearbeitung abkühlen, während Maschine 2 gleich wieder bereit ist. Zum Bearbeitungsvorgang werden beide Maschinen benötigt, sie werden daher an t_1 synchronisiert.

Es gibt oft Fälle, in denen mehrere Transitionen schalten können. Welche davon wirklich schaltet, wird zufällig ermittelt. Dadurch werden möglicherweise anderen Transitionen Marken entzogen, sie können jetzt doch nicht mehr schalten. Das Verhalten der parallelen Prozesse hängt also voneinander und vom Zufall ab. In Abbildung 8–6 können die Transitionen t_2 und t_4 schalten, denn alle Stellen, die auf sie zeigen, tragen eine Marke. Welche der beiden nun wirklich schaltet und wann das geschieht, ist nicht festgelegt. t_1 kann frühestens dann schalten (die Bearbeitung gestartet werden), wenn beide Maschinen bereit sind.

Ein kleiner Beweis auf einem Petrinetz soll zeigen, dass trotz Parallelität, Zufall und Abhängigkeiten Eigenschaften nachgewiesen werden können – die sich dann auf das modellierte System zurückübertragen lassen. In Abbildung 8–7 ist eine Fußgängerampel skizziert. Wenn Fußgänger den Anforderungsknopf drücken, schaltet die Ampel nach einiger Zeit für sie auf grün. Danach schaltet sie wieder zurück.

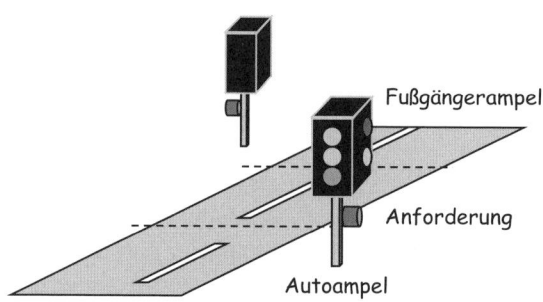

Abb. 8–7   *Skizze eines Fußgängerüberwegs mit Anforderungsknopf*

In Abbildung 8–8 ist die Grundfunktion dieses Fußgängerüberwegs als Petrinetz modelliert. Die Teilprozesse sind: die Ampel für die Fußgänger (links außen), der Anforderungsknopf, auf den man drücken muss, um als Fußgänger hinüberzugelangen (links innen) und die Autoampel (rechts). Die Stellen sind mit den Ampelfarben beschriftet: Wenn eine Marke in »*rot*« liegt, ist die Fußgängerampel *rot*. Die Farben der Autoampel sind zur Unterscheidung groß geschrieben, »*Rot*« bedeutet also eine rote Autoampel.

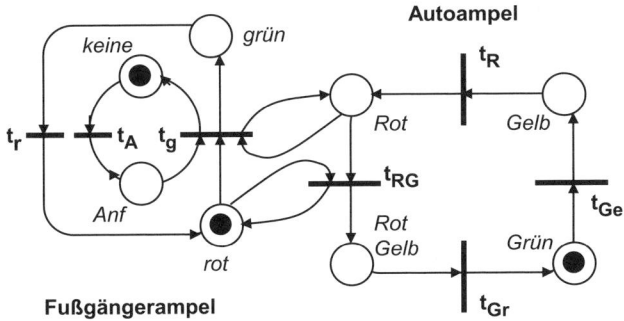

Abb. 8–8   *Petrinetzmodell zur Ampelanlage*

Für Autos gibt es noch den Zustand »*RotGelb*«, der ebenfalls durch eine Stelle modelliert wird. Außerdem liegt eine Anforderung vor (*Anf*) oder *keine*. Wartezeiten beim Umschalten und weitere Raffinessen könnten modelliert werden, sind hier aber zur Vereinfachung weggelassen. Es gibt wesentlich kompliziertere Varianten von Petrinetzen mit Kapazitäten und verschiedenen Sorten von Marken. Das Prinzip bleibt aber das Gleiche.

Was ist der Vorteil eines solchen Modells? Qualitätsbeauftragte sind auf korrekte Funktion bedacht, und eine eindeutige Beschreibung des gewünschten Systemverhaltens ist eine wichtige Voraussetzung. Für die Prüfung, aber auch schon für die Konstruktion des Systems ist es erforderlich, die genauen Abhängigkeiten zu kennen. Daher sind klar definierte Modelle ein wichtiges Hilfsmittel bei der Anforderungsklärung und im Entwurf. Für die Softwarequalität sind sie ein gutes Mittel, komplizierte Zusammenhänge klar und prüfbar darzustellen.

Nun stellt sich jedoch die Frage, ob das obige Modell auch tatsächlich »richtig« ist, also mit der Vorstellung des Kunden von einer Fußgängerampel übereinstimmt. Um diese Frage zu validieren, kann das Modell animiert werden, also ausprobiert werden, was passieren könnte. Zu diesem Zweck muss dem Petrinetz eine Markierung als Anfangszustand übergeben werden. Wenn man das Netz kennt, dann beschreibt die Aufzählung aller markierten Stellen den Zustand des modellierten Systems vollständig. Im obigen Beispiel kann mit (*keine*, *rot*, *Grün*) begonnen werden, wie in Abbildung 8–8 gezeigt. Die Autos fahren, die Fußgänger haben rot, und es gibt keine Anforderung. In dieser Situation könnten zwei Transitionen schalten: t_A bedeutet, dass eine Anforderung eingeht. Es hat also jemand auf den Knopf gedrückt, und die Anforderung ist registriert worden. Damit die Fußgängerampel auf grün schalten kann, muss t_g schalten. Das geht aber nur, wenn (*Anforderung*, *rot*, *Rot*) markiert ist. Dieser Zustand kann erreicht werden, wenn *Grün* über *Gelb* nach *Rot* wechselt. Das ist möglich, die Marke in diesem Teilnetz wandert dazu von Stelle zu Stelle.

Hier sind zwei Bemerkungen angebracht:

▓ Über die Zeiten für das Umschalten wird hier nichts gesagt. Vielleicht bleibt
   die Ampel zwei Stunden *Gelb*? Oder nur eine Millisekunde lang *RotGelb*?
   Das mag sich »falsch« anfühlen, Zeit ist aber hier einfach kein modellierter
   Aspekt. Natürlich müssen später auch die Zeiten modelliert werden.

▓ Es hätte in der Situation von Abbildung 8–8 auch noch eine andere Möglichkeit gegeben, wie sich die Dinge entwickeln: Die Autoampel hätte von sich
   aus über *Gelb* auf *Rot* schalten können, völlig ohne Anforderung. Die Marke
   in *Grün* hätte das erlaubt. Dann hätte bei einer später eintreffenden Anforderung t_A sofort die Fußgängerampel auf *grün* schalten können. Solche Ampeln
   gibt es wirklich in Wohngebieten, aber sie sind meist mit einer Kontakt-
   schleife gekoppelt, also einer Art »Anforderung für Autos«. Aber wollen wir
   das hier?

Es zeigt sich, dass selbst ein so einfaches Modell schon viele Fragen aufwirft. Das
ist ein großer Vorteil! Ohne eine Präzisierung durch ein Modell hätte kaum
jemand daran gedacht, diese Punkte zu klären. Es weiß doch scheinbar jeder, wie
eine Fußgängerampel funktioniert. Von wegen. Möglicherweise wäre die Steuerung anders implementiert worden als für ihren Einsatzzweck erforderlich.

8.3.2   Beweise auf Petrinetzen

Petrinetze sind vielen formalen Analysen zugänglich. Das ist, in Verbindung mit
ihrer einfachen Struktur, eine große Stärke. Bevor eine Ampel aufgestellt wird,
sollte zumindest geklärt werden, ob ihre Software nicht gefährliche Fehler enthält. Man kann zwar lange mit dem Modell simulieren, aber das ist wie beim
Testen: Es ist nie sichergestellt, ob nicht doch etwas übersehen wurde.

Bei einer Ampel muss aber ganz sicher sein, dass niemals ein Zustand auftritt,
bei dem *grün* für Fußgänger und gleichzeitig für Autos *Grün*, *Gelb* oder *RotGelb*
angezeigt wird. Die Zustände der Ampelanlage sind durch die Liste der markierten Stellen eindeutig beschrieben. Ob *grün*∧(*Grün* ∨ *Gelb* ∨ *RotGelb*) dabei ist,
ließe sich leicht feststellen, wenn alle für das System erreichbaren Zustände
bekannt sind. Dazu müssten alle vom Ausgangszustand aus erreichbaren
Zustände abgeleitet werden. Ein »Zustand des Systems« ist die Menge aller markierten Stellen, was kurz als »Markierung« bezeichnet wird.

Das hört sich wie vollständiger Test an, ist aber doch bescheidener: Das einfache Petrinetz enthält acht Stellen, könnte also $2^8 = 256$ verschiedene Markierungen haben; jede der acht Stellen kann nämlich (einfach oder mehrfach) markiert
sein oder nicht. Durch die Struktur des Petrinetzes und die Vorgabe einer
Anfangsmarkierung sind aber nur neun Markierungen möglich. Man kann sie
recht leicht ermitteln und einfach nachsehen, ob sie eine verbotene Kombination
enthalten.

Dazu muss der Startzustand formal dargestellt und systematisch abgeleitet werden, welche Kombinationen erreichbar sind. Gefährliche Zustände dürfen nicht erreichbar sein. Dazu dient, nach dem Vorbild von [Baumgarten '90], eine Tabelle, in der jede Zeile für einen Zustand steht. Für jede Stelle ist angegeben, wie viele Marken sie enthält. Eine Leerstelle steht für Null (Abb. 8–9).

Man geht von der willkürlich M1 genannten Startmarkierung (*keine*, *rot*, *Grün*) aus. Wird das Petrinetz in Abbildung 8–9 betrachtet, kann man von hier aus offenbar entweder zur Markierung M2 übergehen (wenn Transition t_{Ge} schaltet) oder über Transition t_A zu Markierung M3 kommen. Von M2 bzw. M3 aus geht es entsprechend weiter: Es werden alle von dort erreichbaren Markierungen als neue Zeilen in die Tabelle eingetragen. Erstmals genannte Markierungen sind in Abbildung 8–9 fett gesetzt, bereits vorhandene normal. So kann von M3 aus die Markierung M5 erreicht werden, aber das war auch schon von M2 aus gelungen. M5 ist daher schon in der Tabelle und führt zu keinem neuen Eintrag.

	Anf	keine	rot	grün	RotGelb	Grün	Gelb	Rot	weiter …
M1		1	1			1			t_{Ge}: **M2**, t_A: **M3**
M2		1	1					1	t_R: **M4**, t_A: **M5**
M3	1		1			1			t_{Ge}: M5
M4		1	1					1	t_A: **M6**
M5	1		1					1	t_R: M6
M6	1		1					1	t_{RG}: **M7**; t_g: **M8**
M7	1		1		1				t_{Gr}: M3
M8		1		1				1	t_R: M4, t_A: **M9**
M9	1			1				1	t_R: M6

Abb. 8–9 *Systematische Auflistung aller erreichbaren Markierungen*

Schon nach neun Markierungen kommen keine neuen Kombinationen mehr hinzu. Dabei ist keine einzige Kombination aufgetreten, bei der die Fußgängerampel *grün* zeigt und die Autoampel etwas anderes als *Rot*. Das wollten wir beweisen, und das ist gelungen. Damit kann der Ampelüberweg wie modelliert programmiert werden – oder gar aus dem Petrinetz generiert werden.

Ein kleiner Hinweis: Diese erschöpfende Erreichbarkeitsanalyse zeigt nebenbei, dass in diesem Modell beide Ampeln auf *rot* bzw. *Rot* stehen können – und dann gleich wieder die Autos fahren dürfen, obwohl die Anforderungstaste gedrückt war (Übergang von M6 auf M7)! Selbst in so einem einfachen Modell stecken viele Fallen für Missverständnisse. Eine formale Analyse ist ein Weg, sie zu entdecken.

8.4   Diskussion formaler Techniken

Es ist ein gutes Gefühl, sicher zu wissen, dass ein Programm gewisse Eigenschaften hat oder sich entsprechend der Spezifikation verhält. Mit formalen Spezifikationen und formalen Techniken kann diese Gewissheit im Prinzip erlangt werden. Viele der einschlägigen Techniken, wie das Hoare-Kalkül, sind jedoch schon älter und haben sich dennoch nicht auf breiter Front durchgesetzt. Das mag an ihrer mathematischen Form und an dem hohen Aufwand liegen, der zu betreiben ist. Nicht alle Entwickler haben die Ausbildung, solche Beweise durchzuführen – und in der Praxis fehlen oft wesentliche Voraussetzungen.

Vor allem gibt es selten eine formale Spezifikation als Bezugspunkt. Denn es ist fast genauso schwer, einen Kunden zu einer korrekten formalen Spezifikation zu bringen, als aus einer »normalen« Spezifikation ein korrektes Programm abzuleiten. Aus pragmatischer Sicht ist es recht müßig, ideologisch über formale Methoden zu streiten. Für ein Projekt sollten die jeweils geeigneten Methoden auswählt werden. Dabei müssen auch die Vorkenntnisse der Entwickler berücksichtigt werden.

Formale Methoden sollten Qualitätsbeauftragte wenigstens im Prinzip kennen, um in den Fällen auf sie zurückgreifen zu können, in denen ein besonders sicherheitskritisches oder besonders wichtiges Teilprojekt sie braucht. Außerdem könnte mit den modellbasierten Verfahren eine neue Generation von Entwicklungstechniken entstehen, die auf einer formaleren Fundierung basieren.

9   Konstruktive Qualitätssicherung

9.1   Analytisch, organisatorisch, konstruktiv

Konstruktive Qualitätssicherungsmaßnahmen sind neben analytischen und organisatorischen Maßnahmen das dritte Standbein der Softwarequalität.

▦   Die organisatorischen Maßnahmen waren in den ersten Kapiteln beschrieben
     worden. Dazu gehören Aufbau- und Ablauforganisation, die die Software-
     qualität im Projekt und in der Firma verankern. Sie schaffen die Vor-
     aussetzungen dafür, dass analytische und konstruktive Maßnahmen durch-
     führbar und wirksam sind.
▦   In analytischen Verfahren wird ein bereits fertiger Prüfling untersucht (»ana-
     lysiert«), um Fehler zu finden. Analytische Maßnahmen wirken sich auf die
     Softwarequalität erst indirekt aus, wenn nämlich die gefundenen Fehler
     anschließend beseitigt werden. Zu diesen Verfahren gehören Tests und
     Reviews. Sie sind die bekanntesten Softwarequalitätsmaßnahmen. Vielen ist
     gar nicht klar, dass es noch andere Verfahren in der Softwarequalität gibt.
▦   Die Verfahren zur konstruktiven Qualitätssicherung sind weniger bekannt,
     aber ebenso wichtig.

> **Konstruktive Qualitätssicherung wird hier definiert als:**
>
> *»Maßnahmen, die bereits bei der Konstruktion von Software auf die Verbesserung
> ausgewählter Qualitätsaspekte abzielen und nicht erst nachträglich durch Prüfung und
> Korrektur.«*

Wesentlich an dieser Definition ist zum einen der vorausschauende Charakter
konstruktiver Maßnahmen. Man möchte Fehler gar nicht erst entstehen lassen –
dann brauchen sie nicht *analytisch* gesucht und mühsam entfernt zu werden.
Zum anderen bezieht sich die Definition auf *ausgewählte Qualitätsaspekte*. Eine
Maßnahme wird also nur dann der konstruktiven Qualitätssicherung zugerech-
net, wenn konkret die Qualitätsaspekte genannt werden können, die gezielt ver-

bessert werden sollen. Im Grunde genommen verlangt diese Definition, dass ein Zusammenhang zwischen der eingeleiteten Maßnahme und dem angepeilten Qualitätsziel genannt werden kann. Die Hoffnung, dass »es schon irgendwie besser wird dadurch«, reicht nicht aus.

Wer behauptet, konstruktive Qualitätssicherung zu treiben, muss nach diesem Verständnis angeben, auf welche Qualitätsaspekte er oder sie abzielt und inwiefern die Maßnahme auch genau diese Qualitätsaspekte fördert. Natürlich ist es nicht schlimm, wenn dabei auch andere wünschenswerte Eigenschaften nebenbei gefördert werden.

Einige Qualitätsaspekte werden besonders häufig adressiert:

- *Fehlerfreiheit* (Korrektheit) ist ein Qualitätsaspekt, der mit konstruktiver Qualitätssicherung oft verfolgt wird. Dafür gibt es verschiedene, teils sehr raffinierte Verfahren.
- *Flexibilität* wird häufig durch Architekturvorgaben oder den Einsatz von Design Patterns gefördert [Gamma et al. '95]. Hier ist die Beziehung zwischen der Maßnahme (Patterns) und dem verbesserten Qualitätsaspekt (Flexibilität) besonders deutlich.
- *Bedienbarkeit bzw. Usability* wird konstruktiv gefördert, indem die Maßnahmen zum Usability Engineering projektbegleitend durchgeführt werden. Wie in Kapitel 6 dargestellt, beginnen sie in den frühesten Projektphasen und führen direkt zu besserer Bedienbarkeit. Dagegen ist die nachträgliche Evaluation der Oberfläche eine analytische Maßnahme. Allein dadurch wird die Oberfläche noch nicht besser.
- *Laufzeiteffizienz* kann durch Simulationen und Modelle gefördert werden. Damit lassen sich Algorithmen, Protokolle und Durchlaufzeiten optimieren, bevor hochverdichteter Code für Steuergeräte geschrieben wird, der oft schlecht zu analysieren ist. Diese Situation tritt häufig in eingebetteter Softwareentwicklung auf.
- Es sollte nicht außer Acht gelassen werden, dass auch die Projektqualität gezielt gesteigert werden kann, indem bestimmte Verfahren eingesetzt werden. So können agile Methoden (vgl. Abschnitt 9.4) zu schnelleren Änderungen und besser validierten Kundenanforderungen führen.

In vielen Büchern wird die konstruktive Qualitätssicherung nur kurz behandelt: Das liegt sicher auch daran, dass sie fließend in »normales Software Engineering« übergeht, also gute Praktiken der Softwareentwicklung einschließt. Solche guten Praktiken werden oft unter der Überschrift »Softwareentwicklung« besprochen und nicht unter »konstruktive Qualitätssicherung«. Eine scharfe Abgrenzung ist selten und auch nicht unbedingt nötig.

Als Unterschiede ließen sich nennen:

- Mit konstruktiver Qualitätssicherung sind *alle* qualitätsbezogenen und vorausschauenden Maßnahmen der Softwareentwicklung gemeint, während sich das Software Engineering eher auf ingenieurmäßige Verfahren bezieht. Psychologische, künstlerische und andere Ansätze (wie Kommunikations- und Konflikttraining) würden zunächst nicht im Software Engineering angesiedelt werden. Sie können aber konstruktiv die Qualität verbessern, indem sie dazu beitragen, Missverständnissen vorzubeugen.
- Konstruktive Verfahren sind naturgemäß vor allem auf die Entwicklung ausgerichtet, während Software Engineering auch Wartung und Betrieb einbezieht.
- Die Methoden des Software Engineering haben meist viele Qualitäts- und Effizienzverbesserungen zugleich im Sinn. Konstruktive Qualitätssicherungsmaßnahmen sind dagegen typischerweise viel enger und schärfer fokussiert. Sie wollen im neuen Projekt vermeiden, dass ein (aus der Erfahrung bekannter) Missstand erneut auftritt. Durch Wiederverwendung soll das neue Projekt einen besseren Start bekommen.

Doch überwiegen trotz der genannten Unterschiede die Gemeinsamkeiten: Schließlich ist konstruktive Qualitätssicherung nicht ein Konkurrent, sondern ein wichtiger Teilbereich des Software Engineering.

9.2   Maßnahmen, bevor ein Problem auftritt

Konstruktive Qualitätssicherungsmaßnahmen beruhen oft auf Erfahrungen: Eine Technik, eine Maßnahme, ein Teilprodukt oder ein Prozess werden konstruktiv zur Qualitätsverbesserung eingesetzt, weil man aus Erfahrung weiß, dass sie sich dafür schon bewährt haben, und wo das gelungen ist. Es ist bekannt, wie sie sich in der Vergangenheit auf einen bestimmten Qualitätsaspekt ausgewirkt haben. Daher werden sie nun schon bei der Entwicklung eingesetzt, und es wird davon ausgegangen, dass der betreffende Qualitätsaspekt gleich mit hineinkonstruiert wird. Das entspricht der alten Qualitäts-Weisheit: »Man kann Qualität nicht im Nachhinein in ein Produkt hineinprüfen, sie muss von Anfang an hineingebaut werden.«

Werden konstruktive Maßnahmen so charakterisiert, kann eine Übersicht über konkrete Ansätze aufgestellt werden. Abbildung 9–1 spannt einen Bogen von bewährten Verfahren über bewährte Bestandteile der Software bis zu bewährten Strukturen der Software. So zeigt sich eine erfahrungsorientierte Sicht auf konstruktive Qualitätssicherung. In den folgenden Abschnitten werden die Beispiele aus Abbildung 9–1 besprochen. Worauf kommt es dabei an und weshalb lassen sie sich als konstruktive Qualitätssicherungsmaßnahmen auffassen.

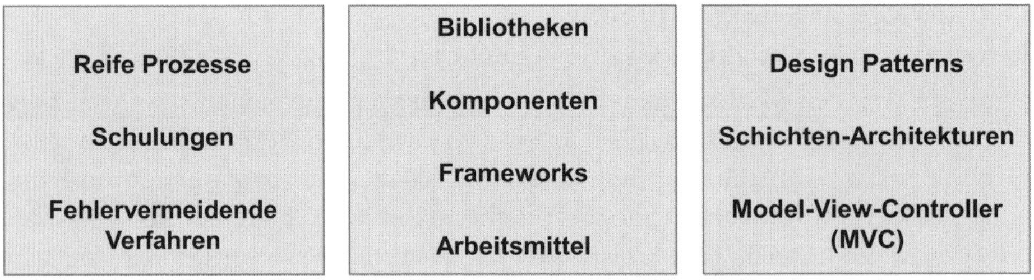

Reife Prozesse	Bibliotheken	Design Patterns
Schulungen	Komponenten	Schichten-Architekturen
Fehlervermeidende Verfahren	Frameworks	Model-View-Controller (MVC)
	Arbeitsmittel	

Abb. 9–1   *Für die Konstruktion nutzen, was sich bewährt hat – Qualität fördern*

Es können zwar darüber hinaus auch Maßnahmen aufgenommen werden, die sich noch nicht bewährt haben. Dann wird jedoch die Argumentation sehr schwierig, dass diese Maßnahmen sich gezielt auf gewisse Qualitätsaspekte auswirken. Der vielversprechende Begriff der konstruktiven Qualitätssicherung bewahrt nur dann seine Bedeutung, mit der man auch praktisch etwas anfangen kann, wenn der Begriff nicht über alle Maßen ausgedehnt wird.

9.2.1   Bewährte Verfahren

Zu den bewährten Verfahren zählen *reife Prozesse* (Abläufe) auf verschiedenen Ebenen, die übernommen werden. Daneben vermitteln entsprechende Schulungen das Wissen, das in bewährten Projekten nötig war, um erfolgreich zu sein. Fehlervermeidende Verfahren zielen direkt auf den Qualitätsaspekt der Korrektheit und geben an, wie vorzugehen ist, um Fehler gar nicht erst zu machen.

In allen diesen Fällen handelt es sich um vorbeugende Maßnahmen, sofern sie ergriffen werden, bevor ein Problem auftritt. Schulungen steigern die Kompetenz der Entwickler und ermöglichen ihnen, Fehler gar nicht erst zu machen, was zur Fehlerfreiheit beiträgt. Spezialkurse können auf einzelne Qualitätsaspekte wie Lesbarkeit oder Testbarkeit abzielen. Auch auf der Teamebene gibt es Kurse, die die Softwarequalität beeinflussen. Konfliktmanagement oder Teambildung können dazu beitragen, die menschlichen Reibungsverluste in einem Projekt zu reduzieren. Abstimmung, Konsistenz und Schnittstellenklarheit profitieren in der Regel von Teambildungsmaßnahmen.

Reife Verfahren drücken sich in Hilfsmitteln zur Wiederholung erfolgreicher Abläufe aus. Im einfachsten Fall handelt es sich um *Checklisten* auf der Basis früherer Erfahrungen. Eine Checkliste erinnert das neue Projekt daran, die alten Fehler nicht wieder zu machen. Beispielsweise kann eine Checkliste dabei helfen, alle nötigen Vorbereitungen für einen Test zusammenzutragen, damit es dann gleich richtig losgehen kann. Checklisten erinnern meist an Aktivitäten, die früheren Projekten geholfen haben. Dadurch muss ein neues Projekt all diese Erkenntnisse nicht durch schmerzliche Erfahrung selbst noch einmal sammeln.

Auch *Richtlinien* erfüllen einen ähnlichen Zweck, nur sind sie anders formuliert. Hier sind die Erfahrungen (»was geschehen ist«) zu regelrechten Vorgaben umformuliert worden (»was zu tun ist«). Wie die Checklisten sollen auch Richtlinien dazu anleiten, von vornherein das in einer Situation beste Verfahren anzuwenden.

Komplizierte oder komplexe Abläufe werden durch *Prozesse* erfasst und als Prozessmodelle notiert. In den 1990er-Jahren wurde der Wert solcher Prozesse für die Softwareentwicklung erkannt. Seitdem wird auf eine hohe Prozessreife geachtet. Damit ist gemeint, dass ein guter Prozess wiederholbar, anpassbar und möglichst sogar quantitativ steuerbar sein soll. Je näher man diesem Ideal kommt, desto »reifer« wird der Prozess. Denn so kann sehr gezielt Einfluss auf den Prozess und indirekt auch auf die damit erstellte Software genommen werden. Ein reifer Prozess ist ein potentes Hilfsmittel, um bewährte Verfahren und Abläufe in der Softwareentwicklung routiniert und effektiv zu identifizieren und abzuwickeln. Damit werden unter anderem die Projektqualitätsaspekte der »Planbarkeit und Vorhersagbarkeit« verbessert, Schätzungen werden verlässlicher. Zudem werden die Prozesse effizienter: Sie laufen in weniger Sackgassen, wenn sie sich an die bewährten Abläufe halten.

Es gibt einige Verfahren, die eigens dazu entwickelt wurden, Fehler zu vermeiden. Die älteren davon konzentrieren sich auf einen geschützten Ablauf von der Spezifikation zum fertigen Produkt. Dazu gehört auch der klassische *Cleanroom*-Ansatz, der unten vorgestellt wird. Neuere Verfahren setzen oft noch deutlich früher bei den Anforderungen an und weisen darauf hin, dass es nichts nützt, eine fehlerhafte oder veraltete Spezifikation »korrekt« umzusetzen. Vielmehr muss man die Anforderungen »fehlerfrei« erkennen und auch Anforderungsänderungen mitbekommen. Agile Methoden unterscheiden sich in vielerlei Weise von »herkömmlichen« Softwareentwicklungsverfahren, sie können aber auch für diesen Punkt der »fehlerfreien Anforderungen« als Beispiel dienen. Cleanroom und agile Methoden werden unten dargestellt.

9.2.2 Bewährte Bestandteile

Bewährte Verfahren, aber auch bewährte *Bestandteile* von Softwaresystemen können wieder verwendet werden und dabei konstruktive Qualitätssicherung betreiben. Dokumente oder Codestücke werden dadurch nicht nur schneller fertig, auch »die Qualität« ist in der Regel höher, denn Kinderkrankheiten und viele Fehler sind aus den bewährten und wiederverwendeten Bestandteilen inzwischen getilgt worden. Würden sie neu entwickelt, wäre das noch einmal nötig geworden.

Es können Code-*Bibliotheken* eingesetzt und davon jeweils die Teile importiert werden, die benötigt werden: Algorithmen und Datenstrukturen gibt es oft schon fertig, sie müssen nicht mehr neu entwickelt werden. Bibliotheken sind jeweils spezifisch für eine Programmiersprache. *Komponenten* sind größere

Bestandteile; oft handelt es sich um vollständige Anwendungen, die parametrisiert werden können. Komponenten werden über Schnittstellen miteinander verbunden und *konfiguriert*, sodass insgesamt ein größeres System entsteht, in das die Komponenten eingebunden sind.

Die verschiedenen Arten von bewährten Bestandteilen werden vor allem unterschiedlich eingesetzt: Wer Bibliotheken verwendet, der schreibt selbst ein Programm. Dieses Programm ruft unter anderem Teile aus der Bibliothek auf, beispielsweise einen Suchalgorithmus. Bei Komponenten stehen eigene und wiederverwendete Teile nebeneinander und werden durch die Konfiguration zusammengehalten. So kann ein Buchhaltungssystem aus eigenen und zugekauften Komponenten zusammensetzt werden; auch Steuergeräte in Automobilen enthalten oft Komponenten verschiedener Hersteller.

Frameworks werden anders eingesetzt: Sie bilden selbst einen fertigen Rahmen, in den der Nutzer seine eigenen Funktionen stellen kann. Das Framework als Hauptprogramm ist der Rahmen. Es stellt Schnittstellen bereit, in die Benutzer ihre eigenen Codeteile einhängen können. Das Framework wird gestartet und kann die individuellen Aspekte aufrufen. Ein Anwendungsprogramm, das eine Bibliothek nutzt, ruft diese auf. Frameworks dagegen drehen den Spieß um und rufen ihrerseits die Codeteile auf, die anwendungsspezifisch sind.

Weithin bekannte Frameworks sind .NET von Microsoft, J2EE und Apache Struts für die Entwicklung von Unternehmensanwendungen in Java [The Apache Foundation]. Das Ziel von Struts ist es beispielsweise, dass sich Entwickler von Webanwendungen auf die Geschäftslogik konzentrieren können. In Struts wird diese individuelle Geschäftslogik als *model* betrachtet und in den Rahmen des MVC-Modells (Abschnitt 5.7.1) gestellt. Entwickler können viele Teile wiederverwenden, jeweils einzeln anpassen – und dem Framework die Koordination überlassen. Sie sollen sich nicht um Details von Eingaben und Anzeigen (*controller* und *view*) kümmern, sondern die Rechnungsstellung programmieren. Struts bringt alles zusammen. Dieses Framework aus der Open Source ist nur ein Beispiel; ständig kommen neue hinzu.

Wiederverwendung ist ein alter Traum der Softwaretechnik. Wo sie funktioniert, schafft sie bessere Qualität in kürzerer Zeit. Es gibt leider auch einige Hürden:

- *Einarbeitung:* Es muss erkannt werden, was ein Bestandteil leisten kann. Bibliotheken mögen umfangreich sein; meist sind sie aber relativ einfach strukturiert. Mit einer guten Interface-Beschreibung (API) findet man heraus, welche Operationen es gibt und was sie leisten. Wo die Beschreibung dagegen schlecht oder lückenhaft ist, wird die Wiederverwendung unnötig erschwert. Komplizierte Frameworks sind oft nicht so einfach zu verstehen. Um sie richtig anzuwenden und korrekt in den Rahmen einhängen zu können, ist eine erhebliche Einarbeitungszeit nötig. Stellt sich das Framework später doch als ungeeignet heraus, war dieser Aufwand umsonst.

▫ *Eignung und Bewährung*: Man muss erkennen, *wofür* ein Bestandteil bewährt und geeignet ist. Während die angebotenen Operationen in der Dokumentation beschrieben sind, ist es deutlich schwieriger, verlässliche Aussagen darüber zu erhalten, ob sich der Bestandteil bewährt hat – und ob diese Erfahrungen auf den eigenen Fall übertragbar sind. Im Idealfall betreibt das Unternehmen eine systematische Erfahrungsnutzung, wie sie in Kapitel 3 beschrieben ist. Dort können Erfahrungen abgelegt und von Folgeprojekten berücksichtigt werden. Ohne einen solchen internen, vertrauenswürdigen Mechanismus bleiben nur Zeitschriften und Fachpublikationen, die allerdings oft nicht neutral berichten. Oder es wurde ein Netzwerk, etwa über die Gesellschaft für Informatik, aufgebaut, in dem »bewährte Fachleute« gezielt befragt werden können (vgl. Abschnitt 3.5).

▫ *Abwägen und Auswahl*: Es muss abgewogen werden, ob die angebotene Leistung wiederverwendbarer Komponenten und Frameworks mit den eigenen Anforderungen zusammenpasst. Meistens werden gewisse Kompromisse nötig sein. Eine eigentlich nicht ideal geeignete Bibliothek oder ein Framework kann dazu verleiten, die eigenen Anforderungen und Entwürfe zu verbiegen. Man verwendet eben, was da ist, und baut sich Hilfskonstruktionen, damit es irgendwie funktioniert. Wird nach und nach immer deutlicher festgestellt, dass die eigenen Bedürfnisse eben doch nicht abgedeckt werden, hat man oft schon viel investiert [Schneider und Repenning '95].

Auch bewährte Arbeitsmittel können in diese Rubrik aufgenommen werden. Dazu gehören alle Werkzeuge, die die Arbeit der Softwareentwickler *erfahrungsgemäß* vereinfacht haben: Das beginnt mit einer professionellen Entwicklungsumgebung wie Eclipse und reicht über ein Konfigurationsmanagementwerkzeug (z.B. CVS oder Subversion bzw. SVN) bis zu einem Testtool wie JUnit. Die genannten Vertreter mögen nicht die allerneuesten ihrer Klasse sein, aber wichtiger ist, dass die Erfahrung über *bewährte* (und nicht nur moderne) Werkzeuge berücksichtigt wird. Eclipse, CVS, SVN und JUnit haben sich sehr bewährt. Idealerweise bewahrt sich ein Unternehmen Erfahrungen auf und kann dann die Werkzeuge erneut nutzen, die sich im eigenen Kontext bewährt haben.

Q hat sich mal ein wenig umgehört. In zwei großen Projekten wurde jetzt ein neues Konfigurationsmanagementwerkzeug eingesetzt, und die Leute sind recht zufrieden. Soll Q dem eigenen Projekt raten, SVN zugunsten der modernen Alternative aufzugeben? Mit ein paar Bekannten aus dem Qualitätszirkel berät sich Q beim Mittagessen. »Mitten im Projekt würde ich auf keinen Fall die Pferde wechseln!«, warnt der eine. Und eine Kollegin fügt hinzu: »Stimmt. Die Leute müssen ja erst umlernen, und das wird als ›unproduktiv‹ empfunden. Aber so lange dauert Ihr Projekt ja auch nicht mehr, und im Schwung eines neu beginnenden Projekts kann man auch gut ein neues Framework oder eben ein neues Tool einführen.« Fast hätte sich Q vom Toolfieber mitreißen lassen. Aber der Rat der Kollegen klingt vernünftig; also lieber gleich fürs nächste Projekt notieren.

9.2.3   Bewährte Strukturen

Mitunter kann zwar nicht eine ganze Komponente oder ein Codestück wiederverwendet werden, aber ein Konzept.

Typischste Vertreter bewährter Strukturen sind Architekturen und Design Patterns, in beiden Fällen also Muster für Entwurfsteile. Durch die Wiederverwendung bewährter Strukturen kann die Erfahrung vieler anderer Entwickler genutzt und typische Fehler vermieden werden.

Dabei sind ganze **Architekturen** wie die Drei-Schichten-Architektur noch relativ breit einsetzbar. Eine große Klasse von Anwendungen profitiert von einer Drei-Schichten-Architektur, denn es gibt sehr viele Möglichkeiten, dieses Muster konkret einzusetzen.

Design Patterns [Gamma et al. '95] adressieren dagegen sehr spezifische Einsatzmöglichkeiten und versprechen auch definierte Qualitätsverbesserungen; Flexibilität ist meist dabei.

Das **Model-View-Controller-Konzept** (MVC) ist ein solches Konzept. Es unterstützt die Entkoppelung von Model, View und Controller. Wie in Abschnitt 5.7.1 schon dargestellt und oben am Beispiel Struts noch einmal erwähnt, ergeben sich dadurch klare Vorteile bei Testbarkeit, Wartbarkeit und Wiederverwendbarkeit der einzelnen Teile. Wer eine dieser bewährten Strukturen übernimmt, leistet konstruktive Qualitätssicherung. Denn die Übernahme erfolgt vorbeugend, und das Ziel dahinter kann in Form der genannten Qualitätsaspekte konkretisiert werden.

9.3   Beispiel Cleanroom: Fehler vermeiden

Cleanroom [Hausler et al. '94] ist ein ziemlich bekannter Ansatz. Die Idee war, gar keine Fehler mehr ins System kommen zu lassen. Wie in einem Reinraum der Chipfertigung sollten alle Arbeitsabläufe so sauber ausgeführt werden, dass es keine Verschmutzungen (Fehler) mehr geben würde. Der Ansatz wurde von IBM propagiert und unter anderem vom NASA Goddard Space Flight Center aufgegriffen.

Auf einige charakteristische Punkte kommt es besonders an:

- Einsatz formaler Methoden, insbesondere zur Verfeinerung von Systemen.
- Fehler werden durch ständige Reviews beseitigt. Das ist ein analytisches Element, aber es erfolgt so früh, dass die Fehler noch »gar nicht wirklich aufgetreten« waren, da waren sie schon wieder beseitigt.
- Debugging findet dagegen nicht mehr statt: Das Programm darf nicht ausgeführt werden, es gibt also auch keinen Modultest.

- Die Entwickler strengen sich besonders an, Fehler zu vermeiden oder über die Reviews zu beseitigen, weil sie wissen, dass nicht getestet wird.

Weil das Programm nicht ausgeführt und auf Modulebene auch nicht getestet werden darf, liegt das gesamte Gewicht auf den formalen Verfahren und den Reviews. Bei der Integration der Teile zum System findet dann der Systemtest statt. Auch er verläuft anders als in der Software sonst üblich: Er wird nämlich nach statistischen Verfahren durchgeführt. Das Softwaresystem soll eine bestimmte Mean Time Between Failure (MTBF) nicht unterschreiten, Fehler dürfen also nicht in zu kurzem Abstand nacheinander auftreten. Diese Größe wird anhand eines sogenannten *usage scenario* präzisiert und gemessen, heute würde man sagen: entlang eines typischen Anwendungsfalls (*use case*). Man führt also durch, wofür das Programm hauptsächlich gedacht war. Aus der Zahl der dabei gefundenen Fehler wird hochgerechnet, wie viele weitere Fehler erfahrungsgemäß noch enthalten sind. Werden gegebene Obergrenzen überschritten, muss nachgebessert werden. Diese Art der statistischen Qualitätssicherung ist für Software sonst kaum möglich, weil man die statistisch fundierten Erfahrungen zum Vergleich nicht hat.

Technischer Hintergrund von Cleanroom-Entwicklung ist eine strenge Top-down-Vorgehensweise mit schrittweiser Verfeinerung. Die Aufteilung eines Programmteils mit den daraus resultierenden Schnittstellen wird formal über seine Eingangs- und Ausgangsgrößen spezifiziert. Der Bezug zwischen Eingangs- und Ausgangsgrößen wird durch Übertragungsfunktionen beschrieben. Sie sind mathematisch formuliert und müssen über die Verfeinerungsebenen korrekt weitergegeben werden.

Normalerweise werden etwa 40 % des Aufwands in einem Softwareprojekt vor der Codierung und 40 % nach der Codierung aufgewandt. Das Programmieren selbst kostet 20 % des Aufwands. Durch die Verschiebung der Schwerpunkte beim Cleanroom ergeben sich etwa 80 % vor dem Codieren und 20 % für das Codieren selbst. Nach der Codierung gibt es nichts mehr zu tun, alles wird gleich korrekt und fehlerfrei erstellt. Dafür musste anfangs mehr investiert werden. So die Idee.

Das Verfahren ist in seiner Kompromisslosigkeit zu einem Klassiker geworden: Ausführung und Modultest zu verbieten, erschien und erscheint doch als sehr drastisch. Den meisten Fachleuten ist Cleanroom ein Begriff, obwohl nur sehr wenige Unternehmen wirklich damit gearbeitet haben. Das Konzept von Cleanroom erinnert daran, dass die Softwareentwicklung auch radikal strenger und formaler angegangen werden könnte als üblich. Auch im folgenden Beispiel der agilen Methoden wird extrem vorgegangen, aber in eine andere Richtung.

Projektleiter und Qualitätsbeauftragte, die dieses weite Spektrum ihrer Möglichkeiten kennen, müssen sich nicht darauf beschränken, »immer alles wie immer« zu machen. Ihnen stehen mehr Gestaltungsmöglichkeiten zur Verfügung, um auf die Situation und die Erfordernisse zu reagieren.

10 Agile Softwareentwicklung und Qualität

Nach dem Mittagessen hat Q mit den Kollegen noch einen Espresso getrunken. Die Stehtischchen grenzen an einen Flur, aus dem gedämpftes Murmeln dringt. Da bemerkt Q zwei Leute, die diskutierend aus einem der Büros kommen. Durch den Türspalt sieht Q noch weitere Schreibtische, an denen immer zwei Leute sitzen. Draußen stehen zwei an einer Tafel und diskutieren über einen Entwurf, den sie an die Tafel gemalt haben. Zwei andere holen sich gerade einen Kaffee. Die auffällige Paarbildung riecht nach dem sogenannten »Pair Programming« und agilen Entwicklungsmethoden, denkt Q. Darüber stand einiges in den Computerzeitungen. Die agilen Entwickler wollen ja ganz besonders gute Qualität liefern. Aber ob die mit den formalen Ansätzen mithalten können – und ob sie Reviews abschaffen wollen? Q spricht die zwei beim Kaffeeautomaten an (gute Qualitätsbeauftragte sind kommunikativ und eher etwas extrovertiert). »Uns geht es darum, unnötiges Schreiben und Planen zu vermeiden; das kostet nur Zeit und bringt nichts! Wir wollen schnell etwas Nützliches entwickeln, ohne den ganzen Ballast. Aber trotzdem hervorragende Qualität liefern, das ist wichtig. Und daher wollen wir Reviews nicht ersetzen, ganz im Gegenteil: Die machen wir doch ständig. Wir arbeiten immer zu zweit, und wenn einer einen Fehler macht, kann ihn der andere sofort korrigieren. Außerdem testen wir auch viel mehr als früher, in den alten Projekten. Wir machen alle diese bekannten Sachen zur Qualitätssteigerung – aber eben ganz konsistent.« »... ganz konsequent«, korrigiert sein Kollege.

Ein Trend hat um die Jahrtausendwende die Softwarebranche beschäftigt: die agilen Methoden. Nachdem etwa zehn Jahre lang die Prozesse um die Softwareentwicklung immer perfekter und reifer gemacht wurden, formierte sich Widerstand. Mit den umfangreichen, aufwendig dokumentierten Prozessen war auch viel Bürokratie in die Projekte eingezogen. Kein Arbeitsschritt ohne klar spezifiziertes Ergebnis; kein Plan, der nicht bis auf Monate hinaus jedes Detail erfasste. Dagegen wäre ja nichts zu sagen – wenn man denn in der Hektik des Tagesgeschäfts eine Chance gehabt hätte, all die Ergebnisdokumente auch wirklich zu schreiben. Von denen, die tatsächlich geschrieben wurden, lagen dann viele ungelesen im Regal. Nicht einmal für das Lesen war Zeit, weil ständig neue Releases auf den Markt geworfen werden sollten. Und die detaillierten Pläne und Spezifikationen? Es dauerte lange, bis sie fertig waren. Bis dahin waren sie oft schon wieder veraltet; verschwendete Zeit! Es gelang nicht, das Problem mit noch mehr Planen und noch mehr Vorgaben zu lösen. Im Gegenteil. Es war Zeit für eine drastische Gegenbewegung. Und so setzte eine Gruppe von Methodenberatern den reifen Prozessen das Schlagwort *agile Methoden* entgegen. »Lieber auf Änderungswünsche reagieren, als lange vorauszuplanen« war eine ihrer Grundüberzeugungen.

Das war fast eine kleine Revolution im Software Engineering. Disziplin, Dokumentation und die reifen Prozesse sollten auf einmal nicht mehr richtig sein? Viele Verfechter des klassischen Software Engineering waren empört. Es habe sich doch gezeigt, wie wichtig Planen und Dokumentieren sind, wurde betont; die Arbeit in Paaren (wie von einigen agilen Methoden gefordert) sei unnatürlich und viel zu teuer; und überhaupt sei das alles nichts Neues. Es gab aufgeregte Diskussionen.

Die Aufregung hat sich im Laufe der Jahre gelegt und inzwischen haben auch die agilen Methoden schon wieder über ein Jahrzehnt auf dem Buckel. Es verwundert nicht, dass sich in dieser Zeit die Einschätzungen und Schwerpunkte geändert haben. Man sollte die kurze Geschichte dieser Jahre kennen, um die aktuellen Trends im Zusammenhang verstehen zu können: Nach Extreme Programming (XP) stieg Scrum zum bekanntesten und am weitesten verbreiteten Vertreter der agilen Methoden auf. Inzwischen gibt es mit Lean und Kanban weitere Varianten. Dabei mischen sich immer neue Einflüsse in die Methoden. Diese Entwicklung vollziehen wir in den nächsten Abschnitten nach.

Dabei behalten wir die Softwarequalität im Blick. Die agilen Methoden waren mit einem hohen Qualitätsanspruch angetreten. Dieses Kapitel gibt daher einen Überblick über die wichtigsten agilen Methoden mit einem Schwerpunkt auf der Softwarequalität.

10.1 Die kurze Geschichte der agilen Softwareentwicklung

Die agilen Methoden sind nicht an Universitäten oder aus theoretischen Überlegungen heraus entstanden. Vielmehr haben sich einige Entwickler und Consultants im Jahr 2001 getroffen und auf der Basis ihrer praktischen Projekterfahrungen ein gemeinsames Manifest verfasst. Es ist erstaunlich kurz und prägnant. Das entspricht der agilen Denkweise.

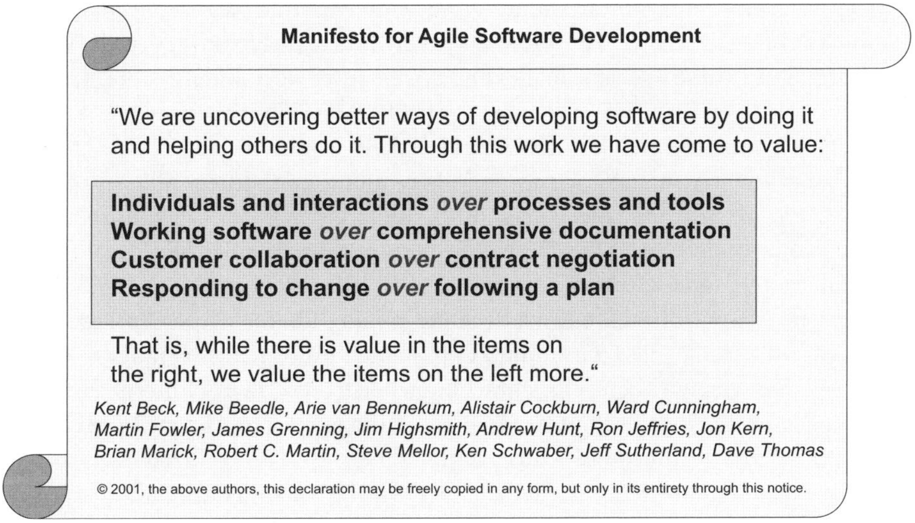

Manifesto for Agile Software Development

"We are uncovering better ways of developing software by doing it and helping others do it. Through this work we have come to value:

Individuals and interactions *over* **processes and tools**
Working software *over* **comprehensive documentation**
Customer collaboration *over* **contract negotiation**
Responding to change *over* **following a plan**

That is, while there is value in the items on
the right, we value the items on the left more."

Kent Beck, Mike Beedle, Arie van Bennekum, Alistair Cockburn, Ward Cunningham,
Martin Fowler, James Grenning, Jim Highsmith, Andrew Hunt, Ron Jeffries, Jon Kern,
Brian Marick, Robert C. Martin, Steve Mellor, Ken Schwaber, Jeff Sutherland, Dave Thomas

© 2001, the above authors, this declaration may be freely copied in any form, but only in its entirety through this notice.

Abb. 10–1 *Das Agile Manifest, wörtlich von www.agilemanifesto.org*

Die 17 Teilnehmer des Treffens hatten, mehr oder weniger unabhängig voneinander, ähnliche Schlüsse aus ihren Erfahrungen gezogen. Sie wollten sich von Bürokratie befreien und in den Softwareprojekten beweglicher – eben: agiler – werden. Im Agilen Manifest haben sie die Gemeinsamkeiten herausgearbeitet. Dabei ist wichtig zu bemerken, dass sie Prozesse, Werkzeuge und Dokumentation keinesfalls abschaffen wollen. Es heißt ja ausdrücklich: »… while there is value in the items on the right, we value the items on the left more.« Das heißt: Nur wenn nicht beides zu haben ist, dann entscheiden sich alle agilen Ansätze für die Dinge, die links stehen. In den Anfangsjahren waren mehrere Methoden populär, vertreten von ihren jeweiligen Erfindern. Die meisten waren bei dem oben genannten Treffen dabei [Ambler '02; Beedle und Schwaber '01; Cockburn '02].

Eine Schlüsselrolle spielte Kent Beck. Er hatte bei Chrysler die Entwicklung eines Gehaltsabrechnungsprogramms als Berater begleitet: das Comprehensive Compensation System (C3) Project. Dabei konnte er erstmals in größerem Rahmen seine agile Methode »Extreme Programming«, kurz XP, einsetzen. Aus dieser Erfahrung entstand sein Buch »Extreme Programming Explained: Embracing Change«, das 1999 in der ersten Auflage erschienen ist. Zu dieser Zeit waren auch Crystal von Alistair Cockburn [Cockburn '02] und FDD (Feature Driven Development) recht bekannt [Palmer '02]. Außerdem hatte Ken Schwaber bereits die agile Managementmethode Scrum vorgestellt [Beedle und Schwaber '01]. Während XP eine ausgemachte Softwareentwicklungsmethode ist, kümmert sich Scrum um Managementaspekte. Daher wurde und wird XP in der Praxis oft mit Scrum kombiniert, dann hat man sowohl Entwicklungs- als auch Managementanteile beisammen [Eckstein '12; Wolf '12]. Wie diese beiden Methoden funktionieren, wird unten kurz vorgestellt.

Die Reaktion aus Unternehmen und Universitäten war zwiespältig: Sie reichte von begeisterter Zustimmung bis zu erbitterter Ablehnung. Agile Methoden wurden auf diese Weise sehr bekannt, weil jeder von ihnen redete. Großem Interesse stand genauso große Skepsis gegenüber, ob man mit so wenig Planung und Vorausschau erfolgreich Software entwickeln könne. In vielen wissenschaftlichen Experimenten wurden dann agile Methoden oder Ideen mit herkömmlichen Ansätzen verglichen [Basili et al. '07]; auch das trug zum Bekanntheitsgrad der agilen Methoden bei. Manche Unternehmen wagten einen praktischen Versuch und setzten agile Methoden ein.

Nach fünf Jahren brachte Kent Beck die zweite, überarbeitete Auflage seines Klassikers »Extreme Programming Explained: Embracing Change« heraus [Beck '04]. Sie war wirklich sehr stark überarbeitet! Vor dem Hintergrund vieler Erfahrungen hatte Kent Beck in der zweiten Auflage andere Akzente gesetzt.

Scrum wurde unterdessen immer beliebter, und um 2010 war »agile Methode« fast gleichbedeutend mit Scrum. Das ist etwas verblüffend, weil Scrum wie gesagt nur das Management von Projekten behandelt und durch eine Entwicklungsmethode ergänzt werden muss. Dafür kann man praktisch jede Entwicklungsmethode mit Scrum kombinieren, von traditioneller Entwicklung über XP bis hin zu eher unsystematischen Vorgehensweisen. Scrum ist der Rahmen.

Im Laufe der Zeit flauten die Meinungsunterschiede ab. Manche großen Projekte können keine agilen Methoden gebrauchen; andere setzen sie immer stärker ein. Währenddessen traten die agilen Methoden in Skandinavien und Finnland einen Siegeszug an, der inzwischen nicht mehr so laut zu hören ist, aber umso entschiedener voranschreitet. Ob die auffällige Vorliebe für die agilen Methoden in Nordeuropa an den dortigen Projektgrößen oder Entwicklungtraditionen liegt, ist nicht bekannt. Sicher verträgt sich die skandinavische Tradition des *Participatory Design* [Schuler '93] gut mit agilen Methoden. In beiden Fällen steht die Zusammenarbeit kompetenter Entwickler im Zentrum. Aber auch in allen anderen Teilen der Welt sind agile Methoden verbreitet. Heute gehört die Kenntnis agiler Methoden zum Grundstock einer guten Ausbildung im Software Engineering. Man muss ja nicht ständig und ausschließlich agil arbeiten. Aber man sollte zumindest wissen, wie es ungefähr funktioniert. Das gilt besonders auch für Qualitätsfachleute.

Wenn die Verfechter und Anwender agiler Methoden unter sich sind, sprechen sie auch von den neuesten Entwicklungen auf ihrem Feld. Zum Teil stammen sie aus japanischen Managementansätzen, zum Beispiel Kanban. Sie stützen sich auf Ideen aus dem Toyota Production System [Ohno '93], also dem japanischen Automobilbau. Dort gibt es einen Produktionsansatz, der als *Lean Product Development System* bekannt wurde [Morgan et al. '06]. Auch dieser Ansatz wurde auf die Softwareentwicklung übertragen und bildet dort eine Ergänzung von XP und Scrum [Poppendieck und Poppendieck '06].

Schon das Treffen der Methodengurus im Jahr 2001 trug leicht konspirative Züge. Die Teilnehmer haben diesen Eindruck durch entsprechende Fotos auf der Webseite des Agilen Manifests noch gestützt. Dort stehen die Teilnehmer im Halbkreis um einen Tisch, auf dem ein geheimnisvolles Licht leuchtet. Auch heute findet man im Umfeld agiler Softwareentwicklung Erscheinungen, die etwas esoterisch wirken. Beispiele sind Dojos oder Katas, rituelle Programmier-übungen im Stil japanischer Kämpfer. Diese Kämpfer wollten durch häufige Wiederholung eine wichtige Bewegung des Schwerts oder des Körpers perfektionieren. Analog programmieren agile Entwickler immer wieder dieselbe kleine Anwendung, löschen sie dann und beginnen erneut. Am Ende sind sie ihrer persönlichen Perfektion einen Schritt näher gekommen. Man sollte das ausprobieren, bevor man darüber urteilt.

10.2 Extreme Programming im Überblick

Extreme Programming (XP) verdankt seinen Namen folgender Überlegung: Wenn etwas in der Softwareentwicklung gut funktioniert hat, dann soll es bis zum Extrem gesteigert werden. Reviews und Testen gehören dazu. Beide haben sich in vielen Projekten bewährt. Wenn Reviews gut sind, so sind *ständige* Reviews noch besser: Im »Pair Programming« reviewen sich die beiden Partner ununterbrochen. Wer sich Extreme Programming (XP) [Beck '04] ansieht, fragt sich, wie es in agilen Methoden wohl um die Softwarequalität bestellt ist. Denn einerseits scheinen diese Methoden bewusst gegen bewährte Grundsätze der Softwarequalität zu verstoßen, etwa mit Slogans der Art: »Lieber mit Personen interagieren als umfangreich dokumentieren« [Agile Alliance '01]. Andererseits beansprucht XP, qualitätssichernde Maßnahmen bis ins Extrem zu steigern. Was ist von diesen gegensätzlichen Tendenzen zu halten? Um diese Frage zu beantworten, muss man sich die wesentlichen Ideen ansehen, die mit XP verbunden sind.

Die Feinheiten von XP werden wir für die folgende Diskussion nicht brauchen, aber die Grundzüge sollen in aller gebotenen Kürze möglichst prägnant dargestellt werden. Auf dieser Basis lässt sich dann die Beziehung zwischen XP und Softwarequalität diskutieren. Wer sich näher für die Methode interessiert, sei auf die umfangreiche Literatur verwiesen. Kenner von XP werden zustimmen, dass eine »extrem einfach gehaltene Einführung« ganz im Sinne der agilen Vordenker ist.

Auslöser der agilen Methoden war das Gefühl, durch Bürokratie, Prozesse und Dokumentationsvorgaben gelähmt und gehemmt zu werden. Gerade schnelle, risikoreiche und damit auch chancenreiche Projekte schienen darunter zunehmend zu leiden. Was die agilen Methoden diesen Errungenschaften des Software Engineering und der Softwarequalität entgegenstellten, war die Vision einer flexiblen, kundenorientierten und konsequent auf Kommunikation eingestellten Softwareentwicklung. Die gemeinsame Basis verschiedener agiler Methoden sind die Grundsätze im Agilen Manifest (siehe oben). Sie zeigen die Werte und die Grundhaltung, die allen diesen Ansätzen gemeinsam sind. Die Grundwerte von XP sind »Communication, Simplicity, Feedback, Courage, and Respect« [Beck '04].

Für eine richtige Methode sind sie aber noch viel zu allgemein und zu abstrakt. Daher muss jede Methode genauer angeben, wie sie diese Grundwerte erreichen will. Das geschieht in zwei Stufen: Zunächst werden Prinzipien (engl. *principles*) eingeführt, die schon etwas genauer und konkreter sind als die Grundwerte. Zum Beispiel gehört bei XP zu den Prinzipien, die Kundenzufriedenheit zu steigern, indem früh und oft lauffähiger Code geliefert wird. Das ist schon recht konkret. Man könnte sich ja auch allerlei andere Möglichkeiten einfallen lassen, den Kunden zufriedener zu machen. Aber bei XP ist das Prinzip eben, lauffähigen Code zu liefern. Das ermöglicht Feedback und unterstützt die Kommunikation – zwei Werte von XP. In Kent Becks neuem Buch [Beck '04] werden 14 Prinzipien genannt. Sie haben meist eine griffige Bezeichnung und werden auf einer halben Seite beschrieben. »*Reflection*« und »*Baby Steps*« sind zum Beispiel interessante Prinzipien. Das Prinzip der kleinen Schritte (*baby steps*) muss durch Praktiken unterstützt werden, damit es funktioniert. Bemerkenswert ist auch der hohe Stellenwert, den Kent Beck der Reflektion zuspricht, also der kritischen Rückbesinnung. Hinter beiden steht die Idee, rasch einen kleinen Schritt zu machen, dann aber sofort zu überprüfen, ob man in die richtige Richtung unterwegs ist. Andernfalls kann man korrigieren, es ist noch nicht viel Schaden angerichtet.

Aber für die tägliche Arbeit im Projekt sind auch die Prinzipien noch zu wenig konkret. In traditionellen Projekten würde man mit detaillierten Prozessen festlegen, wie die tägliche Arbeit ablaufen soll. Das tut man in agilen Methoden nicht, sondern setzt statt Prozessen lieber die sogenannten Praktiken ein. Eine Praktik (engl. *practice*) ist kein Prozess und keine Abarbeitungsvorschrift, sondern eher eine ziemlich konkrete Lebensregel, die ständig im Projekt angewandt wird. Alle Praktiken zusammen beschreiben, wie es in einem XP-Projekt zugehen soll. Beck betont, dass sich die Praktiken gegenseitig unterstützen und in ihrer Wirkung verstärken. Man kann sich das Zusammenwirken mehrerer Praktiken wie Zahnräder in einem Getriebe vorstellen: Alle laufen ständig gleichzeitig, damit der Motor rund läuft.

Die in der Literatur üblichen Bezeichnungen von Praktiken sind im Folgenden beim ersten Auftreten groß und in Anführungszeichen geschrieben, damit sie auf einen Blick erkennbar sind. Danach sind sie nur noch kursiv gesetzt. So sind sie als eingeführter Begriff gekennzeichnet, stören den Lesefluss aber nicht.

Kundenkontakt und Planung: Erklärtermaßen spielt die Kundenzufriedenheit in XP die größte Rolle, nach ihr bemisst sich der Projekterfolg. Um diese Zufriedenheit zu gewährleisten, wird der Kunde in XP schnell und häufig mit lauffähiger und nützlicher Software beliefert. Andererseits wird er eng ins Projekt eingebunden, um reiches Feedback zu erhalten. Die Kundenorganisation entsendet einen

Vertreter, den »*On-Site Customer*«, zu den Entwicklern. Diese Person formuliert die Anforderungen, entscheidet über Änderungen und steht jederzeit (!) den Entwicklern für Fragen zur Verfügung. Die Anforderungen werden informell auf Blätter oder Karteikarten geschrieben; sie heißen »*Story Cards*«. Als Nächstes schätzen die Entwickler, wie aufwendig jede *story card* ist, und der Kunde priorisiert auf der Basis des geschätzten Aufwands, welche *story card* ihm wie wichtig ist. Dieser Vorgang des Schreibens, Schätzens und Priorisierens von *story cards* ist der Inhalt des »*Planning Game*«, das in Abbildung 10–2 in der Übersicht dargestellt ist. Anhand der nummerierten Aktivitäten (1–8) ist zu sehen, wie zunächst der *on-site customer* die vagen Anforderungen ins Projekt mitbringt (1). Beim *planning game* (2, 3) werden sie als *story cards* aufgeschrieben und geschätzt. Der *on-site customer* wählt dann diejenigen aus, von denen er sich am meisten Nutzen verspricht (4). Diese werden implementiert (5), ausgeliefert (6) und operativ eingesetzt (7). Mit den Rückmeldungen der Anwender (8, 1) geht dieses inkrementelle Verfahren in die nächste Runde, das nächste Inkrement wird erstellt. Langsam wächst dabei die Software, denn in jedem Inkrement kommt etwas Nützliches hinzu. Das iterative Verfahren funktioniert, weil jede Runde nur wenige Wochen lang dauert (»*short release*«, ein Beitrag zu den »*baby steps*«). Daher wird schon nach kurzer Zeit korrigiert, wenn der Kunde doch nicht zufrieden ist. Außerdem werden in XP Vorkehrungen getroffen, um Änderungen auch noch später im Projekt zuzulassen. Nur wenn das möglich ist, kann man noch auf Änderungen der Kundenwünsche eingehen. Das möchte man unbedingt, weil der Kunde wahrscheinlich zufriedener ist, wenn man seine Anliegen nicht zurückweisen muss.

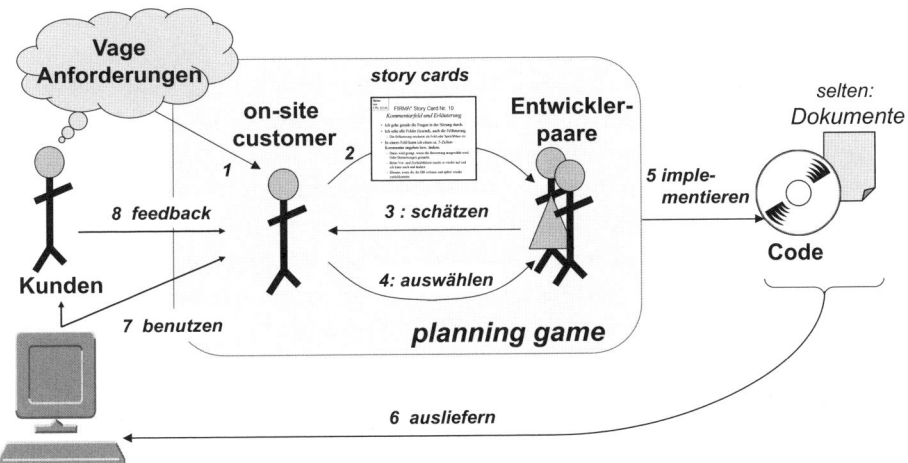

Abb. 10–2 *Rollen und Schritte im planning game [Schneider '03]*

In der zweiten Auflage seines Buchs hat Kent Beck dann etwas andere Praktiken gewählt. Teilweise sind nur die Begriffe leicht verändert worden. Die *story cards* heißen jetzt einfach »*stories*«. Kent Beck betont ihre Bedeutung, um mit dem Kunden schnell zu einem gemeinsamen Verständnis von nützlichen Funktionen zu kommen. Außerdem kann man anhand der *stories* erstmals konkret den Aufwand schätzen; damit ist schon im *planning game* klar, dass jede zusätzliche Funktion auch Aufwand kostet. Wenn man an einer *story* mehr Aufwand erbringen muss, muss man ihn anderswo einsparen. Eine *story* höher zu priorisieren führt immer dazu, dass andere an Priorität einbüßen. Diese subtile Botschaft kann das Projekt vor unrealistischen Anforderungen ein Stück weit schützen. Wenn man die geschätzten Aufwände aller ausgewählten *stories* zusammennimmt, hat man auch eine gute Basis für die Schätzung des Restaufwands. Die ist wiederum für die nächsten Iterationen hilfreich.

Einer der Knackpunkte von XP war schon immer der *on-site customer* [Schneider '03]. Denn eine Person, die sowohl das Geschäft des Kunden gut kennt, aber auch entschlussfreudig ist und dann noch gut mit den Entwicklern kommunizieren kann, ist in jedem Projekt willkommen – aber leider auch sehr schwer zu finden. Wer so viele Kenntnisse und Fähigkeiten besitzt, hat normalerweise auch viele Aufgaben und Verantwortlichkeiten. Solche Leute wird man selten vollständig für ein einzelnes, agiles Projekt freistellen können oder wollen. Andererseits ist der gute und schnelle Kontakt mit dem Kunden unverzichtbar für den Erfolg eines agilen Projekts. Als Notlösung haben dann manche agilen Projekte zu einem sogenannten »Customer Proxy« gegriffen. Das ist keine XP-Praktik, sondern ein Mitarbeiter der Entwicklerorganisation, der anstelle eines Kundenvertreters die Rolle des *on-site customer* spielte. Das war zwar eine elegante Lösung, hat aber im Endeffekt doch den direkten Kontakt zwischen Kunden und Entwicklern nicht ersetzen können. Das war riskant.

Weil gute *on-site customer* so schwer zu finden sind, spricht Kent Beck in der zweiten Auflage, mit fünf Jahren Erfahrung mehr, stattdessen von »*Real Customer Involvement*«, also dem Einbeziehen echter Kunden. Auf welche Weise und wie intensiv das genau geschehen soll, lässt er nun offen. Nach wie vor ist es von zentraler Bedeutung, den Kunden intensiv einzubeziehen. Und noch deutlicher als zuvor betont Kent Beck, dass es sich dabei um einen *echten* Kunden handeln soll, nicht nur um einen Entwickler, der den Kunden gut kennt. Intensiver Kontakt mit echten Kunden ist nach wie vor unerlässlich. Das erreicht man mit einem guten *on-site customer* bestimmt auf ideale Weise. Wenn der aber nicht zu haben ist, muss man versuchen, dem Ideal möglichst nahezukommen. Das räumt Kent Beck jetzt ein. Entfernt man sich zu weit davon, so bricht ein tragender Pfeiler aller agilen Methoden zusammen. Ohne engen Kundenkontakt gibt es kein erfolgreiches agiles Projekt.

Als Planungshorizont schlägt Kent Beck den »*Weekly Cycle*« und den »*Quarterly Cycle*« vor. Der normale Rhythmus des Projekts verläuft in Wochen.

Jede Woche wird neu geschätzt und neu geplant. Man nimmt sich jeweils so viele *stories* vor, dass man sie in einer Woche bearbeiten kann. Nachher prüft man, wie weit man damit gekommen ist. Wenn Schätzung und Fortschritt zu weit auseinanderklaffen, korrigiert man in der nächsten Iteration nicht nur die Schätzung für die betreffenden *stories*; man passt auch das Pensum an, das man sich für die Folgewoche vornehmen wird – justiert also die Schätzbasis selbst. In einer Woche kann etwas Nützliches entwickelt werden, und doch ist die Zeit kurz genug, um Korrekturen vorzunehmen. Jedes Quartal (Quarter) sollte man den Gesamtfortschritt vor dem Hintergrund größerer Ziele beurteilen und bei Bedarf grundlegendere Korrekturen durchführen. Die übergenaue, oft aber unrealistische Planung in konventionellen Projekten war einer der Auslöser der agilen Bewegung. Man hat sich Mechanismen überlegt, um damit in agilen Methoden besser umzugehen. Die kurzen Zyklen sind ganz wichtig.

Ursprünglich wurde geraten, bei der Schätzung ein abstraktes Maß zu verwenden. Statt Personenstunden oder -tagen wurden Punkte oder oft auch »Gummibären« vorgeschlagen. Das sind abstrakte und vor allem relative Maße. So werden alle *stories* mit drei Punkten in etwa gleich viel Aufwand brauchen und etwa drei Mal so viel wie eine *story* mit einem Punkt. Hätte man dagegen in Personenstunden geschätzt, so hätte man leicht die reinen Arbeitsstunden (netto) mit der Gesamtarbeitszeit (brutto) verwechseln können. Das ist ein häufiges Problem in der Softwareentwicklung. Entwickler schätzen, wie viele Stunden oder Tage sie für ein Programm brauchen, wenn sie konzentriert daran arbeiten (netto). Das ist aber selten möglich. Denn es kommen Besprechungen, Störungen, eine Krankheit oder zusätzliche Aufgaben dazwischen. Obwohl man am Ende auch nicht mehr programmiert hat, ist inzwischen leicht doppelt so viel Zeit vergangen (brutto). Auf diese Weise kann man natürlich keine Planung einhalten. Die relativen Maße beziehen sich daher auf »Brutto-Aufwände«, die also alles enthalten, was typischerweise bei der Softwareentwicklung in dem jeweiligen Umfeld geschieht. Wenn man dort für eine 3-Punkte-Aufgabe zwei Tage gebraucht hat, dann wird man im selben Umfeld für die nächste 3-Punkte-Aufgabe auch wieder ungefähr so lange brauchen.

Eine interessante neue Praktik nennt Kent Beck »*Slack*«, was man mit »Schlupf« oder auch »Puffer« übersetzen kann. Er regt an, nicht die gesamte Kapazität vollständig zu verplanen. Irgendetwas geht immer schief, und dann ist es gut, wenn man nicht sofort aus dem Plan läuft und den Kunden enttäuscht. Also sollte man sich nicht zu viele Punkte vornehmen. Lieber etwas vorsichtiger planen und den Kunden ab und zu positiv überraschen, als immer zu ambitioniert schätzen und oft nicht fertig zu werden.

Zusammenarbeit: Die Entwickler arbeiten zu zweit an einem Rechner (»*Pair Programming*«). Nur einer tippt, während der Partner kontrolliert und weiter denkt als bis zum Ende der Programmzeile. Die beiden korrigieren sich und besprechen die nächsten Schritte. Jederzeit kann die zweite Person die Tastatur an sich nehmen und weiterschreiben. So wechselt die Tastatur alle paar Minuten den Besitzer. Auch die Zusammensetzung der Paare im Team wechselt spätestens alle paar Tage. Wenn eine neue *story card* begonnen wird, ist dafür eine gute Gelegenheit. Wenn ein Paar mit einer *story card* fertig ist, zieht es die nächste von dem Stapel, der immer bereitliegt. Er stammt aus dem *planning game*. Auf diese Weise kann jeder Entwickler an allen Teilen des Codes mitarbeiten, je nach gezogener *story card*. Jeder darf auch an allen Teilen ändern. Durch strenge Befolgung von Code-Konventionen (»*Coding Conventions*«) und durch häufiges Integrieren der Ergebnisse (mehrmals täglich: »*Continuous Integration*«) versteht das ganze Team alle Teile des Codes und kann damit umgehen (»*Collective Code Ownership*«). Sonst wäre man bei der Zuteilung der *story cards* nicht so flexibel.

Nach den ersten Jahren Erfahrung mit XP hat Kent Beck auch bei der Zusammenarbeit bestimmte Aspekte deutlicher herausgestellt. So soll gute Zusammenarbeit durch »Räumliche Nähe« (»*Sit Together*«) gefördert werden. Das ist ganz buchstäblich gemeint: Die Entwickler sollen nahe beieinander sitzen, um dadurch einfach und gut kommunizieren zu können. Beck betont, wie wichtig es auch ist, die verschiedenen Fähigkeiten des gesamten Teams zu nutzen. Das ist mit der Praktik »*Whole Team*« gemeint. Ein typisches XP-Team ist nicht sehr groß. Ein Dutzend Entwickler oder sogar weniger sind typisch. In so einem kleinen Team sollten dann auch alle Talente zur Wirkung gebracht werden, meint Kent Beck. Sogar auf die Gestaltung des Arbeitsplatzes legt er Wert: »*Informative Workspace*« verlangt, die Schreibtische so aufzustellen und mit Informationen zu umgeben, dass ein zufälliger Besucher in wenigen Sekunden wüsste, worum es in dem Projekt geht. Dazu hat das Team idealerweise einen gemeinsamen, fest zugeordneten Raum: einen Ort, an dem sich Informationen ablegen und sammeln lassen. Durch diese stimulierende Umgebung soll dann »*Energized Work*« möglich werden. Damit ist gemeint, dass man nicht lange Überstunden abreißen soll, sondern eher kurz und konzentriert arbeiten sollte. Der Respekt (ein agiler Wert!) vor sich selbst und den Kollegen gebietet, nicht krank oder ausgelaugt mit ihnen zusammenzusitzen. Lieber hört man eine Stunde früher auf oder nimmt einen Tag eine Auszeit vom *pair programming*. Bemerkenswert ist auch, dass nun die »*Team Continuity*« für so wichtig gehalten wird, dass es dafür eine Praktik gibt. Diese Praktik besagt, dass die Teamzusammensetzung nicht ständig wechseln soll. Die Entwickler als Menschen und Wissensträger sind keine austauschbaren Einheiten. Insgesamt ist ganz deutlich der Trend zu mehr Praktiken über eine bekömmliche Arbeitsumgebung und Rücksicht auf die Belange der Entwickler erkennbar. Die neuen, in diesem Absatz erwähnten Praktiken waren auch schon zuvor in XP durchaus üblich, aber noch nicht so explizit herausgehoben worden. Insofern ergänzen sie sich sehr gut mit den ursprünglichen XP-Techniken oben. Man sollte tatsächlich die zweite Auflage des Buchs von Kent Beck als einen ganz eigenen Beitrag verstehen: Es enthält Erfahrungen und Reaktionen auf die ursprünglichen Praktiken aus der ersten Auflage. Man versteht die zweite Auflage nur dann richtig, wenn man die erste kennt. Zusammen bildet Extreme Programming ein gemeinsames Fundament agiler Methoden, das die meisten Entwickler kennen sollten. Auch wenn sie dann Scrum oder eine andere Methode anwenden.

Zu den **technisch geprägten Praktiken von XP** gehört zuallererst der »*Unit Test*«. Jede Klasse wird vom Entwickler selbst getestet, bevor sie auf dem Integrationsserver integriert wird. Es ist wichtig für die anderen Praktiken, dass alle *unit tests* erfolgreich ablaufen, bevor der Code integriert wird. Damit die Testfälle nicht erst am Projektende in aller Eile hingeschludert werden, besteht XP darauf, die Tests *vor* dem Code zu schreiben, der getestet werden soll. Die Tests werden dazu in eigenen Testklassen organisiert. Von den Testklassen aus wird der »Produktionscode« aufgerufen. Damit ist der Code gemeint, der eigentlich entwickelt werden soll. Die Testdurchführung wird vollständig automatisiert: Auch das Sollresultat steht im Testcode. Da die Testfälle als ausführbarer Code vorliegen, können sie leicht von einem Automatismus auf den Produktionscode angewendet werden. So ist es möglich, wiederholt und ständig alle Testfälle zu überprüfen; manueller Aufwand fällt nicht an, die Testumgebung erledigt alles. Besonders wichtig sind die Tests nach Änderungen. Das Testen läuft in XP also ganz anders ab als in einem konventionellen Projekt. Weil Tests für die Softwarequalität so wichtig sind, ist ihnen unten ein ganzer Abschnitt gewidmet.

Wenn der Kunde seine Anforderungen ändert, wird bereitwillig auch der Code geändert. Dazu wird nicht tagelang geplant und entworfen, sondern es wird überlegt, wie die Änderung am einfachsten zu bewerkstelligen ist (»*Simple Design*«). Bei jeder Änderung kann es geschehen, dass man Sonderfälle und Ausnahmen einbaut, die in der ursprünglichen Architektur nicht vorgesehen waren. Nach einigen solchen Änderungen droht die Struktur ihre Klarheit zu verlieren. Einfache Strukturen sind aber erforderlich, um auch in Zukunft noch rasch reagieren zu können. Daher wird immer wieder einmal ein interner Umbau vorgenommen, bei dem sich an der Funktion nichts ändert. Nur die Struktur wird verbessert, was in den meisten Fällen heißt: Sie wird vereinfacht, Sonderfälle werden beseitigt. Dieser Vorgang heißt »*Refactoring*«. Wer von *refactoring* hört und dabei nicht genau hinhört, kann leicht dem Missverständnis erliegen, jede Änderung an der Codestruktur sei ein *refactoring*. Der Begriff wird leider oft für jede Form der Systemumstrukturierung gebraucht – und damit missbraucht. Denn in XP meint *refactoring* ausdrücklich nur den *schematisch ablaufenden Umbau ohne Änderung der Funktionalität mit dem Ziel, die Struktur zu vereinfachen.* Echte *refactorings* in diesem Sinn erfordern Disziplin und gute Kenntnisse von bewährten *refactoring*-Strategien. Ein Klassiker dafür ist das Buch von Fowler [Fowler '99].

Alle Praktiken wirken zusammen: Der intensiv involvierte Kunde beantwortet jederzeit Fragen zu *story cards*, er ändert sie auch bei Bedarf. Darauf reagieren die Entwickler. Weil sie sich in den Paaren ständig gegenseitig kontrollieren, werden viele Fehler umgehend entdeckt. Da sie die Testfälle immer vor dem Code erstellen, gibt es praktisch keinen ungetesteten Code. Jedes Codestück ist die Reaktion auf einen Test, der zuerst fehlschlug. Dann hat man codiert, bis der Test lief. Damit gibt es umgekehrt zu jedem Codestück auch Tests, die die entsprechenden Anforderungen repräsentieren. Das ist besonders wichtig und spannend nach größeren *refactorings*. Denn da sich die Funktionalität ja nicht ändern soll, müssen immer noch alle Testfälle erfolgreich laufen. Ein schneller Durchlauf der codierten Testfälle bringt Klarheit und – falls erfolgreich – auch Sicherheit, dass alles geklappt hat und sich immer noch richtig verhält. Damit die Entwicklung nicht zu lange in die Irre läuft, wird der geänderte Code nach dem *short release* schon bald wieder an die Kunden ausgeliefert – die über den *on-site customer* die nächste Runde von Feedback und neuen Anforderungen einbringen. So arbeitet sich das XP-Projekt in kurzen Inkrementen vor. Reichen irgendwann Zeit und Geld nicht mehr, kann die Arbeit abgebrochen werden. Da in Bausteinen (Inkrementen) gearbeitet wurde, liegt zu jeder Zeit ein brauchbares Ergebnis vor. Die bislang investierte Arbeit ist nicht verloren, auch wenn nicht alle Wünsche umgesetzt werden konnten. Und die ständige Abstimmung mit dem Kunden soll dazu führen, dass die wichtigsten Teile zuerst erledigt worden sind. Das wird den Kunden zufriedenstellen.

10.3 Testgetriebene Entwicklung in XP

Extreme Programming (XP) steigert bewährte Praktiken des Software Engineering ins Extrem. Beim Testen geht man sogar doppelt ins Extrem: Wenn frühes Testen gut ist, dann wird erstens *ständig alles* getestet. Dazu wird der automatische Regressionstest verwendet. Zweitens werden die Testfälle extrem früh geschrieben, nämlich *vor* dem Code. Gerade am frühen Testen zeigen sich sehr gut die rigorose Einstellung der agilen Methoden und die Auswirkung auf die Softwarequalität. Während sonst das Testen oft sträflich vernachlässigt wurde, treibt in XP der Test regelrecht die Entwicklung voran; man spricht von »*Test Driven Development*«.

10.3.1 Terminologie und Testarten

In XP sind zwei Testarten zu unterscheiden: Modultests und Akzeptanztests. Diese Testarten gibt es auch in normalen Softwareprojekten.

Modultest (*unit test*) ist durch die Ebene in der Systemhierarchie charakterisiert. Getestet werden Module; in objektorientierten Sprachen sind die Module bzw. units meist Klassen oder einfache Pakete. Integrations- und Systemtests fallen nicht in diese Rubrik. XP verlangt intensive *unit tests*, die außerdem stets zu 100 % erfüllt sein müssen, bevor weitergearbeitet werden darf. Beim Testen soll ja von unten nach oben vorgegangen werden. Module sollen also fertig getestet sein, bevor sie in der Systemstruktur zusammengesetzt werden und der Integrations- und Systemtest beginnt. Alle Modultests müssen korrekt laufen, bevor die Module integriert werden. Übrigens bedeutet das noch nicht, dass etwa eine 100 %ige Anweisungsüberdeckung oder eine perfekte Anforderungsabdeckung erreicht wäre. Es sagt nur aus, dass keiner der vorhandenen Tests einen Fehler liefert. Wie die Testfälle definiert wurden, ist eine andere Frage.

Bei der **Integration** können sich natürlich Fehler zeigen, die in keinem einzelnen Modul aufgetaucht waren. Dies geschieht bei der täglich mehrfach durchzuführenden *continuous integration*. Wenn ein neues Modul nicht zu den alten passt, ergeben sich Fehler. Weil direkt nach der Integration wieder alle Testfälle geprüft werden, können Probleme identifiziert werden, die sich durch die Integration ergeben haben. Denn natürlich müssen auch nach der Integration noch alle *unit tests* funktionieren, und das integrierte System muss technisch »laufen«. Es gibt aber zunächst keine eigenen Integrationstests, die in gleicher Strenge wie die *unit tests* durchgeführt würden. Wenn es eigens hierfür weitere Testfälle gäbe, würde man von der dritten Gruppe, den Integrationstests, sprechen können. Oft wird bei der Integration aber nur geprüft, ob das System »integrierbar« ist und ob die Modultests noch funktionieren. Das korrekte Zusammenwirken wird entweder über diese Modultests oder nachher dann über die Akzeptanztests geprüft, bei denen das gesamte System auf dem Prüfstand steht.

Auf Systemebene stehen dann die **Akzeptanztests**. Wenn die Entwicklung beginnt, laufen sie natürlich noch nicht. Je weiter die Umsetzung der *story cards* fortschreitet, desto mehr Akzeptanztests werden durchgeführt und wie gewünscht abgenommen. Im *planning game* wird der Kunde dann feststellen, ob die ausgewählten *story cards* wirklich erfolgreich umgesetzt sind. Natürlich kann es sein, dass die *story cards* sich inzwischen verändert haben, weil Entwickler und *on-site customer* erkannt haben, dass etwas anderes gemeint war als ursprünglich gedacht. Akzeptanztests lassen sich im Allgemeinen nicht automatisieren.

10.3.2   Testautomatisierung ist unverzichtbar

Automatisierter Test bedeutet, dass die Testfälle mithilfe eines Werkzeugs und ohne weiteres Zutun eines menschlichen Testers aufgerufen, durchgeführt und mit den Sollergebnissen verglichen werden. Der hohe Anspruch, alle *unit tests* ständig durchzuführen, ist ohne Automatisierung nicht zu erfüllen. Akzeptanztests können und brauchen dagegen nicht unbedingt automatisiert zu werden.

Die Idee, dieselben Testfälle immer wieder durchzuführen, gibt es schon lange. Beim sogenannten **Regressionstest** geschieht genau das. Auf den ersten Blick mag es unnötig erscheinen, die gleichen Testfälle ständig zu wiederholen. In

Kapitel 5 wurde aber bereits darauf hingewiesen, dass eigentlich nach jeder Änderung sämtliche Testfälle noch einmal durchzuführen sind. Es könnten sich ja Neben- oder Fernwirkungen ergeben haben, an die bei der Änderung nicht gedacht wurde. Mit Regressionstests wird dann festgestellt, ob ein Programmteil nun doch wieder einen Fehler hat, obwohl er schon einmal funktionierte. Diese Idee wird in agilen Methoden in gewohnt extremer Weise aufgegriffen: Hier findet die Testwiederholung mehrmals täglich statt.

Testfälle als Programmcode. Im Prinzip können Testfälle sehr gut als Tabellen von Eingaben und Sollausgaben dargestellt werden. Manchmal sind Datenbanken zu füllen oder andere komplizierte Voraussetzungen zu schaffen, mitunter sind auch Resultate von eingebetteter Software nach außen nur schwer erkennbar. Dann unterstützen Testrahmen oder andere Hilfsmittel das Testen. Damit der *unit test* automatisiert werden kann, müssen die Testfälle eindeutig codiert sein – mit allem, was dazugehört. Die automatisierte Durchführung aller Testfälle entspricht der Funktion eines Testrahmens. Abstürze werden vermieden und Exceptions aufgefangen. Sie werden gemeldet, die restlichen Testfälle können aber ungehindert durchgeführt werden. Manche Testrahmen generieren Testaufrufe und versorgen sie aus formalisierten Tabellendarstellungen. Zum Ändern der Testfälle müssen nur die Tabellen geändert werden.

Eine andere Möglichkeit besteht darin, die Testfälle selbst als Programmcode zu notieren. Dies beginnt bei ganz einfachen Prüfanweisungen wie den *asserts* in Java. Das sind Anweisungen, die eine gewisse Bedingung an dem Punkt prüfen, an dem das assert steht. Der Testfall `assertTrue(getesteteMethode(x)>3)` liefert eine Fehlermeldung, falls der Aufruf der getesteten Methode mit x als Parameter ein Ergebnis liefert, das nicht größer als 3 ist. Im anderen Fall verbucht man, dass kein Fehler aufgetreten ist. Manchmal ist komplizierter Testcode sinnvoll. Er füllt Datenbanken, baut Datenstrukturen auf und bereitet den eigentlichen Testfall vor. Im weitverbreiteten Testwerkzeug JUnit [sourceforge – JUnit] wird für Java-Programme mit der Methode setUp() diese Vorbereitung übernommen. Die Methode tearDown() beseitigt alle Spuren eines Testfalls, damit der nächste Testfall unbelastet durchlaufen kann.

10.3.3 Testcode ist seltener fehlerhaft

Was geschieht aber, wenn der Testcode selbst falsch ist? In Abbildung 2–6 wurde schon gezeigt, dass auch ein falscher Testfall zu einem Fehler führen kann. Doch es gibt gute Argumente, wieso das relativ selten passiert und meist unbedenklich ist [Link '05]:

- Testcode ist oft sehr stereotyp aufgebaut und daher wesentlich weniger kompliziert. Er enthält Listen von asserts, aber kaum komplizierte Strukturen. Er ist damit weniger fehleranfällig, was mit der zyklomatischen Komplexität sogar quantitativ belegt werden kann.

In gewissem Sinn testet der Prüfling auch die Testfälle, während eigentlich die Testfälle den Prüfling testen sollen. Das zeigt sich auch in den folgenden Punkten.

Führt ein dennoch fehlerhafter Testcode zu einer (unberechtigten) Fehlermeldung, so wird daraufhin ja der Fehler gesucht. Dabei wird sicher auch im Testcode gesucht, wenn sich im Produktionscode kein Fehler zeigt. Denn wenn sich die Anforderungen ändern, muss sich das auch in veränderten Testfällen widerspiegeln. Das kann man schon einmal vergessen.

Lediglich der Fall einer *unberechtigt unterbliebenen* Fehlermeldung würde vermutlich unbemerkt bleiben. Durch die ständig wiederholten Regressionstests steigen aber die Chancen, dass solche Unregelmäßigkeiten bald entdeckt werden.

Eigene Testfälle für die Testfälle zu erstellen, ist dagegen unüblich. Das würde Denkfehler (Errors) ja auch nicht ausschließen. Aber in XP gibt es noch andere Mechanismen, durch die Fehler entdeckt werden: Die Entwickler werden ständig von ihren *pair programming*-Partnern beobachtet; der Code wechselt häufig zwischen den Paaren; und der Kunde sieht häufig das Resultat.

Auch an diesen Argumenten wird deutlich, wie das Zusammenspiel der Praktiken in XP zu weniger Fehlern und größerer Übereinstimmung mit den aktuellen Kundenwünschen beiträgt. Darüber hinaus weisen agile Entwickler darauf hin, dass durch die Praktik des »*Test First*« schon von vornherein einfacherer Code geliefert wird. Vorbeugendes Testen verändert den konstruierten Code in wünschenswerter Weise.

10.3.4   Test First: Testen vor Codieren

Die Praktik des *test first* trägt dazu bei, den Testcode einfach und weniger fehleranfällig zu halten. Aber auch der Produktionscode, um den es eigentlich geht, wird nicht so kompliziert. Eine wichtige Rolle dabei spielt das Testframework JUnit. JUnit kann kostenlos heruntergeladen werden [sourceforge – JUnit]. JUnit ist für Java gedacht, es gibt aber auch CUnit für C und so weiter. Diese Frameworks können isoliert verwendet werden oder in eine Entwicklungsumgebung wie Eclipse eingebunden werden. Von JUnit sieht man hauptsächlich einen Farbbalken und – falls nötig – eine Liste von Fehlermeldungen. Der Balken ist rot, wenn wenigstens ein Fehler aufgetreten ist. Sonst ist er grün. Dieses einfache Signal hat starke Wirkung auf die Entwickler, die Tests manchmal wiederholen, nur um noch einmal den grünen Balken zu sehen [Wolf et al. '05].

JUnit bietet als Framework Klassen und Methoden, mit deren Hilfe der eigene Code in den Rahmen eingehängt werden kann. Bei herkömmlicher Entwicklung wäre zuvor eine längere Programmierphase angefallen. Erst danach würde man sich den Testfällen zuwenden. Bei *test first* wird dagegen Schritt für

Schritt vorgegangen, sodass schon mit wenig Aufwand wieder der grüne Balken erreicht werden kann. Das ist psychologisch günstiger. Andererseits werden auch nicht alle Testfälle geschrieben, bevor die erste Zeile Code verfasst wird. Vielmehr wird, typisch für agile Methoden, iterativ vorgegangen: zuerst ein wenig Testcode, dann der Produktionscode dazu, dann wieder einige Tests, dann wieder gerade nur so viel Code, dass erneut ein grüner Balken erscheint.

Das typische Wechselspiel soll Abbildung 10–3 illustrieren. In diesem Beispiel hat ein Entwickler die Aufgabe, für eine existierende Klasse die neue Methode *len* zu implementieren, die zurückliefern soll, wie viele Stellen eine Zahl vom Typ int hat. Die linke Seite in Abbildung 10–3 zeigt die Aktionen des Entwicklers, wenn er Produktionscode schreibt, in der rechten Spalte stehen die Aktionen des Testers. Sie werden koordiniert durch die Reaktionen von JUnit; sie stehen in der Mitte. Diese Aufteilung und Rollentrennung soll die Gedankengänge verdeutlichen, die normalerweise im Kopf *eines* Entwicklers stattfinden. Denn Entwickler und Tester sind bei XP dieselbe Person! Bei *test first* sind Aktionen und Reaktionen im Sekundentakt gefordert, da ist eine Aufteilung der Rollen auf verschiedene Bearbeiter nicht sinnvoll. Vor allem aber soll der Entwickler sich die hier gezeigten Gedanken über das Testen selbst machen. Davon profitieren Test und Code.

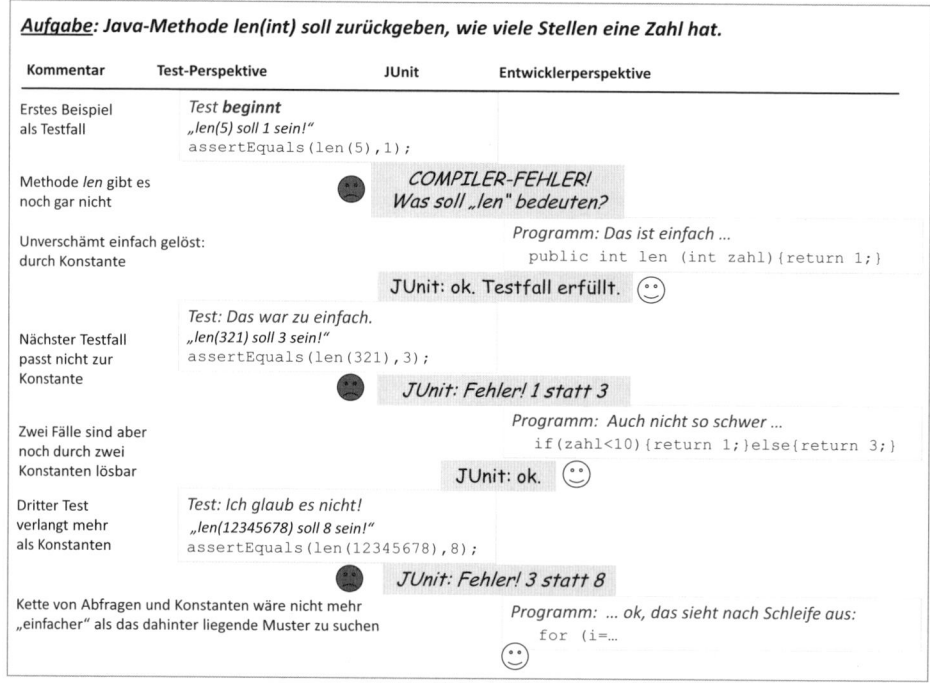

Abb. 10–3 *Wechselspiel von Test und Codierung in test first*

Wenn der Balken am Ende grün ist, kann die nächste Anforderung angegangen werden. Sie kommt von einer *story card* oder direkt vom *on-site customer*.

Q durfte dem agilen Paar eine Weile über die Schultern schauen. Ein Testfall schlägt fehl – weil noch gar kein Code zum Testen vorhanden war. Das könnte einen doch verrückt machen! Und jetzt wird eine Konstante zurückgegeben. Die beiden Entwickler wissen doch, dass das ihre Aufgabe nur für einen einzigen Fall löst! Was soll denn dieses Kasperletheater? Wollen die Q provozieren? »Durchaus nicht!«, betont einer der beiden agilen Entwickler. »Aber auf diese Weise wird auch unser Produktionscode einfacher«, versichert der andere. »Und damit wir nicht vergessen, immer ganz simpel und einfach anzufangen, machen wir eben auch die trivialen Lösungen für triviale Testfälle.« »Regt Euch das nicht auf, wenn Ihr schon wisst, dass Ihr gleich einen Fehler angezeigt bekommen werdet?«, will Q wissen. »Nö. Anfangs war es sogar lustig; das verliert sich allerdings. Ehrlich gesagt, lassen wir diesen ersten Test (noch ohne Produktionscode) auch manchmal weg. Aber eigentlich sollten wir ihn ausführen. Und weißt Du was? Es ist ein tolles Gefühl, wenn der Balken dann grün wird. Denn dann hat man nicht nur wieder eine Anforderung erfüllt, sondern den Code auch gleich getestet.« Inzwischen hat sich der andere Entwickler die Tastatur geschnappt und ein paar Testfälle und Produktionscodezeilen geschrieben. Der Balken ist grün. Beide lächeln.

10.3.5   Auswirkungen von Test First

Bei *test first* werden keine großen Programmstrukturen entworfen und dann langsam verfeinert. Dabei entstünde ja relativ lange kein ausführbarer Code. Vielmehr wird in XP für eine simple Anforderung in wenigen Sekunden oder Minuten der erste lauffähige Produktionscode erstellt – immer nur so viel wie nötig, um nun auch den neuesten Testfall zu erfüllen. Dadurch wächst der Produktionscode »von unten«, von den einzelnen Anforderungen her. Er wird nur erweitert, wenn ein neuer, konkreter Testfall das erzwingt. Bald werden daraus einfache Fallunterscheidungen bzw. Verzweigungen, und erst nach und nach werden kompliziertere Muster erkannt und codiert.

Auf erfahrene Programmierer wirkt es manchmal anstößig, einen Testfall dadurch zu befriedigen, dass der Code eine Konstante zurückliefert. Dennoch führt der oben skizzierte Ablauf aus Test-Reaktion-Code-Reaktion gerade dann zu besonders guten Ergebnissen, wenn auch im Kleinen nicht versucht wird, schon alle möglichen, zukünftigen Varianten vorauszusehen. Weder Entwickler noch Kunden sind es aus normalen Projekten gewohnt, dass ihre Anforderungen so schnell, aber auch so kompromisslos – »ohne vorauszudenken« – erfüllt werden. Dadurch wird eine enge Übereinstimmung zwischen Testcode und Produktionscode erreicht. Für jedes Stückchen Code gibt es Testfälle, die ihn erzwungen haben. Dadurch ist der Produktionscode auch höchst testbar – er ist ja buchstäblich die Reaktion auf existierende Testfälle. Diese Qualitätsaspekte können durch *test first* gezielt gefördert werden. Schon für sich allein genommen ist *test first* ein konstruktives Verfahren, obwohl es mit Testen zu tun hat. Denn es sucht ja nicht ein existierendes Problem im Code – der anfangs gar nicht existiert. Die Testfälle sollten eher als Detailspezifikationen verstanden werden, die zugleich als Tests verwendbar sind.

10.3.6   Besserer Produktionscode durch Test First

Es wird oft argumentiert, dass sogar der Produktionscode viel einfacher und gleichförmiger wird, wenn er nach *test first* entwickelt wird. Gerade das oben gezeigte Vorgehensmuster trägt dazu bei:

- In der ersten trivialen Lösung wird eine Konstante geliefert.
- Bei der zweiten, ziemlich trivialen Lösung gibt es eine einfache Verzweigung, siehe Abbildung 10–3.
- Erst die dritte oder vierte Lösung erkennt ein Muster und verallgemeinert zu einem sinnvollen Algorithmus.

Freilich kann sich ein Denkfehler einschleichen oder das Muster kann sich durch spätere Testfälle verändern. Durch die schon vorhandenen Testfälle würde ein Denkfehler aber kaum unentdeckt bleiben. Der Produktionscode ist damit für Menschen einfacher zu verstehen. Wie oben bereits erwähnt, wird er zudem leichter zu testen sein, weil er ja *als Reaktion auf vorhandene Tests* entstanden ist.

Aus der Sicht der Softwarequalität ist besonders bemerkenswert, dass der Produktionscode in *test first* intensiv getestet wird. Das kann von den wenigsten konventionell entwickelten Softwaremodulen gesagt werden. In der Terminologie des Abschnitts 5.2.4 sind praktisch alle Anforderungen an den Produktionscode abgedeckt: Sie sind ja als direkte Antworten auf diese Anforderungen entstanden, die als Testfälle formuliert waren. Die Abdeckung von Anforderungen ist in der Regel also sehr gut; über die Überdeckung im Sinne von Glass-Box-Tests kann dagegen wenig gesagt werden. Glass-Box-Tests werden durch *test first* nicht explizit unterstützt, aber natürlich auch nicht verhindert. Gute Entwickler werden entsprechende Testfälle hinzufügen. Auch hilft das Framework JUnit nicht dabei, die Codeüberdeckung zu messen. Glass-Box-Tester sind also ganz auf sich gestellt. Testmethoden muss man also trotzdem kennen, auch wenn man *test first* verfolgt.

Der radikale oder »extreme« Umgang mit Testfällen hat den Vorteil, dass Anforderungen gar nicht mehr in anderer Form notiert werden müssen: Die Testfälle *sind* in XP gleichzeitig die Anforderungen. Wenn sich die Kundenanforderungen ändern, müssen sich folglich auch die Testfälle ändern. In den *story cards* und den Testfällen sind Anforderungen in XP eben doch dokumentiert – wenn auch auf sehr unübliche Weise. Kent Beck hat dafür die neue Praktik des »*Code and Test*« eingeführt. Sie sagt aus, dass Dokumentation möglichst nur in Form von kommentiertem Code und von Testfällen erfolgen soll. Alle anderen Darstellungen oder Modelle sollen aus diesen beiden Quellen generiert werden. Dadurch werden Inkonsistenzen vermieden, Aufwand reduziert – und es wird nebenbei deutlich, wie wichtig gute Testfälle sind.

10.4 Die Rolle der Softwarequalität in XP

Im Überblick kann das Verhältnis von XP und Softwarequalität wie folgt zusammengefasst werden:

- XP soll nicht nur schnell und flexibel arbeiten, sondern betont auch den Vorrang von Qualität vor Funktionsumfang. Wenn Zeit oder Ressourcen knapp werden, darf nicht die Qualität leiden, sondern die am wenigsten nutzbringenden Funktionen werden weggelassen. In konventionellen Projekten wird dagegen kürzer getestet und oft an der Qualität gespart.
- Zum wichtigsten Kriterium für Softwarequalität wird die Kundenzufriedenheit erhoben. Ihr ordnen sich viele andere Kriterien unter, wie Erweiterbarkeit oder Wartbarkeit. Das sind klare Prioritäten.
- Um den Kundenwünschen zu folgen, macht XP alle Anstrengungen, um technisch und organisatorisch flexibel zu bleiben. Flexibilität ist für XP notwendigerweise ein stets hoch angesetztes Projektziel. Nur so lassen sich auch die anderen Ziele erreichen.
- Größere sicherheitskritische Projekte, die über längere Zeit gewartet und weiterentwickelt werden müssen, sind nicht die typischen Anwendungen für agile Methoden. Die Qualität mag in XP hoch sein, das ist weniger das Problem; die Qualitätsmaßnahmen sind aber kaum dokumentiert und damit schlechter nachweisbar. Um ein agiles Projekt nicht zu bremsen, wird nach Möglichkeit auf Nachweise verzichtet. Das verträgt sich nicht mit der Nachweispflicht bei sicherheitskritischer Software. Hier kollidieren Ziele und Qualitätsschwerpunkte.
- Viele Praktiken müssen zusammenspielen, um die Ziele zu erreichen. Unter anderem müssen echte Kunden eingebunden werden. Ein eingespieltes Team soll nicht auseinandergerissen werden, wie das leider häufig geschieht (*team continuity*), und die große Bedeutung des Testens ist ein klarer Beleg dafür, dass die Softwarequalität sehr wichtig genommen wird.

Wenn dann doch einmal etwas schiefgeht, hat XP inzwischen auch dafür eine Praktik bereit. Mit der »*Root Cause Analysis*« wird die Ursache eines jeden Fehlers gesucht. Es reicht nicht, einen gerade entdeckten Fehler zu beheben. Nur, wenn man auch herausfindet, wieso er gemacht wurde, kann man in Zukunft verhindern, dass derselbe Fehler wieder vorkommt. Dieser Gedanke steht im Einklang mit den Prinzipien des Total Quality Management (TQM), das in

Abschnitt 2.4 bereits erläutert worden ist. Viele japanische Managementansätze haben sich zu Vorbildern für Softwareprojekte entwickelt. Die kompromisslose Einstellung zur Softwarequalität hat dazu maßgeblich beigetragen.

10.5 Scrum

Das Wort Scrum ist keine Abkürzung, auch wenn es manchmal mit Großbuchstaben geschrieben wird. Im Englischen bedeutet Scrum einfach »Gedränge«; wenn American-Football-Spieler mit ihren Helmen zwischen zwei Spielzügen die Köpfe im Kreis zusammenstecken und die Arme einhaken, dann ist das ein Scrum. Sie besprechen in wenigen Worten den nächsten Spielzug – und los!

Diese Vorstellung schwingt auch bei der agilen Managementmethode Scrum mit. Scrum hat japanische Wurzeln und ist von Ken Schwaber in die Softwareentwicklung eingebracht worden [Beedle und Schwaber '01]. Es beruht auf denselben Grundwerten wie XP, setzt sie aber anders um. Die Kernelemente, also die wichtigsten Praktiken, lassen sich sehr kompakt beschreiben. Dazu kommen dann noch einige Ergänzungen, zum Beispiel zum Schätzen und Verfolgen des Aufwands.

> *»Wir müssen jetzt zum Scrum-Meeting«, sagt einer der beiden agilen Entwickler. »Warte, ich komme mit«, meint der andere. »Kann ich auch mitkommen?« Q weiß zwar aus Fachartikeln, was ein daily scrum ist, war aber noch nie selbst dabei. »Ich denke schon. Aber Du weißt ja: Reden darfst Du dort nicht.« Das wusste Q nicht, um ehrlich zu sein. Vielleicht sollte man sich zuvor doch noch einmal erklären lassen, was da genau passiert? Alle drei gehen in den kleinen Besprechungsraum. An der Wand hängen Kurven und Skizzen. In der Ecke liegen Stapel von story cards; der Raum ist offenbar fest für das Projekt reserviert, die Leute können alles stehen und liegen lassen und müssen nichts aufräumen. In 10 Minuten soll es losgehen. Noch sind erst fünf Leute im Raum. Eine junge Frau sitzt alleine am Tisch. Q spricht sie an und lässt sich nochmal schnell erklären, wie hier bei FunGate ein Scrum-Meeting abläuft. Dazu holt die Dame einen Ausdruck von der Pinnwand, der wie ein Cartoon aussieht. Scrum auf einer Seite, denkt sich Q: alle Achtung!*

Ähnlich wie die Football-Spieler sind auch die Entwickler bei Scrum eine kleines, verschworenes Team, das sich mit wenigen Worten versteht. Das funktioniert am besten bei kleinen Gruppen. Eine Daumenregel besagt, dass ein Scrum-Projekt idealerweise aus fünf bis neun Entwicklern bestehen sollte. Im Zusammenhang mit *pair programming* heißt es auch manchmal: fünf bis neun Entwicklerpaare. Allerdings kann man auch Scrum durchführen, wenn man nicht auf *pair programming* setzt. Jedenfalls bekommt das Team seine Aufgaben vom sogenannten »Project Owner«. Der entspricht den echten Kunden in normalen Projekten; mit dem *on-site customer* aus XP hat er zwar Gemeinsamkeiten, es wird aber nicht unbedingt erwartet, dass der *project owner* ständig im Projekt anwesend ist. Er hat vor allem die Aufgabe, die Wünsche und Anforderungen der Kunden zu sammeln, sie zu priorisieren und an die Entwickler weiterzuleiten. Das geschieht zum Beispiel mit *story cards*. Der *project owner* verwaltet einen großen Stapel von solchen Karten.

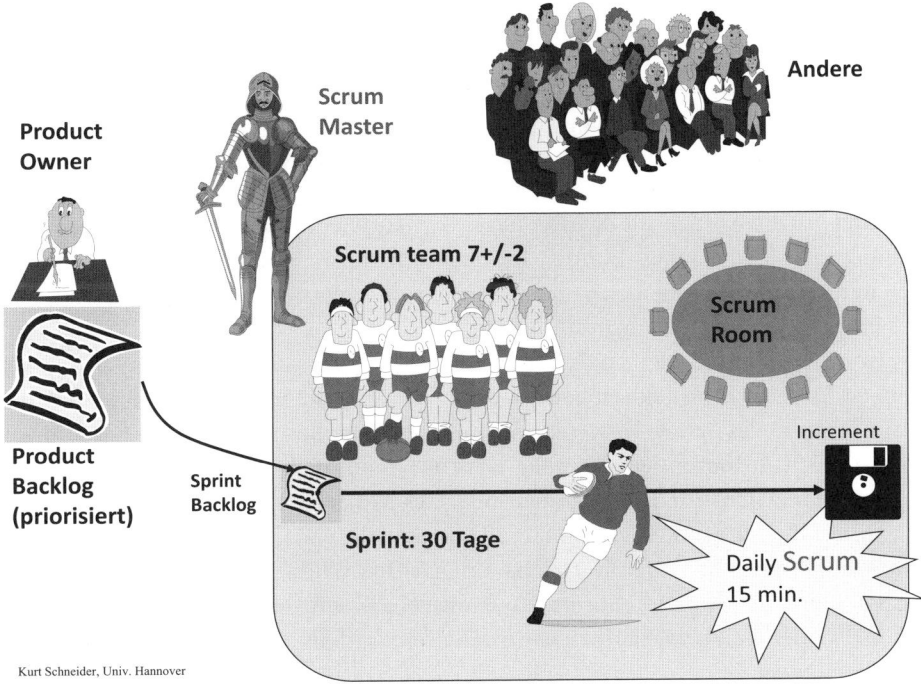

Abb. 10–4 *Die wichtigsten Praktiken von Scrum auf einen Blick*

Vor dem Beginn einer 30-tägigen Entwicklungsphase kommen Entwicklerteam und *project owner* zusammen. Solch eine Entwicklungsphase wird »*Sprint*« genannt. Im Sport würde man vielleicht »Spielzug« sagen. Innerhalb weniger Stunden wird nun ermittelt, welche der *story cards* den größten Nutzen für die Kunden bringen. Der *project owner* vertritt deren Interessen. Man kann wie im *planning game* vorgehen, muss aber nicht. Scrum ist nur ein Rahmen und lässt auch offen, wie die *story cards* priorisiert werden. Am Ende des Vorgangs ist jedenfalls der Stapel sortiert. Zuoberst liegen die wichtigsten *story cards* mit dem höchsten Nutzen für den Kunden. Auch hier sind die Aufgaben wieder in zusammenhängende, Nutzen stiftende Funktionen gegliedert. Sie decken oft keine großen Funktionsumfänge ab, reichen aber von der Benutzeroberfläche bis zur Datenbank. Sonst würden sie ja nicht operativ funktionieren und es würde auch kein echter Nutzen durch ihre Umsetzung entstehen. Der sortierte Stapel von *story cards* heißt in Scrum »*Project Backlog*«.

Von diesem *project backlog* bedient sich nun das Entwicklerteam, und zwar von oben, also mit den wichtigsten Karten beginnend. Das Team nimmt in etwa so viele *story cards* mit, dass es die nächsten 30 Tage damit beschäftigt sein wird. Dieser Teilstapel heißt »*Sprint Backlog*« und stellt die aktuellen Anforderungen für das Team dar. Anders als in XP schließt sich nun die Tür und die Entwickler arbeiten 30 Tage lang daran, den *sprint backlog* abzuarbeiten. Der *project owner* kann in dieser Zeit neue Anforderungen aufnehmen, sie auf *story cards* schreiben und in den verbliebenen *project backlog* einsortieren. Normalerweise kann er aber nicht das Team bitten, sie noch schnell in diesen *sprint* aufzunehmen. Die Idee ist, dass auch die Entwickler eine gewisse Phase der Stabilität und Konzentration brauchen. 30 Tage sind dafür ein guter Kompromiss zwischen Kontinuität und der (begrenzten) Geduld von Management und *project owner*. Nach spätestens dieser Zeit werden die Karten (*story cards*) wieder neu gemischt. Neue und geänderte Anforderungen können im nächsten *sprint* berücksichtigt werden. Es gibt natürlich Situationen, wo sich das nicht durchhalten lässt oder wo ein *project owner* schon früher ungeduldig wird.

In solchen Situationen ist der »*ScrumMaster*« gefordert. Ein Scrum-Team hat keinen klassischen Projektleiter, sondern organisiert seine Belange selbst. Es gibt aber die Rolle des *ScrumMasters*, die ähnliche Aufgaben übernimmt. Ein *ScrumMaster* wacht insbesondere darüber, dass das Team nicht im *sprint* gestört wird. Falls es Begehrlichkeiten der Kunden oder des *project owner* gibt, wird zunächst der *ScrumMaster* versuchen zu klären, ob sie nicht warten können. Nur in Ausnahmefällen wird in laufende *sprints* eingegriffen. Diese Ausnahmefälle können auch aus dem Entwicklerteam heraus kommen: Wenn sich abzeichnet, dass man viel mehr oder viel weniger *story cards* schaffen wird als zu *sprint*-Beginn geplant.

Die junge Frau zeigt auf den Ritter, neben dem »ScrumMaster« steht. »Das bin ich!«, sagt sie. »Ich bin hier ScrumMaster. Ich bin vor allem dafür zuständig, das Team vor Störungen und Ablenkungen zu bewahren. Wie ein Ritter mit Schwert und Rüstung verteidige ich das Team«, lacht sie. »So ernst ist das natürlich nicht gemeint. Aber ich muss zum Beispiel aufpassen, dass niemand unsere täglichen Scrum-Meetings stört – auch Sie nicht, Q. Wenn es jetzt gleich losgeht, dürfen Sie sich ruhig da hinten in die Ecke setzen und zuhören. Aber Sie dürfen nicht mitreden und uns nicht unterbrechen. Nicht einmal etwas sagen dürfen Sie. Darauf achtet der Ritter!«

Eine weitere Praktik in Scrum sind die täglichen Treffen (»*Daily Scrums*«). Sie finden idealerweise immer zur selben Tageszeit und immer am selben Ort statt. Wenn das Projekt seinen eigenen Raum hat, dann ist das der geeignete Ort für den *daily scrum*. Denn dort hat man alle wichtigen Informationen um sich. Während traditionelle Besprechungen oft viel Projektzeit unnötig verbrauchen, ist ein *daily scrum* kurz und sehr streng geregelt. Der *ScrumMaster* leitet es und erteilt der Reihe nach jedem Projektmitglied das Wort. Innerhalb von zwei Minuten berichtet jedes Teammitglied über drei Punkte:

▓ Was habe ich seit dem letzten *daily scrum* getan und erreicht?

▓ Was habe ich bis zu dem nächsten *daily scrum* vor?

▓ Welche Schwierigkeiten gibt es möglicherweise, die dem im Wege stehen?

Man muss sich kurz fassen, um das in zwei Minuten unterzubringen. Da bleibt keine Zeit für Tratsch und Klatsch oder für langatmige Berichte. Andererseits sind die Zeiträume zwischen den täglichen Treffen ja kurz: nur ein Arbeitstag. So viel passiert da also nicht. Beim letzten Punkt macht sich der *ScrumMaster* Notizen und geht bei Bedarf nach dem Meeting noch einmal auf Einzelne zu: Kann der *ScrumMaster* helfen, diese Schwierigkeiten auszuräumen?

Natürlich muss auch in einem Scrum-Projekt noch mehr besprochen werden – aber eben nicht im *daily scrum* und meist auch nicht von allen Entwicklern. Der restliche Arbeitstag ist geprägt von normalen Entwicklungstätigkeiten. Wenn Scrum mit XP kombiniert wird, finden nun die XP-Praktiken Anwendung. Es hat sich in der Softwareentwicklung bewährt, einmal täglich eine Integration aller neuen und alten Softwareteile vorzunehmen. Das nennt man »*Daily Build*«. Wichtig daran ist, dass man wenigstens einmal pro Tag eine funktionierende Version erstellt. Wenn der Kunde dringend eine Aktualisierung verlangt, kann man im schlimmsten Fall jederzeit auf die Version vom Vortag zurückfallen, die auch schon ziemlich aktuell ist. Außerdem merkt man im *daily build* schnell, wenn ein Teil nicht zu den anderen passt. Unabhängig von Scrum oder agilen Methoden hat sich die Praktik des *daily build* auch bei großen Firmen wie Microsoft schon vor langer Zeit durchgesetzt [Cusumano '97]. Für Scrum ist sie ausgesprochen wichtig.

Damit ergibt sich ein System von regelmäßig wiederkehrenden Aktivitäten, wie in Abbildung 10–5 zu sehen ist.

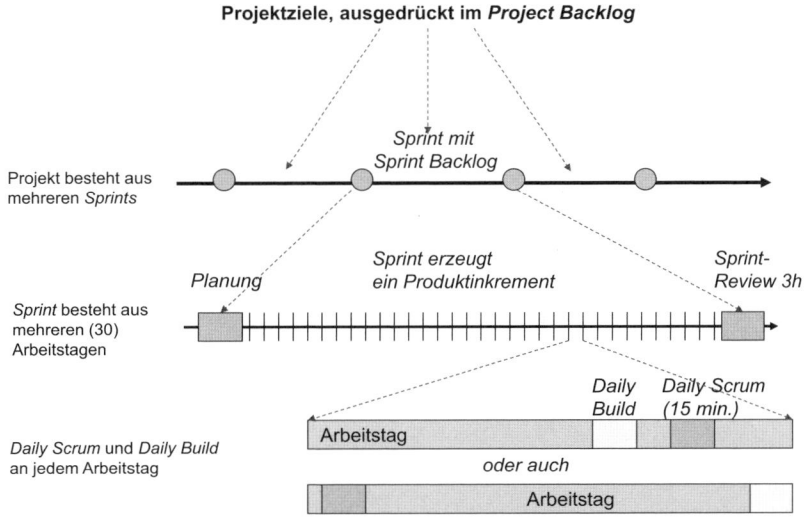

Abb. 10–5 *Fester Takt in Scrum: Sprints, Arbeitstage und daily scrums sind ineinander verschachtelt*

Sie bestimmen den Arbeitsalltag in einem Scrum-Projekt:

▧ Ein Projekt besteht aus mehreren *sprints*. Am Ende eines *sprints* wird gemeinsam mit dem *product owner* geprüft, ob der *sprint backlog* korrekt abgearbeitet wurde.
▧ Ein *sprint* dauert 30 Tage.
▧ An jedem Tag gibt es einen *daily build* und einen *daily scrum*.
▧ In jedem *daily scrum* berichtet jeder Projektteilnehmer für zwei Minuten.
▧ Jeder Bericht betrifft die obigen drei Aspekte.

Sehr große Projekte bestehen aus mehreren Scrum-Teams. Das erfordert zusätzliche Abstimmung. Auch große Projekte können agil bearbeitet werden [Eckstein '12], aber wie das geht, führt hier zu weit.

Schätzen und Verfolgen: Eine wesentliche Praktik muss noch erwähnt werden: das Aufwandsschätzen. In XP war das ja bereits als Teil des *planning game* eingeführt worden. Für Scrum, als Managementtechnik, ist das Schätzen noch wichtiger. Mindestens einmal pro Woche werden die Aufwandsschätzungen aktualisiert. Und zwar wird jeweils geschätzt, wie lange eine *story card* noch bis zur Fertigstellung dauern wird. Jeder hat sich ja mit seiner *story card* beschäftigt, kann also den Fortschritt gut einschätzen. Dann zählt man die geschätzten Zeiten zusammen und bekommt einen neuen Datenpunkt auf der Schätzkurve. In Abbildung 10–6 ist dies sogar täglich durchgeführt worden.

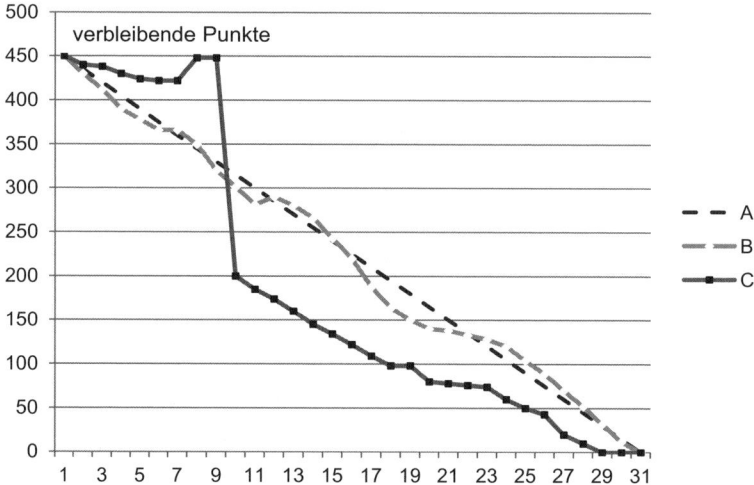

Abb. 10–6 *Burn-down-Chart: Schätzkurven für den Restaufwand in Punkten über der Zeit in Arbeitstagen (Legende im Text)*

Diese Kurven heißen »*Burn-down-Charts*«, weil der Restaufwand immer geringer wird, also »herunterbrennt«. Wenn zehn Leute einen Tag lang arbeiten, sollte der Restaufwand nachher um zehn Personentage geringer sein. Das kann man auch in abstrakten Aufwandspunkten ausdrücken; dann ergibt sich eine gerade

Linie vom Anfangsschätzwert zur Zahl von null verbleibenden Punkten nach 30 Tagen *sprint*. So genau klappt das aber in der Praxis selten. Manchmal geht es schneller voran, dann aber stockt der Fortschritt wieder: Manchmal schätzen die Entwickler den Restaufwand sogar höher ein als noch am Tag zuvor. Es können unerwartete Schwierigkeiten aufgetreten sein oder die Schätzung war schlicht zu optimistisch. In Abbildung 10–6 sieht man eine ideale, lineare Kurve (A), einen Fall von geringen Schwankungen (B) und eine Variante (C), in der das Team erst nach und nach erkannt hat, wie aufwendig die Funktionen umzusetzen sind. Daher hat man sich am Tag 10 entschieden, mit dem *project owner* über eine Reduzierung des laufenden *sprint* zu sprechen. Er hat zugestimmt, einige *stories* wurden herausgenommen. Das ist der sichtbare Knick; an diesem Punkt wurde der *sprint backlog* verkleinert, es blieb also weniger zu tun. Von da an lief es dann gut weiter, man hat am Tag 29 den *sprint backlog* erledigt. Das ist einer der Anlässe, bei denen der *ScrumMaster* schon während des *sprint* eine Änderung mit dem *project owner* vereinbart hat.

Welche Auswirkungen hat Scrum auf die Qualität? Man kann sich allein auf die Scrum-spezifischen Aspekte beziehen, also auf *project backlog*, *sprint* und *sprint backlog*, *daily scrum* und die Rollenverteilung im Projekt. Auch die regelmäßige Schätzung spielt eine Rolle. Diese Praktiken zielen im Wesentlichen darauf ab, mehrere ineinander verschachtelte Rückkopplungsschleifen zu etablieren. Kleine Schwierigkeiten kommen bereits im *daily scrum* zur Sprache. Im *daily build* werden Missverständnisse und Fehler zwischen Softwareteilen entdeckt. Die Schätzkurven zeigen ständig, ob das Team als Ganzes seinen 30-Tagesplan erreichen kann. Nach jedem *sprint* hat der *project owner* die Möglichkeit, das Projekt neu auszurichten. Und die Kunden können ständig mit dem *project owner* diskutieren. Im nächsten *sprint* bekommen das dann die Entwickler mit. Rückkopplung ist wichtig, wenn ein selbstgesteuertes Team Abweichungen erkennen und kompensieren soll. Wer nicht langfristig planen kann oder will, der muss ständig prüfen, ob er dem Ziel näher kommt.

In der Praxis ergeben sich aber für die Softwarequalität noch weitere Vorteile. Sie entstehen dadurch, dass man einerseits besser auf Kurs bleibt und den Kurs auch korrigieren kann (Schätzungen, Flexibilität). Durch zusätzlichen Einsatz von XP-Praktiken während der *sprints* kann man aber auch die Qualitätsvorteile von Test Driven Development, *code conventions* und *pair programming* mitnehmen.

Agile Methoden werden inzwischen wie ein Baukasten behandelt: Die meisten verwenden Scrum als Rahmen und füllen ihn mit verschiedenen Elementen, oft aus XP [Wolf '12]. Man sucht aus, was mit der Unternehmenskultur und den Zielen am besten zusammenpasst. Dabei sollte man natürlich auch die Qualitätspolitik im Auge behalten.

10.6 Lean Software Development

»Lean« bedeutet schlank, und mit entsprechenden Assoziationen wird das Wort auch in der Softwareentwicklung verwendet: Man möchte keinen unnötigen Ballast mit sich herumtragen und dadurch besonders beweglich bleiben. Daher passen viele Konzepte von Lean Software Development auch zu agilen Methoden und umgekehrt [Eckstein '12]. Oft hört man, agile Methoden würden die Softwareentwicklung »von unten« umkrempeln, während Lean ein Ansatz ist, der »von oben« ähnliche Ziele verfolgt [Cawley et al. '10]. Lean käme also durch eine Managemententscheidung ins Spiel, während bei XP die Initiative und treibende Kraft eher von den Entwicklern ausgeht. Beiden Seiten geht es darum, schwerfällige und unflexible Vorgehensweisen abzulegen. Idealerweise ergänzen sich die beiden Stoßrichtungen und treffen sich in der Mitte. Schlanke und bewegliche Projekte passen sich neuen Anforderungen und Rahmenbedingungen viel besser an.

Q hat mal ein wenig gegoogelt und sich einige Artikel über Scrum durchgelesen. Neuerdings tauchen in diesem Umfeld noch zwei weitere Wörter auf: Lean und Kanban. Beide haben ihre Wurzeln in Japan. Das klingt nach langer langer Geschichte. Aber auf Konfuzius gehen die beiden Techniken dann doch wieder nicht zurück. Lean ist anscheinend erst nach dem zweiten Weltkrieg »erfunden« worden. Q liest weiter.

10.6.1 Vom Toyota Production System zur Softwareentwicklung

Die Wurzeln von Lean liegen in der Automobilproduktion. Während amerikanische Automobilkonzerne durch Massenproduktion Herstellungskosten senken konnten, litten japanische Hersteller noch einige Zeit unter den wirtschaftlichen Nachwirkungen des Zweiten Weltkriegs. Große Mengen konnten sie noch nicht verkaufen, also setzten sie auf flexible Einzelfertigung und hohe Qualität, wie die Poppendiecks betonen [Poppendieck und Poppendieck '06]. In seinem Buch über das Toyota Production System schreibt Ohno, er wolle ganz entschieden Verschwendung eliminieren [Ohno '88]. Sieben Arten von Verschwendung nennt er: Überproduktion, unnötiger Transport, Zwischenlagerbestände, Bewegung, Fehler, Überbearbeitung und Warten. Diese Quellen von Verschwendung sollten beseitigt werden. Dabei entstanden Ansätze, die in Europa unter dem Stichwort »just-in-time« bekannt geworden sind. Man wollte also nicht möglichst viele Teile auf Vorrat produziert, sondern jedes Teil genau dann herstellen, wenn es gebraucht wurde. Dieses Prinzip war entwickelt worden, solange Material teuer und die Absatzmengen gering waren. Im Jahr 1990 erschien dann ein Buch, das für solche Prinzipien den Begriff »Lean« einführte: »The Machine That Changed the World« von Womack wurde sehr bekannt [Womack et al. '90]. Der Vorreiter dieser Vorgehensweisen war das Toyota Production System (TPS). Es ist zum Beispiel in [Ohno '88] beschrieben.

Für die Softwarequalität ist das interessant, weil die Ideen des Produktions- und Entwicklungssystems von Toyota auch auf die Softwareentwicklung übertragen wurden. Es ist keineswegs selbstverständlich, dass so eine Übernahme möglich und sinnvoll ist. Schließlich unterscheiden sich Produktions- und Entwicklungsvorgänge im Automobilbau erheblich von den hoch spezialisierten und individuellen Abläufen in der Softwareentwicklung.

Aber man kann Analogien zu den sieben Arten der Verschwendung auch in der Softwareentwicklung finden. Mary und Tom Poppendieck sind Wegbereiter für Lean im Software Engineering. Sie sind für ihren mitreißenden Vortragsstil und für ihre zahlreichen Bücher bekannt. Aus den ursprünglichen Lean-Ansätzen extrahierten sie eine Reihe von Prinzipien, die charakteristisch für Lean sind, und haben sie analog auf Softwareentwicklung übertragen. Sieht man dann genauer hin, werden zur Umsetzung der Lean-Prinzipien viele Praktiken empfohlen, die man inzwischen aus den agilen Methoden kennt (siehe oben). Daher wird Lean hier auch im Zusammenhang mit den agilen Methoden besprochen. In gewissem Sinn erscheinen die Prinzipien von Toyota, die die Poppendiecks übernommen haben, zunächst wie ein etwas anderer ideologischer Überbau für dieselben agilen Praktiken. Allerdings verliefen die Einflüsse wohl eher andersherum: Die Ideen des Lean Development beeinflussten vor zehn Jahren schon die Protagonisten der agilen Methoden. Lean ist also nicht eine nachträglich aufgepfropfte Variante agiler Methoden, sondern eher das Grundgerüst, von dem man nun immer mehr zu sehen bekommt. Man kann Lean als zusätzlichen Baustein im Baukasten der agilen Methoden verstehen. Damit hat man eine größere Auswahl, genau das Richtige zu finden.

10.6.2 Die Grundkonzepte von Lean

Q ist skeptisch: Was soll man denn, bitte schön, vom Karrosserieschweißen in die Softwaregestaltung übernehmen können? Beim Blättern durch ein Poppendieck-Buch findet er eine Gegenüberstellung. Es sind schon eher generelle Prinzipien, die hier übertragen werden. Und sie sind sehr stark aus Qualitätsüberlegungen motiviert; das gefällt Q. Ein erheblicher Teil der Leistung liegt nicht nur in den ursprünglichen Toyota-Prinzipien, sondern in der kreativen Übertragung auf Software. Denn dafür ist einige Fantasie nötig. Und man muss wohl die Softwareseite sehr gut kennen, um die abgeleiteten Prinzipien in die Praxis zu übernehmen.

Der Kern von Lean in der Softwareentwicklung drückt sich in einer Reihe von Prinzipien aus. Sie sind durch Generalisierung und Abstraktion aus dem Toyota Production System entstanden. Dann wurden sie analog auf die Software übertragen. Dabei ist besonders spannend, wie sie dort wieder in den Alltag der Softwareentwicklung übersetzt werden. Die Bücher von [Poppendieck und Poppendieck '06] stellen Pionierarbeit dar, sie gehen aber nicht bei allen Punkten in die

Tiefe. Hier sind noch viele Praktiker und Forscher gefordert, um handfeste Lean-Praktiken zu formulieren und in der Erfahrung zu bewähren.

Eliminate Waste ist das bekannteste Prinzip. Es ist eng verbunden mit einer wertorientierten Betrachtung aller Entwicklungstätigkeiten. Als Abfall oder Verschwendung (engl. »waste«) wird alles betrachtet, was nicht unmittelbar zur Wertschöpfung für den Kunden beiträgt. Wenn Dokumente geschrieben werden, die dem Kunden nichts bringen: *waste!* Aber auch Features, die er nicht verlangt hat und die das Produkt nur aufblähen: *waste!* Schlanker Code ist das Ziel, das heißt auch: Im Zweifel sollte man weniger Code schreiben. Dann aber bitte den Teil, der den meisten Nutzen stiftet. Das klingt logisch, aber auch ein wenig populistisch. Es gibt jedoch tatsächlich differenzierte und verblüffende Anwendungen dieses Prinzips: So wird jede angefangene, aber nicht fertiggestellte Arbeit (»Work in Progress – WIP«) als *waste* betrachtet. Denn noch hat der Kunde keinen Nutzen, der Aufwand ist aber schon angefallen. Entsprechend der Just-in-Time-Philosophie ist Produktion auf Vorrat Verschwendung, auch von Zwischenprodukten. Sie bindet Arbeitskraft und Kapital – und bringt erst etwas, wenn die Zwischenprodukte weiterverarbeitet werden. Beispielsweise werden früh geschriebene Spezifikationen als Vorratsprodukt und *waste* bezeichnet, wenn sie nicht sofort umgesetzt werden. Das kommt den agilen Methoden wie XP sehr entgegen. Beide empfehlen, nicht zu viel Aufwand in sehr frühe Anforderungsdokumentation zu stecken, wenn damit nicht sofort weiterer Nutzen gestiftet werden kann. Herumliegende Dokumente veralten, bevor sie ihren Anteil an der Wertschöpfung erbringen können. Das ist Verschwendung.

Weil dieses Prinzip so zentral und wichtig ist, werden häufig **Wertschöpfungsketten** (»**Value Streams**«) visualisiert. Dann sieht man regelrecht, wo welcher Zusatznutzen zur Software hinzukommt und vor allem, wie viel Zeit für nützliche Tätigkeiten aufgewendet wird. Die Warte- und Liegezeiten dazwischen sind typischer *waste*. Der soll reduziert werden. In schlanken Ansätzen versucht man, gezielt an diesen Stellen umzuorganisieren, damit tote Zeiten verkürzt werden.

Dabei bildet der Begriff des »Flow« eine Art Gegenpol zur Verschwendung (*waste*). Wenn es gelingt, alle Wartezeiten, unnötigen Staus und Behinderungen zu beseitigen, dann fließen die Arbeitsergebnisse ungehindert und effizient von einer Stufe der Wertschöpfung zur nächsten. Während man sich in der Produktion gut vorstellen kann, wie die Teile geformt und zu wertvolleren Erzeugnissen verbunden werden, muss man in der Softwareentwicklung etwas länger nachdenken, worin der Wertzuwachs jeweils besteht. Denn hier hat man es mit einem kognitiven Prozess zu tun. Immaterielle Güter wie in der Software sind schwierig zu verfolgen; ihr Wert ist schwer einzuschätzen. Offenbar bestehen Material und Produkt bei Software eher aus Informationen und Wissen, die wertstiftend angewendet und verbunden werden müssen. Das klärt aber immer noch nicht die Frage, wodurch im Einzelnen Wert geschöpft wird. Mandic et al. [Mandic et al. '10] betonen, dass hier noch viel Forschung nötig ist. Man denke nur an die Schwierigkeit, auch nur Qualitätsattribute wie »Effizienz« allgemeinverständlich zu definieren. Mit GQM hatte man eine wenn auch sehr aufwendige Technik gefunden (Abschnitt 4.4). Ähnlich schwierig dürfte es sein, genau zu definieren, wo tatsächlich welcher Wert geschaffen wird. Das muss man aber wissen, wenn man in der Softwareentwicklung den *waste* vom *flow* unterscheiden will. Mandic et al. machen einen interessanten Vorschlag: Informationen und Wissen liefern dann einen wertvollen Beitrag, wenn sie helfen, wichtige Entscheidungen zu treffen [Mandic et al. '10]. *Waste* liegt in dieser Interpretation immer dann vor, wenn entweder vorhandenes Wissen nicht wirksam eingebracht werden kann oder wenn die Kette von Entscheidungen abreißt. Nach Eckstein scheitern große Projekte fast immer an Störungen in der Kommunikation [Eckstein '12].

Auch in unserem Forschungsprojekt FLOW untersuchen wir an der Leibniz Universität Hannover die Flüsse von Informationen und Erfahrungen in Softwareprojekten [Schneider et al. '08]. Auch hier geht es darum, die Kommunikation und Wissensweitergabe zu analysieren und zu verbessern. Dabei richten wir besonderes Augenmerk einerseits auf die schriftlich dokumentierten Informationen – und andererseits auch auf die nicht dokumentierten, nur mündlich oder per E-Mail weitergegebenen Informationen. Sie werden »flüssig« genannt und ebenso ernst genommen. Flüssige Informationen fließen zwar schnell und mühelos – sie zerrinnen aber auch leicht zwischen den Fingern. In agilen Methoden spielen sie eine wichtige Rolle, in traditionellen Prozessen scheinbar nicht. Flüssige Informationen treten in keinem Prozessmodell auf; und dennoch weiß jeder erfahrene Projektleiter, dass in Telefonaten und Besprechungen wichtige Anforderungen weitergegeben werden. Es trägt zum Gesamtfluss bei, dies explizit zu berücksichtigen.

Allen diesen Ansätzen ist gemeinsam, dass immaterieller Wert geschöpft wird. Mit der Darstellung einer Wertschöpfungskette kann man unterscheiden, welche Zeiten produktiv eingesetzt werden und wo Zeitverschwendung (*waste*) vorliegt.

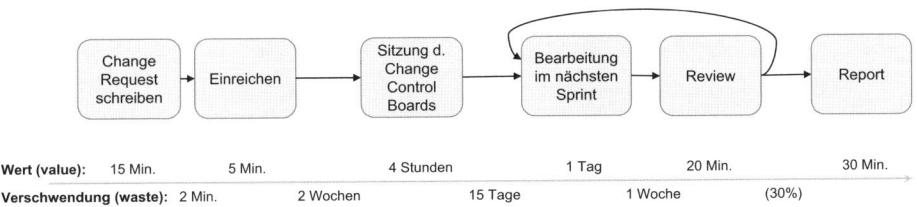

Abb. 10–7 *Einfacher Ablauf mit Angabe von Zeiten für Wertschöpfung und Verschwendung*

In Abbildung 10–7 ist ein sehr individueller Ablauf zur Behandlung von Change Requests zu sehen. Es dauert nur 15 Minuten, einen Change Request zu beschreiben und 5 Minuten, um ihn ins System einzustellen. Dort liegt er dann aber durchschnittlich 2 Wochen, weil das Change Control Board nur alle vier Wochen tagt. Innerhalb von 4 Stunden entscheidet es dann über die weitere Bearbeitung. Falls der Change Request angenommen ist, wird er im nächsten Sprint bearbeitet, kommt also auf den *project backlog*. Weil ein *sprint* 30 Tage dauert, muss er aber wieder warten. Je nachdem, wann er eingetroffen ist, 0 bis 30 Tage lang. Im Durchschnitt also 15 Tage. Die Wartezeiten sind klassischer *waste*. Auch die 2 Minuten, um das elektronische System für die Change Requests zu starten, kann man als waste betrachten, aber das fällt gegen die Wochen des Wartens nicht ins Gewicht. Nehmen wir an, in diesem speziellen Fall seien die Entwickler so unter Druck, dass sie häufig Fehler machen. Deshalb hat man sich entschlossen, jede solche Änderung noch durch ein Review zu prüfen. Das Review selbst stiftet ja noch Qualitätswert. Aber die Nacharbeit ist eigentlich überflüssig: Fehler sind eine der sieben Verschwendungsarten nach Ohno [Ohno '88]. Bei 30 % fehlerhaften Bearbeitungen schlägt der Nacharbeitszyklus also mit einem Erwartungswert von 30 % der erneuten Bearbeitung zu Buche. Sie beginnt mit dem Warten auf den nächsten *sprint* und endet mit dem erneuten Review. So bekommt man ein klareres Bild, was nützlich und was Verschwendung ist.

Die anderen Prinzipien stützen und ergänzen die Idee, alle nicht wertschöpfenden Tätigkeiten zu eliminieren. Da die englischen Bezeichnungen weder besonders eingängig noch geläufig sind, gebe ich die Prinzipien hier auf Deutsch an:

»**Qualität einbauen**« betont, dass man Qualität nicht erst durch Prüfung und Problembeseitigung gewährleisten sollte, sondern nach Möglichkeit schon früh und konstruktiv fördern muss. Beispielsweise ist Testen nicht nur eine analytische Maßnahme, die vorhandene Fehler aufspürt, wie in Kapitel 5 beschrieben. Sondern Testen wird als Gelegenheit geschätzt, Fehler von vornherein zu vermeiden. Diese Idee kann man konkretisieren: Bei *test first* dienen die Testfälle als Spezifikation und gleichzeitig zur Prüfung. Noch bevor man also eine Anforderung falsch umsetzt, wird sie in Form konkreter Testfälle so klar beschrieben, dass man bei der Implementierung des Produktionscodes Fehler vermeiden kann. An diesem Beispiel zeigt sich sehr gut, dass man im Endeffekt genau dasselbe tut, was schon in XP empfohlen wurde. Aber man tut es mit einer etwas anderen Begründung, aus einem neuen Prinzip heraus.

Wenn man Fehler schon nicht ganz vermeiden kann, sollte man sie zumindest möglichst rasch finden. Wie schon in Kapitel 7 ausgeführt, werden Fehler immer teurer, je länger sie in der Software verweilen. Konkret muss man also Anstrengungen unternehmen, jeden Fehler so bald wie irgend möglich zu erkennen – und zu beseitigen. Wichtig sind die Haltung und Einstellung der Qualitätsabteilung in agilen Projekten. Die Qualität steht in agilen Ansätzen stärker im Zentrum als bei traditionellen Projekten; Qualitätsbeauftragte sollten sich entsprechend von Anfang an positiv einbringen. Lean leidet, wenn Qualitätsbeauftragte statt Unterstützung nur Kontrollen ins Projekt bringen.

Außerdem wird es als Prinzip bezeichnet, **systematisches Lernen zu fördern**. Das ist keine Überraschung, wenn man den Fluss von Informationen und Erfahrungen als Treiber der Wertschöpfungskette betrachtet. Dieses Prinzip entspricht den Rückkopplungsschleifen in den agilen Methoden. Hier wird aber einmal mehr deutlich, wie wichtig in der Softwareentwicklung nicht nur die Software, also das Produkt, genommen wird, sondern auch das Wissen, das für die Entwicklung erforderlich ist. Entwicklungsprozesse erzeugen immer auch neues Wissen. Dieses Wissen kann noch oft wiederverwendet werden und hat daher selbst erheblichen Wert. Allerdings muss das Wissen zu diesem Zweck erfasst und gepflegt werden. Unter dieser Annahme werden Wissenserwerb und -weitergabe zu zentralen, wertschöpfenden Aufgaben in der Softwareentwicklung. Wenn man das ernst nimmt, wird man viele Aktivitäten begrüßen und fördern, die sonst vielleicht als »Overhead« oder »Privatsache« abqualifiziert worden wären. Erfahrungsaustausch in Quality Circles gehört genauso dazu wie eine kommunikationsförderliche Kaffeemaschine.

Verblüffender ist die Aufforderung, **Festlegungen hinauszuschieben** (»**Defer Commitment**«). Das hatten sich bisher sicher nur wenige vorgenommen – oder es jedenfalls nicht zugegeben. Die Begründung ist aber einleuchtend: Sobald man sich unwiderruflich auf etwas festgelegt hat, beschränkt dies die Flexibilität. Nur unter hohen Aufwänden kann es doch noch verändert werden. Und da wir im Softwareumfeld ständig unter Unsicherheit operieren, brauchen wir die Möglichkeit, auf Veränderungen zu reagieren. Auch XP hatte damit geworben, Veränderungen willkommen zu heißen. Wie schiebt man aber Festlegungen im Alltag hinaus? Zunächst durch eben diese Praktiken aus XP: Mit Refactoring, ständigen *regression tests* und vielen anderen Praktiken erhält man sich die Option, etwas doch wieder zu verändern, das man gebaut hat. Dieses Prinzip hat noch eine zweite Wurzel: Wenn man unter Unsicherheit entscheiden muss, sollte man dies möglichst spät tun. Denn bis dahin kann man immer noch Erkenntnisse gewinnen, die zu einer besseren Entscheidung beitragen. Dieses Prinzip steht in scheinbarem Widerspruch zur Erkenntnis, dass verzögerte Entscheidungen zu Zeitverschwendung führen [Mandic et al. '10]. Man muss eben den richtigen Zeitpunkt zwischen verfrühter Festlegung und verspäteter Entscheidung finden. »Idealerweise sollten Entscheidungen im letzten verantwortbaren Zeitpunkt ... getroffen werden«, schreibt Eckstein [Eckstein '12].

Recht einleuchtend ist das Prinzip, **schnell** zu **entwickeln**. Wer schnell entwickelt, hat nicht viele Zwischenergebnisse herumliegen. Sie werden sofort zu Bestandteilen eines nutzbringenden Produkts. Außerdem kann man zu Anforderungen des Kunden die Lösung liefern, bevor dieser Zeit hatte, es sich wieder anders zu überlegen. Das macht nicht nur einen guten Eindruck – der Kunde sieht auch jeweils die konkreten Konsequenzen seiner Wünsche und braucht sich nicht im Kopf zu überlegen, ob die versprochene Umsetzung wirklich seinen Wünschen entsprechen wird.

Schließlich empfehlen die Lean-Prinzipien noch, **Personen** zu **respektieren**. Die Bedeutung der Entwickler als Persönlichkeiten war oben schon ausführlich durch XP-Praktiken unterstrichen worden. Ähnlich kann man auch in Lean vorgehen.

Der Respekt für die Menschen in der Entwicklung war übrigens eines der ersten und wichtigsten Prinzipien bei Toyota – noch vor Wertschöpfung und *waste*.

Abweichend vom üblichen »Teilen und Herrschen«, also der Komplexitätsreduktion durch Zerlegung, empfiehlt das letzte Prinzip, **beim Optimieren das Ganze im Auge zu behalten**. Man darf sich also nicht in Details verlieren.

10.6.3   Auswirkungen auf die Softwarequalität

Die Prinzipien von Lean wirken sich auf die Softwarequalität aus:

- **Geschwindigkeit** ist einerseits selbst ein Prinzip, wird andererseits durch alle genannten Prinzipien unterstützt. Indem Verschwendung überall vermieden, Ballast abgeworfen und lieber weniger als mehr entwickelt wird, haben die wichtigen Systembestandteile eine gute Chance, schneller fertig zu werden.
- **Hoher Kundennutzen** ist auch ein Prinzip und gleichzeitig ein Qualitätsaspekt, der direkt angestrebt wird. Wie bei XP schon besprochen ist es sinnvoll, auf Änderungswünsche des Kunden auch noch spät im Projekt eingehen zu können. Die Vorgehensweise von Lean bewirkt außerdem, dass die wichtigen Dinge den eher marginalen vorgezogen werden. Unter allen Softwarefunktionen, die der Kunde wünscht, bevorzugt man diejenigen, die ihm den höchsten Nutzen versprechen. Das wird hier radikaler vertreten als in XP, wo eine ähnliche Forderung nicht durch konkrete Praktiken unterstützt wird. Bei Lean sieht man sich dagegen stets die Wertschöpfungsketten an und muss dabei natürlich genau überlegen, welchen Wert man genau meint. Das erfordert Abstimmung mit dem Kunden, was sich aber im Endeffekt lohnen sollte.
- Das Prinzip, **Qualität konstruktiv von Anfang an** einzubauen, hat sich schon bewährt. Es ist besonders interessant, dass das Wissen aus dem Entwicklungsprozess dabei helfen kann. Die Qualität von Software steckt damit nicht mehr allein im Code und seiner Dokumentation. Das Wissen darüber kann wertvoller sein als die Software selbst. Auch diese Einsicht bringt nicht unbedingt neue Handlungsvorschläge mit sich, macht aber bewusst, wie wertvoll Erfahrungsnutzung und Wissensmanagement für das moderne Software Engineering sind [Schneider '09].
- Da einige Lean-Prinzipien einfach durch agile Praktiken umgesetzt werden können, kann man die Qualitätsimplikationen dieser agilen Praktiken auch hier wieder anführen.

Lean ist stark auf die Verbesserung *existierender* Abläufe (hier: der Softwareentwicklung) ausgerichtet. Dort sucht man nach Verschwendung, Totzeiten und Verstößen gegen die anderen Prinzipien. Daraus lassen sich konkrete Änderungen ableiten, die zu Verbesserungen führen sollten. Dieser Prozess läuft ständig weiter; er ist damit wieder ein zyklischer Lernprozess für die Softwareentwicklungsorganisation [Schneider '09].

Die ständige Betonung von Nutzen, Wert und Wertschöpfung klingt zwar vielversprechend. Es scheint plausibel, dass man durch bewusstere Optimierung auch mehr erreichen kann. Aber kann man diese Analysen und Verbesserungen in der Praxis wirklich wirksam durchführen? Mancher positive Erfahrungsbericht nährt diese Hoffnung. Es ist trotzdem nicht einfach, im Einzelfall und unter den Bedingungen der hektischen Softwareentwicklung ein differenziertes Bild davon zu erhalten, was einem konkreten Kunden wie viel nützt. Leider muss man auch bei Lean erst einiges in die Analyse stecken, bevor man belastbare Ergebnisse erhält.

10.7 Kanban

Auch Kanban ist eine Technik aus der japanischen Produktionsindustrie. Dort war es schon vor über 20 Jahren gebräuchlich. In die Softwareentwicklung hat es Kanban erst gegen 2009 geschafft. Wenn man sich bei Lean gefragt hat, wie man denn die Prinzipien umsetzen könnte, dann liefert Kanban einen Ansatz, das praktisch zu tun. Zeitverschwendung reduzieren, Qualität hochhalten und die Wertschöpfung vorantreiben: Das sind auch die Ziele von Kanban. Wie üblich gibt es eine Reihe von Prinzipien, die hier aber schon eher in Richtung konkreter Praktiken gehen. Man kann sie gut nachvollziehen, wenn man überlegt, was Lean erreichen will.

10.7.1 Arbeitsabläufe visualisieren

Zeitverschwendung soll vermieden werden, indem nur wenige Zwischenprodukte gleichzeitig in Bearbeitung sind. Dieser Satz könnte noch aus der Produktion stammen. Auf die Software übersetzt bedeutet er: Wer parallel an mehreren Dingen arbeitet, muss geistig ständig umschalten. Das führt zu Verzögerungen und insgesamt zur Verlangsamung. Man wird unkonzentriert und macht Fehler; die Qualität leidet. Daher beschränkt man in Kanban die Zahl der Aufgaben, an der eine Person arbeitet – und entsprechend auch, wie viele Aufgaben überhaupt im System sein dürfen. Wenn die Aufgaben, wie zum Beispiel die Bearbeitung eines Change Request, alle relativ klein und von ähnlicher Größe sind, kann die Abarbeitung regelmäßig und flüssig erfolgen. Die Hoffnung ist also, dass ein kontinuierlicher, gleichmäßiger Fluss von Aufgaben ins System der Softwareentwicklung eingespeist wird, dort ohne Verzögerungen bearbeitet und fertiggestellt wird. Es tut besonders der Qualität gut, wenn man sich auf wenige Aufgaben konzentrieren kann. Viele Prinzipien von Lean wären damit erfüllt.

Das Interessante: Kanban sagt noch genauer, wie man dabei vorgehen soll. Wie schon Lean, so geht auch Kanban von einem laufenden Entwicklungsprozess aus, der evolutionär verbessert werden soll. Es wird also nicht auf der grünen Wiese ein neuer Softwareentwicklungsansatz aus dem Boden gestampft. Um den gegenwärtig befolgten Prozess zu verbessern, wird er nach Kanban visualisiert, also optisch dargestellt. Das kann eine klassische Prozessdarstellung mit Kästen und Pfeilen sein; aber auch eine Grafik aus Strichmännchen und Symbolen ist als Startpunkt denkbar. Nach einiger Zeit landet man meist bei einem Kanban-Board. Das ist oft ein großes Whiteboard mit Klebekarten oder Karten mit Magneten (siehe Abb. 10–8).

Die Karten repräsentieren einzelne Aufgaben, also beispielsweise Change Requests, oder *story cards*. Ein Whiteboard teilt man in Spalten ein. Sie stehen für Prozessschritte und gleichzeitig für die Zustände der Aufgaben. Wenn beispielsweise die Spalten *Anforderungen, Entwurf, Implementierung, Testen* und *Fertig* heißen, dann kleben in diesen Spalten mehrere Aufgabenzettel. Eine Karte bei *Implementierung* bedeutet, dass die Lösung der Aufgabe gerade programmiert wird. Eine andere Karte bei *Anforderungen* bedeutet, dass zu dieser Aufgabe gerade noch die Anforderungen geklärt werden. Wenn das geschehen ist, wird die Karte in die nächste Spalte (*Entwurf*) umgehängt. So fließen die Karten über das Board, und die Aufgaben fließen durch die Entwicklung. Am Ende ist die Aufgabe fertig bearbeitet; die Karte hängt in der Spalte *Fertig*. Allein schon durch diese Visualisierung sieht man gewisse Stauungen, Leerstellen und andere Muster. In Abbildung 10–8 scheinen die *Anforderungen* gleich eine Eingangshürde darzustellen: Es sind zwar fünf Anforderungen in Arbeit, aber noch keine fertig. Der *Entwurf* hat dagegen schon alle zuvor fertiggestellten Anforderungen bearbeitet, die Entwurfsspalte »in Arbeit« ist daher leer. Das sieht man auf einen Blick dank der Visualisierung auf dem Board. Solche Visualisierungen sind auch in Scrum und anderen agilen Methoden üblich. Für Kanban sind sie essenziell – aber zu Kanban gehört mehr als die Visualisierung.

Das gefällt Q. So ein Board ist schnell gemalt, und ein Stapel Post-its ist immer zur Hand. Wie soll noch einmal der Prozess genau aussehen? Q klickt noch einmal durch eine Publikation im Internet und findet heraus, dass kein Prozess vorgeschrieben ist. Man soll ja gerade mit dem Ablauf anfangen, dem man wirklich folgt. Unter dem Einfluss von Kanban wird er sich dann langsam verändern – und hoffentlich verbessern. Nicht schlecht, findet Q. Was wir hier machen, das weiß ich. Beziehungsweise: was dieses agile Projekt hier macht. Das andere, in dem Q getestet hat, geht natürlich ganz anders vor. Das wären dann schon zwei verschiedene Kanban-Boards. Aber warum nicht?

10.7.2   Pull statt Push: Aufgabenvolumen begrenzen, Durchlaufzeit verkürzen

Als Nächstes wird gefordert, die Zahl der Aufgaben im System zu begrenzen, damit es nicht verstopft. Die Menge aller gerade bearbeiteten Aufgaben wird als »Work in Progress (WIP)« bezeichnet. Wie kann man sie reduzieren bzw.

begrenzen? Eigentlich ganz einfach, aber doch eine entscheidende Idee: Man definiert für jeden Zustand eine Höchstzahl von Aufgaben. Diese Höchstzahl, das sogenannte »*WIP-Limit*«, schreibt man über die entsprechende Spalte. Wenn das *WIP-Limit* erreicht ist, können keine hereindrängenden Aufgaben mehr angenommen werden. Das kann nun zu einem Stau bei den vorhergehenden Tätigkeiten führen. Wenn auch dort die Höchstzahl erreicht ist, pflanzt sich der Stau nach links fort. In Abbildung 10–8 sind drei Aufgaben noch überhaupt nicht aufgenommen worden. Das ist nicht schön; aber die Visualisierung verdeutlicht immerhin, wo das Problem liegt. Ein Engpass ist nicht mehr aufnahmefähig und es kommt zum Rückstau; hier hat die Spalte *Anforderungen* ihr *WIP-Limit* von 5 erreicht. Nun gibt es verschiedene Möglichkeiten, wie man damit umgeht. Man kann die Kapazität im Engpass erhöhen, seine Arbeitsgeschwindigkeit erhöhen oder den Prozess umgestalten. Wenn aber ein Engpass beseitigt ist, bildet sich vermutlich anderswo der nächste. Irgendein limitierendes Element gibt es immer.

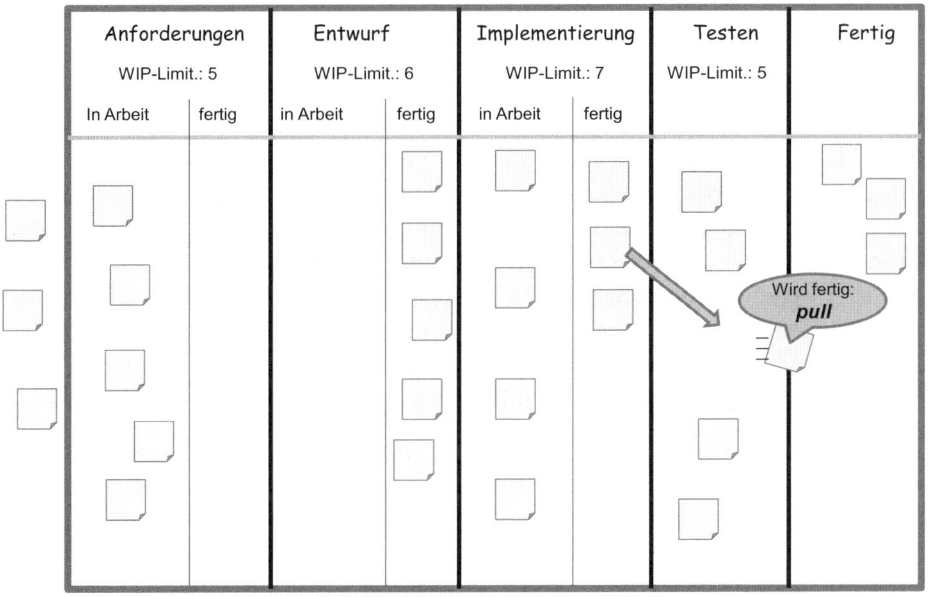

Abb. 10–8 *Aufgabenkarten auf einem Whiteboard zur Prozessvisualisierung (auch für Kanban)*

Neben der Visualisierung sind die Begrenzung der Aufgaben und das Pull-Prinzip bei der Aufgabenzuteilung charakteristisch für Kanban. Das japanische Wort Kanban bedeutet Signalkarte und ist mit dem Pull-Prinzip assoziiert. Das bedeutet, dass nicht beliebig viele Aufgaben ins System gedrückt werden dürfen. Das würde nur zu viel Parallelarbeit, langen Schlangen von Zwischenerzeugnissen und möglicherweise schlechter Qualität führen. Vielmehr muss die Initiative immer von »rechts« auf dem Kanban-Board kommen: Wenn ein Platz in einer

Spalte, zum Beispiel *Testen*, frei geworden ist, wird das der Vorgängerspalte *Implementierung* signalisiert (wie in Abbildung 10–8 angedeutet). Dann kann von dort eine wartende Aufgabe ins *Testen* übernommen werden. Damit wird das *WIP-Limit* gewahrt, denn erst die Lücke im *Testen* führt dazu, eine fertige Aufgabe aus der *Implementierung* in das *Testen* »nachzuziehen« (pull). Solange dort noch kein Platz war, muss sie dagegen warten. Entsprechend wird nun in der Vorgängerspalte *Implementierung* ein Platz frei, das dortige WIP-Limit ist nicht mehr ausgeschöpft. Dies wird der Vor-Vorgängerspalte *Entwurf* signalisiert, die eine dort befindliche Aufgabe herüberreicht. So werden die Aufgaben weiter ins System »hineingezogen«, wenn dort Bearbeitungskapazität frei ist. Niemand kann dagegen Aufgaben ins System oder in eine Spalte drücken, die schon das WIP-Limit erreicht hat. Dieses Prinzip ist fundamental wichtig für einen gleichmäßigen, schnellen Fluss bei guter Qualität. Die mittlere Durchlaufzeit verkürzt sich in vielen Fällen drastisch, auch wenn zunächst nicht alle Aufgaben gleichzeitig begonnen werden [Anderson '11].

10.7.3   Ausblick: Kanban für Fortgeschrittene

Natürlich gibt es noch vieles zu Kanban zu sagen. Im Buch von Anderson [Anderson '11] findet man zu jedem Konzept und vielen Aspekten ausführliche Diskussionen. Beispielsweise geht er auf das Problem unterschiedlicher Aufgabengranularität ein. Ideal ist es, wenn alle Aufgaben ähnlich und ungefähr gleich groß sind. Dann funktioniert das Kanban-System am besten. Wäre dagegen eine Aufgabe sehr viel größer als die anderen, dann würden sich auch ihre Bearbeitungszeiten unterscheiden. Trotz der austarierten WIP-Limits könnten sich Verstopfungen bilden, die zu Staus im Vorlauf führen. Um das zu umgehen, bräuchte man Puffer in den Tätigkeiten, was aber im Regelfall auch wieder zu Zeitverschwendung führt.

> *Die Grundidee von Kanban fand Q ja sehr überzeugend, aber bei den Details wird es dann doch schwieriger. Q hat aber beispielsweise nicht verstanden, wieso alle Aufgaben bei der Softwareentwicklung ungefähr gleich groß sein sollten? Widerspricht das nicht jeder Erfahrung?*

Oben wurden Change Requests als Beispiel für Aufgaben genannt. Auch Bugfixes und andere Entwicklungstätigkeiten mit geringem Umfang passen in dieses Bild. Hier kann man sich vorstellen, dass wirklich ähnliche Größenordnungen erreicht werden können. Überraschenderweise präsentiert auch Anderson in den ersten zwei Dritteln seines Buchs nur Beispiele aus der Softwarewartung [Anderson '11]. In der Tat gibt es viele Bereiche, die von Natur aus eher zu gleichmäßigem Granulat neigen; so werden Rechnungsschreiben und Auftragsakquisition genannt [Roock '12]. Man kann Kanban auch bei variableren Aufgaben einsetzen. In einer Neuentwicklung von Software ist das schon schwieriger. Es würde praktisch verlangen, dass alle *story cards* dieselbe Aufwandsschätzung haben. Am besten scheint Kanban zu funktionieren, wenn die Variabilität klein ist.

Zusammenfassend gehören also folgende Punkte zu Kanban in der Softwareentwicklung:

- Visualisierung mit einem Kanban-Board: Diese Funktion übernimmt ein sehr spezialisiertes Dashboard, mit dem man den Zustand des Systems jederzeit überblicken kann.
- Begrenzung der Aufgaben im System: Durch die WIP-Limits werden alle oder viele Tätigkeiten (Spalten) davor bewahrt, überfüllt zu werden. Das verhindert übermäßige Parallelarbeit und Zeitverschwendung. Es kann aber zu Rückstaus führen. Das ist gewollt: Es zeigt Engpässe auf.
- Das Lernen ist ein wichtiges Prinzip: Das System evolviert ständig weiter. Alle Beteiligten können Probleme melden und Verbesserungen anregen.
- Das Pull-Prinzip hängt damit zusammen, wie auf die WIP-Limits reagiert wird: Nur wenn eine Tätigkeit Kapazität frei hat, zieht sie eine wartende Aufgabe an.
- Dadurch sinkt die durchschnittliche Durchlaufzeit, man wird insgesamt viel schneller.

Kanban ist eine spezielle Konkretisierung von Lean-Gedanken. Sowohl Lean als auch Kanban können aber ihre Vergangenheit und ihren Prozessbezug nicht verleugnen. Sie sind entstanden, bevor mit den agilen Methoden die Prozesse selbst angezweifelt wurden. Daher ergibt sich eine gewisse Spannung, wenn Kanban, Lean und agile Methoden kombiniert werden. Es ist jedes Mal eine individuelle Mischung zu suchen. Viele Forscher und Praktiker sind sich aber einig, dass sich XP und die anderen Ansätze gut ergänzen.

Q möchte das am liebsten gleich selbst ausprobieren und zieht die ersten Linien am Whiteboard. Aber Moment einmal: Wo sind jetzt eigentlich die Iterationen geblieben und der enge Kundenkontakt? Darauf war man doch bei den agilen Methoden so stolz gewesen. Und jetzt hat man kleine Prozesse auf Kanban-Boards geschrieben, die man wie einen festen Wasserfallprozess durchzieht. Q überlegt, wie das zusammenpassen könnte. Vermutlich kann man eine Karte ja auch wieder auf »Anforderungen« zurückstecken.

Anderson warnt, Kanban klinge kontraintuitiv für die Softwareentwicklung. Seine Erfahrung zeigt aber, dass es einen positiven Beitrag leisten kann. Je kleiner das Granulat, desto wahrscheinlicher kann man die Schritte schnell und in der vorgegebenen Reihenfolge bearbeiten – schneller, als ein Kunde seine Meinung ändern kann. Und wenn er es doch tut, wird eben die nächste Aufgabe definiert und die nächste Karte dafür geschrieben.

10.8 Zusammenfassung

Agile Methoden haben die Softwareentwicklung massiv beeinflusst. Auch Softwareunternehmen, die sie nicht in reiner Form einsetzen, haben einzelne Ideen übernommen. Höhere Kundenzufriedenheit und höhere Softwarequalität stehen unter den Gründen dafür ganz oben. Man will nicht schnell und schlampig ein paar Programme erstellen. Wenn stattdessen hohe Qualität durch ständige Tests und Reviews gefragt sind, bieten sich agile Methoden an. Scrum als einfache Managementtechnik hat sich am weitesten durchgesetzt. Scrum kann lokal und ohne unternehmensweite Umorganisation eingesetzt und »ausprobiert« werden. Durch die schnellen Rückmeldungszyklen im *daily scrum* wird der Informationsfluss verbessert. Das schätzen viele. Durch Kombination mit XP wird eine richtige Softwareentwicklungsmethode daraus.

Der Schritt von Scrum zu Kanban ist nicht groß. Kanban ist vielmehr eine Hilfe, um Scrum-Ideen praktisch umzusetzen. Über die Visualisierung der Arbeitsschritte kommen viele auf den Geschmack. Nicht alle begrenzen dann wirklich die Höchstzahl an Aufgaben. Entsprechend etablieren sie auch keinen Pull-Mechanismus, der Überfüllung und Zeitverschwendung reduziert. Das ist dann ein etwas aufgebessertes Scrum mit einigen Lean-Ideen. Zu Kanban gehören aber *alle* diese Punkte. Gewisse Aufgaben und Arbeitsabläufe eignen sich gut für Kanban, andere nicht ganz so gut. Daher wird jedes Unternehmen und jede Gruppe ihren eigenen Ansatz zusammenbauen. Das ist Teil des integrierten Lernprinzips; es trägt aber auch dazu bei, dass sich die Softwareentwicklung weiterhin den Anforderungen anpassen kann, die an sie gestellt werden.

Die Softwarequalität spielt eine besondere Rolle, wie immer wieder betont wird. Daher sollten auch Qualitätsbeauftragte engagiert mitreden, wenn eine der neuen Methoden eingeführt werden soll, die oben vorgestellt wurden. Die verschiedenen Verfahren versprechen unterschiedliche (stets positive) Auswirkungen auf die Qualität. Die Argumente klingen überzeugend. Inzwischen gibt es auch reichhaltige Erfahrungen [Wolf '12] [Anderson '11]. Es ist wichtig für Entscheidungsträger, die neuen Methoden nicht allein aus dem Bauch heraus zu beurteilen.

Alle vorgestellten Methoden haben einige Ideen gemeinsam:

Man soll nicht zu langfristig planen. Zu schnell veralten Pläne, zu viel kann sich noch ändern. Da lohnt es sich nicht, viel Aufwand in langfristige Detailplanung zu stecken. Abbildung 10–9 illustriert das Prinzip häufiger Plananpassungen: Der graue Doppelpfeil steht für den ursprünglichen Plan. Auf der Ebene der Möglichkeiten führt er vom Ausgangspunkt zu einem vorher festgelegten Endpunkt. Dummerweise verändern sich die Anforderungen und Rahmenbedingungen ständig (schwarze, geschwungene Linie). Es wäre nun verhängnisvoll, dem ursprünglichen Plan unbedingt zu folgen – auch, wenn es viel Zeit gekostet hat, ihn zu erstellen. Denn dann würde man nicht das entwickeln, was der Kunde am Ende wirklich will. Besser ist, ab und zu nachzusehen, ob sich an den Anforderungen etwas geändert hat. Dann ändert man auch den Plan in die entsprechende Richtung (gestrichelte Pfeile). Das kann man dann noch, wie gewohnt, ins Extrem treiben: Man kontrolliert in sehr kurzen Abständen, ob sich etwas geändert hat, und passt bei Bedarf den Plan an (Pfad aus kurzen gepunkteten Pfeilen). Oft liegt man damit am Ende ganz nahe bei den dann gültigen, »wahren« Anforderungen. Das dürfte hohe Kundenzufriedenheit sichern.

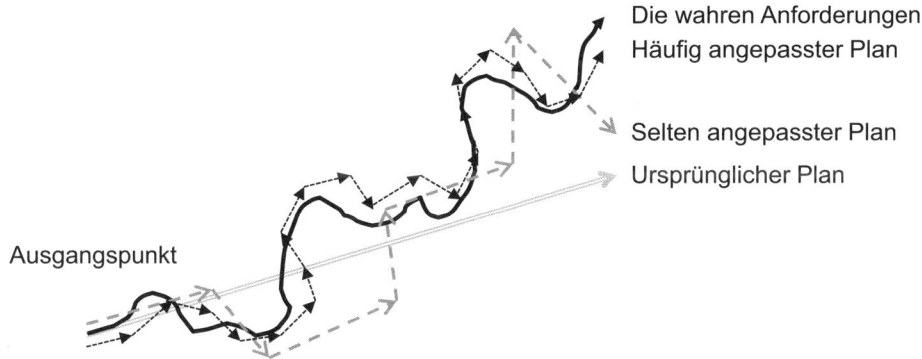

Abb. 10–9 *Pfeile symbolisieren Pläne. Der ursprüngliche Plan bleibt unverändert, die anderen Pläne passen sich regelmäßig den wahren Anforderungen an.*

Timeboxing: Ein fester Takt hilft bei der Arbeit. Schon XP geht von festen, kurzen, ineinander verschachtelten Iterationszyklen aus. Vier bis sechs Wochen sind dafür schon eher lang. In Scrum greifen mehrere Takte ineinander: *sprints* bestehen aus Tagen mit wiederkehrenden *daily scrums*. Kanban liefert eine Erklärung: Der Fluss (eine Idee von Lean) wird verbessert, wenn ähnliche Aufgaben regelmäßig bearbeitet und weitergegeben werden. Nebenbei lernt man dabei auch besser schätzen, weil man sich immer auf die gleichen Einheiten beziehen kann. Der Trick beim Timeboxing: Man arbeitet nicht eine vorgegebene Aufgabenlast ab, bis man fertig ist, denn das kann unterschiedlich lange dauern, sondern man arbeitet eine Timebox lang. Dann ist vielleicht nicht alles fertig, aber es gibt eine Auslieferung. Und die nächste Timebox kann kommen. Man weiß sicher, wann die nächste Lieferung fällig ist. Das schafft Verlässlichkeit und Vertrauen.

Lernen aus Erfahrung: Was bei den LIDs bereits besprochen wurde, wird hier explizit Teil der Entwicklungsmethoden. Alle Verfahren beruhen auf evolutionärer Verbesserung. Dazu müssen eigene Erfahrungen ernst genommen werden. Man darf und muss Zeit investieren, um sie einzusammeln und wiederzuverwenden. Retrospektiven heißen die Sitzungen, in denen man nach einer Iteration Erfahrungen abfragt. Dafür kann man verschiedene Ansätze wählen. Auch LIDs eignet sich gut, weil es für so eine Situation geschaffen wurde. Das Wichtigste ist, dass man das Lernen nicht vergisst oder vor lauter Arbeit immer wieder hinten anstellt. Für komplexe adaptive Verfahren wie die hier vorgestellten Methoden ist ständiges Feedback unerlässlich.

11 Das Abenteuer geht weiter

11.1 Rückblick

Softwarequalität hat viele Facetten. In diesem Buch wurden Verfahren und Konzepte vorgestellt, die in sehr vielen Softwareprojekten eine wichtige Rolle spielen. Zunächst wurden die organisatorischen Aspekte dargestellt: Was versteht man unter Softwarequalität, wer ist im Projekt und im Unternehmen dafür zuständig, und wie viel Aufwand sollte in die Softwarequalität investiert werden? Es zeigte sich, dass auch hier ökonomische Abwägungen gelten und nicht reiner Idealismus.

Schon ganz zu Anfang wurde auf die Bedeutung von Erfahrung und Erfahrungsaustausch hingewiesen. So wird innerhalb eines Unternehmens weitergegeben, was sich bewährt hat – und vor Fallen wird gewarnt. Das geschieht systematisch und nicht nur zufällig auf Zuruf. Auch auf Tagungen und in Arbeitskreisen außerhalb des Unternehmens können Netzwerke aufgebaut werden. Gerade auf einem Feld wie der Softwarequalität sind Netzwerke und Erfahrungen wichtig, denn hier kann selten etwas objektiv bewertet und rein technisch entschieden werden. Es kommt neben den technischen Fähigkeiten auch auf Fingerspitzengefühl, Menschenkenntnis und auf *soft skills* an. Eine Aufgabe in der Softwarequalität ist vielfältig und herausfordernd.

Bezugspunkt vieler Qualitätsmaßnahmen sind die Anforderungen der Kunden und Benutzer. Während der Softwareentwicklung werden sie aufgenommen und meist schriftlich dokumentiert. Das Anforderungsdokument haben wir hier »Spezifikation« genannt und an verschiedenen Stellen Eigenschaften besprochen, die sich auf die Softwarequalität auswirken: Liegen die Anforderungen als Fließtext vor, als Einzelanforderungen oder als Diagramm? Wie formal sind die Anforderungen? Um Qualitätsanforderungen zu formulieren, muss mit dem Kunden die Bedeutung von Eigenschaften wie »Wartbarkeit«, »Bedienbarkeit« und »Effizienz« diskutiert werden. Dazu dienen Qualitätsmodelle, die in intensiven Workshops erarbeitet werden müssen.

Es wäre schön, wenn sogar messbare Kriterien für die Qualitätsanforderungen vereinbart würden. Softwaremetriken können dabei helfen; aber man muss aufpassen! Denn jede Metrik baut auf einer eigenen Vorstellung des Begriffs auf, den sie angeblich misst. Komplexität kann zum Beispiel recht unterschiedlich interpretiert werden – und entsprechend verschieden gemessen werden. Sogar bei den einfachsten Metriken beeinflusst deren genaue Definition das Verhalten der Entwickler. Wer misst, lenkt. Damit die Richtung stimmt, muss ganz klar sein: Was ist eine Zeile Code?

Qualitätssicherung wird oft in organisatorische, konstruktive und analytische Maßnahmen unterteilt. Analytische Maßnahmen, speziell Test und Review, sind am bekanntesten. Sie verbessern die Softwarequalität indirekt: Die gefundenen Fehler und Schwächen müssen noch beseitigt werden. Anders bei den konstruktiven Maßnahmen, die schon ergriffen werden, *bevor* ein Problem oder Fehler aufgetreten ist. Diese vorbeugenden Tätigkeiten überlappen und vermischen sich mit den systematischen Vorgehensweisen des Software Engineering, zu dem schließlich auch die Qualitätssicherung gehört.

Neben den klassischen Techniken des Testens und der Reviews wurden in diesem Buch auch einige Aspekte besprochen, die im Zusammenhang mit Softwarequalität nicht so häufig betrachtet werden:

- GQM (das Goal-Question-Metric Paradigm) ist zwar ziemlich bekannt, fehlt aber in manchen Büchern über Softwarequalität. GQM gibt eine Idee und konkrete Hilfestellung, um ein maßgeschneidertes Metriksystem für eine bestimmte Situation zu entwickeln.
- Quality Gates sind ein Konzept, das sich in großen Unternehmen inzwischen sehr weit verbreitet hat. Das hat sich noch nicht in entsprechend vielen Veröffentlichungen niedergeschlagen – es wird einfach gemacht. Manchmal heißen sie auch »Entscheidungspunkte« oder »Reviews« (was dann leicht mit den oben eingeführten Reviews verwechselt werden könnte). Es steckt aber die gleiche Idee hinter den verschiedenen Begriffen: klare, einfache Fortschrittskriterien, die auf alle Projekte angewendet werden können und die auch die Qualität berücksichtigen.
- Bei Qualitätsmodellen, systematischer Erfahrungsnutzung und auch bei GQM gibt es Hilfsmittel und bewährte Vorgehensweisen. Es kommt aber ganz stark auf die Fähigkeiten der Akteure an. Wer sich in einem Unternehmen bewähren will, muss Techniken des Testens ebenso im Repertoire haben wie die Moderation von kommunikationsintensiven Workshops und Reviews.
- Software muss bedienbar sein. Sie soll *bestimmte* Personen bei *bestimmten* Aufgaben unterstützen. Ihre Bedienbarkeit bemisst sich an diesem Kriterium. Damit können bestehende Programme evaluiert werden – und darauf aufbauend können neue konstruktiv gestaltet werden.

- Bei den konstruktiven Maßnahmen schließt sich der Kreis zu den Erfahrungen: Hier wird gezielt auf Vorgehensweisen und Dinge gesetzt, die sich in der Erfahrung bewährt haben.
- Agile Methoden und die verblüffende Praktik des test first zeigen, wie scheinbar grundverschiedene Ansätze unter der Perspektive von Softwarequalität verstanden und bewertet werden können.

Im Rückblick zeigt sich die Vielfalt der Themen. Sie hängen alle zusammen und bestimmen den Alltag von Projektmitarbeitern – nicht nur von Qualitätsbeauftragten.

11.2 Was es noch zu erkunden gibt

Der Kreis könnte aber noch viel weiter gezogen werden. Natürlich lässt sich zu jeder der vorgestellten Techniken noch sehr viel mehr sagen. In zahlreichen Spezialbüchern – zum Beispiel zum Testen, zu formalen Methoden und zu Metriken – können Detailkenntnisse vertieft werden. Dabei hilft es sehr, die Grundideen und die Prinzipien im Hinterkopf zu haben, die dieses Buch vermittelt.

Einige Themen wurden überhaupt nicht angesprochen, obwohl sie zur Softwarequalität gehören. Die Qualitätsaspekte Usability und Korrektheit wurden angesprochen; Wartbarkeit, Performanz oder Sicherheit aber nicht. Auch viele andere Qualitätsaspekte könnten genauer erörtert werden. Einerseits könnte man also an vielen Einzelbegriffen tiefer bohren und Interessantes zutage fördern. Andererseits kann aber auch mit mehr Abstand noch einmal das größere Bild betrachtet werden: Softwarequalität hat große wirtschaftliche und unternehmenspolitische Auswirkungen. Daher unternehmen Wirtschaft und Industrie seit Jahren große Anstrengungen, um die Prozessreife (ein Qualitätsaspekt von Softwareprozessen!) zu steigern. Mit Audits und Assessments (Kontrollbesuchen) werden Abteilungen und Geschäftsbereiche durchleuchtet [Hörmann et al. '06]. Kontinuierliche Prozessverbesserung soll Qualität und Leistungsfähigkeit steigern. Auch hier finden Qualitätsfachleute spannende Aufgaben und Abenteuer.

Egal, ob man ins Detail oder zum größeren Zusammenhang strebt: Die hier vermittelten Prinzipien wird man an allen diesen Stellen wiederfinden.

11.3 Wann man aufhören soll

Um Softwarequalität im eigenen Unternehmen oder Projekt voranzubringen, muss man wissen, was man dazu tun kann. Dazu haben die obigen Kapitel Anregungen gegeben.

▨ Anforderungen zu Funktion und Qualität müssen auf jeden Fall erhoben werden. Für Qualitätsanforderungen sollten zumindest einfache Qualitätsmodelle aufgestellt werden.

▨ Wer sich für das Messen entscheidet, sollte es richtig tun. Dann müssen die Metriken ernsthaft auf ihre Annahmen und Auswirkungen analysiert und vielleicht mit GQM kombiniert werden.

▨ Testen ist in jedem praktischen Projekt unverzichtbar, und zwar sollten verschiedene Techniken des Glass-Box-Test und des Black-Box-Test miteinander kombiniert werden.

▨ Nur sehr formal orientierte Projekte werden stärker auf Verifikation setzen können. Sicherheitskritische Teilprojekte könnten sich dafür entscheiden.

▨ Dagegen verbessern sich modellbasierte Entwicklungsverfahren zusehends und werden durch Generatoren unterstützt. Dies sollte im Auge behalten werden, um nicht eine Chance zu verpassen.

▨ Reviews lohnen sich fast immer. Für nichtablauffähige Zwischenprodukte, wie Entwürfe, Spezifikationen und Testpläne, gibt es keine Alternative. Reviews ergänzen die Tests.

▨ Usability Engineering wird verwendet, wenn das Softwareprodukt eine Bedienoberfläche hat. Je komplizierter und neuartiger sie ist, desto schneller werden sich auch etwas höhere Investitionen lohnen.

▨ Agile Methoden haben durch ihre forschen, drastischen Ansätze die Softwarequalität zum Nachdenken gebracht. Vieles klingt überzogen, aber einiges kann – vorsichtig! – auch in normale Projekte übernommen werden. »Test early« hat noch keinem geschadet.

Bei so einer langen Liste von Dingen, die in einem Projekt anfallen, fragt man sich natürlich: Wann ist es genug? Wie viele Reviews und Testfälle sind nötig? Wann kann man guten Gewissens aufhören?

Diese Fragen sind leider nicht so einfach zu beantworten, und die Antworten bleiben relativ vage.

Es gibt allerdings gewisse Hinweise:

▨ So lange eine Technik noch viele Fehler findet, sollte fortgefahren werden. Es gibt keinen Grund anzunehmen, dass plötzlich alle gefunden wären.

▨ Wenn keine Zeit mehr bleibt, muss man aufhören. Dieses Kriterium ist bitter und für Qualitätsbegeisterte höchst unbefriedigend. In der Praxis bestimmt aber genau dieses Kriterium oft, wie viel Zeit der analytischen Qualitätssicherung eingeräumt wird.

▨ Doch manchmal ist das einfach inakzeptabel. Wenn ein Stück Software offenbar noch von Fehlern strotzt und unbedienbar ist, ist der Schaden für die Softwarefirma größer, es in diesem Zustand auszuliefern, als Vertragsstrafe zu zahlen – finanziell und für das Image. Hier müssen die Risiken gegeneinander abgewogen werden: Wie viel schadet es, jetzt noch nicht auszuliefern? Gegen-

über: Wie groß ist der Schaden, wenn wir jetzt ausliefern? Eine unangenehme
Entscheidung.

░ Wäre beliebig viel Zeit, würden wahrscheinlich doch immer wieder Fehler
und Unzulänglichkeiten gefunden werden. Vollständiges Testen ist ja unmöglich, und bei immer geringerer Fehlerdichte verringert sich auch die Chance,
noch einen weiteren davon zu finden.

░ Also ist wieder eine Heuristik angebracht: eine Handlungsempfehlung ohne
Garantie. Man beginnt mit einem Mix von Techniken und zählt mit, wie viele
Befunde noch pro Tag oder Woche gefunden werden. Das können Missverständnisse bei Qualitätsmodellen ebenso sein wie Befunde in Test, Review
oder Usability-Evaluierung. Sinkt diese Zahl um ein gewisses Maß (zum Beispiel auf die Hälfte der ursprünglichen Messung), so werden andere Techniken eingesetzt, um deren Stärken zu nutzen. Dieses Vorgehen endet, (a) wenn
keine Zeit mehr eingeplant ist oder (b) die Rate der gefundenen Fehler oder
Befunde unter eine Schwelle gesunken ist (z.B. 25 % der Anfangsfunde).

Allgemein und theoretisch kann dieses Problem nur bis zu einem gewissen Grad
gelöst werden. Wenn die Randbedingungen eines Unternehmensbereichs oder
einer Firma ideal berücksichtigt werden sollen, bleibt nur erfahrungsbasierte Verbesserung. Aus früheren Projekten ist bekannt, welche Technik besonders erfolgreich war und setzt sie zuerst ein. Auch die Dauer von Qualitätsmaßnahmen
kann so optimiert werden.

Sicher ist man nie, ob das der absolut richtige Weg war. Ein Rest von Abenteuer bleibt. Ich kann nur hoffen, Ihre Abenteuerlust geweckt zu haben!

*Seit drei Monaten ist Q jetzt bei FunGate angestellt. Jede Gelegenheit, sich
umzusehen und Eindrücke zu sammeln, hat Q genutzt. Manche Begegnung
findet Q im Nachhinein immer noch skuril, andere Kollegen haben Q
zutiefst beeindruckt. Wie reich dieses Gebiet ist! Nach einem Vierteljahr hat
man höchstens an der Oberfläche gekratzt und einen gewissen Überblick
bekommen.*

*Schon vor zwei Wochen hat der Personalchef Q zu sich kommen lassen.
Mit feierlicher Miene, aber auch einem breiten Lächeln begrüßte er Q:
»Schön, dass Sie für unser Gespräch Zeit gefunden haben! Sie waren ja viel
unterwegs während Ihrer Probezeit. Jeder, mit dem ich gesprochen habe,
kannte sie.« Der Personalchef stand auf und ging zum Fenster. »Nur die Kollegen in Ihrem eigenen Projekt hätten sich gewünscht, Sie wären noch öfter
dort gewesen.« Q wird etwas blass. »Die hätten Sie nämlich am liebsten die
ganze Testerei alleine machen lassen! Aber das zeigt ja, wie viel Respekt Sie
sich dort erworben haben.« Der Personalchef zeigte auf eine silberne Kaffee-
kanne: »Bedienen Sie sich.« Q winkte dankend ab.*

*»Spaß beiseite«, lachte der Personalchef. »Mit Ihnen haben wir wirklich
einen guten Fang gemacht: offen, freundlich und kommunikativ. Außerdem*

*haben Sie sich aus allen möglichen Quellen die Grundlagen der Software-
qualität zusammengesucht. Selbstständig! Wenn Sie einverstanden sind,
würde ich mich freuen, Sie zum Ende Ihrer Probezeit fest bei FunGate zu
übernehmen. Willkommen in der Familie!«*

*Q grinst. Natürlich. Gerne. Dann ist also das Abenteuer noch nicht vor-
bei, die Expedition durch den Dschungel der Softwarequalität. Sie geht
gerade erst los.*

Literaturverzeichnis

[Agile Alliance '01]
  Agile Alliance (2001): »Agile Manifesto«: http://www.agilemanifesto.org/ (12.2.2007).

[Alexander und Stevens '02]
  Alexander, I. F. und Stevens, R. (2002): »Writing Better Requirements«, Harlow, Pearson Education Ltd.

[Ambler '02]
  Ambler, S. W. (2002): »Agile Modeling«, Chichester, John Wiley.

[Anderson '11]
  Anderson, D. J. (2011): »Kanban. Evolutionäres Change Management für IT-Organisationen«, dpunkt.verlag, Heidelberg.

[Appelrath und Ludewig '91]
  Appelrath, H.-J. und Ludewig, J. (1991): »Skriptum Informatik – eine konventionelle Einführung«, vdf, Zürich und Teubner, Stuttgart.

[Basili et al. '94a]
  Basili, V., Caldiera, G. und Rombach, H. D. (1994a): »Experience factory« In: Marciniak, J. J.: »Encyclopedia of Software Engineering«, New York, John Wiley & Sons. 1: 469-476.

[Basili et al. '94b]
  Basili, V., Caldiera, G. und Rombach, H. D. (1994b): »Goal question metric paradigm« In: Marciniak, J. J.: »Encyclopedia of Software Engineering«, New York, John Wiley & Sons. 1: 528-532.

[Basili et al. '07]
  Basili, V. R., Rombach, D., Schneider, K., Kitchenham, B., Pfahl, D. und Selby, R. W. (2007): »Empirical Software Engineering Issues – Critical Assessment and Future Directions«, Springer, LNCS 4336.

[Baumgarten '90]
  Baumgarten, B. (1990): »Petri-Netze. Grundlagen und Anwendungen«, Mannheim, Wien, Zürich, BI Wissenschaftsverlag.

[Beck '00]
Beck, K. (2000): »Extreme Programming Explained«, Addison-Wesley.

[Beck '04]
Beck, K. und Andres, C. (2004): Extreme Programming Explained: Embrace Change. 2nd Edition, Addison-Wesley Professional.

[Beedle und Schwaber '01]
Beedle, M. und Schwaber, K. (2001): »Agile Software Development with Scrum«, Prentice Hall.

[Birk et al. '02]
Birk, A., Dingsoyr, T. und Stfilhane, T. (2002): »Postmortem: Never leave a project without it«, IEEE Software, special issue on knowledge management in software engineering 19(3).

[Boehm '81]
Boehm, B. (1981): »Software Engineering Economics«, N.J., Prentice Hall, Engelwood Cliffs.

[Cawley et al. '10]
Cawley, O., Wang, X. und Richardson, I., Pekka Abrahamsson, N. Oza (Ed.) (2010): »Lean/Agile Software Development Methodologies in Regulated Environments – State of the Art«; Lean Enterprise Software and Systems. First International Conference, LESS 2010, Helsinki, Finland, October 2010, Springer-Verlag, 31–36.

[Chidamber und Kemerer '94]
Chidamber, S. R. und Kemerer, C. F. (1994): »A Metric Suite for Object-Oriented Design«, IEEE Transactions on Software Engineering 20(6): 476-493.

[Ciolkowski et al. '97]
Ciolkowski, M., Differding, C., Laitenberger, O. und Münch, J. (1997): »Empirical Investigation of Perspective-based Reading: A Replicated Experiment«, Technical Report No. 13/97, International Software Engineering Research Network (ISERN). Also available as Technical Report No. 11/97, Sonderforschungsbereich 501, Dept. of Computer Science, University of Kaiserslautern, Germany.

[Clarke et al. '00]
Clarke, E. M., Grumberg, O. und Peled, D. A. (2000): »Model Checking«, MIT-Press.

[Cockburn '02]
Cockburn, A. (2002): »Agile Software Development«, Addison Wesley.

[Cockburn '05]
Cockburn, A. (2005): »Writing Effective Use Cases«, Addison-Wesley.

[Cusumano '97]
Cusumano, M. A. und Selby, R. W. (1997): How Microsoft Builds Software. Communications of the ACM, June 1997, Vol. 40, No. 6.

[Dumke und Lehner '00]
Dumke, R. und Lehner, F. (Eds.) (2000): »Software-Metriken: Entwicklungen, Werkzeuge und Anwendungsverfahren«, Wiesbaden, Deutscher Universitäts-Verlag.

[Eckstein '12]
Eckstein, J. (2012): »Agile Softwareentwicklung in großen Projekten: Teams, Prozesse und Technologien – Strategien für den Wandel im Unternehmen«, 2. Auflage, dpunkt.verlag, Heidelberg.

[Fagan '76]
Fagan, M. E. (1976): »Design and Code Inspections to Reduce Errors in Program Development«, IBM Systems Journal 15(3): 182-211.

[Fowler '99]
Fowler, M., Beck, K., Brant, J., Opdyke, W. und Roberts, D. (1999): Refactoring. Improving the Design of Existing Code. Addison-Wesley Professional.

[Frühauf et al. '02]
Frühauf, K., Ludewig, J.; Sandmayr, H. (2002): Software-Projekt-Management und -Qualitätssicherung. vdf, Zürich, 4. Aufl.

[Frühauf et al. '04]
Frühauf, K., Ludewig, J.; Sandmayr, H. (2004): Software-Prüfung – Eine Anleitung zum Test und zur Inspektion. vdf, Zürich, 5. Aufl.

[Gamma et al. '95]
Gamma, E., Helm, R., Johnson, R. und Vlissides, J. (1995): »Design Patterns – Elements of Reusable Object-Oriented Software«, Addison-Wesley.

[Gantner und Schneider '03]
Gantner, T. und Schneider, K. (2003): »Zwei Anwendungen von GQM: Ähnlich, aber doch nicht gleich«, MetriKon, Ulm, Germany.

[Gilb et al. '93]
Gilb, T., Graham, D. und Finzi, S. (1993): »Software Inspection«, Longman, Amsterdam, Addison-Wesley.

[Glinz '05]
Glinz, M. (2005): Software Engineering: eine Einführung. Vorlesungsskript, Universität Zürich. http://www.ifi.uzh.ch/rerg/

[Grimm '95]
Grimm, K. (1995): »Systematisches Testen von Software: Eine neue Methode und eine effektive Teststrategie«, GMD Berichte. München, Wien, Oldenburg.

[Grochtmann und Wegener '95]
Grochtmann, M. und Wegener, J. (1995): »Test Case Design Using Classification Trees and the Classification-Tree Editor«, 8th International Software Quality Week.

[Hausler et al. '94]

Hausler, P. A., Linger, R. C. und Trammel, C. J. (1994): »Adopting Cleanroom Software Engineering with a Phased Approach«, IBM Systems Journal. 33(1): 89-109.

[Hoare '69]

Hoare, C. A. R. (1969): »An axiomatic basis for computer programming«, Communications of the ACM 12(10): 576-585.

[Hörmann et al. '06]

Hörmann, K., Dittmann, L., Hindel, B. und Müller, M. (2006): »SPICE in der Praxis. Interpretationshilfe für Anwender und Assessoren«, Heidelberg, dpunkt.verlag.

[Houdek '06]

Houdek, F. (2006): »Wiederverwendungsorientierter Spezifikationsprozess: Erfahrungen aus 5 Jahren operativer Anwendung in der DC PKW-Entwicklung«, Telelogic Anwenderkonferenz 2006, Dresden, Telelogic.

[Klaeren '83]

Klaeren, H. A. (1983): »Algebraische Spezifikation«, Berlin, Springer-Verlag.

[Kneuper '06]

Kneuper, R. (2006): »CMMI. Verbesserung von Softwareprozessen mit Capability Maturity Model Integration«, Heidelberg, dpunkt.verlag, 2. Aufl.

[Krasner und Pope '88]

Krasner, G. E. und Pope, S. T. (1988): »A cookbook for using the model view controller user interface paradigm in Smalltalk-80«, Journal of Object-Oriented Programming 1(3): 26-49.

[Lauesen '05]

Lauesen, S. (2005): »User Interface Design – A Software Engineering Perspective«, Harlow, London, Addison Wesley.

[Liggesmeyer '02]

Liggesmeyer, P. (2002): »Software-Qualität. Testen, Analysieren und Verifizieren von Software«, Spektrum Akademischer Verlag.

[Link '05]

Link, J. (2005): »Softwaretests mit JUnit. Techniken der testgetriebenen Entwicklung«, Heidelberg, dpunkt.verlag, 2. Aufl.

[Liro '04]

Liro, T. (2004): »Konzept und Realisierung eines Werkzeugs zur Erhebung, Verwaltung und Bewertung von Erfahrungen«, Bachelorarbeit, Fachgebiet Software Engineering, Universität Hannover.

[Mandic et al. '10]
    Mandic, V., Oivo, M., Rodriguez, P., Kuvaja, P., Kaikkonen, H. und Turhan, B.,
    Pekka Abrahamsson, N. O. (Ed.) (2010): »What Is Flowing in Lean Software
    Development«, Lean Enterprise Software and Systems. First International Con-
    ference, LESS 2010, Helsinki, Finland, October 2010, Springer-Verlag, 72-84.

[Mayhew '99]
    Mayhew, D. J. (1999): »The Usability Engineering Lifecycle – a practitioner's
    handbook for user interface design«, San Diego, USA, Academic Press.

[McCabe '76]
    McCabe, T. J. (1976): »A Complexity Measurement«, IEEE Transactions on
    Software Engineering SE-2: 308-320.

[Mellor und Balcer '02]
    Mellor, S. J. und Balcer, M. (2002): »Executable UML. A Foundation for Model
    Driven Architecture«, Addison-Wesley/Longman.

[Mercury]
    Mercury – »TestDirector«: http://www.mercury.com/de/products/quality-
    center/testdirector/ (8.2.2007).

[Morgan et al. '06]
    Morgan, J. M., Liker, J. K. (2006): »The Toyota Product Development System:
    Integrating People, Process and Technology«, Productivity Press.

[Myers '79]
    Myers, G. J. (1979): »The Art of Software Testing, 1st edition«, New York, John
    Wiley & Sons.

[Nielsen '93]
    Nielsen, J. (1993): »Usability Engineering«, San Diego, USA, Academic Press.

[Offergeld '01]
    Offergeld, M. (2001): »Gestaltung Mensch-Computer-Interaktion« In: Handbuch
    der Ergonomie (HdE), Teil D: »Ergonomische Vorgehensweisen und Methoden in
    der Systemkonzeption«, Abschnitt 1.4.6 (Hrsg. v. Bundesamt für Wehrtechnik
    und Beschaffung, Koblenz), München, Wien, Carl Hanser Verlag.

[Offergeld '04]
    Offergeld, M. (2004): »Vorlesung Usability Engineering, Universität Konstanz«:
    akswt.uni-konstanz.de/docs/2004-04-30_AK-SWT_DC-usability-engineering.pdf
    (16.3.2007).

[Ohno '88]
    Ohno, Taichi (1988): »Toyota Production System: Beyond Large Scale
    Production«, Productivity Press.

[Ohno '93]
    Ohno, T. (1993): Das Toyota-Produktionssystem. Campus.

[Palmer '02]
Palmer, S. R. und Felsing, J. M. (2002): A Practical Guide to the Feature-Driven Development. Prentice Hall International.

[Petrasch und Meimberg '06]
Petrasch, R. und Meimberg, O. (2006): »Model-Driven Architecture. Eine praxisorientierte Einführung in die MDA«, Heidelberg, dpunkt.verlag.

[Polanyi '66]
Polanyi, M. (1966): »The Tacit Dimension«, Garden City, NY, Doubleday.

[Poppendieck und Poppendieck '06]
Poppendieck, M. und Poppendieck, T. (2006): »Implementing Lean Software Development: From Concept to Cash«, Addison-Wesley Longman, Amsterdam.

[Robertson und Robertson '99]
Robertson, S. und Robertson, J. (1999): »Mastering the Requirements Process«, ACM Press/Addison-Wesley Publishing Co.

[Roock '12]
Roock, A. (2012): »Agil bei it-agile: Pull in Vertrieb und Verwaltung«, in [Wolf '12], dpunkt.verlag, Heidelberg, S. 187–196.

[Rupp '04]
Rupp, C. (2004): »Requirements-Engineering und -Management. Professionelle, iterative Anforderungsanalyse für die Praxis«, München, Wien, Carl Hanser Verlag.

[Schneider '96]
Schneider, K. (1996): »Prototypes as Assets, not Toys. Why and How to Extract Knowledge from Prototypes«, 18th International Conference on Software Engineering (ICSE-18), Berlin.

[Schneider '00]
Schneider, K. (2000): »LIDs: A Light-Weight Approach to Experience Elicitation and Reuse«, Product Focused Software Process Improvement (PROFES 2000), Oulo, Finland, Springer-Verlag.

[Schneider '01a]
Schneider, K. (2001a): »Qualitätsmanager/in: Wunschprofil und Erfahrungs-aufbau«, SQM 2001, Bonn, SQS AG.

[Schneider '01b]
Schneider, K. (2001b): »Realistic and Unrealistic Expectations about Experience Exploitation«, Conquest 2001, Nürnberg, Germany, ASQF Erlangen.

[Schneider '03]
Schneider, K. (2003): »Knackpunkte agiler Entwicklungs-methoden für den Einsatz in Industrieunternehmen«, SQM 2003, Köln, SQS.

[Schneider '06]
Schneider, K. (2006): »Rationale as a By-Product« In: Dutoit, A. H. M., R.; Mistrik, I.; Paech, B.: »Rationale Management in Software Engineering«, Berlin, Heidelberg, Springer-Verlag, 91-109.

[Schneider '09]
Schneider, K. (2009): »Experience and Knowledge Management in Software Engineering«, Springer-Verlag.

[Schneider und Lübke '05]
Schneider, K. und Lübke, D. (2005): »Systematic Tailoring of Quality Techniques«, World Congress of Software Quality 2005, München.

[Schneider und Repenning '95]
Schneider, K. und Repenning, A. (1995): »Deceived by Ease of Use – Using Paradigmatic Applications to Build Visual Design Environments«, Proceedings of the Symposium on Designing Interactive Systems (DIS´95), Ann Arbor, MI.

[Schneider et al. '08]
Schneider, K., Stapel, K. und Knauss, E. (2008): »Beyond Documents: Visualizing Informal Communication«, Proceedings of Third International Workshop on Requirements Engineering Visualization (REV 08)

[Schuler '93]
Schuler, D. und Namioka, A. (Eds.) (1993): Participatory Design: Principles and Practices. CRC/Lawrence Erlbaum Associates.

[Shneiderman und Plaisant '04]
Shneiderman, B. und Plaisant, C. (2004): »Designing the User Interface: Strategies for Effective Human-Computer Interaction«, Addison Wesley.

[Shull et al. '00]
Shull, F., Rus, I. und Basili, V. (2000): »How Perspective-Based Reading Can Improve Requirements Inspections«, IEEE Computer 33(7).

[Solingen et al. '00]
Solingen, R. v., Berghout, E., Kusters, R. und Trienekens, J. (2000): »No Improvement without Learning: Prerequisites for Learning the Relations between Process and Product Quality in Practice«, Profes, Oulu, Finland.

[sourceforge – Cobertura]
sourceforge – Cobertura – »the free coverage tool for Java«:
http://cobertura.sourceforge.net/ (8.2.2007).

[sourceforge – JUnit]
sourceforge – JUnit – »a framework for repeated testing«:
http://sourceforge.net/projects/junit/ (8.2.2007).

[Spillner und Linz '05]
Spillner, A. und Linz, T. (2005): »Basiswissen Softwaretest«, Heidelberg, dpunkt.verlag.

[Stahl und Völter '05]
> Stahl, T. und Völter, M. (2005): »Modellgetriebene Softwareentwicklung.
> Techniken, Engineering, Management«, Heidelberg, dpunkt.verlag.

[The Apache Foundation]
> The Apache Foundation – »Struts – An open source framework for building
> Servlet/JSP based web applications based on the Model-View-Controller (MVC)
> design paradigm«: http://struts.apache.org/ (16.2.2007).

[Turing '36-7]
> Turing, A. M. (1936-7): »On computable numbers, with an application to the
> Entscheidungsproblem«, Proc. London Maths. Soc. ser. 2(42): 230-265.

[Wenger '98]
> Wenger, E. (1998): »Communities of Practice – Learning, Meaning, and Identity«,
> Cambridge University Press.

[Wolf '12]
> Wolf, H. (Hrsg.) (2012): »Agile Projekte mit Scrum, XP und Kanban im Unter-
> nehmen einführen. Erfahrungsberichte aus der Praxis«, dpunkt.verlag,
> Heidelberg.

[Wolf et al. '05]
> Wolf, H., Roock, S. und Lippert, M. (2005): »eXtreme Programming. Eine
> Einführung mit Empfehlungen und Erfahrungen aus der Praxis«, Heidelberg,
> dpunkt.verlag, 2.Aufl.

[Womack et al. '90]
> Womack, J., Jones, D. und Roos, D. (1990): »The Machine That Changed the
> World«, Rawson Associates.

[Zultner '93]
> Zultner, R. E. (1993): »TQM for Technical Teams«, Communications of the
> ACM 36(10): 79-91.

[Zuser et al. '04]
> Zuser, Biffl, Grechening und Köhle (2004): »Software Engineering mit UML und
> dem Unified Process«, Pearson Studium.

Abkürzungen

ACM	Association for Computing Machinery (USA)
AKV	Aufgaben, Kompetenzen, Verantwortungen (Aspekte einer Rolle)
API	Application Programming Interface (Programmschnittstelle)
CMMI	Capability Maturity Model Integrated (Modell zur Bewertung der Prozessreife: http://www.sei.cmu.edu/cmmi/)
CVS	Concurrent Versions System (Konfigurationsmanagement)
FOCUS	Programm für Code-Nachdokumentation (keine Abkürzung)
FunGate	Fiktive Softwarefirma (keine Abkürzung)
GI	Gesellschaft für Informatik e.V. (www.gi-ev.de)
GQM	Goal-Question-Metric Paradigm (zum Messen und Bewerten)
GUI	Graphical User Interface (grafische Bedienschnittstelle)
HW	Hardware
ICSE	International Conference on Software Engineering
IEEE	Institute of Electrical and Electronics Engineers
ISO	International Organization for Standardization
iSQI	international Software Quality Institute
J2EE	Java 2 Platform, Enterprise Edition, jetzt: Java EE
JUnit	Open-Source-Werkzeug für Unit Test in Java
LIDs	Light-weight Documentation of Experiences (Technik)
MDA	model-driven architecture (auf UML-Modellen basierende Entwicklungstechnik für Software)

MTBF	mean time between failure (durchschnittliche Laufzeit, bis nach einem Fehler der nächste auftritt)
MVC	Model/View/Controller (Architekturmuster für Oberflächen)
QM	Qualitätsmanagement
QMS	Qualitätsmanagementsystem
QS	Qualitätssicherung
ROI	Return on Investment (Faktor, der angibt, wie stark sich eine Investition lohnt)
SIG	Special Interest Group (z.B. inneralb der ACM)
SIL	Safety Integrity Level (Sicherheitsstufe eines Systems)
SPICE	Software Process Improvement and Capability Determination, oder ISO/IEC 15504
TQM	Total Quality Management
UI	User Interface: Bedienoberfläche von Software
UML	Unified Modeling Language (grafische Notation)
WMC	Weighted Methods per Class (objektorientierte Metrik)
XP	eXtreme Programming (agile Entwicklungsmethode)
Z	formale Spezifikationsnotation (keine Abkürzung)

Index